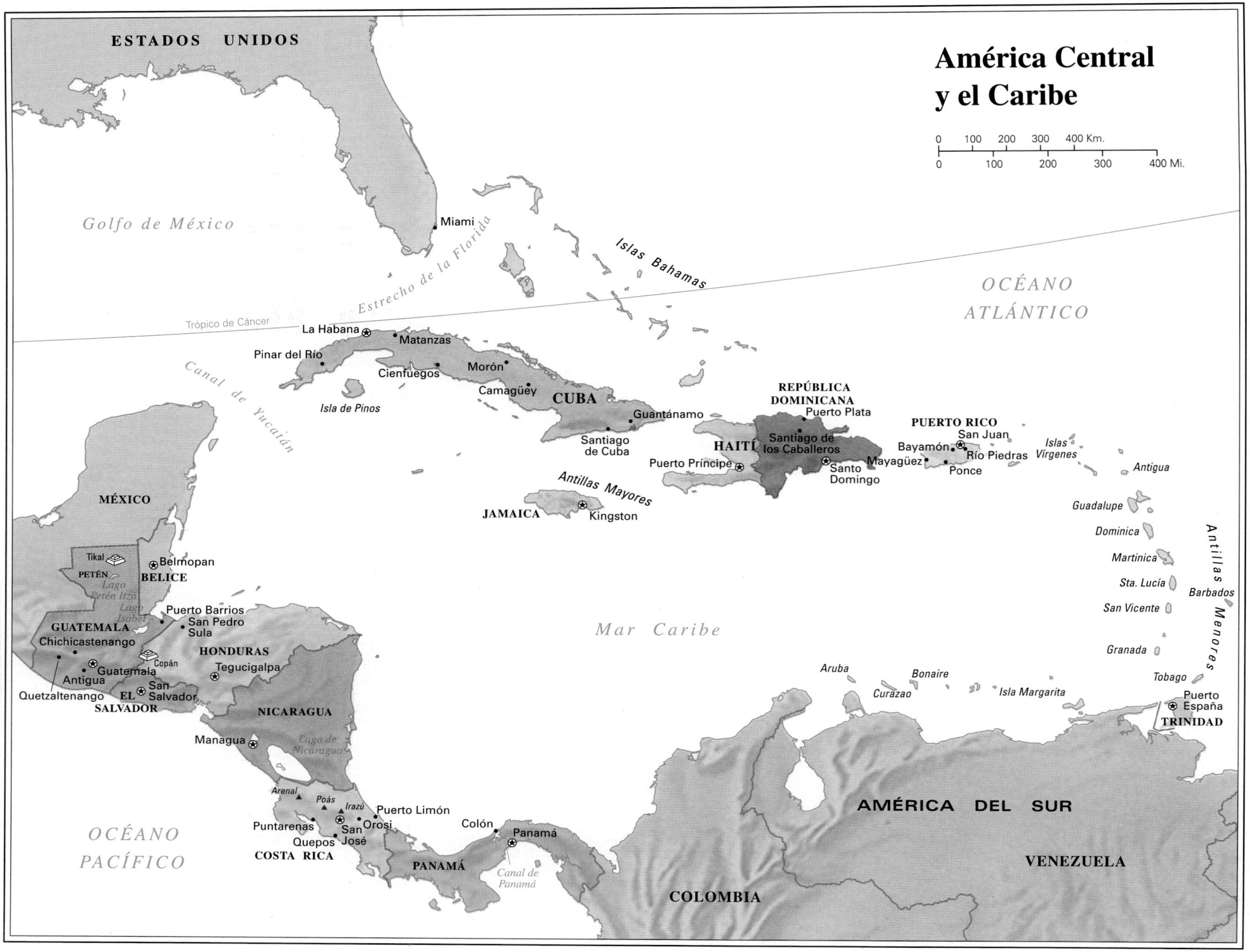

América Central y el Caribe

0 100 200 300 400 Km.
0 100 200 300 400 Mi.

ESTADOS UNIDOS
Golfo de México
Miami
Estrecho de la Florida
Islas Bahamas
Trópico de Cáncer
OCÉANO ATLÁNTICO
La Habana
Matanzas
Pinar del Río
Cienfuegos
Morón
Camagüey
CUBA
Isla de Pinos
Canal de Yucatán
Guantánamo
Santiago de Cuba
REPÚBLICA DOMINICANA
Puerto Plata
Santiago de los Caballeros
Santo Domingo
HAITÍ
Puerto Príncipe
PUERTO RICO
San Juan
Bayamón
Río Piedras
Mayagüez
Ponce
Islas Vírgenes
Antigua
Antillas Mayores
JAMAICA
Kingston
MÉXICO
Tikal
PETÉN
Lago Petén Itzá
Belmopan
BELICE
Lago Isabel
Puerto Barrios
San Pedro Sula
GUATEMALA
Chichicastenango
Copán
HONDURAS
Tegucigalpa
Guatemala
Antigua
Quetzaltenango
EL SALVADOR
San Salvador
NICARAGUA
Managua
Lago de Nicaragua
Mar Caribe
Guadalupe
Dominica
Martinica
Sta. Lucía
Barbados
San Vicente
Antillas Menores
Granada
Aruba
Bonaire
Curazao
Isla Margarita
Tobago
Puerto España
TRINIDAD
Arenal
Poás
Irazú
Puerto Limón
Puntarenas
San José
Orosi
Quepos
COSTA RICA
Colón
Panamá
PANAMÁ
Canal de Panamá
OCÉANO PACÍFICO
COLOMBIA
AMÉRICA DEL SUR
VENEZUELA

Hispanos en Estados Unidos

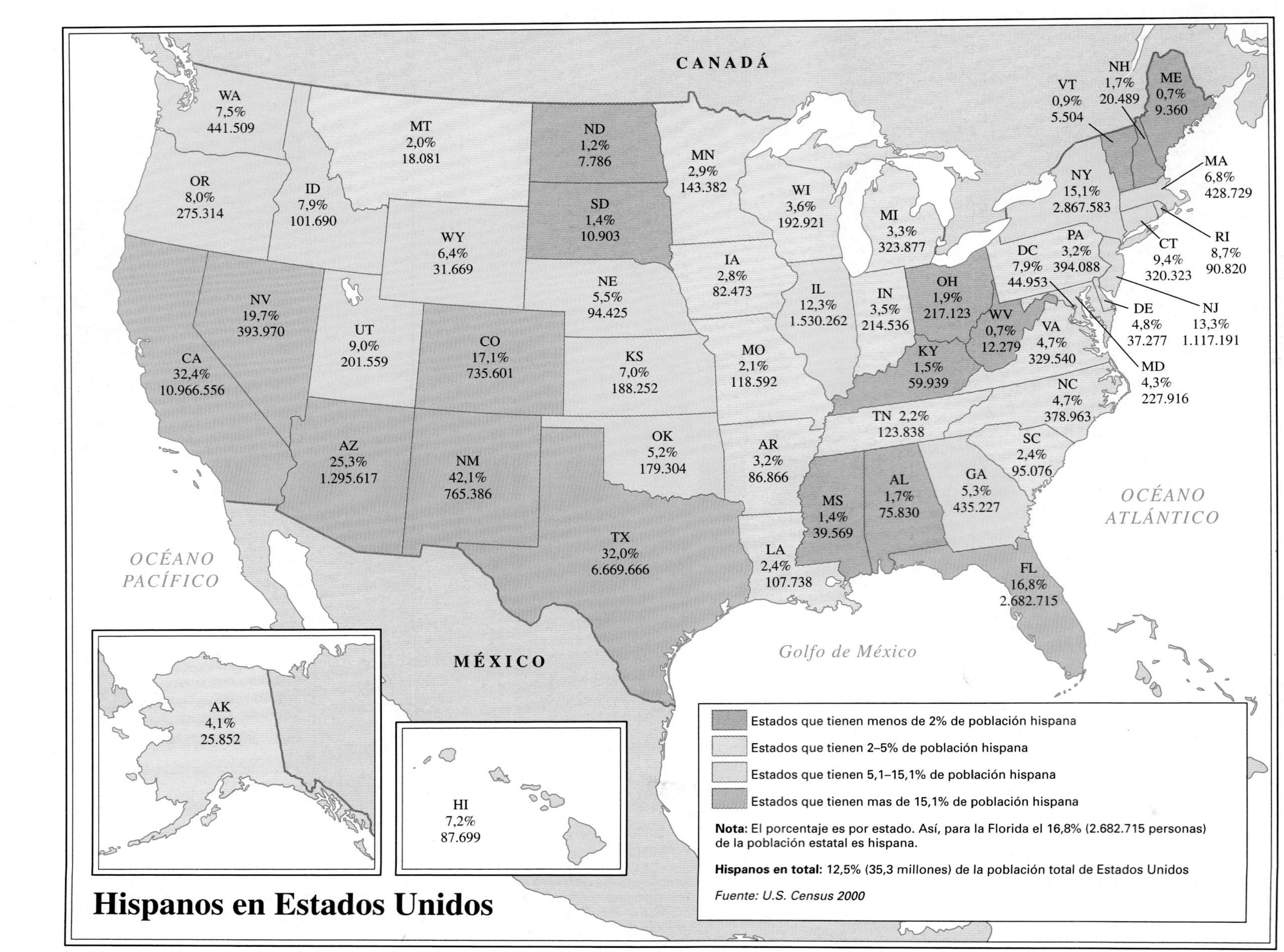

Paso adelante

SHARON AHERN FECHTER
Montgomery College

SYLVIA LÓPEZ
Beloit College

Houghton Mifflin Company
Boston New York

Publisher: Rolando Hernández
Senior Sponsoring Editor: Glenn A. Wilson
Development Editor: Erin Kern
Editorial Assistant: Erin Beasley
Project Editor: Harriet C. Dishman
Art and Design Manager: Gary Crespo
Senior Photo Editor: Jennifer Meyer Dare
Composition Buyer: Chuck Dutton
Senior Manufacturing Buyer: Karen B. Fawcett
Executive Marketing Director: Eileen Bernadette Moran
Marketing Assistant: Lorreen Ruth Pelletier

Cover image © Adam Woolfitt/Corbis

Printed in the U.S.A.

Library of Congress Control Number: 2006924035

Instructor's Annotated Edition
ISBN-10: 0-618-25333-5
ISBN-13: 978-0-618-25333-3

For orders, use student text ISBNs
ISBN-10: 0-618-25332-7
ISBN-13: 978-0-618-25332-6

2 3 4 5 6 7 8 9 – WEB – 10 09 08 07 06

Brief Contents

Scope and Sequence

RePaso

Contra lo malo aprendido, el remedio es el olvido

Comunicación léxica	Comunicación lingüística	Comunicación funcional	Culturas y comunidades	Herramientas estratégicas
Saludos y presentaciones 4 El salón de clase 9 Los colores 11 Los números 13 La hora 15 El alfabeto español 19	Los pronombres personales 8 La concordancia: Género y número 9 Los sustantivos: Género y número 10 **Hay** 11 Palabras negativas 12 Mandatos útiles en la clase 15 El verbo **ir**: El presente del indicativo y el futuro 18 El español: Una lengua facil de leer, escribir y pronunciar 19 **Para reconocer** El participio presente / El gerundio 20 El presente progresivo 20	*By the end of this* ***paso*** *students will be able to:* Greet and address others appropriately Work in class Describe themselves and their surroundings Talk about the near future Tell time	**Comparaciones** The Americas: 1492 and Later 23 **Conexiones** El idioma español a través de los siglos 21	**General Learning Strategies** Becoming a successful foreign language learner 4 Encouraging yourself 6 Why study foreign languages? 8 **Vocabulary Strategy** Capitalizing on what you already know — recognizing cognates 5 **Writing Strategy** Taking notes in a new language 20

Paso 1 El que nada sabe, nada tiene: Los estudios y las profesiones

Comunicación léxica	Comunicación lingüística	Comunicación funcional	Culturas y comunidades	Herramientas estratégicas
Las materias y las especialidades académicas 30 Partes de la oración 32 Las profesiones 52	El tiempo presente de verbos regulares 35 Más sobre los mandatos informales afirmativos 42 El verbo **gustar** 57 Ciertas expresiones con **tener** 60 **¿Recuerdas?** Los adjetivos posesivos 33 Los pronombres personales 34 Palabras interrogativas 54 **Tertulia lingüística** Las ocho partes de la oración 32 Conceptos verbales (I) 32 Conceptos verbales (II) 34 Present to express simple present, present progressive, and future 43	*By the end of this **paso** students will be able to:* Talk about education Talk about the present Describe certain physical and emotional conditions Discuss likes and dislikes	**Comparaciones** Expressing conditions with **tener** 61 **Conexiones** México 46 Los mexicoamericanos 47 ***Paso adelante* presenta a...** César Chávez 50 **Charla videoteca:** *Stand and Deliver* 51 Mujeres profesionales 53 Los apellidos 55 **Lectura** Universidad Autónoma de Nuevo León 64	**General Learning Strategies** Charting/anticipating verb tenses 35 Making the most of resources 53 Practicing communication 59 **Vocabulary Strategy** Grouping 31 **Reading Strategy** When to read: Time and attitude 63 Understanding vocabulary 64 **Writing Strategy** Using a semantic map 65

Paso 2 El casado, casa quiere: Nuestra casa, nuestra familia y nuestras tradiciones

Paso 3 Adonde el corazón se inclina, el pie camina: De viaje

Comunicación léxica	Comunicación lingüística	Comunicación funcional	Culturas y comunidades	Herramientas estratégicas
Las vacaciones 118 Las estaciones 141 La ropa 144 **¿Recuerdas?** Los días de la semana y los meses del año 121 El reloj de 24 horas 126 El tiempo 140	Los pronombres de complemento directo 128 Expresiones con **por** y **para** 130 Modismos con **hacer** 147 El pretérito: Formas regulares 148 **¿Recuerdas?** Los verbos **saber** y **conocer** 146	*By the end of this **paso** students will be able to:* Plan a trip Identify seasons and talk about the weather Go shopping for clothes Narrate past events	**Comparaciones** Calendars 121 Thunder and lightning 141 Expressing temperatures 143 Sizing things up! 145 **Conexiones** Los taxis 120 Tipos de alojamiento 123 El Caribe 135 Latinos caribeños en los EE.UU. 136 La herencia africana: Los garífunas 136 "Lamento de un jíbaro" 137 ***Paso adelante* presenta a...** Teresa Bevin 138 **Charla videoteca:** *La guagua aérea* 139 La guayabera 145 **Lectura** "Pase de lista," Luz María Umpierre-Herrera 152	**General Learning Strategies** Rehearsing communication 124 Following visual clues 138 **Vocabulary Strategy** Prefixes and suffixes 133 **Reading Strategy** Using scripts 151 **Writing Strategy** Writing correspondence in Spanish 154

Paso 4 A más doctores, más dolores: Nuestra salud

Comunicación léxica	Comunicación lingüística	Comunicación funcional	Culturas y comunidades	Herramientas estratégicas
Las partes del cuerpo 160 Los cinco sentidos 161 La salud 181	Los pronombres de complemento indirecto 164 El pretérito: Formas irregulares 166 El imperfecto 185 Dos complementos pronominales 189 **¿Recuerdas?** Verbos como **gustar** 163 Adverbios temporales en la narración 172 **Tertulia lingüística** Conceptos verbales: Aspecto 186	*By the end of this* ***paso*** *students will be able to:* Discuss personal and public health Use statistics to talk about health trends Talk more about the past: Actions and conditions Identify the receiver of an action	**Comparaciones** La medicina alternativa 184 Expressing the past 187 **Conexiones** La Gran Colombia 175 Los wayúu de Colombia y Venezuela 178 ***Paso adelante*** **presenta a...** Andrés Galarraga 179 **Charla videoteca:** *Mar adentro* 180 **Lectura** "La medicina alternativa: El chamanismo" 193	**General Learning Strategies** Using physical movement to remember 162 Using humor 166 **Vocabulary Strategy** Using flashcards 184 **Reading Strategy** Lo que sé. Lo que quiero saber. Lo que aprendí 193 **Writing Strategy** Concept mapping 195

Paso 5 Barriga llena, corazón contento: La comida

Paso 6 El pez grande se come al chico: Nuestro mundo natural

Comunicación léxica	Comunicación lingüística	Comunicación funcional	Culturas y comunidades	Herramientas estratégicas
El mundo natural 238 Los desastres naturales y ambientales 240 La preservación del medio ambiente 259 El disfrute del medio ambiente 259	Más sobre el subjuntivo: Expresiones de voluntad, deseo, emoción, duda y expresiones impersonales 244 El futuro 250 El subjuntivo en cláusulas adjetivales y adverbiales 262 El condicional 268 **Tertulia lingüística** Condiciones posibles 251 **¿Recuerdas?** Cláusulas y oraciones complejas 244 Partes de la oración: Adjetivos y adverbios 262	*By the end of this **paso** students will be able to:* Talk about nature and the environment Plan outdoor activities Further express hope, desire, doubt, uncertainty, and other emotions Make predictions and express future possibilities Make conjectures and approximations with the conditional	**Comparaciones** *Should, could, would...* **Conexiones** El ecoturismo: Ecuador, Costa Rica, Chile 254 ***Paso adelante* presenta a...** Felipe Reinoso 57 **Charla videoteca:** *La muralla verde* 258 **Lectura** "¿Dónde jugarán los niños?," Maná 272 "Caribe atómico," Aterciopelados 274	**General Learning Strategies** Thinking in Spanish 257 **Vocabulary Strategy** Understanding the context 240 **Reading Strategy** Thinking aloud 272 **Writing Strategy** Using graphic organizers to map cause and effect 275

¡Paso adelante! Fácil es empezar y difícil continuar: Anticipar pasos futuros

Comunicación léxica lingüística	Comunicación funcional	Culturas y comunidades	Herramientas estratégicas
El imperfecto del subjuntivo 284 Los tiempos imperfectos: El pluscuamperfecto, el futuro perfecto, el condicional perfecto, el pluscuamperfecto del subjuntivo 286 Condiciones no reales (cláusulas con **si**) 289	*By the end of this **paso** students will have:* Discussed the importance of Spanish in the United States and the world Become familiar with some grammar structures encountered in their continuing study of Spanish	El futuro del español en los Estados Unidos 282 El mundo hispanohablante en el siglo XXI 283	**General Learning Strategies** Pasar adelante 288

To the Student

Welcome to ***Paso adelante***! The textbook you are holding in your hands was designed specifically for you, the High or Advanced Beginner, a student located between a true beginner Spanish class and an intermediate-level course. ***Paso adelante*** is intended to prepare you to move forward—to communicate orally in Spanish and to develop the three other language skills (listening, reading, and writing) as you learn about the cultures of the Spanish-speaking world.

In this program, we have tried to bring your life outside of the classroom into your Spanish learning experience and to leave room for your individual needs. We have thus addressed more than your intellectual development; we try to address your motivation and feelings as well. One step we have taken to achieve this is to include proven learning strategies (**Herramientas estratégicas**). They discuss everything from how to study vocabulary to how to de-stress. Try them out during the semester! Don't underestimate how reducing your anxiety and staying upbeat can be key to successful language learning. We have also tried to select vocabulary that is relevant to your life right now and that will give you the opportunity to make connections between Spanish and other disciplines you may be studying at your college or university, including English, health studies, history, and environmental studies.

Like the vocabulary, the variety of themes and activities we included throughout the ***Paso adelante*** program will be meaningful and motivating to you. Because we are confident that you will enjoy learning Spanish more as you explore and learn further about the cultures and products of the Spanish-speaking world, we not only included features titled **La misma realidad, perspectivas diferentes**; **Apunte cultural**; and **Enfoque cultural,** but also created ample opportunities, including watching films (**Charla videoteca**), for you to delve deeper into learning more about the cultures. Take time to read these with an open mind and in the process learn both about other cultures and your own.

As you would expect, grammar points (**Conéctate con el idioma**) appear in each **paso**. To make these accessible to you, we wrote the explanations as clearly as possible and provided plenty of contextualized examples. Always study them carefully before completing assignments. When in need of more practice or to ask for clarification, turn to any of the print or technology components listed below. Grammar points that you are likely already familiar with or can acquire quickly are presented in the feature **¿Recuerdas?**. We also encourage you to make use of the **Tertulia lingüística** feature, which looks at grammar topics in depth, providing practical strategies (handy tips for breaking down certain vocabulary words or understanding the formation of structures) and topics to fuel critical thinking and exploration.

We think you will enjoy the activities in ***Paso adelante.*** They provide many opportunities to connect with your classmates and with the Spanish-speaking world as well as to have some fun along the way! Feel free to be a bit playful and open to new ways of learning. Remember that laughter goes a long way, and it is okay to make mistakes. In fact, the willingness to make mistakes and learn from them is a hallmark of a good language learner.

As you read about the other components available to you, you will see that ***Paso adelante*** is a complete program that provides a number of resources in addition to your textbook. No matter what your preferred learning approach, you are bound to find a way to connect with the material. Enjoy!

Student Components

- The **Student Textbook** contains the information and activities that you will need for in-class use. It is divided into six core chapters plus a review chapter (***RePaso***) and an expansion chapter for those who are ready to go a step further toward the end of the course (**¡Paso adelante!**). Each of the core chapters contains vocabulary and grammar instruction and activities, audio- and video-related practice, cultural information and activities, reading selections, and writing practice. At the back of the book are reference sections, including a list of grammatical terms, verb charts, Spanish-English and English-Spanish glossaries, and an index.
- The **In-Text Audio CDs**, packaged with your textbook, contain the listening material for the listening-based activities in your textbook, which are marked with audio icons. The In-Text Audio combines interviews with native speakers of Spanish (which you can also find in video format on the Student CD-ROM) and scripted dialogues. All active chapter vocabulary is also recorded here.
- The **Student Activities Manual (SAM)** is intended for out-of-class practice. It contains written practice of the grammar and vocabulary presented in your textbook, reading and writing practice, audio-based guidance and practice of Spanish pronunciation, and further listening-comprehension practice.
- The **SAM Audio CD Program** contains the pronunciation and listening practice that corresponds to the listening portions of the Student Activities Manual. The listening content combines additional native-speaker interviews and passages scripted expressly for the program. You will most likely use the SAM Audio CD Program outside of class, at the language lab.
- Your instructor may choose to offer the **Online Workbook (e-SAM)**, which is an electronic version of the printed Student Activities Manual. The e-SAM allows you to complete the same practice as presented in the print version, but in a computerized format that provides immediate feedback for many exercises. The e-SAM also includes the audio correlated with the lab manual exercises and a direct link to SMARTHINKING™ (see below).

- The **Student CD-ROM** contains interactive activities that allow you to practice key structures and vocabulary from the book, providing immediate feedback so that you can monitor your own progress. Each chapter includes games, art-based activities, and additional native speaker interview content. The Student CD-ROM also includes the ***Paso adelante*** video.

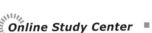

- The **Online Study Center** for ***Paso adelante*** (accessed through the Product Information Center at **http://college.hmco.com/pic/pasoadelante1e**) contains the following:
  - **Web Search Activities** designed to provide you with further practice of chapter vocabulary and grammar structures through exploration of Spanish-language websites
  - **Web Links** to a variety of Spanish-language sites, inviting you into authentic experiences of Spanish-speaking cultures and language
  - **Audio Flashcards** to help you learn chapter vocabulary and hear the correct pronunciation of new words
  - **ACE Practice Tests** designed to help you practice chapter vocabulary and grammar and to assess your own progress via immediate feedback
  - **ACE Video Activities** designed for listening comprehension and extra practice
  - **Downloadable .mp3 audio files** of the In-Text Audio files corresponding to the **¡A escuchar!** listening activities from your textbook, allowing you to review the activities or prepare them as homework.

The Student CD-ROM and Online Study Center were designed to help you identify what you already know about Spanish as well as areas where you need review. Once your needs have been identified, these components provide targeted additional practice and other resources to help you take your Spanish to the next level.

- The **Video** that accompanies ***Paso adelante*** includes:
  - Interviews with native Spanish speakers, allowing you to practice your listening comprehension and the Spanish from your textbook in an authentic environment
  - Cultural segments tied to the cultural content in your textbook
  - Dramatized situations that put the structures and vocabulary from your textbook into realistic contexts
  - Video clips explaining key grammar structures in a clear, visual style
- If your school or department uses **BlackBoard** and **WebCT Basic** course management systems, you will find content specific to ***Paso adelante*** on these sites. This will allow your instructor to connect with you online in a secure, private forum.
- **SMARTHINKING™ Online Tutoring for Spanish** offers you free real-time online tutorial support. Here, you have the chance to interact one-on-one with specially trained Spanish tutors in live sessions during specified times that correspond to peak homework hours. SMARTHINKING™ also enables you to submit questions to a tutor and receive a reply within 24 hours or to access around-the-clock independent study resources.

Guide to Icons Used in the Text

Textbook Activities

The "recycling" icon next to an activity indicates that in doing the activity, you will not only be practicing material you have just learned, but you will also be incorporating vocabulary words or grammar structures that you learned in a previous chapter or section. It's a good way to get an extra review of what you've learned. Try testing your memory first, but you can also refer back to previous material in your textbook if you need help.

This icon indicates an activity to be done with a partner.

This icon indicates an activity to be done with two or more classmates.

Multimedia Resources

The headphones icon next to an activity means you will be asked to listen to your In-Text Audio CD to complete the activity.

For the activities based on the **Las entrevistas** interviews, the headphones icon is accompanied by a video icon. This indicates that you have the option of either viewing the interviews or of listening to them on your In-Text Audio CD. Your instructor may choose to show them in class; outside of class you can find them on the Student CD-ROM.

The Online Study Center icon indicates additional online resources and practice related to the topic in your textbook. This includes audio flashcards for the **Vocabulario** sections, ACE Quizzes for the **Vocabulario** and **Conéctate con el idioma** sections, and Web Search Activities based on the **Enfoque cultural** themes. You can access the Online Study Center from **http://college.hmco.com/pic/pasoadelante1e**.

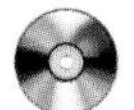

This icon next to a vocabulary or grammar topic indicates that additional interactive practice of that topic is available on your Student CD-ROM.

An Overview of Your Textbook's Main Features

Paso adelante consists of a preliminary chapter, ***RePaso,*** followed by six core chapters and an optional, supplementary chapter (**¡Paso adelante!**).

A two-page chapter opener lays out learning goals and strategies and establishes clear, functional objectives.

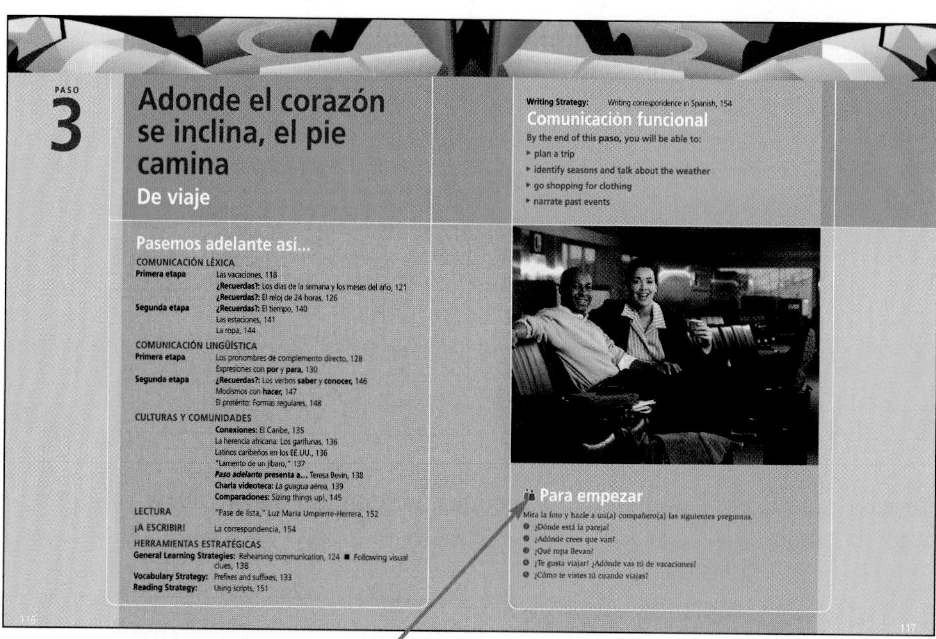

PASO 3

Adonde el corazón se inclina, el pie camina

De viaje

Pasemos adelante así...

COMUNICACIÓN LÉXICA

Primera etapa Las vacaciones, 118
¿Recuerdas?: Los días de la semana y los meses del año, 121
¿Recuerdas?: El reloj de 24 horas, 126
Segunda etapa **¿Recuerdas?:** El tiempo, 140
Las estaciones, 141
La ropa, 144

COMUNICACIÓN LINGÜÍSTICA

Primera etapa Los pronombres de complemento directo, 128
Expresiones con **por** y **para,** 130
Segunda etapa **¿Recuerdas?:** Los verbos **saber** y **conocer,** 146
Modismos con **hacer,** 147
El pretérito: Formas regulares, 148

CULTURAS Y COMUNIDADES

Conexiones: El Caribe, 135
La herencia africana: Los garífunas, 136
Latinos caribeños en los EE.UU., 136
"Lamento de un jíbaro," 137
***Paso adelante* presenta a...** Teresa Bevin, 138
Charla videoteca: *La guagua aérea,* 139
Comparaciones: Sizing things up!, 145

LECTURA "Pase de lista," Luz María Umpierre-Herrera, 152

¡A ESCRIBIR! La correspondencia, 154

HERRAMIENTAS ESTRATÉGICAS

General Learning Strategies: Rehearsing communication, 124 ■ Following visual clues, 138
Vocabulary Strategy: Prefixes and suffixes, 133
Reading Strategy: Using scripts, 151
Writing Strategy: Writing correspondence in Spanish, 154

Comunicación funcional

By the end of this **paso,** you will be able to:

- plan a trip
- identify seasons and talk about the weather
- go shopping for clothing
- narrate past events

Para empezar

Mira la foto y hazle a un(a) compañero(a) las siguientes preguntas.

1. ¿Dónde está la pareja?
2. ¿Adónde crees que van?
3. ¿Qué ropa llevan?
4. ¿Te gusta viajar? ¿Adónde vas tú de vacaciones?
5. ¿Cómo te vistes tú cuando viajas?

116 117

Para empezar poses questions about the opening photo to get you started thinking about the chapter theme and its relationship to your own life.

Chapters are divided into two **etapas** with parallel structures, and chapter sections are color-coded so that navigation within the book is easy.

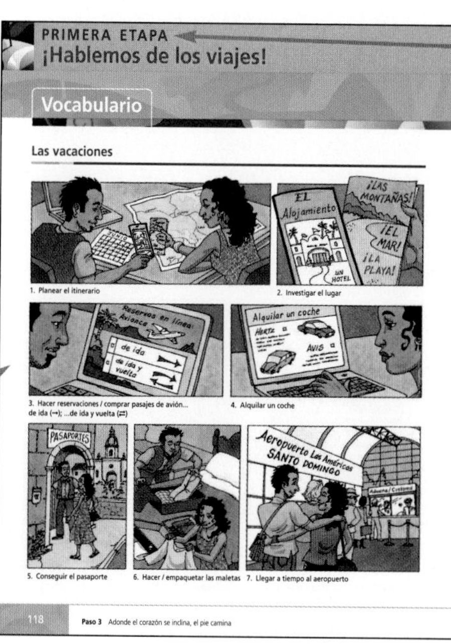

PRIMERA ETAPA

¡Hablemos de los viajes!

Vocabulario

Las vacaciones

1. Planear el itinerario
2. Investigar el lugar
3. Hacer reservaciones / comprar pasajes de avión... de ida (→); ...de ida y vuelta (⇄)
4. Alquilar un coche
5. Conseguir el pasaporte
6. Hacer / empaquetar las maletas
7. Llegar a tiempo al aeropuerto

118 **Paso 3** Adonde el corazón se inclina, el pie camina

Each **etapa** opens with **Vocabulario,** which presents vocabulary words within meaningful contexts through lively drawings.

Conéctate con el idioma grammar presentations open with examples of language structures in everyday use. Language is presented through a drawing or text, such as a saying or joke, in Spanish.

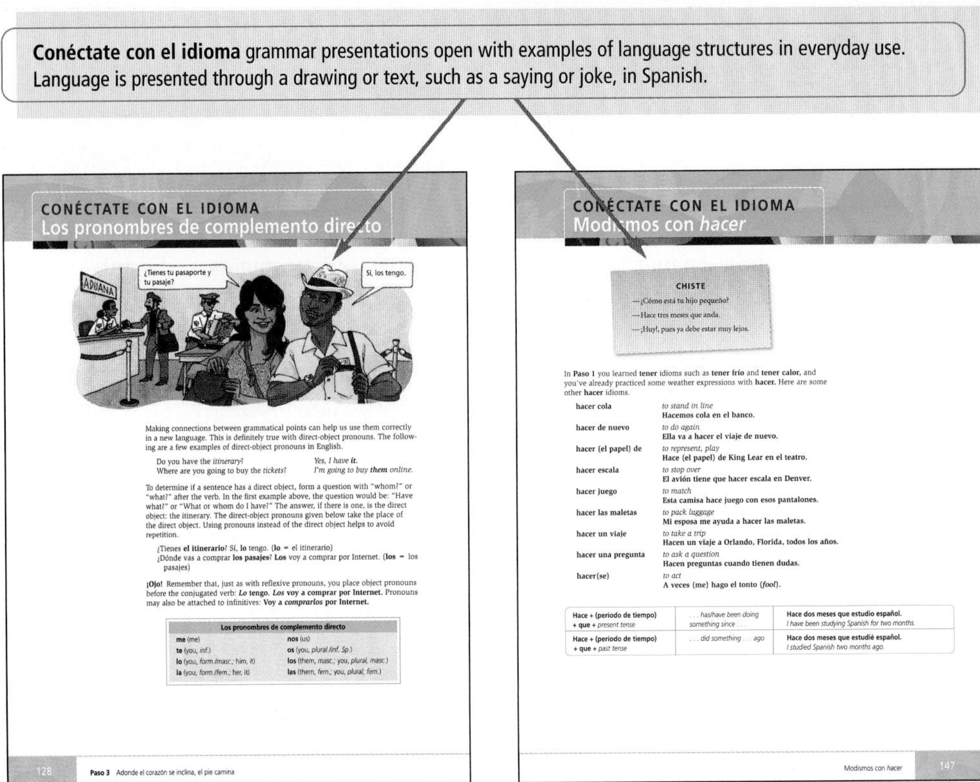

CONÉCTATE CON EL IDIOMA
Los pronombres de complemento directo

Making connections between grammatical points can help us use them correctly in a new language. This is definitely true with direct-object pronouns. The following are a few examples of direct-object pronouns in English.

Do you have the *itinerary*? — *Yes, I have* ***it***.
Where are you going to buy the *tickets*? — *I'm going to buy* ***them*** *online.*

To determine if a sentence has a direct object, form a question with "whom?" or "what?" after the verb. In the first example above, the question would be: "Have what?" or "What or whom do I have?" The answer, if there is one, is the direct object: the itinerary. The direct-object pronouns given below take the place of the direct object. Using pronouns instead of the direct object helps to avoid repetition.

¿Tienes **el itinerario**? Sí, **lo** tengo. (**lo** = el itinerario)
¿Dónde vas a comprar **los pasajes**? **Los** voy a comprar por Internet. (**los** = los pasajes)

¡Ojo! Remember that, just as with reflexive pronouns, you place object pronouns before the conjugated verb: ***Lo*** **tengo.** ***Los*** **voy a comprar por Internet.** Pronouns may also be attached to infinitives: **Voy a** ***comprarlos*** **por Internet.**

Los pronombres de complemento directo	
me (me)	**nos** (us)
te (you, *inf.*)	**os** (you, *plural/inf. Sp.*)
lo (you, *form./masc.*; him, it)	**los** (them, *masc.*; you, *plural, masc.*)
la (you, *form./fem.*; her, it)	**las** (them, *fem.*; you, *plural, fem.*)

128 **Paso 3** Adonde el corazón se inclina, el pie camina

CONÉCTATE CON EL IDIOMA
Modismos con *hacer*

CHISTE
—¿Cómo está tu hijo pequeño?
—Hace tres meses que anda.
—¡Huy!, pues ya debe estar muy lejos.

In **Paso 1** you learned **tener** idioms such as **tener frío** and **tener calor,** and you've already practiced some weather expressions with **hacer.** Here are some other **hacer** idioms.

hacer cola	*to stand in line* **Hacemos cola en el banco.**
hacer de nuevo	*to do again* **Ella va a hacer el viaje de nuevo.**
hacer (el papel) de	*to represent, play* **Hace (el papel) de King Lear en el teatro.**
hacer escala	*to stop over* **El avión tiene que hacer escala en Denver.**
hacer juego	*to match* **Esta camisa hace juego con esos pantalones.**
hacer las maletas	*to pack luggage* **Mi esposa me ayuda a hacer las maletas.**
hacer un viaje	*to take a trip* **Hacen un viaje a Orlando, Florida, todos los años.**
hacer una pregunta	*to ask a question* **Hacen preguntas cuando tienen dudas.**
hacer(se)	*to act* **A veces (me) hago el tonto (*fool*).**

Hace + (período de tiempo) + que + *present tense*	*. . . has/have been doing something since . . .*	**Hace dos meses que estudio español.** *I have been studying Spanish for two months.*
Hace + (período de tiempo) + que + *past tense*	*. . . did something . . . ago*	**Hace dos meses que estudié español.** *I studied Spanish two months ago.*

Modismos con *hacer* 147

Concise explanations of grammar structures, written in English, allow you to study at home.

¿Recuerdas? boxes, appearing in the vocabulary and grammar sections, draw on the knowledge that High Beginners bring to the study of Spanish by highlighting material they may recall from previous courses.

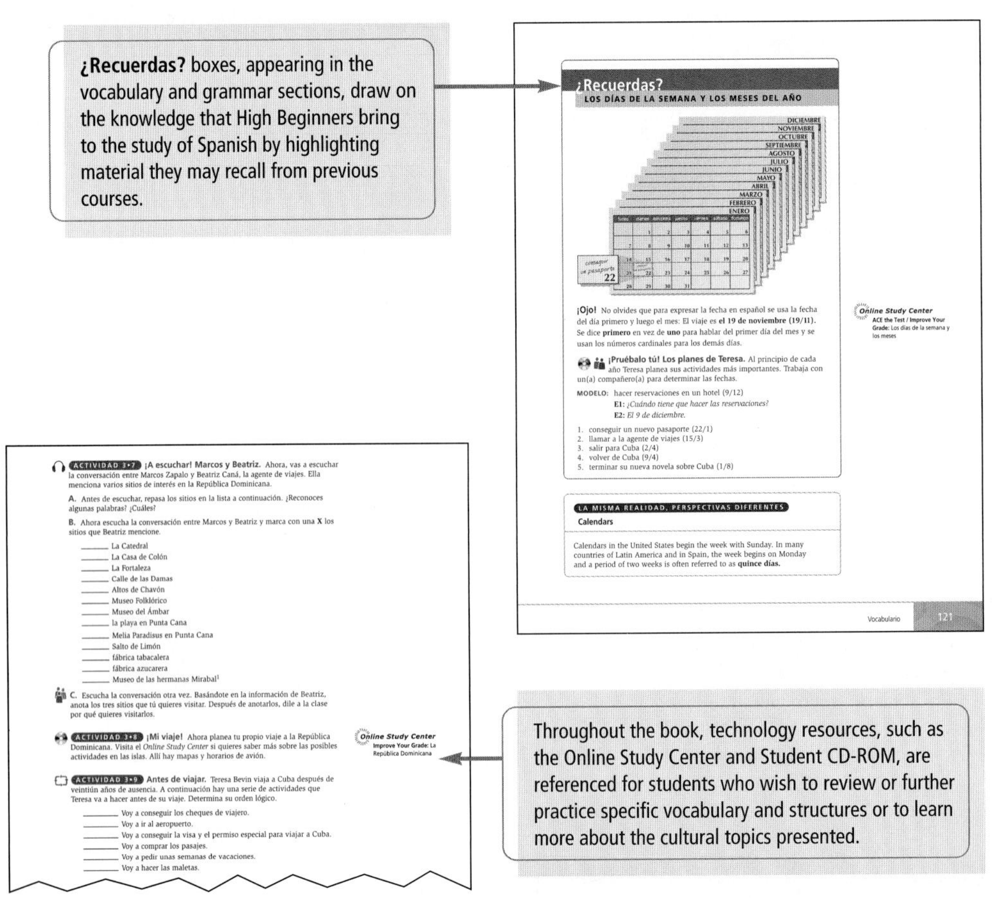

¿Recuerdas?
LOS DÍAS DE LA SEMANA Y LOS MESES DEL AÑO

¡Ojo! No olvides que para expresar la fecha en español se usa la fecha del día primero y luego el mes: El viaje es **el 19 de noviembre (19/11).** Se dice **primero** en vez de **uno** para hablar del primer día del mes y se usan los números cardinales para los demás días.

¡Pruébalo tú! Los planes de Teresa. Al principio de cada año Teresa planea sus actividades más importantes. Trabaja con un(a) compañero(a) para determinar las fechas.

MODELO: hacer reservaciones en un hotel (9/12)
E1: *¿Cuándo tiene que hacer las reservaciones?*
E2: *El 9 de diciembre.*

1. conseguir un nuevo pasaporte (22/1)
2. llamar a la agente de viajes (15/3)
3. salir para Cuba (2/4)
4. volver de Cuba (9/4)
5. terminar su nueva novela sobre Cuba (1/8)

Online Study Center
ACE the Test / Improve Your Grade: Los días de la semana y los meses

LA MISMA REALIDAD, PERSPECTIVAS DIFERENTES
Calendars

Calendars in the United States begin the week with Sunday. In many countries of Latin America and in Spain, the week begins on Monday and a period of two weeks is often referred to as **quince días.**

Vocabulario 121

ACTIVIDAD 3•7 **¡A escuchar! Marcos y Beatriz.** Ahora, vas a escuchar la conversación entre Marcos Zapalo y Beatriz Caná, la agente de viajes. Ella menciona varios sitios de interés en la República Dominicana.

A. Antes de escuchar, repasa los sitios en la lista a continuación. ¿Reconoces algunas palabras? ¿Cuáles?

B. Ahora escucha la conversación entre Marcos y Beatriz y marca con una **X** los sitios que Beatriz mencione.

_______ La Catedral
_______ La Casa de Colón
_______ La Fortaleza
_______ Calle de las Damas
_______ Altos de Chavón
_______ Museo Folklórico
_______ Museo del Ámbar
_______ la playa en Punta Cana
_______ Melia Paradisus en Punta Cana
_______ Salto de Limón
_______ fábrica tabacalera
_______ fábrica azucarera
_______ Museo de las hermanas Mirabal[1]

C. Escucha la conversación otra vez. Basándote en la información de Beatriz, anota los tres sitios que tú quieres visitar. Después de anotarlos, dile a la clase por qué quieres visitarlos.

ACTIVIDAD 3•8 **¡Mi viaje!** Ahora planea tu propio viaje a la República Dominicana. Visita el *Online Study Center* si quieres saber más sobre las posibles actividades en las islas. Allí hay mapas y horarios de avión.

Online Study Center
Improve Your Grade: La República Dominicana

ACTIVIDAD 3•9 **Antes de viajar.** Teresa Bevin viaja a Cuba después de veintiún años de ausencia. A continuación hay una serie de actividades que Teresa va a hacer antes de su viaje. Determina su orden lógico.

_______ Voy a conseguir los cheques de viajero.
_______ Voy a ir al aeropuerto.
_______ Voy a conseguir la visa y el permiso especial para viajar a Cuba.
_______ Voy a comprar los pasajes.
_______ Voy a pedir unas semanas de vacaciones.
_______ Voy a hacer las maletas.

Throughout the book, technology resources, such as the Online Study Center and Student CD-ROM, are referenced for students who wish to review or further practice specific vocabulary and structures or to learn more about the cultural topics presented.

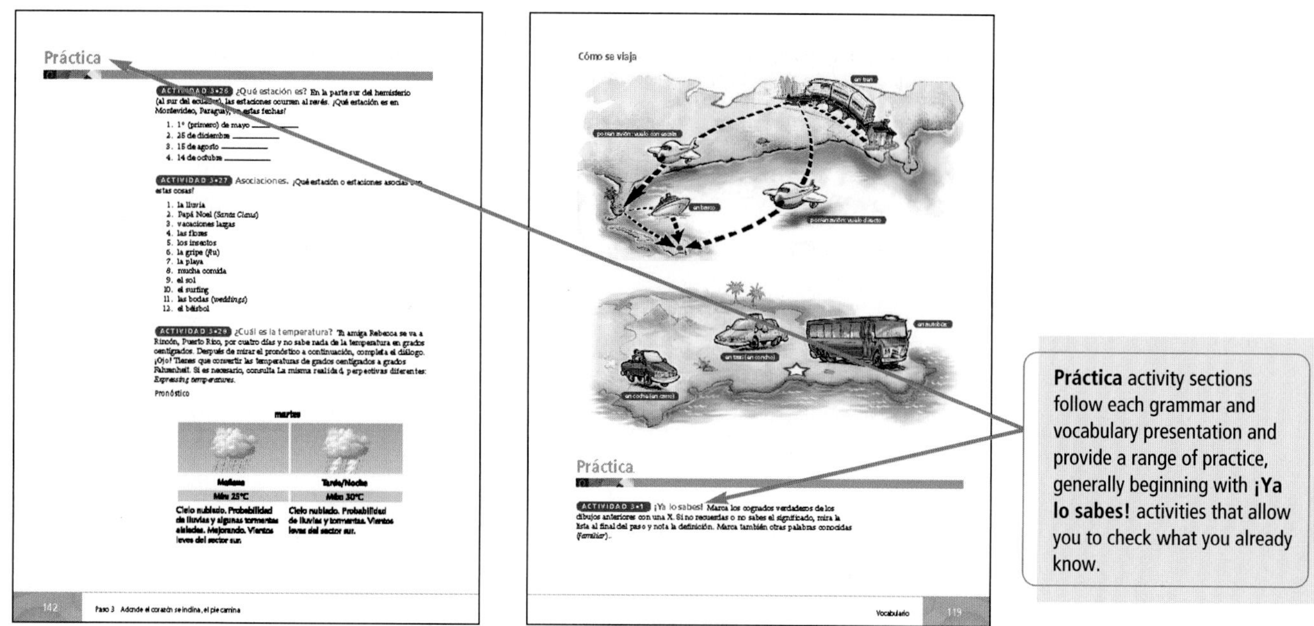

Práctica activity sections follow each grammar and vocabulary presentation and provide a range of practice, generally beginning with **¡Ya lo sabes!** activities that allow you to check what you already know.

Activities progress from comprehension-check, mechanical exercises to communicative pair and group activities.

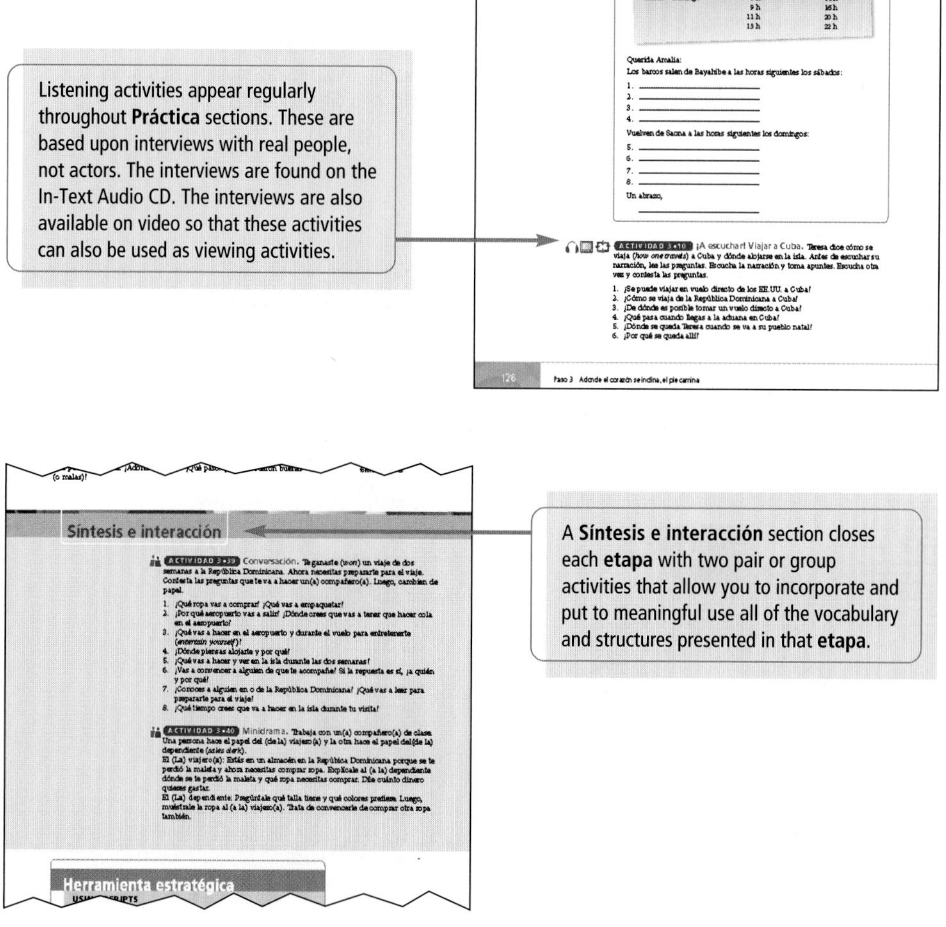

Listening activities appear regularly throughout **Práctica** sections. These are based upon interviews with real people, not actors. The interviews are found on the In-Text Audio CD. The interviews are also available on video so that these activities can also be used as viewing activities.

A **Síntesis e interacción** section closes each **etapa** with two pair or group activities that allow you to incorporate and put to meaningful use all of the vocabulary and structures presented in that **etapa**.

Enfoque cultural divides the two **etapas** of each chapter and presents an in-depth exploration of a particular cultural theme through readings, photos, and maps.

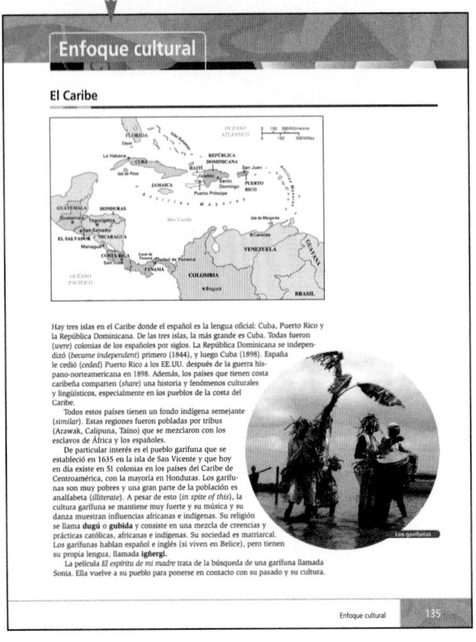

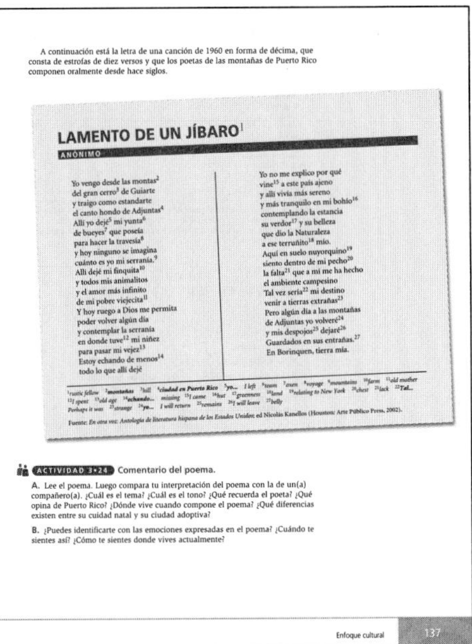

Found in the **Enfoque cultural, *Paso adelante* presenta a...** profiles a different Hispanic living in the U.S. in every chapter.

Charla videoteca focuses on a feature film that relates to the chapter's cultural topics and presents a meaningful way to experience culture beyond the classroom. Each chapter highlights a different film.

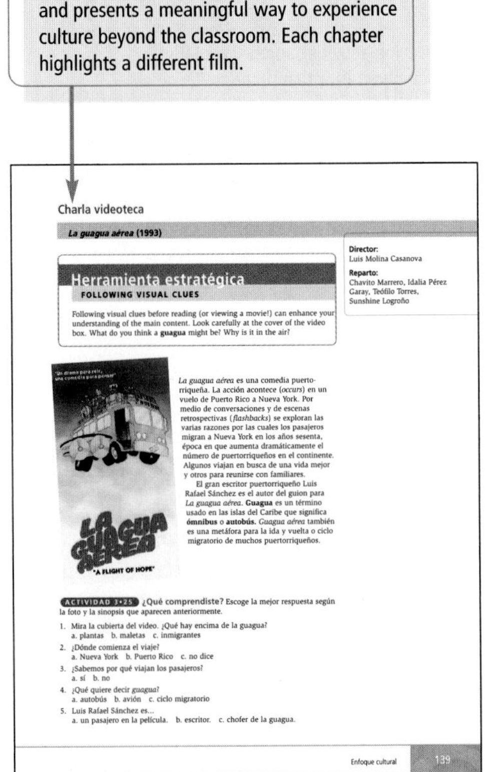

Culture is also fully integrated throughout each chapter.

Apuntes culturales provide engaging cultural notes relevant to chapter topics.

Práctica activities incorporate authentic items such as advertisements, articles, and websites from the Spanish-speaking world.

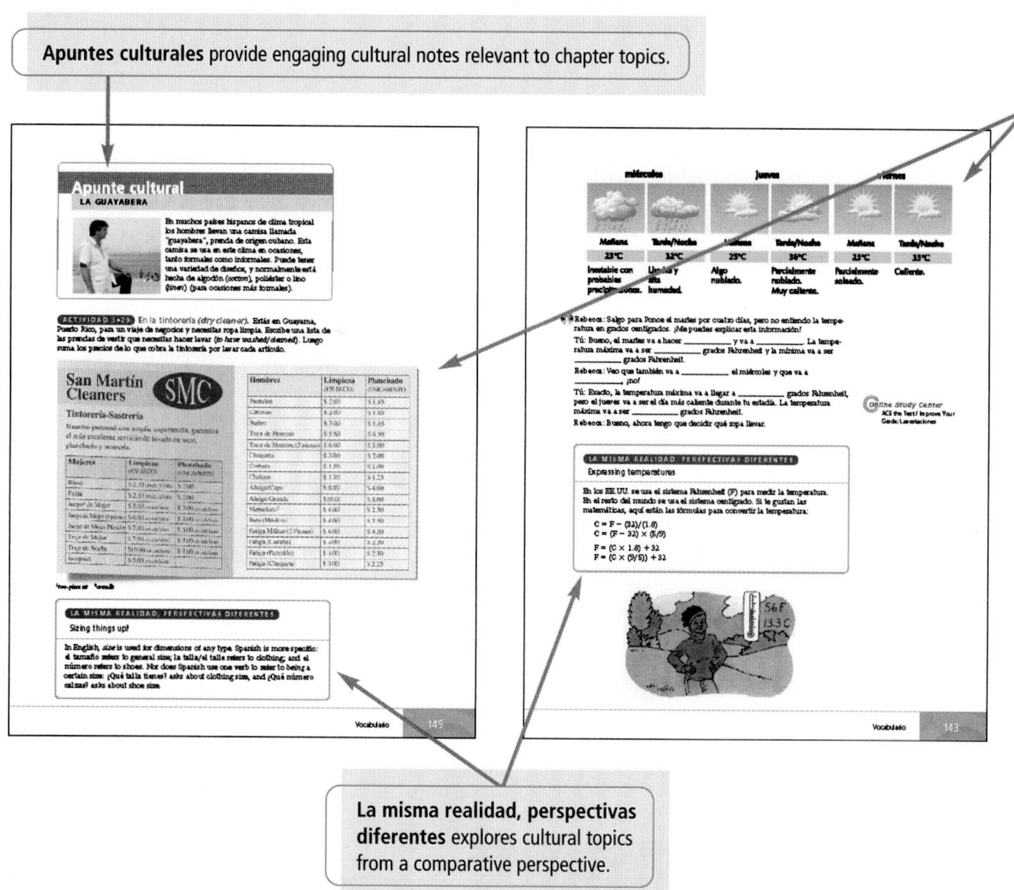

La misma realidad, perspectivas diferentes explores cultural topics from a comparative perspective.

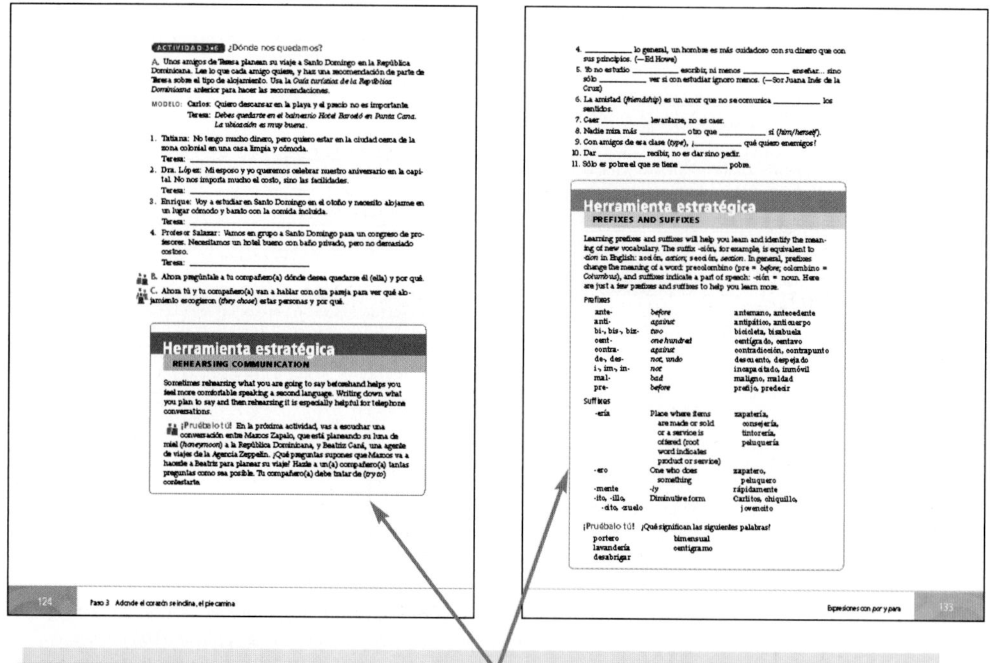

Herramientas estratégicas appear throughout each chapter and present learning strategies oriented specifically to the High Beginner. These include both general learning strategies and skill development in specific areas, such as grammar and vocabulary acquisition, reading, writing, and cultural exploration.

Lectura is based on a reading, such as a short story, magazine or brochure excerpt, song, or poem. Specific reading strategies and pre- and post-reading activities guide students through the readings and deepen comprehension and appreciation of them.

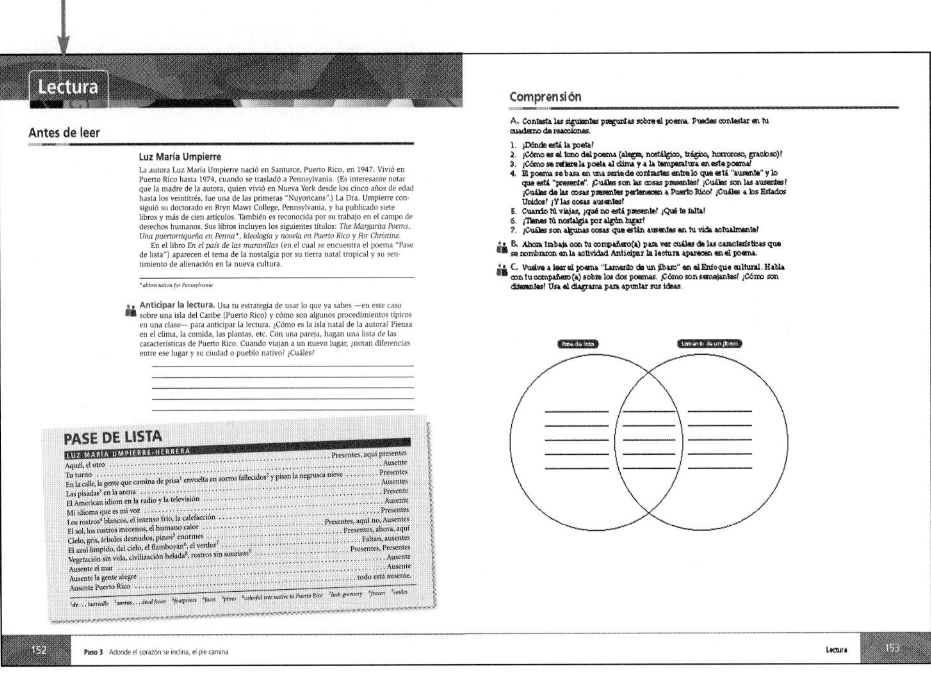

¡A escribir! provides topics for a variety of writing assignments and also includes strategies and step-by-step guidance for planning, writing, and peer editing.

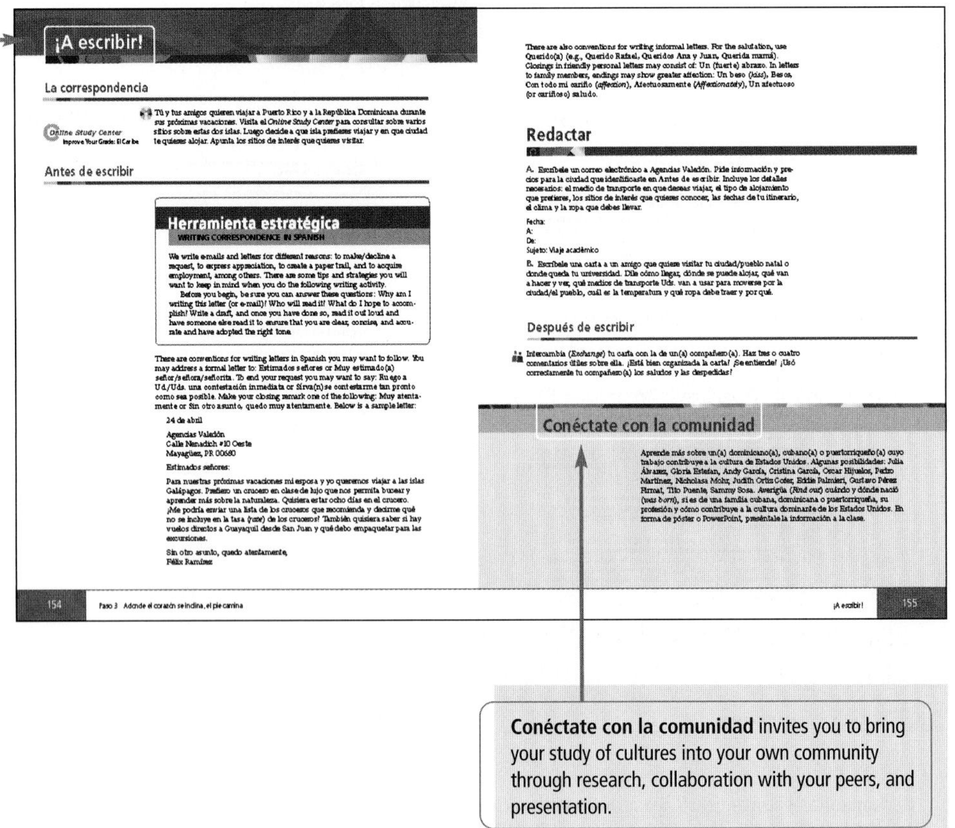

Conéctate con la comunidad invites you to bring your study of cultures into your own community through research, collaboration with your peers, and presentation.

Acknowledgments

We are deeply indebted to the many wonderful people who have contributed so generously of their time and talent to this project. We thank Erin Kern, our faithful and patient editor, for pushing this project from concept to reality. Her quiet effectiveness and skillful hand are evidenced throughout. Thanks go as well to Rolando Hernández and Glenn Wilson for their leadership, courage, persistence, and vision. We appreciate Amy Baron for recognizing the need for this text and understanding the initial vision of our project. We are grateful to Harriet C. Dishman, our production editor, Luz Galante, our eagle-eyed copyeditor; Shirley Webster, our tireless photo researcher; Linda Rodolico, the sensitive and sensible coordinator of the distinctive art program; VPG and Michelle Morgan, our creative video producers; and Laurel Miller, our tech guru for pulling the many digital pieces together. We are so grateful to the fine professionals in production who made ***Paso adelante*** a visual dream, and to the crack marketing team under the skillful guidance of Eileen Bernadette Moran who brought this text to your hands.

Our special thanks go to Joy Renjilian-Burgy, a mentor without equal, for her confidence in us and her support and to Clara Yu, whose brilliant brainchild, Project 2001, brought us together.

We are especially grateful to our interviewees who contributed so much of themselves: Claudia Soto, Dora Salamanca, Teresa Bevin, Mirna Ostschega, Eduardo Barada, and Mario Salazar. We would also like to thank Montgomery College for allowing the use of college facilities for filming. Special thanks go to Linda Randall and Janet Saros for allowing us to interrupt their busy days for filming, and to Steve Simon and Beth Homan for their advice and assistance.

To our colleagues at Montgomery College and Beloit College, our thanks for their support and counsel, and to our students, our thanks for making teaching such a joy.

We are grateful to our reviewers whose insights and suggestions contributed to the strength of the program:

Silvia Amigo-Silvestre, Cornell University

Julia Barnes, University of Georgia

Paola Bianco, Wilkes University

Kathleen Brown, Ohio University

Alan S. Bruflat, Wayne State College

María Teresa Camblor-Portilla, Georgetown University

Lorenz Chan, Glendale Community College

An Chung Cheng, University of Toledo

Darrell Dernoshek, University of South Carolina

Wendy Dodge, University of Central Arkansas

Silvana Falconi, Indiana University, Bloomington

Martin Favata, The University of Tampa

Joan H. Fox, University of Washington-Seattle

Randal P. Garza, University of Tennessee at Martin

Judy L. Getty, California State University, Sacramento

Bernadette Houldsworth, Wheaton College

Fernando Iturburu, State University of New York at Plattsburgh

Kim Lewis, Birmingham-Southern College

Judith E. Liskin-Gasparro, University of Iowa

Jeanne Martinez, Arizona State University

David Oberstar, Indiana University-Purdue University, Fort Wayne

Teresa Perez-Gamboa, University of Georgia

Betsy Sandlin, University of North Carolina at Chapel Hill

Carmen L. Skarupinski, State University of New York at Buffalo

Carmen Vigo-Acosta, Mesa Community College at Red Mountain

Gabriela C. Zapata, University of Alberta

U. Theresa Zmurkewycz, St. Joseph's University, Philadelphia

And finally, we cannot put into words our gratitude to our wonderful families for their patience, love, and never-ending support.

Much love and a thousand thanks Tom, Brendan, and Colin!
Sharon Ahern Fechter, Montgomery College

All my love and appreciation to Jeff and Gabi!
Sylvia López, Beloit College

REPASO

R

Contra lo malo aprendido, el remedio es el olvido

Repasemos así...

COMUNICACIÓN LÉXICA

COMUNICACIÓN LINGÜÍSTICA

CULTURAS Y COMUNIDADES

[1]**Para reconocer** items are for recognition only in the ***RePaso.*** You won't be asked to produce these, but it will aid your progress to understand how they work.

Comunicación funcional

By the end of this **paso,** you will be able to:

- greet and address others appropriately
- work in class
- describe yourself and your surroundings
- talk about the near future
- tell time

HERRAMIENTAS ESTRATÉGICAS

General Learning Strategies: Becoming a successful language learner, 4
▪ Encouraging yourself, 6 ▪ Why study foreign languages?, 8

Vocabulary Strategy: Capitalizing on what you already know—recognizing cognates, 5

Writing Strategy: Taking notes in a new language, 20

Herramienta estratégica

BECOMING A SUCCESSFUL LANGUAGE LEARNER

Research shows that good language learners:

- are highly motivated (see the *Herramienta estratégica* "Why study foreign languages?" on page 8)
- take risks and are willing to make mistakes
- try to find patterns, classify, and analyze as a way to focus on form
- seek out practice opportunities and monitor speech—their own and others'
- try to guess and are good guessers
- pay attention to meaning

¡Pruébalo tú! *My Strategy Portfolio.* Put a check mark next to the strategies you already use when learning a language. Go through the strategies again and star the ones you have used successfully in other kinds of classes. Think of ways you can expand on these and develop the techniques that you don't currently use. Discuss with a classmate your successful strategies; that is, whatever works for you to help you learn.

Paso adelante presenta a...

ACTIVIDAD R•1 ¡A conocernos! Escucha a las personas que nos van a ayudar a pasar adelante. Escribe el nombre de cada persona en la línea que corresponda al país y a la profesión apropiados.

País

____________	Cuba	____________	Venezuela
____________	Argentina	____________	El Salvador
____________	Colombia	____________	Chile
____________	México	____________	los Estados Unidos

Profesión

____________	estudiante	____________	cocinero
____________	profesora	____________	ingeniero
____________	autora	____________	enfermera
____________	madre	____________	ama de casa (*housewife*)

Herramienta estratégica

CAPITALIZING ON WHAT YOU ALREADY KNOW—RECOGNIZING COGNATES

You come to this class with a strong knowledge of the world, important personal learning and life experiences, and some previous exposure to Spanish. Remember that you are starting from a position of strength! Every time you encounter something new, try to relate it to what you already know—search for that cognitive "peg" already in your brain on which to hang the incoming information. You might not always get it right the first time, but you probably know more than you think you know!

For example, many words in English and Spanish are *cognates*—they look similar and mean the same thing: **educación, Francia, carro, universidad,** etc. Sometimes this strategy doesn't work—some words are false cognates (**embarazada** means *pregnant*) that can lead to some "embarrassing" moments (!), but we learn these as we go along and have some fun in the process.

¡Pruébalo tú! ¡Dos minutos! In pairs, write as many cognates as you can in two minutes. Share your lists. See how much you already know!

Presentaciones

Claudia   Dora

—Buenos días. Me llamo Claudia Soto. Aparezco en el **Paso 1** y hablo de mis estudios. ¿Cómo te llamas?
—Me llamo Dora. Soy ama de casa (*housewife*) y hablo de mi familia y de mi casa en el **Paso 2.** Soy de El Salvador. ¿De dónde eres?
—Soy de México.
—Pues, mucho gusto.
—Encantada.

—Buenos días. Me llamo Teresa Bevin. La historia de mi vida en Cuba y en los Estados Unidos aparece en el **Paso 3.** ¿Cómo se llama Ud.?
—Buenos días. Me llamo Mirna Ostchega. Soy de El Salvador. En el **Paso 4** hablo de la salud personal y pública. Mucho gusto en conocerla.
—El gusto es mío.

—Buenas tardes. Soy cocinero y el dueño de un negocio culinario. En el **Paso 5** enseño la receta para uno de mis platos preferidos ¿Cómo se llama?
—Me llamo Mario Salazar. Soy colombiano y hablo del mundo natural en el **Paso 6.** Encantado.
—Igualmente.

Herramienta estratégica

ENCOURAGING YOURSELF

Language learning can be a great deal of work, but that should not be a reason to give up studying. To succeed, keep an open mind and a positive attitude. Remind yourself of all the advantages that come with knowing another language—career opportunities, enhanced overseas experiences, better understanding of the diverse populations around us, to name a few. Then compare the costs of not learning another language to the benefits. In short, to meet your goal of acquiring and using your Spanish, keep a positive outlook, set small, realistic goals, reward yourself when you meet a goal, manage your time well, and do not undermine your intentions. Start every class by telling yourself "Yes, I can!" Now sit back, close your eyes, and repeat: **¡Sí, puedo!, ¡Sí, puedo!, ¡Sí, puedo!**

Saludos y despedidas

Informal

—Hola, Dora. ¿Qué tal?
—Bien. Y tú, ¿cómo estás?
—Más o menos.
—¿Qué pasa?
—Estoy cansada, nada más.
—¡Ah! Pues, cuídate (*take care*). Hasta luego.
—Nos vemos, Dora.

Formal

—Buenos días, Sr. Barada. ¿Cómo está usted?
—Estoy bien, gracias. ¿Y usted, profesora?
—Estoy bastante bien, pero muy ocupada (*busy*) en estos momentos.
—Sí, yo también. Estamos ocupados con el trabajo en el restaurante. Hasta pronto.
—Adiós.

Práctica

ACTIVIDAD R•2 **¿Quién es?** Preséntate y saluda a otro(a) estudiante o al (a la) profesor(a). Sigue los modelos en los diálogos. Hay expresiones adicionales al final del ***RePaso.***

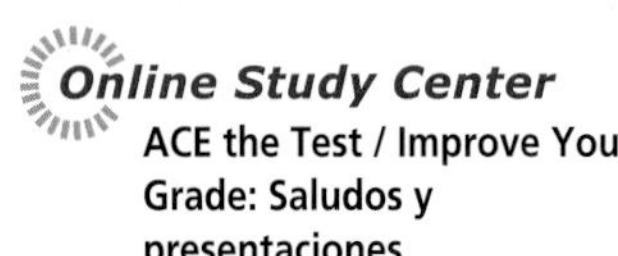

Online Study Center
ACE the Test / Improve Your Grade: Saludos y presentaciones

Los pronombres personales

TERTULIA LINGÜÍSTICA

"Thou art more lovely . . ."

Have you ever seen these words in English: *thou, thee, thy, thine*? You may recognize them in lines from Shakespeare. They are antiquated forms of the informal *you* in English. If you see or hear them, you know that the dialogue is taking place between two people who are closely related—lovers, good friends, family members. When you think about it, **tú** is not all that different from these English forms. In fact, the form is still in use in many editions of the Bible.

	Singular	Plural
1ª persona	yo	nosotros, nosotras
2ª persona	tú/Ud.	vosotros, vosotras/Uds.
3ª persona	él, ella	ellos, ellas

Remember that we use **usted** (**Ud.**) in formal situations and **tú** among peers. You will note that we generally use **tú** when addressing each other in ***Paso adelante***, but remember that in some classes a professor may prefer a more formal environment. Note that **Ud.** and **Uds.**, while second person (*you*), will use third-person endings.

Práctica

ACTIVIDAD R•3 **¿Formal o informal?** ¿Por qué algunas personas en los diálogos en la página 7 usan **tú** y otras usan **usted**? En parejas hablen de las posibles razones.

Herramienta estratégica

WHY STUDY FOREIGN LANGUAGES?

Whatever your reasons for taking this Spanish course, there is good cause to study other languages. There are cognitive benefits to studying another language: enhanced creativity, higher-order thinking skills, mental sharpness. In fact, a recent study shows that "being bilingual may protect against mental decline in old age."* There are also practical benefits. Countries today are more interdependent than ever, so languages have become an essential tool for better cross-cultural understanding, economic development, and national security. Knowing other languages will increase your career opportunities and better prepare you for both a diverse workplace as well as study and travel abroad. But perhaps most important, in the process of learning another language, you will have opportunities to learn about how people from other cultures perceive the world and what they value. And, while you learn about others, you will learn more about yourself, your worldview, your language, and your culture. Moreover, you will be able to discover commonalities among cultures and develop a better appreciation for our differences as well. There is no question about it; there is much to be gained from studying another language. Reflect for a moment on why you are studying another language. What can you focus on to motivate you to excel in this class?

*BBC News: "Being bilingual 'protects brain,'" June 15, 2004.

La concordancia: Género y número

Why does Claudia say, in the dialogues earlier in this chapter, that she is **encan-tad*a*** and Mario say that he is **encantad*o***? It's because adjectives agree in gender (masculine or feminine) and number (singular or plural) with the noun they describe. You will read more details about gender and number a bit later in the ***Re*Paso.** In the meantime, can you find additional examples of number and gender agreement in the dialogues?

Los artículos definidos e indefinidos

We use definite (*the*) and indefinite articles (*a, an, some*) in English as well as in Spanish. In Spanish, the articles follow the rules of agreement (**concordancia**) that adjectives follow.

Los artículos definidos

	Masculine	Feminine
Singular	el	la
Plural	los	las

Los artículos indefinidos

	Masculine	Feminine
Singular	un	una
Plural	unos	unas

TERTULIA LINGÜÍSTICA
Articles in English and Spanish

In most cases, the use of the article is similar in English and Spanish, although it is much more common in Spanish. In addition, when we are speaking about (not directly to) someone with a title, we use the definite article: ***La* doctora Reyes está ocupada en estos momentos.** Note that in many countries, it is considered impolite to refer to someone by name (rather than by title) with the definite article.

El salón de clase

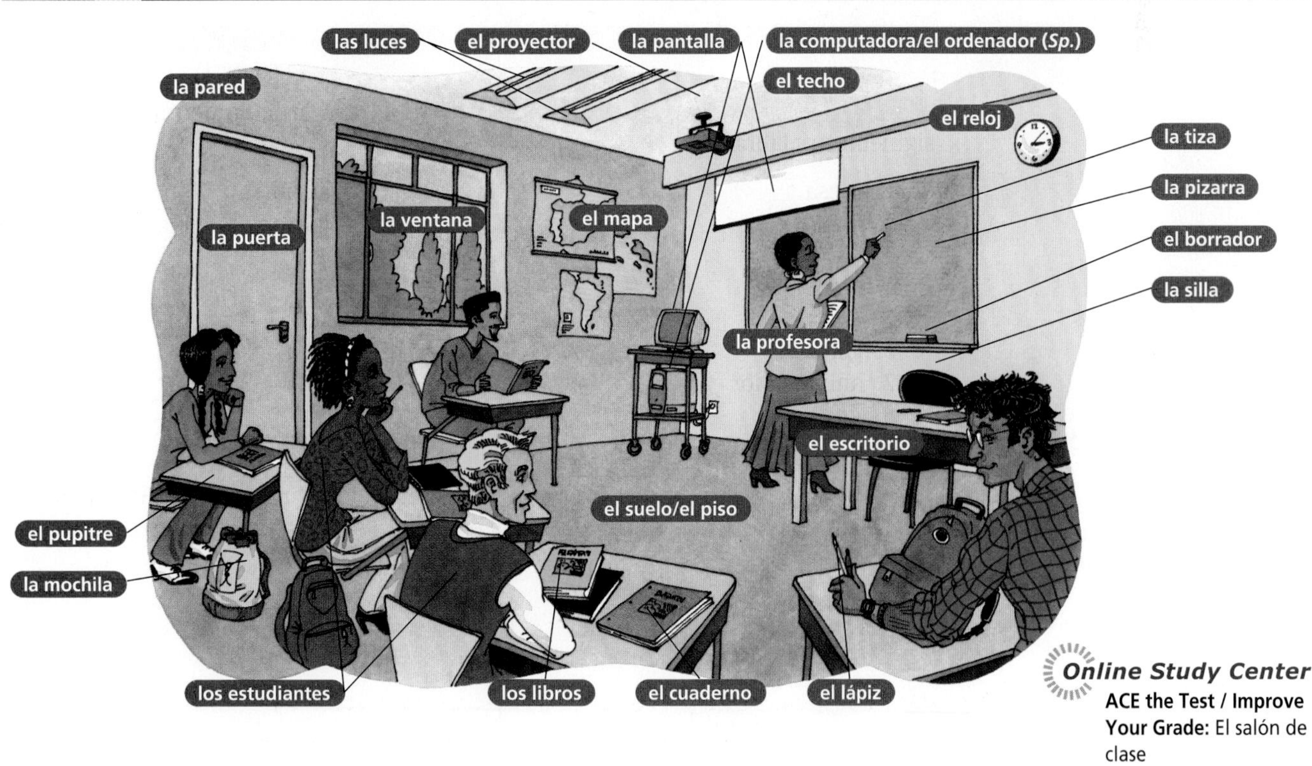

Online Study Center
ACE the Test / Improve Your Grade: El salón de clase

Los sustantivos: Género y número

Nouns in Spanish have the linguistic qualities of number (singular or plural) and gender (masculine or feminine). The definite article, as you saw earlier in the ***RePaso***, indicates the gender of a noun. But there are some general rules to help you identify gender:

- Nouns ending in **-a** are usually feminine; nouns ending in **-o** are usually masculine. A few exceptions: **la mano, el mapa, el problema, el tema, el día.**
- Nouns ending in **-dad** or **-ión** are feminine: **la ciudad, la comunidad, la educación, la administración.**

To form the plural of both nouns and adjectives, add **-s** to words ending in a vowel and **-es** to words ending in a consonant:

ventana → ventanas | **libro → libros**
pupitre → pupitres | **reloj → relojes**

If the word ends in **-z,** change **z** to **c** before adding **-es:**

luz → luces
lápiz → lápices

¡Ojo!

Words without a written accent ending in **-n**, **-s**, or a vowel are pronounced with the stress on the *second*-to-last syllable. Thus, if such words are pronounced with stress on the *last* syllable, they have an accent to show this: for example, **canción.** When such words end in a consonant and thus require an **-es** in their plural form, the stressed syllable changes, so the written accent is omitted: **canciones.**

Práctica

ACTIVIDAD R•4 **¿Qué artículo se usa?** Da el artículo definido para las siguientes palabras.

1. mesa
2. noche
3. día
4. emoción
5. lápiz
6. gato
7. aniversario
8. unidad
9. universidad
10. problema
11. estación
12. piano
13. agua
14. diversidad
15. tarde
16. clase

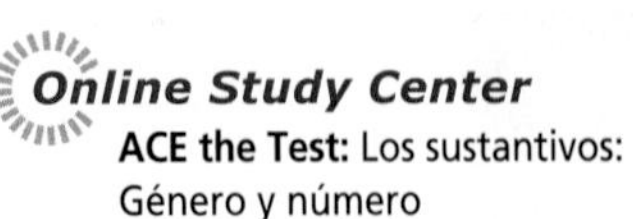

ACE the Test: Los sustantivos: Género y número

ACTIVIDAD R•5 **Continuemos.** Ahora, da la forma plural de las palabras de la lista anterior (*above*). Usa los artículos definidos.

MODELO: *la mesa → las mesas*

Vocabulario

Los colores

Práctica

ACTIVIDAD R•6 **¿De qué color son?** Contesta las siguientes preguntas sobre el salón de clase. ¡Ojo con la concordancia!

1. ¿De qué color es la pizarra?
2. ¿De qué color es la silla?
3. ¿De qué color son los pupitres?
4. ¿De qué color son las mochilas?
5. ¿De que color es la pantalla?

Hay

Hay is an invariable expression that is equivalent to the English *There is* or *There are*. You might remember that **hay** is an invariable form of the verb **haber.**

Práctica

ACTIVIDAD R•7 **Inventario.** Carlos y Ana hacen un inventario de su salón de clase en preparación para una presentación pública. Carlos cree que lo sabe todo (*knows it all*), pero Ana tiene que corregirlo. (¡Ana cree que Carlos es un sabelotodo!) Mira el dibujo del salón de clase en la página 9 y da la respuesta correcta.

1. Carlos: Hay cinco ventanas grandes.
   Ana: No, ______________________________
2. Carlos: Hay una pizarra blanca.
   Ana: No, ______________________________
3. Carlos: Hay dos escritorios.
   Ana: No, ______________________________
4. Carlos: Hay una silla amarilla.
   Ana: No, ______________________________
5. Carlos: Hay diez pupitres.
   Ana: No, ______________________________

ACTIVIDAD R•8 **¿Qué hay en tu salón de clase?** Mira alrededor de (*around*) tu salón de clase y di qué hay.

MODELOS: *Hay muchos pupitres. No hay una computadora.*

Palabras negativas

CHISTE

—¿Qué le dice un cero a otro cero?

—¡No somos nada!

In addition to **no,** you'll recall that Spanish has other negative words beginning with **n:**

nada	nothing, not anything	**ninguno(a)**	none, not any
nadie	no one, not anyone	**nunca**	never

Nadie and **nunca** can either precede the verb or follow it. If they follow a verb, a **no** must precede the verb: **No estudio nunca. No hay nadie en la clase.** Double negatives are no problem in Spanish!

The opposites of these words are:

nada: algo
nadie: alguien
ninguno(a), ningún: alguno(a)(s), algún
nunca: siempre

Práctica

ACTIVIDAD R•9 **¿Cierto o falso?** Indica si estas oraciones (*sentences*) son ciertas o falsas para ti y tu clase de español. Si son falsas, corrígelas (*correct them*).

1. La profesora nunca habla español.
2. Nadie tiene una mochila verde.
3. No hay ningún borrador en el salón de clase.
4. No estudiamos los sábados.
5. No hago nada los viernes por la noche.
6. Nunca tomamos exámenes en esta clase.
7. No hay ninguna silla cómoda aquí.
8. Nadie practica español todos los días.

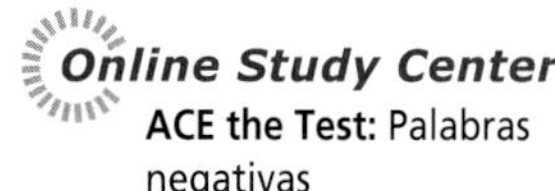

Los números

Review the numbers in Spanish. Note which ones tend to cause you trouble and why.

1	uno	23	veintitrés
2	dos	26	veintiséis
3	tres	30	treinta
4	cuatro	31	treinta y uno...
5	cinco	40	cuarenta
6	seis	50	cincuenta
7	siete	60	sesenta
8	ocho	70	setenta
9	nueve	80	ochenta
10	diez	90	noventa
11	once	100	cien[3]
12	doce	101	ciento uno...
13	trece	200	doscientos[4]
14	catorce	300	trescientos
15	quince	400	cuatrocientos
16	dieciséis o diez y seis[1]	500	**quini**entos
17	diecisiete	600	seiscientos
18	dieciocho	700	**sete**cientos
19	diecinueve	800	ochocientos
20	veinte	900	**nove**cientos
21	veintiuno o veinte y uno[2]	1.000	mil[3]
22	veintidós	1.000.000	un millón (de)

[1]Note that the numbers 16 through 29 tend to be written as one word.
[2]The conjunction **y** is used *only* between the tens and the ones place.
[3]Unlike in English, we do not use the indefinite article with these numbers in Spanish. Use **cien** before **mil, millones,** or any noun.
[4]Multiples of **cientos** agree in gender with the noun that follows: **quinientas sillas.**

Práctica

ACTIVIDAD R•10 **Las matemáticas.** Sabes sumar y restar, ¿no? Sigue los modelos y da en voz alta las respuestas para las siguientes pruebas.

MODELOS: (sumar) 1 + 1 = 2 *Uno y uno son dos.*
(restar) 4 − 2 = 2 *Cuatro menos dos son dos.*

1. 2 + 7 = ?
2. 580 − 220 = ?
3. 1.635 − 130 = ?
4. 300 − 70 = ?
5. 990 − 250 = ?
6. 50 + 60 = ?
7. 1.210 + 500 = ?
8. 13 − 6 = ?
9. 175 + 325 = ?
10. 15 + 213 = ?
11. 47 − 20 = ?
12. 90 + 10 = ?

ACTIVIDAD R•11 **¿Cómo se dice en español?** Lee las siguientes oraciones y di cuánto hay de cada cosa. Sigue los modelos.

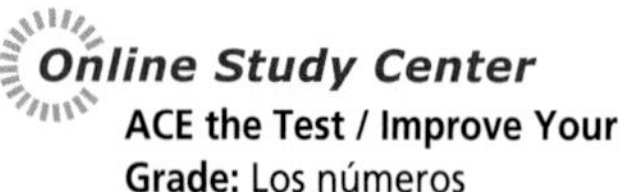

Online Study Center
ACE the Test / Improve Your Grade: Los números

MODELOS: Hay 41  en la clase.
Hay *cuarenta y un hombres* *en la clase.*

Estamos en la página 315.
Estamos en la página *trescientos quince*.

1. Hay 201  en el parque.
2. Hay más de 475   en la biblioteca.
3. Hay 210 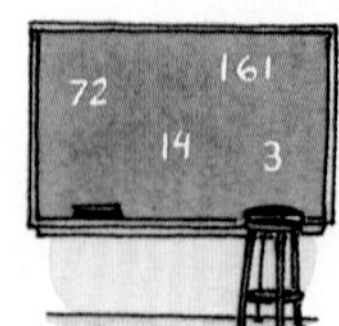 en el campus.

4. Hay 500   en la biblioteca.
5. Hay 350  en los laboratorios.
6. Hay 1.801  en la universidad.

Mandatos° útiles en la clase

Mandatos = *commands*

Here are some commands you will see in ***Paso adelante*** and that you may hear your professor use when asking you to carry out activities in the classroom. Below, you will see the informal (**tú**) command followed by the plural (**Uds.**) command.

tú	**Uds.**
Abre	Abran
Cierra	Cierren
Contesta la pregunta	Contesten la pregunta
Da	Den
Di	Digan
Entrega	Entreguen
Escribe	Escriban
Escucha	Escuchen
Habla	Hablen
Haz	Hagan
Lee	Lean
Mira	Miren
Nota	Noten
Pregúntale	Pregúntenle
Prepara	Preparen
Preséntate y saluda a...	Preséntense y saluden a...
Pronuncia	Pronuncien
Repite	Repitan
Trabaja	Trabajen
Usa	Usen

Práctica

ACTIVIDAD R•12 **¡Ya lo sabes!** Túrnate con tus compañeros(as) de clase para actuar (*act out*) uno de los mandatos de la lista anterior. ¿Pueden tus compañeros(as) adivinar (*guess*) tu mandato? Si hay mandatos que no reconoces, escríbelos en tu cuaderno.

La hora

You will recall that to ask the time one says, **¿Qué hora es?** or **¿Qué hora tiene(s)?** Here are some possible responses:

Son las cinco y media.

Son las tres y cuarto.

Es la una y cinco.

Es medianoche.

Es mediodía.

Son las siete en punto.

Remember to use **y** to express minutes after the hour, usually from one to thirty, and to use **menos** to express minutes before the hour.

Son las siete y veinticinco.

Son las nueve menos cuarto.

Son las once menos dos.

Práctica

 **ACTIVIDAD R•13 Perdón, ¿qué hora es?** Con un(a) compañero(a), prepara un diálogo en que preguntes la hora y tu compañero(a) te la dé. Usa los relojes a continuación para indicar la hora.

MODELO: **Estudiante 1:** *Perdón, ¿qué hora es?*
Estudiante 2: *Es la una en punto.*
Estudiante 1: *Muchas gracias.*

1. 

2. 

3. 

4. 

5. 

 **ACTIVIDAD R•14** **¿Qué hora es?** Usa las siguientes expresiones —**de la madrugada** (*early morning*), **de la mañana** (*morning*), **de la tarde** (*afternoon*), **de la noche** (*evening/night*) y **en punto** (*sharp*)— para decir qué hora es.

1. 8:07 A.M.
2. 1:00 A.M.
3. 12:10 P.M.
4. 2:14 A.M.
5. 10:35 P.M.
6. 4:30 P.M.
7. 6:00 on the dot
8. 7:25 P.M.
9. 3:13 A.M.
10. 5:15 P.M.
11. 9:45 A.M.
12. 11:20 P.M.

 **ACTIVIDAD R•15** **¿A qué hora es...?** Mira la agenda de Claudia, una estudiante, y pregúntale a un(a) compañero(a) de clase a qué hora son sus compromisos (obligaciones).

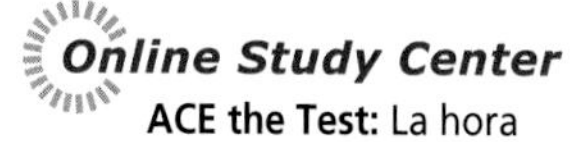

ACE the Test: La hora

MODELO: **E1:** *¿A qué hora va a desayunar con Marta?*
E2: *Claudia va a desayunar con Marta a las ocho.*

8:00 a.m.	Desayunar con Marta
9:00 a.m.	Asistir a la clase de biología
10:15 a.m.	Ir al gimnasio
12:00 p.m.	Almorzar en la cafetería
1:00 p.m.	Escribir el ensayo para la clase de relaciones internacionales
3:00 p.m.	Estudiar en la biblioteca
5:00 p.m.	Cenar con Jorge y Sandra
7:00 p.m.	Ir a la reunión del club de español
10:00 p.m.	Estudiar con Esteban en la biblioteca

El verbo *ir:* El presente del indicativo y el futuro

As you worked on the exercise **¿A qué hora es...?**, you used the future construction **ir** + **a** + *infinitive* to refer to what would happen in the near future. Here is how you conjugate **ir** (*to go*):

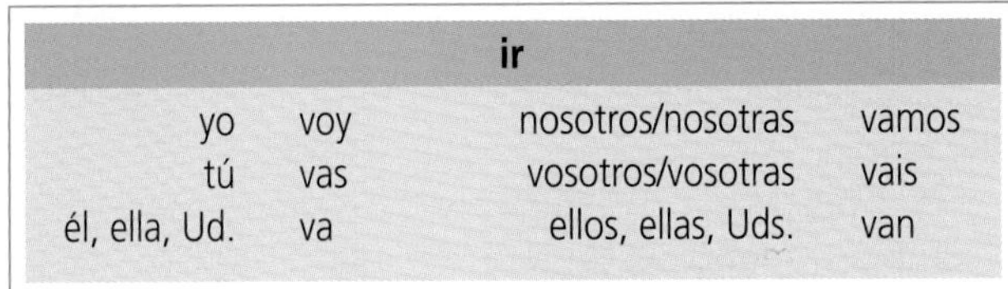

	ir		
yo	voy	nosotros/nosotras	vamos
tú	vas	vosotros/vosotras	vais
él, ella, Ud.	va	ellos, ellas, Uds.	van

Práctica

ACTIVIDAD R•16 **¿Qué van a hacer la profesora y los estudiantes?** Sigue el modelo para decir qué van a hacer estas personas a continuación.

MODELO: Susana / entregar (*turn in*) la tarea
Susana ***va a entregar*** *la tarea.*

1. la profesora / escribir en la pizarra
2. los estudiantes / ver un video
3. nosotros / mirar la pizarra
4. Julio / contestar las preguntas
5. tú / pronunciar las palabras correctamente
6. tú y yo / hacer la tarea
7. Emma y Tomás / poner su pluma en el pupitre
8. ella / abrir su libro al ***RePaso***
9. yo / tomar apuntes (*take notes*)
10. Uds. / trabajar en parejas

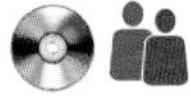

ACTIVIDAD R•17 **¿Y tú?** Con un(a) compañero(a) de clase, hablen de las cosas que van a hacer durante los siguientes días o en las horas siguientes.

MODELO: mañana
Mañana voy a estudiar para un examen.

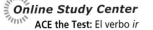

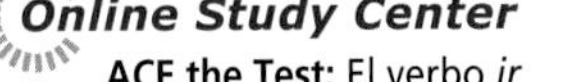

ACE the Test: El verbo *ir*

1. mañana
2. el fin de semana
3. las próximas vacaciones
4. después de esta clase
5. esta noche
6. la próxima semana
7. al final del semestre
8. en diciembre
9. esta tarde

EL ESPAÑOL: Una lengua fácil de leer, escribir y pronunciar

As long as you know how each letter in Spanish sounds, you will be able to correctly pronounce any word you read, even if you don't know the meaning! This is definitely not true in English. For example, do you know how to pronounce *ghoti* and what it means?

Spend some time with your audio CDs and Student Activities Manual to review the sound system in Spanish. You will see pictures in the Student Activities Manual of how to form the sounds and hear the correct pronunciation. Practice makes perfect, so be sure to repeat often to "train" your mouth.

El alfabeto español

Letra	Nombre de la letra	Pronunciación	Ejemplo
a	**a**	/a/ (open)	**casa**
b	**be** (**alta/larga/grande**)	/b/	**burro**
c	**ce**	/s/ before **i, e** (in Spanish America)	**ciudad**
		/th/ before **i, e** (in Spain)	
		/k/ before **a, o, u**	**comunidad**
ch*	**che**	/ch/	**noche**
d	**de**	/d/ (voiced)	**Dalí**
e	**e**	/e/	**breve**
f	**efe**	/f/ (voiceless)	**fabuloso**
g	**ge**	/h/ before **i, e**	**generoso**
		/g/ before **a, o, u**	**gato**
h	**hache**	/-/ (silent)	**hola**
i	**i** (**latina**)	/i/ (as in English ***eel***)	**Italia**
j	**jota**	/h/	**Jorge**
k	**ka**	/k/	**kilómetro**
l	**ele**	/l/	**liberal**
ll*	**elle**	/y/	**ella**
m	**eme**	/m/	**matemáticas**
n	**ene**	/n/	**natural**
ñ	**eñe**	/ny/	**español**
o	**o**	/o/	**octubre**
p	**pe**	/p/	**papa**
q	**cu**	/k/	**¿qué?**
r	**ere** (**rr** = **erre**)	/r/ (between vowels)	**Irene**
		/rr/ (at the beginning of a word)	**río**
		(after a consonant)	**Enrique**
s	**ese**	/s/ (voiceless)	**Susana**
t	**te**	/t/ (like **d,** but voiceless)	**tú**
u	**u**	/oo/ (like English ***oops!***)	**Uruguay**
v	**ve** (**baja/corta/chica**) **uve**	/b/	**valor**
w	**doble ve, ve doble, uve doble**	/w/	**Washington**
x	**equis**	/ks/; /h/	**taxi, México**
y	**i griega**	/y/	**yo, Paraguay**
z	**zeta**	/s/ (in Spanish America)	**zoológico**
		/th/ (in Spain)	

*__Ch__ and **ll** appear alphabetically under **c** and **l** in dictionaries published after 1994.

Online Study Center
ACE the Test: El alfabeto

Para reconocer: El participio presente/El gerundio

You may have noticed earlier in this chapter the use of a verb form that ends in **-ndo.** This is equivalent to the *-ing* ending for gerunds and present participles in English and is a useful way to refer to actions. This is easy to remember, since it is very similar to English and since many verbs are cognates.

¡Pruébalo tú! Los gerundios.

A. Escucha otra vez las presentaciones de **¡A conocernos!** (p. 4). ¿Puedes identificar algunos usos del gerundio? Cuando los oigas (*When you hear them*), escríbelos.

B. ¿Qué significan estas palabras en inglés?

mirando ____________________ trabajando ____________________

usando ____________________

Para reconocer: El presente progresivo

Together with the verb **estar,** the present participle (**el gerundio**) is used to form the present progressive or **el presente progresivo.** This verb tense is used to describe an action in progress as you speak.

¿Qué *está estudiando* tu amiga en este momento? *Está estudiando* biología.
¿Por qué *está leyendo* la clase este texto? *Está leyendo* para aprender español.

Herramientas estratégica

TAKING NOTES IN A NEW LANGUAGE

Your instructor will often provide additional information to illustrate or expand upon the points in this book. Be attentive and pay attention to what your instructor says, repeats, and places on the overhead projector or board. Be sure to take notes to help you remember. If you appreciate visual aids, you may use pictures and diagrams to remember the material. If not, you may take notes in outline form, in paragraphs, or by jotting down key words. Color-coding your notes can serve as a visual organizer and remind you of important points or pitfalls. Equally important to how you take your notes is what you do with them. Be sure to review your notes shortly after class—don't wait for a quiz or an exam.

Think back on the notes you took in other Spanish classes. How effective were they, and how often did you review them? How can you improve on your note-taking?

El idioma español a través de los siglos

La España de ayer

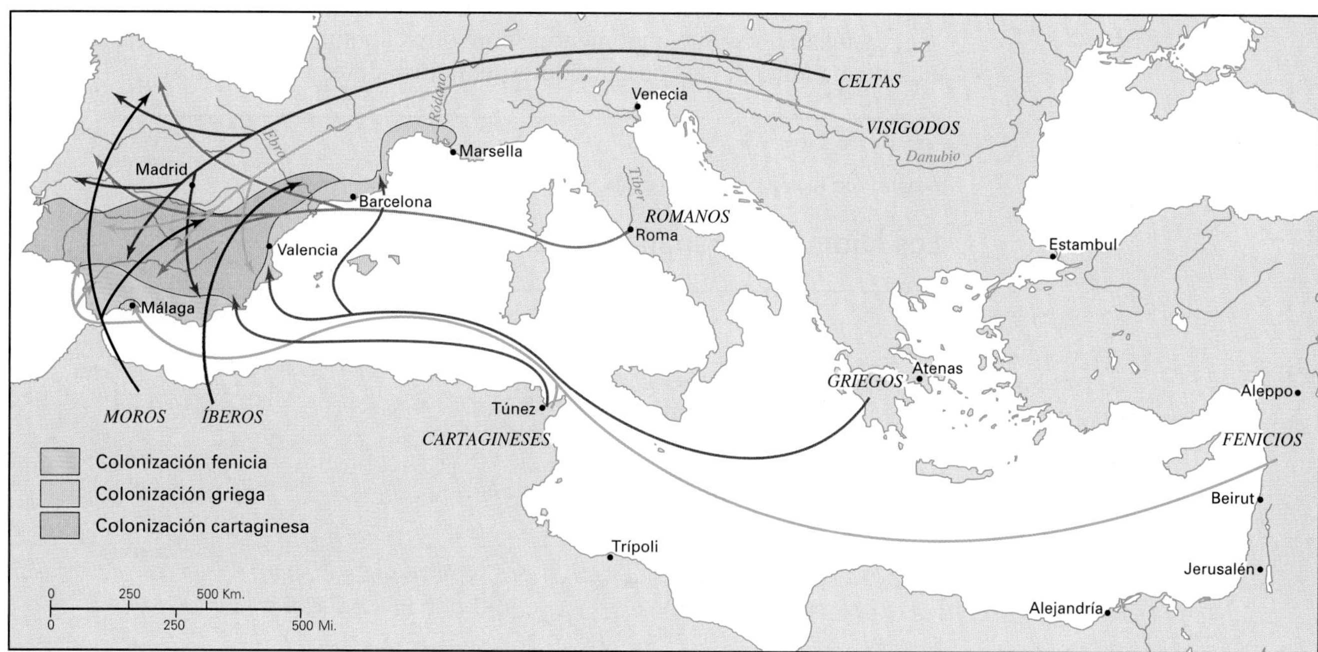

Cronología

*	218 a.C.	409 d.C.	711	1492	Siglo XVII
llegan varias poblaciones (celtas, íberos, cartagineses, fenicios)	invaden los romanos	invaden los visigodos	invaden los moros (árabes)	Colón (*Columbus*) llega al "Nuevo Mundo"; expulsión de los moros	declive (*decline*) notable del imperio español

Antes de leer

Skim the paragraphs about the history of the Spanish language and the use of Spanish today. Underline cognates and other words you already know. Then read the paragraphs for understanding.

Historia del idioma español

El idioma español se extiende hoy por todo el planeta; es una de las lenguas más importantes del mundo y la tercera en cuanto al[1] número de personas que la hablan: 400 millones de hablantes nativos. El castellano (el español), tal como hoy lo conocemos, es fruto de un proceso de cambio de más de un milenio, a lo largo del cual las diversas lenguas de los habitantes de la Península Ibérica se fueron modificando por la influencia de los invasores romanos, godos y moros. Hacia el final del siglo XV, con la unión de los reinos de Castilla y Aragón, que extendieron su dominio sobre la mayor parte de la península, la lengua de Castilla —el castellano— se fue imponiendo sobre otros idiomas y dialectos y cruzó el Atlántico a lomo de[2] los descubridores, conquistadores y misioneros.

---

[1]*as far as the* [2]*along with*

Adaptado de: Ricardo Soca, "Historia del idioma español".

Los idiomas de España hoy en día

Hoy en día se hablan cuatro lenguas en España: castellano o español, catalán, gallego y vasco. El español, la lengua oficial del país, es una lengua derivada del latín, la lengua de los romanos que dominaron la península desde el año 205 a.C.[1] hasta el año 409 d.C.[2] Gran parte de la lengua es del latín, pero el diez por ciento es del árabe. Por ejemplo, estas palabras son del árabe: **adobe, alcalde, algodón, azul, baño, café** y **sofá.**

---

[1]*antes de Cristo* [2]*después de Cristo*

Adaptado de: Francisco Javier Cubero, "La diversidad lingüística en España".

 **ACTIVIDAD R•18 Herencia (*Heritage*) lingüística.** Con un grupo pequeño, usen los mapas, la información de la lectura y lo que ya saben (*what you already know*) para conversar acerca de dónde se hablan los distintos idiomas en España. Si quieren, pueden investigar sobre el origen de estos idiomas en el sitio web de ***Paso adelante.***

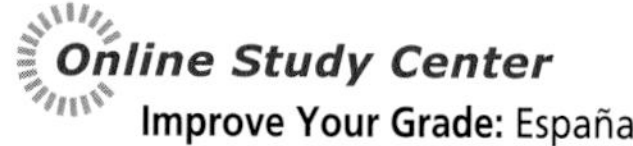

The Americas: 1492 and Later

At the time of Columbus's first voyage, the area that we know today as the Americas was an incredibly diverse geographic region stretching virtually from pole to pole. The peoples inhabiting these areas had equally diverse languages and cultures. Many, like the Aztecs, Incas, Maya, and Pueblos, lived in established villages, towns, and cities. The first three were quite advanced scientifically, socially, and politically. Others, like many of the tribes of North America, were nomadic and followed the rhythms of the natural world. Some, like the gentle Taíno, of the Caribbean basin, could not resist the onslaught of new diseases and conquest and disappeared entirely. In areas where the indigenous populations survived, the contemporary cultures of those nations, as we will see throughout ***Paso adelante,*** clearly reflect their legacy. Even peoples who didn't survive the colonization left their mark in the Americas, as witnessed, for example, by the presence of Taíno words in modern Spanish. Do you recognize any of these words? Which words have made their way into the English language?

Taíno words. Museo del Hombre Moderno, Santo Domingo, República Dominicana.

Online Study Center
Improve Your Grade: Las Américas

The Americas of Yesteryear

Following Columbus's voyages, many European nations clamored to "claim" areas of the newly discovered continent. The Dutch, French, English, Spanish, and Portuguese all sent expeditions and conquered or settled areas of the New World, areas where indigenous cultures were flourishing, as may be seen in the following map.

Languages Spoken in the Americas

The contemporary languages and cultures of the Americas reflect that complex history. As you can see from the map below, Spanish and English became (along with Portuguese) the dominant European languages in the Americas. As you can also see, Spanish is fast becoming a dominant language in the United States. In fact, the United States is considered to be one of the largest Spanish-speaking countries in the world, following only Mexico, Colombia, Spain, and Argentina.

¡A escribir!

You have probably studied the English and Spanish colonizations of the Americas. As a class or in small groups, compare the ways the English and Spanish proceeded in colonizing the Americas. Use the Venn diagram to show how they are similar and how they differ. If you need some ideas, refer to the readings and maps in this **paso.** You can do some additional research in your library or on the Internet (but be sure to use reliable sites!). You can do this activity in either English or Spanish.

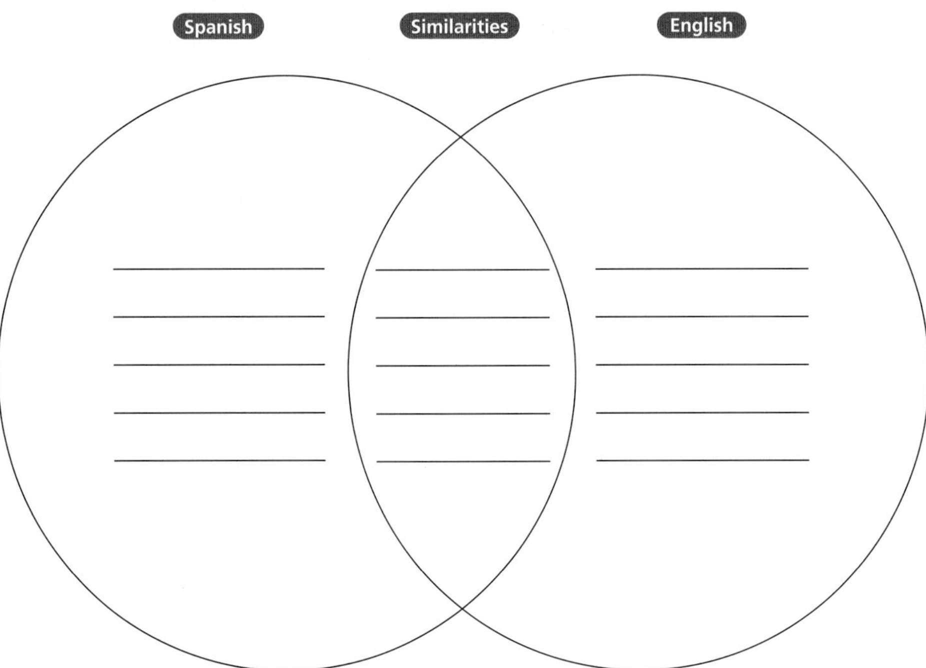

Vocabulario activo

Saludos y presentaciones

Hola.	Hello.
Buenos días.	Good morning.
Buenas tardes.	Good afternoon.
Buenas noches.	Good evening. / Good night.
¿Cómo estás?	How are you? (informal)
¿Cómo está Ud.?	How are you? (formal)
¿Qué tal?	How's it going?
¿Qué pasa?	What's happening?
(Estoy) Bien.	(I am) Fine.
Muy bien.	Very well. / Great.
Mal.	Not too well.
Más o menos.	So-so.
Regular.	Not great. / So-so.
¿Cómo te llamas/se llama?	What is your name?
Me llamo...	My name is . . .
¿De dónde eres/es?	Where are you from?
Soy de...	I'm from . . .
Mucho gusto.	Pleased to meet you.
El gusto es mío.	The pleasure is mine.
Encantado(a).	Delighted (to meet you).
Igualmente.	Likewise.
Adiós.	Goodbye.
Hasta luego.	See you later.
Hasta mañana.	See you tomorrow.
Hasta pronto.	See you soon.
Hasta... [*day of the week*]	See you on . . .

Los colores

amarillo	yellow
anaranjado	orange
azul	blue
blanco	white
morado	purple
negro	black
rojo	red
verde	green

El salón de clase

el borrador	eraser
la computadora/el ordenador (*Sp.*)	computer
el cuaderno	workbook
el escritorio	desk
el (la) estudiante	student
el lápiz (los lápices)	pencil(s)
el libro	book
la luz (las luces)	light(s)
el mapa	map
la mochila	backpack
la pantalla	screen/monitor
la pared	wall
la pizarra	chalkboard
el profesor/la profesora	professor
el proyector	projector
la puerta	door
el pupitre	student desk
el reloj	clock
la silla	chair
el suelo/el piso	floor
el techo	ceiling
la tiza	chalk
la ventana	window

La hora

a la(s) [*specific time*] **+ de la madrugada**	at [*specific time*] + in the very early morning
a la(s) [*specific time*] **+ de la mañana**	at [*specific time*] + in the morning
a la(s) [*specific time*] **+ de la noche**	at [*specific time*] + in the evening/at night
a la(s) [*specific time*] **+ de la tarde**	at [*specific time*] + in the afternoon
de la mañana	A.M. (morning)
de la tarde	P.M. (afternoon)
en punto	on the dot
mediodía (*m.*)	noon
medianoche (*f.*)	midnight

PASO 1

El que nada sabe, nada tiene

Los estudios y las profesiones

Pasemos adelante así...

Comunicación funcional

By the end of this **paso,** you will be able to:

- talk about education
- talk about the present
- describe certain physical and emotional conditions
- discuss likes and dislikes

Para empezar

Mira la foto y contesta las siguientes preguntas con un(a) compañero(a).

1. ¿Quiénes son estas personas?
2. ¿Qué hace el profesor?
3. ¿Comprendes tú algo de (*something about*) matemáticas?
4. ¿Qué estudias tú este semestre?

PRIMERA ETAPA

¡Hablemos de las materias!

Vocabulario

Las materias y las especialidades académicas

Me encantan las bellas artes y las humanidades pero… ¿qué me gusta más, la música, la pintura, la literatura o la historia?
Me interesan las ciencias sociales pero… ¿qué me gusta más, la antropología, la sociología, la psicología o la política?
Me gustan las ciencias naturales y la tecnología pero… ¿qué me gusta más, la química, la biología o la informática?
Me gustan los idiomas pero… ¿qué me gusta más, el alemán, el chino, el francés, el italiano, el japonés, el portugués o el ruso?
Me fascinan los números pero… ¿qué me gusta más, la economía o las matemáticas?
Consejería académica

Más especialidades académicas

la administración de empresas
la arquitectura
la contabilidad
el derecho
la ingeniería
la medicina
los negocios
la pedagogía
el periodismo
el turismo

Herramienta estratégica

GROUPING

To learn new material, try a learning strategy such as *grouping,* which refers to organizing words and ideas according to their meanings or shared characteristics. Classify the new vocabulary according to disciplines such as humanities (**filosofía y letras**), social sciences (**las ciencias sociales**), and natural sciences (**las ciencias naturales**). How are disciplines grouped at your institution?

Práctica

ACTIVIDAD 1•1 **¿Qué recuerdas?** Mira el dibujo en la página anterior y la lista de palabras que aparece anteriormente (*previously*) y haz una lista de las materias que reconozcas (*you may recognize*). Si hay palabras que no recuerdas, mira el **Vocabulario activo** al final del **paso** y nota la definición.

ACTIVIDAD 1•2 **¡A escuchar! ¿Qué materias necesita Claudia?** Escucha a Claudia hablar de las materias que necesita tomar para completar su especialidad. Marca en el dibujo anterior las materias que ella mencione.

ACTIVIDAD 1•3 **¿Quiénes son estas personas famosas?** Dile a un(a) compañero(a) de clase lo que les fascina a estas personas famosas. Tu compañero(a) tiene que adivinar las identidades. Sigue el modelo.

MODELO: **E1:** *Me fascina la química. ¿Quién soy?*
E2: *Eres Marie Curie.*

Brian Williams y Jorge Ramos
Pablo Picasso y Frida Kahlo
Bill Gates
Sigmund Freud
Margaret Mead
Henry Cisneros y Bill Clinton
Jennifer López y Ricky Martin
Isabel Allende y Cervantes
Albert Einstein
Florence Nightingale

Partes de la oración

TERTULIA LINGÜÍSTICA:
Las ocho partes de la oración (*speech*)

Before we continue our discussion of language, it may be useful to review some of the grammar terms we will use. The eight parts of speech are listed in the activity. Review their definitions, then see if you can match the English terms with their Spanish equivalents.

A. ¡Pruébalo tú! Empareja (*Match*) cada palabra con su definición en inglés.

1. sustantivo/nombre
2. verbo
3. adjetivo
4. adverbio
5. pronombre
6. preposición
7. conjunción
8. interjección

a. adjective (modifies a noun)
b. noun (person, place, or thing; has a gender in Spanish)
c. adverb (modifies a verb, adjective, or another word of its type)
d. interjection (exclamatory word or phrase that can stand alone)
e. pronoun (replaces a noun and generally has the same function in a sentence)
f. conjunction (joins two sentences or two parts of a sentence)
g. preposition (short word usually helping to show the relationship of a noun or pronoun to other parts of a sentence)
h. verb (expresses an action or a state of being)

B. Ahora, usa la siguiente oración para identificar ejemplos de las partes de una oración:

Michael is happy because he suddenly remembers the answers to the questions. Hooray!
Miguel está contento porque de repente recuerda las repuestas para las preguntas. ¡Bravo!

1. sustantivo/nombre
   English example: ______________________________
   Spanish example: ______________________________
2. verbo
   English example: ______________________________
   Spanish example: ______________________________
3. adjetivo
   English example: ______________________________
   Spanish example: ______________________________
4. adverbio
   English example: ______________________________
   Spanish example: ______________________________
5. pronombre
   English example: ______________________________
   Spanish example: ______________________________
6. preposición
   English example: ______________________________
   Spanish example: ______________________________
7. conjunción
   English example: ______________________________
   Spanish example: ______________________________
8. interjección
   English example: ______________________________
   Spanish example: ______________________________

TERTULIA LINGÜÍSTICA
Conceptos verbales (I)

It's useful to know the lingo of any subject you study, so let's recall some of the linguistic terms that you need to be able to talk about verbs.

El infinitivo: Verbs that end in **-ar, -er,** and **-ir** are called *infinitives* and are found in this form in dictionaries. The equivalent in English is *to* + base form of the verb: **comer** = *to eat.*

La raíz: Once you drop the **-ar, -er,** or **-ir** from the infinitive, you are left with the root or stem (**la raíz**) of the verb, to which you add the personal endings: **comer: com** + ending.

Participios: Participles are *verbals*, or verb forms that are not complete verbs by themselves. The *present participle* has the same form as the gerund (**gerundio**), which we saw in the ***RePaso***, and is equivalent to the English verb form ending in **-ing: comiendo.** *Past participles* usually end in **-ado** or **-ido** and are equivalent to the English verb form ending in *-ed*: **hablado, comido, vivido.**

¿Recuerdas?

LOS ADJETIVOS POSESIVOS

You've already seen and used possessive adjectives in the activities above. Here they are all grouped for you.

my	**mi** clase / texto **mis** clases / textos	our	**nuestra** clase / **nuestro** texto **nuestras** clases / **nuestros** textos
your (*inf. sing.*)	**tu** clase / texto **tus** clases / textos	your (*inf. pl., Spain*)	**vuestra** clase / **vuestro** texto **vuestras** clases / **vuestros** textos
your (*form. sing.*), his, her, its	**su** clase / texto **sus** clases / textos	your (*pl.*), their	**su** clase / texto **sus** clases / textos

Remember that the endings of the possessive adjectives agree with the thing or things possessed, not with the person who owns them! **Ramón y Jorge son *nuestras personas* favoritas. Nuestras** agrees in gender and number with **personas.** Since **su(s)** can mean various things (*your, his, her, its, their*), its meaning may be unclear. When the context does not clarify the meaning, use **de** to express possession. **¿De quién es el libro? Es *de* ella (Ana).**

¡Pruébalo tú! ¿De quién son? Completa los diálogos con la forma apropiada del adjetivo posesivo.

1. Elena: ¿Quién es __________ profesor favorito?
   Roberto: __________ profesor favorito es el Sr. Ruiz.
2. Julio: ¿Cómo se llaman tus compañeros de cuarto?
   Miguel: __________ compañeros de cuarto se llaman Troy y Trevor.
3. Sra. Gómez: Sr. Sánchez, ¿qué estudian __________ hijas?
   Sr. Sánchez: __________ hijas estudian biología y arte.
4. Carla y Virginia: Mamá, ¿dónde viven __________ abuelos (*grandparents*)?
   Mamá: Hijitas, __________ abuelos viven en Puerto Rico.

Online Study Center
ACE the Test: Los adjetivos posesivos

ACTIVIDAD 1•4 Encuesta (*Survey*).

A. Habla con tres de tus compañeros(as) de clase para determinar cuáles son sus materias y especialidad. Escribe la información en el espacio a continuación.

Nombre	Materias	Especialidad

B. Añade la información sobre tus compañeros a la de toda la clase. ¿Qué especialidades y materias son las más populares?

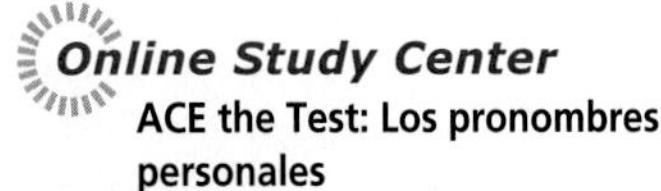

Online Study Center
ACE the Test: Los pronombres personales

TERTULIA LINGÜÍSTICA
Conceptos verbales (II)

Other important terms associated with verbs are:

Persona: This refers to the subject and the verb form corresponding to that subject. As you can see in the conjugation charts in this **paso**, there are three singular categories and three plural categories.

Número: Number can be singular or plural (as with nouns): **como, comemos.**

Tiempo: Present, past, or future. Verbs change according to tense: **él come** (present), **él comió** (past), **él comerá** (future).

La conjugación: Conjugation refers to a group of verbs that follow the same pattern of changes to indicate person, tense, and number. You will recall that verbs in Spanish are grouped into three categories or conjugations: **-ar, -er,** and **-ir.** When you conjugate a verb, you recite or write all the forms according to the subject and tense: **como, comes, come, comemos, coméis, comen.**

For more information on infinitives and conjugations, consult the ***Paso adelante*** glossary of grammar terms.

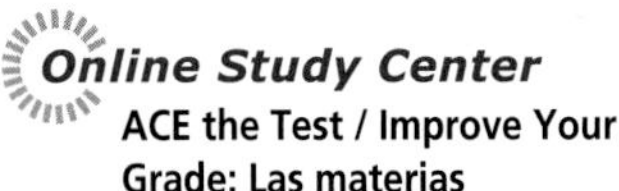

Online Study Center
ACE the Test / Improve Your Grade: Las materias

¿Recuerdas?

LOS PRONOMBRES PERSONALES

Singular		Plural	
yo	I	**nosotros/nosotras**	we
tú	you (*informal*)	**vosotros/vosotras**	you (*informal, Spain*)
él	he	**ellos**	they
ella	she	**ellas**	they
Ud.	you	**Uds.**	you

- ***¿Vosotros(as)* o *ustedes* (*Uds.*)?** In Spain, **vosotros** is the plural form of **tú.** But in Latin America, **ustedes** is used as the plural form of **tú.**
- **Vos** is also an informal way of expressing *you* in the singular. Although it is used in parts of Latin America (e.g., Argentina, Uruguay, Paraguay, and Central America), only **tú** is used in this text.
- Remember that **nosotras, vosotras,** and **ellas** are used for feminine subjects only. Masculine subjects and mixed-gender subjects use the masculine forms: **nosotros, vosotros, ellos.**
- Because verb endings in Spanish generally indicate the subject, subject pronouns are used mostly for the purposes of clarification and emphasis. Don't use subject pronouns unnecessarily. Here are some examples of appropriate uses of pronouns:

  Andrés y Marina son estudiantes. *Él* estudia biología y *ella* estudia derecho.
  Andrés and Marina are students. ***He*** *studies biology and* ***she*** *studies law.* (*Clarification*)
  ¿Quién lo va a hacer? *Yo* lo voy a hacer.
  Who's going to do it? ***I'm*** *going to do it.* (*Emphasis*)

- ***¿Tú* o *usted* (*Ud.*)?** Remember that in Spanish there are various ways of expressing *you.* The **tú** form is informal and normally reserved for friends, family members, children, and pets. When in doubt about which to use, err on the side of politeness.

¡Pruébalo tú! Empareja las personas a la izquierda con los pronombres apropiados a la derecha.

1. el señor Rodríguez	a. nosotros/nosotras
2. tus amigos, José y Pepa	b. ellas
3. el colega de tu padre	c. él
4. tu mejor amiga	d. ellos
5. tú y yo	e. ella
6. María y Juana	

CONÉCTATE CON EL IDIOMA
El tiempo presente de verbos regulares

Herramienta estratégica
CHARTING/ANTICIPATING VERB TENSES

Charting verb conjugations visually can help you organize and remember the forms. Look at the verb table in part A below. As you study new verbs, try making a chart to help you remember the forms for each pronoun.

A. Verbos regulares que terminan en *-ar*

estudiar *(to study)*			
yo	estudi**o**	nosotros/nosotras	estudi**amos**
tú	estudi**as**	vosotros/vosotras	estudi**áis**
él, ella, Ud.	estudi**a**	ellos, ellas, Uds.	estudi**an**

Otros verbos de esta conjugación

apuntar	to jot down	**mirar**	to watch, look at
bailar	to dance	**nadar**	to swim
buscar	to look for	**necesitar**	to need
caminar	to walk	**preparar**	to prepare
comprar	to buy	**regresar (a)**	to return (to)
descansar	to rest	**terminar**	to finish
enseñar	to teach	**tocar**	to play (an instrument); to touch
escuchar	to listen		
fumar	to smoke	**tomar**	to take; to drink
hablar	to speak	**trabajar**	to work
llegar	to arrive		

Práctica

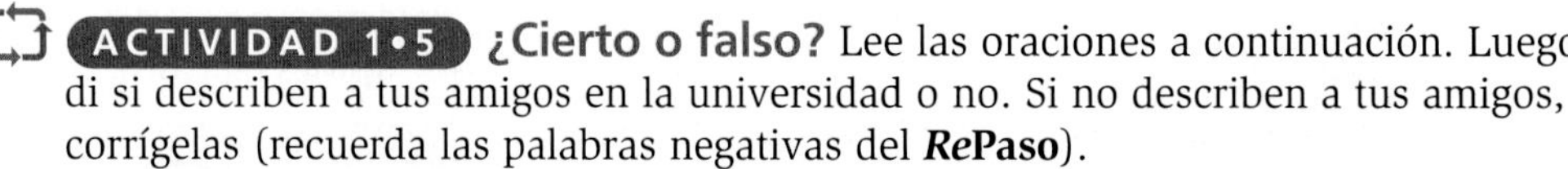

ACTIVIDAD 1•5 **¿Cierto o falso?** Lee las oraciones a continuación. Luego di si describen a tus amigos en la universidad o no. Si no describen a tus amigos, corrígelas (recuerda las palabras negativas del ***Re*Paso**).

MODELO: mirar telenovelas
Sí, mis amigos miran telenovelas. / No, mis amigos nunca miran telenovelas.

1. estudiar poco
2. sólo escuchar música hip-hop
3. fumar en las residencias estudiantiles
4. hablar mucho por teléfono celular
5. no completar la tarea
6. llegar tarde a clase con frecuencia
7. trabajar después de sus clases
8. caminar para hacer ejercicio
9. descansar en la biblioteca
10. tomar mucha cerveza en las fiestas

ACTIVIDAD 1•6 **¿Cuáles son tus actividades?**

A. Escribe cinco de tus actividades más frecuentes. Usa los verbos **-ar** de la lista anterior.

B. Hazles preguntas a tus compañeros(as) para ver si tienen actividades en común. Cuando encuentres a alguien con la misma actividad, escribe su nombre en la columna a la derecha. Si no puedes encontrar a otras personas con los mismos intereses, escribe otras cinco actividades de tus compañeros.

MODELO: *Yo miro CSI.* *Alison también mira CSI.*

Mis actividades	**Las actividades de mis compañeros(as)**
1. ____________	____________
2. ____________	____________
3. ____________	____________
4. ____________	____________
5. ____________	____________

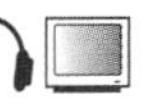

ACTIVIDAD 1•7 **¡A escuchar! Las actividades de Claudia.** Claudia habla de lo que normalmente hace después de estudiar. Después de leer las preguntas, escucha a Claudia y contéstalas.

1. ¿Cuándo toma Claudia las clases?
2. ¿Con quiénes come Claudia después de sus clases?
3. ¿Qué hace Claudia después de ver a sus amigos?
4. ¿Qué tipo de ejercicio hace?
5. ¿Qué les enseña Claudia a las dos niñas?

ACTIVIDAD 1•8 **Conversación.** Habla con una pareja sobre sus clases y la vida estudiantil. Túrnense, usando las siguientes preguntas para comenzar.

1. ¿Qué materias tomas este semestre?
2. ¿Estudias en tu cuarto (casa) o en la biblioteca? ¿Cuántas (*How many*) horas estudias al día?
3. ¿Estudias mucho los fines de semana? ¿Cuándo estudias para la clase de español?
4. ¿Descansas? ¿A qué hora descansas? ¿Descansas en tu cama (*bed*) o en algún sofá?
5. ¿Escuchas música? ¿Qué tipo de música escuchas? ¿Escuchas música de día o por la noche?
6. ¿Trabajas? ¿Dónde trabajas? ¿Cuántas horas trabajas? ¿Cuánto te pagan por hora?
7. ¿Con qué frecuencia caminas a la universidad? ¿Caminas para hacer ejercicio? ¿Adónde caminas?
8. ¿Con qué frecuencia participas en tus clases? ¿Hablas más en clase o cuando estás con tus amigos?
9. ¿Quién en la clase de español habla bien? ¿Quién participa mucho en la clase de español? ¿Quién pronuncia bien las palabras en español?
10. ¿Compras todos tus libros en la librería o compras algunos por Internet? ¿Dónde compras tu ropa?

B. Verbos regulares que terminan en *-er*

correr *(to run)*			
yo	corr**o**	nosotros/nosotras	corre**mos**
tú	corr**es**	vosotros/vosotras	corr**éis**
él, ella, Ud.	corr**e**	ellos, ellas, Uds.	corr**en**

Otros verbos de esta conjugación

aprender (a)	to learn (to do something)
beber	to drink
comer	to eat
comprender	to comprehend
creer	to believe
deber	to owe; should, ought to
leer	to read
vender	to sell

Práctica

ACTIVIDAD 1•9 **¿Cuáles son tus actividades?**

A. Usa los verbos **-er** de la lista anterior para escribir cinco de tus actividades más frecuentes. Escríbelas en la primera columna.

MODELO: *Yo como hamburguesas.*

Mis actividades	Las actividades de mi compañero(a)
1. ______________	______________
2. ______________	______________
3. ______________	______________
4. ______________	______________
5. ______________	______________

B. Compara tu lista con la de un(a) compañero(a) de clase. ¿Qué actividades hace él/ella? Escríbelas en la segunda columna. ¿Son Uds. parecidos(as) (*similar*) o diferentes?

MODELOS: *Mariana también come hamburguesas. Mariana y yo somos parecidos(as). Comemos hamburguesas y...*

Mariana come pizza. Mariana y yo somos diferentes. Ella come pizza pero yo nunca como pizza.

ACTIVIDAD 1•10 **¿Con qué frecuencia?** ¿Con qué frecuencia hacen las siguientes personas estas actividades? Hazle estas preguntas a un(a) compañero(a) de clase, y comparte tu opinión con él/ella. **Vocabulario útil:** siempre (*always*), a veces (*sometimes*), casi nunca (*almost never*), nunca (*never*)

MODELO: un teleadicto (*TV addict*) / leer el periódico

E1: *¿Leen los teleadictos frecuentemente los periódicos?*

E2: *No, casi nunca leen los periódicos.*

1. tu compañero(a) / comer en la cafetería
2. tus padres / beber vino
3. los estudiantes / correr por las mañanas
4. tú / leer novelas
5. los actores / creer que son muy importantes
6. los profesores / aprender de sus estudiantes

ACTIVIDAD 1•11 **Conversación.** Habla con una pareja sobre su vida como estudiantes. Para empezar, túrnense, haciendo las siguientes preguntas.

1. ¿Lees mucho? ¿Qué lees para tus clases? ¿Qué lees en las vacaciones?
2. ¿Comprendes todo en tus clases? ¿Comprendes mucho o poco español?
3. ¿Comes antes de asistir a tus clases? ¿Comes en la cafetería o en tu residencia (casa)?
4. ¿Comes en tus clases? ¿Cuántos vasos de agua bebes al día?
5. ¿Debes beber menos o más agua? ¿Debes estudiar más o menos? ¿Debes hablar más o menos con tus amigos?
6. ¿Dónde venden textos para las clases? ¿Vendes tus libros al terminar el semestre?
7. ¿Por qué corres? ¿Dónde corres?
8. ¿Aprendes más estudiando solo(a) o con otra persona? ¿Aprendes más cuando lees un libro o cuando discutes (*discuss*) el libro?

C. Verbos regulares que terminan en *-ir*

asistir (a) *(to attend)*			
yo	asist**o**	nosotros/nosotras	asist**imos**
tú	asist**es**	vosotros/vosotras	asist**ís**
él, ella, Ud.	asist**e**	ellos, ellas, Uds.	asist**en**

Otros verbos de esta conjugación

abrir	to open
decidir	to decide
escribir	to write
insistir (en)	to insist (on)
recibir	to receive
reunir	to unite (**reunirse** = to meet)
vivir	to live

Práctica

ACTIVIDAD 1•12 **¿Cierto o falso?** Con los verbos **-ir** de la lista anterior, escribe cuatro oraciones que sean (*are*) ciertas y cuatro que sean falsas. Luego léeselas a un(a) compañero(a) de clase. Tu compañero(a) debe decidir si cada oración es cierta o falsa. Luego, haz lo mismo con las oracioneses de tu compañero(a).

MODELOS: **E1:** *Vivo con mis padres y con mis abuelos.*
E2: *Es cierto.*
E1: *Escribo novelas.*
E2: *Es falso.*

1. ______________________________
2. ______________________________
3. ______________________________
4. ______________________________
5. ______________________________
6. ______________________________
7. ______________________________
8. ______________________________

ACTIVIDAD 1•13 **¿Con qué frecuencia?** Habla con un(a) compañero(a) de clase para ver con qué frecuencia hacen él/ella y estas otras personas las siguientes actividades.

MODELO: tu mejor amigo / asistir a clase

E1: *¿Asiste tu mejor amigo a clase frecuentemente?*

E2: *Sí, siempre asiste a clase. / No, no asiste a clase casi nunca.*

1. tú / abrir las ventanas de su cuarto
2. tu hermano(a) / escribir cartas electrónicas
3. tu mejor amigo(a) / decidir estar a dieta
4. tu compañero(a) de cuarto / escribir trabajos largos
5. tus padres / insistir en comer en restaurantes
6. tú / recibir paquetes de tu familia
7. tus amigos y tú / asistir a conciertos
8. los estudiantes en tu universidad / reunirse con toda su familia

ACTIVIDAD 1•14 **Conversación.** Con una pareja, continúen su conversación sobre la vida en la universidad. Túrnense, usando las siguientes preguntas como punto de partida. Inventen sus propias preguntas también.

1. ¿Vives en una residencia estudiantil, en un apartamento o en una casa? ¿Vive tu familia en una ciudad (*city*) o en un pueblo (*town*)?
2. ¿Cuándo abres tu libro de español, por la mañana, por la tarde o por la noche?
3. ¿De quién recibes cartas? ¿A quién le escribes con frecuencia?
4. ¿Asistes a todas tus clases? ¿A qué eventos asistes cuando no estás en clase? ¿Asistes a conciertos, conferencias y eventos deportivos?
5. ¿...?

ACTIVIDAD 1•15 **Un poco de todo.** Usa las palabras de cada columna para formar diez oraciones lógicas. Préstales atención a las terminaciones.

MODELO: *Nosotros (no) asistimos a todas las reuniones.*

Margarita	asistir	buenas notas en las pruebas
El profesor/La profesora	trabajar	en una residencia estudiantil
Tú	aprender	mucho por teléfono
José y Marta	hablar	estudiar más
Nosotros	vivir	a casa después de sus clases
Mis amigos	regresar	en la Oficina de Admisiones
Yo	leer	muchos periódicos
	necesitar	con otros estudiantes
	recibir	a todas las reuniones
		hablar español

ACTIVIDAD 1•16 ¡A escuchar! Edward James Olmos, actor y mucho más. Escucha la narración sobre Edward James Olmos y llena los espacios en blanco con la forma correcta del tiempo presente de los verbos entre paréntesis.

Hijo de padres mexicanos, Edward James Olmos ____________ (nacer) en Los Ángeles en 1947. Los televidentes y los aficionados al cine lo ____________ (reconocer) por su trabajo en *Miami Vice* y en películas tales como *Blade Runner, Stand and Deliver, Selena* y *My Family*. Pero Olmos es mucho más que actor. ____________ (Presidir) y ____________ (supervisar) los fondos de Latino Public Broadcasting. ____________ (Dirigir) en Los Ángeles el Festival Internacional de Cine Latino y el Festival Latino del Libro y la Familia. También ____________ (participar) en UNICEF como embajador. Es también conocido, entre otras cosas, por concebir y coproducir *Americanos: La vida latina en los Estados Unidos*, un documental que ____________ (examinar) cómo los varios grupos latinos en los Estados Unidos ____________ (expresar) su cultura y con qué contribuyen a este país. Como es de esperarse (*As is to be expected*), muchos latinos ____________ (considerar) a Edward James Olmos como un líder de su comunidad.

Fuente: Sergio Burstein, "Edward James Olmos." *VistaUSA Magazine*. Año X, Vol. 102, Junio 2004

ACTIVIDAD 1•17 Información estudiantil: Un folleto para nuevos estudiantes.

A. Trabaja con un grupo pequeño para contestar estas preguntas. Si sabes las respuestas, anótalas. Si no, búscalas en el sitio web de la universidad y anota la dirección (URL) de la página.

1. ¿Qué materias estudia la mayoría de los estudiantes en tu universidad?
2. ¿Cuándo son las primeras clases?
3. ¿A qué hora terminan las últimas clases del día?
4. ¿A qué lugares (*places*) asisten los estudiantes para divertirse?
5. ¿Cuándo se abre la biblioteca?
6. ¿Cuántos estudiantes viven en las residencias estudiantiles?
7. ¿En general, cuántos textos compran los estudiantes durante un semestre?
8. ¿Cuándo tienen que (*have to*) pagar la matrícula?
9. ¿Dónde comen y beben los estudiantes?

B. Folleto. Con tu grupo, diseñen un folleto con la información de la parte A. Usen gráficos y dibujos (*drawings*). Regálenle (*Give*) los folletos a una clase de Español 1 (no a una clase de principiantes avanzados).

Online Study Center
ACE the Test / Improve Your Grade: El tiempo presente de verbos regulares

CONÉCTATE CON EL IDIOMA
Más sobre los mandatos informales afirmativos

¡Los sabios° mandan!

wise ones

Si quieres ser viejo mucho tiempo, **haz**te viejo pronto.
—Marco Tulio Cicerón

Come poco y **cena** menos, que la salud de todo el cuerpo se fragua (*is forged*) en la oficina del estómago.
—Miguel de Cervantes Saavedra

En vez de amor, dinero o fama, **da**me la verdad.
—Henry David Thoreau

Donde haya (*Where there may be*) un árbol que plantar, **plánta**lo tú. Donde haya un error que enmendar (*to fix*), **enmiénda**lo tú. Donde haya un esfuerzo (*effort*) que todos esquivan (*shun*), **haz**lo tú. **Sé** tú el que aparta la piedra del camino.
—Gabriela Mistral

Dime y lo olvido, **enséña**me y lo recuerdo, **involúcra**me (*involve me*) y lo aprendo.
—Benjamin Franklin

Si ves las estrellas brillar, **sal** marinero a la mar.
—Refrán español

You have already seen the affirmative **tú** commands in both the ***Re*Paso** and the direction lines to many of the activities in the text. While commands can be formal (**Ud., Uds.**) or informal (**tú, vosotros/as, Uds.**), here we will focus on affirmative **tú** forms, which in most cases is simply the third person singular of the present tense:

> ***Abre* el libro en la página 23.**
> ***Compara* tus respuestas.**

Note that many of the verbs regularly used are irregular as affirmative **tú** commands:

decir	**Di** qué quieres.	*Say what you want.*
hacer	**Haz** la tarea.	*Do your homework.*
ir	**Ve** a clase.	*Go to class.*
poner	**Pon** el libro aquí.	*Put your book here.*
salir	**Sal** a tiempo.	*Leave on time.*
ser	**Sé** bueno(a).	*Be good.*
tener	**Ten** cuidado.	*Be careful.*
venir	**Ven** conmigo.	*Come with me.*

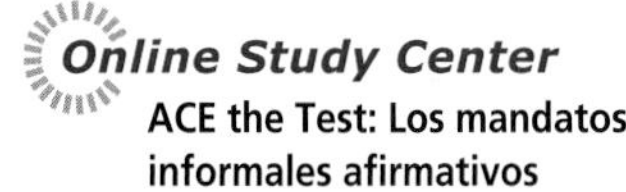

ACE the Test: Los mandatos informales afirmativos

Práctica

ACTIVIDAD 1•18 **¿Qué decir?** Tu amigo necesita tus consejos (*advice*). Lee sus situaciones. Luego dale (*give him*) un consejo afirmativo, según el modelo.

MODELO: **E1:** *Tengo dos exámenes mañana. ¿Dónde debo estudiar?*
E2: *Estudia en la biblioteca.*

1. Tengo mala nota en participación. ¿Qué debo hacer?
2. No me gusta mi clase de química. ¿Cambio de clase?
3. Necesito comunicarme con mi profesor, pero mi correo electrónico no funciona. ¿Debo llamar por teléfono?
4. Quiero ir a la fiesta de mi novio(a) esta noche, pero tengo un examen en dos días. ¿Debo ir?
5. Quiero participar en una actividad un poco peligrosa (*dangerous*) pero divertida. ¿Debo participar?
6. ¿Debo decirles la verdad a mis padres?
7. ¿Puedo ir contigo a tu clase de baile?
8. ¿Debo hacer la tarea todas las noches?
9. ¿Cuándo debo salir de la clase de español?
10. Estoy cansado(a). ¿Debo ir a mis clases hoy?

TERTULIA LINGÜÍSTICA
Present to express simple present, present progressive, and future

To help you determine when the action is taking place, look for words that indicate time. Present: **actualmente** (*currently*), **hoy en día** (*nowadays*), **hoy** (*today*). Future: **mañana** (*tomorrow*), **la semana próxima** (*next week*). Past: **ayer** (*yesterday*), **anoche** (*last night*), **el año pasado** (*last year*).

The forms of the present that you reviewed in this **paso** also come in handy. For example, the present tense can:

- indicate the everyday present:

Hablo con mi madre todos los días. *I talk to my mother every day.*

- indicate something that is in progress at the moment of speech:

Estudiamos las culturas indígenas en este *paso*. *We are studying indigenous cultures in this* **paso.**

- indicate something that will happen in the near future:

Completo la tarea mañana. *I'll finish the homework tomorrow.*

- narrate historical events (called the historical present):

Review the *Enfoque cultural* section on pre-Columbian cultures in Mexico to get an idea of how the historical present is used.

Síntesis e interacción

ACTIVIDAD 1•19 Conversación. Trabaja con un(a) compañero(a) para contestar las siguientes preguntas.

1. ¿Qué materias son populares en esta universidad? ¿Por qué?
2. ¿Qué materias debes estudiar si vas a ser abogado?
3. ¿Qué tienes que estudiar si vas a ser médico?
4. ¿Qué materias son difíciles de estudiar en línea (*online*) y por qué?
5. ¿Qué tienes que estudiar si quieres ser arquitecto?

ACTIVIDAD 1•20 Plan de estudios. La Universidad Autónoma de Nuevo León (UANL) en México ofrece una licenciatura en la facultad de arquitectura que comprende diez semestres. Eres parte de un grupo de estudiantes que entra a la facultad y quiere seguir el plan de estudios. Pero la UANL ha tenido problemas técnicos en su sitio web y por esta razón el plan sale en orden ilógico. Colabora con dos otras personas para poner el plan en orden cronológico, semestre por semestre. Marca el orden: Semestre #1, etc. Usa la lógica de los números de las materias y lo que ya sabes sobre un currículo universitario.

Palabras y frases útiles: antes (*before*); después (*after*); primero tienes que tomar... (*first you have to take . . .*); luego (*then*)

Oferta educativa

Facultad de Arquitectura

Licenciatura en arquitectura

Plan de estudios

Semestre ______	**Créditos**
Taller[1] integral III	14
Sociología y profesión	6
Cultura/calidad	6
Optativa II	6

Semestre ______	**Créditos**
Diseño III	8
Dibujo III	5
Historia de la arquitectura II	6
Teoría de la arquitectura III	4
Pensamiento creativo	6
Sistemas estructurales I	8
Construcción III	8

[1] *workshop*

Semestre ________	Créditos
Diseño V	8
Dibujo V	5
Historia de la arquitectura IV	6
Teoría de la arquitectura V	4
Apreciación de las artes	6
Sistemas estructurales III	8
Construcción V	5
Instalaciones[2]	6

Semestre ________	Créditos
Diseño I	8
Dibujo I	5
Geometría descriptiva I	5
Historia de la arquitectura I	6
Teoría de la arquitectura I	4
Metodología I	6
Comunicación oral y escrita	6
Construcción I	4

Semestre ________	Créditos
Diseño IV	8
Dibujo IV	5
Historia de la arquitectura III	6
Teoría de la arquitectura IV	4
Computación	6
Sistemas estructurales II	10
Construcción IV	10

Semestre ________	Créditos
Diseño VI	8
Teoría de la arquitectura VI	4
Sistemas estructurales IV	10
Construcción VI	5
Administración I	8
Instalaciones II	6

Semestre ________	Créditos
Diseño VII	8
Diseño urbano I	6
Teoría de la arquitectura VII	4
Sistemas estructurales V	8
Construcción VII	5
Administración II	8
Instalaciones III	6

Semestre ________	Créditos
Taller integral II	10
Representación profesional II	5
Ética del ejercicio profesional	6
Formación de emprendedores[3]	6
Sistemas estructurales VII	6
Administración IV	6
Optativa[4] I	6

Semestre ________	Créditos
Diseño II	8
Dibujo II	5
Geometría descriptiva II	5
Teoría de la arquitectura II	4
Metodología II	8
Matemáticas	6
Construcción II	10

Semestre ________	Créditos
Taller integral I [*Workshop*]	10
Representación profesional I	5
Diseño urbano II	8
Ciencias del ambiente[5]	6
Sistemas estructurales VI	8
Administración III	6
Instalaciones IV	6

[2]*facilities* [3]*entrepreneurs* [4]*elective* [5]*environment*

Enfoque cultural

México

El México precolombino

Varias tribus precolombinas viven y florecen en la región que hoy es México. Olmecas, aztecas, zapotecas, mayas, toltecas, mixtecas, nahuas y tlaxcaltecas, entre otras, forman la base indígena en Mesoamérica (la región entre el centro de México y la frontera noroeste de Costa Rica) y tienen una rica cultura y una civilización muy avanzada antes de la llegada de Cristóbal Colón en 1492. Mucha gente reconoce el valor del arte precolombino y estudia sus dioses (como Quetzalcoatl) y sus tradiciones.

Los latinos en los Estados Unidos: Los mexicoamericanos/chicanos

ACTIVIDAD 1•21 **¡Ya lo sabes!** Jot down three or four things you already know about the presence of Mexicans in the United States.

ACTIVIDAD 1•22 **Cognados.** There are a number of cognates in this reading. Scan it to find five examples. You may underline additional cognates as you read.

1. ______________________________
2. ______________________________
3. ______________________________
4. ______________________________
5. ______________________________

ACTIVIDAD 1•23 **Apunta.** As you read, take notes about what you find most interesting. Before you do, however, ask yourself what is the best way to organize them so that they make the most sense to you. Once you finish, look again at what you jotted down in **Actividad 1-21.** Do your notes reinforce or contradict any of the things you wrote?

Los mexicoamericanos

Hoy en día, dos de cada tres latinos en los Estados Unidos son de origen mexicano. Los mexicanos son el grupo que ha vivido en lo que hoy es territorio de los Estados Unidos desde[1] antes del siglo XX. En 1848, con el Tratado de Guadalupe Hidalgo, México le da Arizona, California, Nevada, Nuevo Mexico, Texas, Utah y la parte oeste de Colorado a los Estados Unidos. Cien mil de los mexicanos que viven en estos lugares deciden quedarse y hacerse ciudadanos[2] de los Estados Unidos.

Las personas de descendencia mexicana contribuyen enormemente a la economía y a la cultura de los Estados Unidos. Por ejemplo, más de 375.000 mexicoamericanos participan en la Segunda Guerra Mundial (1939–1945). Bajo el Convenio Bracero[3] (1942–1963), los Estados Unidos permite que casi 5.000.000 de mexicanos crucen la frontera[4] para trabajar en los campos agrícolas y los ferrocarriles[5]. La agricultura de los Estados Unidos todavía depende de la mano de obra[6] mexicana. Además, la gastronomía y la lengua son más ricas gracias a los mexicanos.

El Cinco de Mayo se celebra más en las comunidades mexicanas de los Estados Unidos que en muchas partes de México. Hay desfiles[7], fiestas, música de mariachis y bailes para conmemorar la Batalla de Puebla (1862), en la que los mexicanos derrocan[8] al ejército francés del emperador Napoleón III. Aunque los mexicanos pierden la guerra[9] contra los franceses, el Cinco de Mayo es una victoria que representa unidad, patriotismo y libertad.

---

[1]*since* [2]***quedarse... ciudadanos** to stay and become citizens* [3]*«**Bracero**» (Farmworkers') Agreement* [4]*border* [5]*railroads* [6]*labor* [7]*parades* [8]*defeat* [9]***pierden la guerra** lose the war*

Cronología

1846	1848	1862	1942
Guerra entre los EE.UU. y México	Se firma el Tratado de Guadalupe	Batalla de Puebla (Cinco de Mayo)	Comienza el Convenio Bracero

Fuentes: Gloria Anzaldúa, *Borderlands/La Frontera: The New Mestiza*; and George Ochoa, *Atlas of Hispanic-American History*.

ACTIVIDAD 1•24 **Comprensión.** Contesta las siguientes preguntas con oraciones completas.

1. ¿De dónde es la mayoría de los nuevos inmigrantes latinos?
2. ¿Qué significado tiene el Tratado de Guadalupe Hidalgo?
3. ¿Cuántos mexicoamericanos luchan (*fight*) en la Segunda Guerra Mundial?
4. ¿Por qué celebran los mexicanos el Cinco de Mayo?

Cinco de Mayo parade

México hoy en día

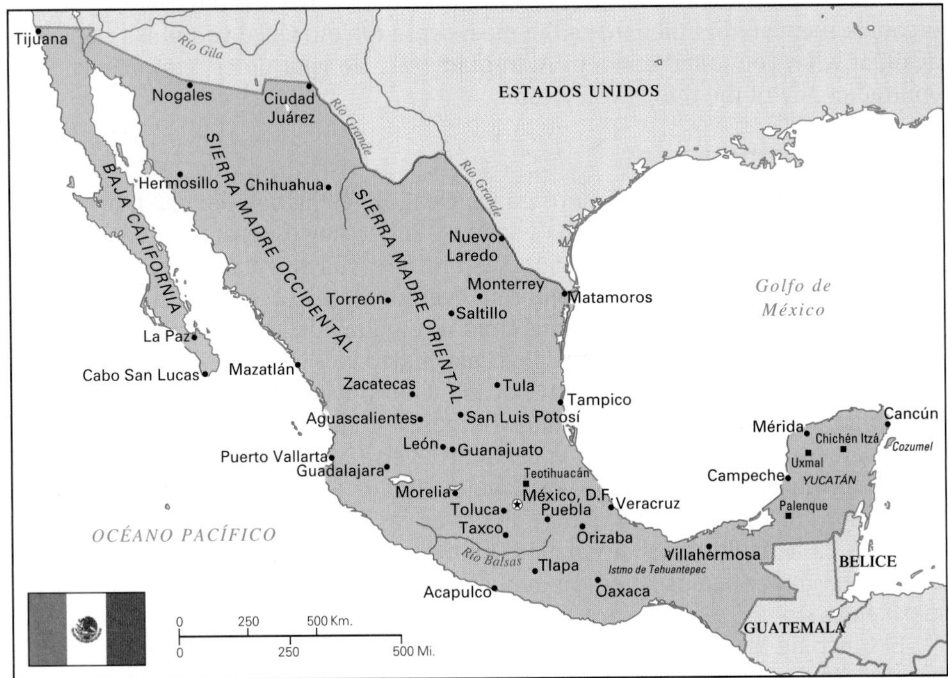

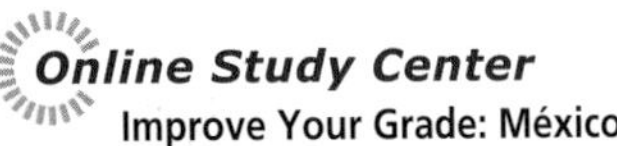
Online Study Center
Improve Your Grade: México

ACTIVIDAD 1•25 **Asociaciones.** ¿Qué sabes de estos lugares mexicanos? Con una pareja, apunten todas las cosas que sepan (*you may know*) de cada ciudad y asócienlas con una carrera académica. Si necesitan más información, visiten el *Online Study Center*.

MODELO: Acapulco

- ciudad en la costa pacífica
- grandes hoteles
- vacaciones
- playas
- carrera académica: el turismo

1. Ciudad de México D. F. (Distrito Federal)
   Asociaciones: ____________ **Carrera académica:** ____________
2. Cancún
   Asociaciones: ____________ **Carrera académica:** ____________
3. Chichén Itzá
   Asociaciones: ____________ **Carrera académica:** ____________
4. Chiapas
   Asociaciones: ____________ **Carrera académica:** ____________
5. Tijuana
   Asociaciones: ____________ **Carrera académica:** ____________

Online Study Center
Improve Your Grade: México

ACTIVIDAD 1•26 **¡A investigar!** Completa estos datos esenciales sobre México. (Si necesitas más información, visita el *Online Study Center*.)

Población: ____________
Extensión geográfica (en kilómetros o en millas): ____________
Lengua: ____________
Religión: ____________

ACTIVIDAD 1•27 **¡Continuemos!**

Online Study Center
Improve Your Grade: México

A. Escoge un tema interesante y explóralo. Puedes escoger un tema de la lista a continuación o explorar otro tema. Busca más información en la biblioteca o por Internet. (Hay una lista de recursos en el *Online Study Center.*)

Historia: El México precolombino; Hidalgo y Morelos; La guerra entre los Estados Unidos y México; La Revolución Mexicana; La batalla del Cinco de Mayo

Arte: Un(a) artista o músico(a) mexicano(a) cuya obra te interese (*whose work may interest you*); El muralismo mexicano

Religión y días festivos: La religión azteca; La Virgen de Guadalupe; Las Posadas; El Día de los Muertos; El Cinco de Mayo

Política: El gobierno hoy en día; Un movimiento social importante

Economía: Las industrias más importantes de México; México y TLCNA (Tratado de Libre Comercio de Norte América), o sea NAFTA por sus siglas en inglés

B. Haz una presentación breve en PowerPoint con transparencias o póster sobre tu tópico.

C. Preséntale tu información a la clase.

ACTIVIDAD 1•28 **¡A investigar! Estudiar en México.** La Universidad Nacional Autónoma de México (la UNAM) es la universidad más importante del país. Visita el *Online Study Center* para saber más sobre la UNAM. Nota cinco cosas en la página principal que la UNAM tiene en común con tu universidad.

Online Study Center
Improve Your Grade: México

1. ______________________
2. ______________________
3. ______________________
4. ______________________
5. ______________________

Arte y cultura

El gran escritor y poeta mexicano Octavio Paz (Premio Nobel 1990) escribe sobre la esencia de su gente y afirma que ser mexicano es participar en un "laberinto de la soledad". Como Paz, muchos artistas de su país intentan capturar el espíritu del pueblo mexicano: su pasado indígena (olmeca, tolteca, azteca y maya), la realidad de la conquista, sus revoluciones y represiones, su impresionante geografía, sus ritos y sus mitos.

Frida Kahlo (1907–1954) y su esposo, el muralista Diego Rivera (1886–1957), figuran entre los más famosos artistas mexicanos del siglo XX. Contempla algunos de sus retratos y refleja sobre las ideas de Octavio Paz.

Frida Kahlo, *Autorretrato con trenza y mono*

Diego Rivera, *Cargador de flores*

ACTIVIDAD 1•29 **El arte mexicano.** Ahora contempla las obras de estos artistas mexicanos contemporáneos. Compara las obras de Frida y Diego con las de estos nuevos artistas. Con un(a) compañero(a), hablen sobre la expresión de lo mexicano que perciban en las obras.

Alfredo Zalce, *Girl Selling Ducks*

Carlos Orozco Romero, *Head of a Woman*

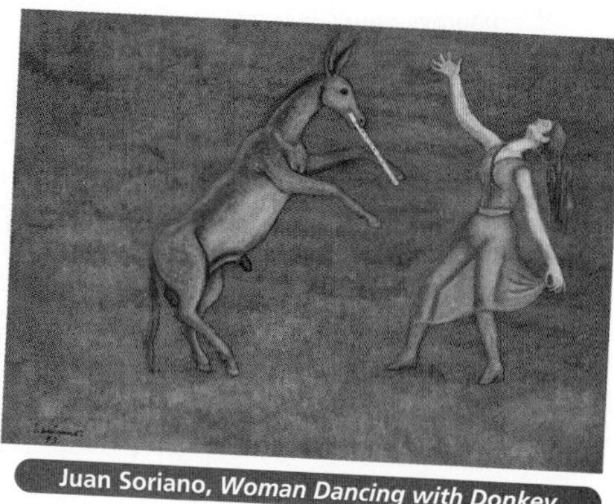
Juan Soriano, *Woman Dancing with Donkey*

Un mexicoamericano activista en los Estados Unidos

Paso adelante presenta a...

César Chávez

Profesión:
Activista de derechos civiles

Lugar de nacimiento:
Yuma, Arizona
Hijo de inmigrantes mexicanos, César Chávez vive de niño en los campamentos de obreros campesinos[1]. En 1965 comienza a luchar, a través de medios no violentos, por los derechos humanos de los trabajadores rurales. Forma el sindicato de obreros campesinos (United Farm Workers) y después de huelgas[2] y boicots, los obreros ganan mejores condiciones de trabajo. Su nombre y trabajo tienen gran influencia hoy en día e inspiran a miles de inmigrantes y obreros.

[1]*farm workers* [2]*strikes*

Online Study Center
Improve Your Grade: México

Charla videoteca

Stand and Deliver

Esta película se basa en la vida de un verdadero profesor de matemáticas, Jaime Escalante. El profesor Escalante, boliviano, trabaja en la escuela secundaria Garfield en East L.A., donde motiva a sus estudiantes latinos y los prepara para el examen nacional de cálculo. La historia nos permite ver que los estudiantes latinos pueden hacer lo que muchas personas encuentran inimaginable: aprobar[1] el examen de cálculo AP. Gracias a la motivación de Escalante, sus estudiantes dedican sus mañanas, tardes y fines de semana a estudiar para el examen. Cuando el Servicio Educacional de Exámenes, el cual administra el examen, acusa a los estudiantes de hacer trampa[2], éstos repiten el examen y otra vez lo aprueban.

Edward James Olmos, el actor que interpreta (*plays*) a Jaime Escalante, fue nominado para el Oscar.

[1]*pass* [2]*cheat*

ACTIVIDAD 1•30 **¿Qué comprendes?** Lee la información sobre esta película emocionante. Escoge la respuesta que mejor complete las oraciones.

1. Jaime Escalante es...
   a. mexicano.
   b. californiano.
   c. boliviano.
2. Esta película se basa en...
   a. la realidad.
   b. una novela.
   c. otras películas.
3. Jaime Escalante prepara a sus estudiantes para...
   a. un examen de matemáticas.
   b. un baile en la escuela secundaria.
   c. aprobar un examen de español.
4. Los estudiantes estudian...
   a. poco.
   b. frecuentemente.
   c. sólo durante los fines de semana.
5. En la película, Edward James Olmos es...
   a. estudiante.
   b. profesor.
   c. el padre de uno de los estudiantes.

VOCABULARIO MEXICANO

churros: tubes of fried dough with sugar; usually served with hot chocolate

carnal: brother or sister, close blood relative

chale: interjection meaning "no way"

el chante: word from the Nahuatl (native American) language meaning "home"

el(la) mesero(a): waiter, waitress

mole poblano: a Mexican sauce made of chile peppers, spices, nuts, garlic, and unsweetened chocolate

nopales: young prickly pear cactus leaves

¿Qué jais?, ¿Qué onda?: greetings, similar to **¿Qué tal?**

tamales: banana leaves or corn husks often filled with cornmeal and chicken or pork

SEGUNDA ETAPA
¡Hablemos de las carreras y las profesiones!

Vocabulario

Las profesiones

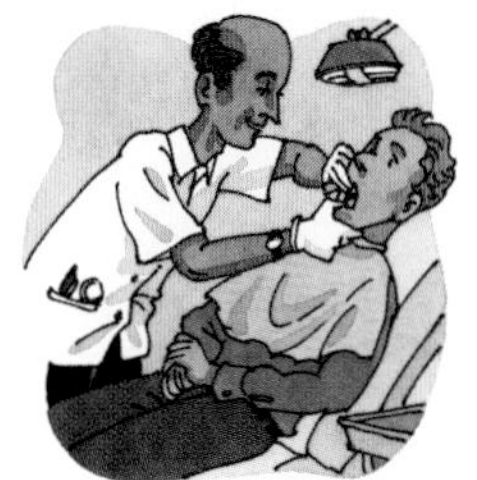
El dentista examina los dientes.

La veterinaria cura los animales.

La autora escribe libros.

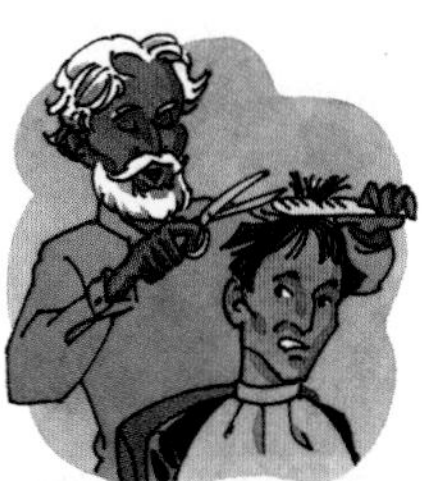
El peluquero corta el pelo.

El enfermero y el médico trabajan en el hospital.

La programadora se especializa en computadoras.

La pintora pinta cuadros.

El contador calcula los gastos.

Más profesiones

el/la abogado(a)
el actor/la actriz
el/la arquitecto(a)
el/la artista
el bombero/la mujer bombero
el/la cocinero(a)
el/la contador(a)
el/la diplomático(a)
el/la electricista
el/la gerente
el hombre/la mujer de negocios
el/la ingeniero(a)
el/la maestro(a)
el/la mecánico(a)
el/la periodista
el piloto/la mujer piloto
el policía/la mujer policía
el/la psicólogo(a)
el/la secretario(a)
el soldado/la mujer soldado
el/la terapeuta

Práctica

ACTIVIDAD 1•31 **¡Ya lo sabes!** ¿Reconoces algunas de las profesiones que aparecen anteriormente? Marca con una **X** las que reconozcas (*you may recognize*) y busca las otras en la lista al final del **paso.**

Herramienta estratégica

MAKING THE MOST OF RESOURCES

If you can't figure out what something means or the way a grammatical structure is used, you can always use the resources at hand:

- Ask a classmate, the teacher, or a friend who speaks or has studied Spanish.
- Consult the vocabulary list at the end of the chapter or the glossary at the end of the book.
- Look in the appendix or index of the book to find an explanation.
- Use a dictionary or other resource at hand and write the meaning next to the word. In short, take initiative if you're not sure of some of the professions listed on page 52.

ACTIVIDAD 1•32 **Asociaciones.** Empareja las actividades a la derecha con las palabras a la izquierda.

1. un arquitecto	a. conduce aviones
2. una electricista	b. contesta el teléfono y mantiene la oficina en orden
3. una ingeniera	c. elabora programas de computadoras
4. un médico	d. diseña casas y edificios
5. un piloto	e. mantiene la ley en su comunidad
6. una programadora	f. atiende a los enfermos
7. un policía	g. instala cables
8. un secretario	h. aplica matemáticas y física a problemas

Apunte cultural

MUJERES PROFESIONALES

As more and more women enter the workforce in Spanish-speaking countries, the language changes to reflect this reality. While there is no consensus on what forms should be used, here are a few notes to keep in mind.

a. Change the article to **la** and add **-a** to the end of a word to make it feminine: **el médico** → **la médica.**
b. If the word ends in **–ista,** change the article to **la: el dentista** → **la dentista.**
c. For certain words, you can add the word **mujer** and change the article to **la: el policía** → **la mujer policía.**

 **ACTIVIDAD 1•33 Las carreras de los amigos de Claudia.** Escucha mientras Claudia habla de las carreras de sus amigos. Marca en la lista en la página 52 las profesiones que menciona. Luego, escribe las carreras que tus amigos piensan seguir.

 **ACTIVIDAD 1•34 Encuesta.**

A. Habla con tres compañeros de clase para determinar qué carrera piensan seguir y las clases que toman para prepararse.

Nombre	Profesión	Materia

 **B.** Dales consejos a estas tres personas sobre otras materias que deben estudiar para prepararse para esta profesión. Usa los mandatos informales.

¿Recuerdas?

PALABRAS INTERROGATIVAS

You have already asked many questions in the previous activities, so you have a sense of how questions are formed. Here is an overview of how to ask questions in a variety of ways.

¿Cómo?	How? (**¿Cómo?** = What?)	**¿Cómo te llamas?**
¿Cuál(es)?	Which?	**¿Cuáles son tus clases favoritas?**
¿Cuándo?	When?	**¿Cuándo comienza tu primera clase?**
¿Cuánto(a)(s)?	How much (many)?	**¿Cuántas clases tienes?**
¿Dónde?	Where?	**¿Dónde está la librería?**
¿Adónde?	Where (to)?	**¿Adónde vas a ir después de esta clase?**
¿De dónde?	Where (from)?	**¿De dónde eres?**
¿Para qué?	What for?	**¿Para qué clase es este texto?**
¿Por qué?	Why?	**¿Por qué estudias español?**
¿Qué?	What?	**¿Qué estudias?**
¿Quién(es)?	Who?	**¿Quiénes son tus compañeros de clase?**

Online Study Center
ACE the Test: Palabras interrogativas

 **ACTIVIDAD 1•35** **Actividad artística.** Usa palabras interrogativas para hacerle preguntas a un(a) compañero(a) sobre los siguientes dibujos. Tu compañero(a) debe decir qué profesión o carrera sigue la persona.

MODELO: Juana

E1: *¿Qué quiere ser Juana?*

E2: *Quiere ser médica. Debe estudiar biología y química.*

1. Jorge

2. Marta

3. Paco

4. Miranda

5. Elena

6. El señor Ramos

 **ACTIVIDAD 1•36** **Minidiálogo.** Un(a) estudiante va a hacer el papel (*play the role*) de una persona que busca trabajo, y el (la) otro(a) va a hacer el papel del (de la) entrevistador(a). Deben incluir saludos apropiados y formar una serie de preguntas. Pueden incluir las siguientes preguntas: **¿Qué tipo de trabajo buscas? ¿Cuál es tu especialización? ¿Por qué crees estar preparado(a) para el puesto** (*position*)**?**, etc.

Apunte cultural

LOS APELLIDOS

In Spanish-speaking countries, it is common for people to use two surnames (**apellidos**): for example, Gabriel García Márquez. García is Gabriel's father's surname and Márquez is his mother's. What would your surname be?

 **ACTIVIDAD 1•37 Carnets universitarios.** Con una pareja, contesta las siguientes preguntas sobre el carnet universitario a continuación.

1. ¿Cuáles son los apellidos de Carol?
2. ¿Qué actividad complementaria hace Carol?
3. ¿Cuál es su número de teléfono?
4. Compara tu carnet con el de Carol. ¿Cuál tiene más información? Explica.
5. ¿Qué carnet prefieres, el de tu universidad o el de Carol? ¿Por qué?

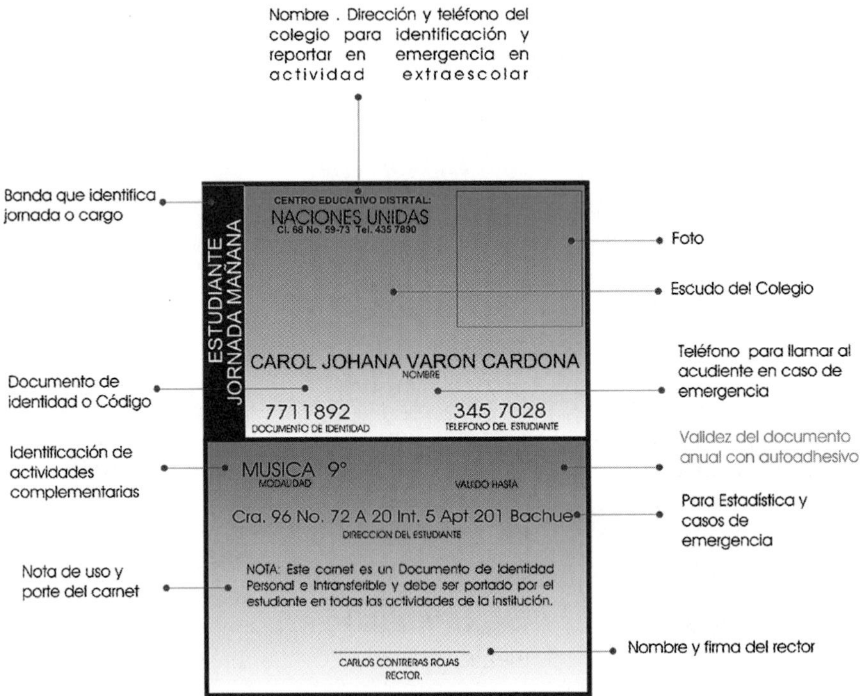

ACTIVIDAD 1•38 Una solicitud (*application*) de admisiones. Eres Oficial de Admisiones en la Universidad de Montemorelo. Pídele a un(a) compañero(a) la información personal que necesitas para llenar la siguiente solicitud. Luego, cambia de papel (*switch roles*) con tu compañero(a).

Online Study Center
ACE the Test / Improve Your Grade: Las profesiones

Dirección de Admisiones y Registro
Apdo. 16-5
67500 Montemorelos, N. L.
México

Datos personales Nombre completo*: ________
Domicilio[1] (calle y número)*: ________ Ciudad*: ________
Estado*: ________ Código postal*: ________ País*: ________
Dirección electrónica*: ________ Número telefónico: ________ Número de fax: ________
Edad: ________ Nacionalidad actual: ________
Sexo: ☐ Masculino ☐ Femenino Estado civil[2]: ☐ Soltero(a) ☐ Casado(a) ☐ Otro
**Estos datos son necesarios para procesar la solicitud.*

Información académica Deseo recibir información sobre las siguientes carreras:
1. ________ 2. ________ 3. ________

[1]*address* [2]*marital status*

CONÉCTATE CON EL IDIOMA
El verbo *gustar*

—¿Por qué comen caracoles los franceses?

—Porque no les gusta la comida rápida.

Me gusta... is used to express *I like . . .* , but it literally means *. . . is pleasing to me*. Notice that **gustar** calls for the use of indirect-object pronouns, which you will see again in **Paso 4.** Here they are:

Indirect-object pronouns	
me to/for me	**nos** to/for us
te to/for you	**os** to/for you
le to/for him, her, you, it	**les** to/for them, you

Only two forms of the verb **gustar** are usually used: **gusta** and **gustan.** Use **gusta** when the thing you like is an action or singular noun: **Me gusta ver películas, pero no me gusta la nueva película de Tarantino.** Use **gustan** only when the things you like are multiple: **Me gustan las clases de arte.**

gustar			
(A mí) me	gusta(n)	(A nosotros/nosotras) nos	gusta(n)
(A ti) te	gusta(n)	(A vosotros/vosotras) os	gusta(n)
(A él, a ella, a Ud.) le	gusta(n)	(A ellos, a ellas, a Uds.) les	gusta(n)

Note the prepositional phrases: **a mí, a ti, a Miguel, a Tita y a mí,** etc. We use these for emphasis or clarification, and they may come before **gustar** or at the end of the sentence.

Práctica

ACTIVIDAD 1•39 ¿Qué deportes les gustan a Claudia y a sus amigos? Forma oraciones para decir qué deportes les gustan a Claudia y a sus amigos. Sigue el modelo.

MODELO: Claudia / jugar al básquetbol
A Claudia le gusta jugar al básquetbol.

1. Tony y Tom / jugar al fútbol
2. Meg / el esquí alpino
3. Leticia y Sharon / jugar al tenis
4. Alfredo / el golf y el boxeo
5. Lee y Alex / jugar al béisbol
6. Gabi y Jeff / la natación (*swimming*) y el fútbol

ACTIVIDAD 1•40 ¿Qué te gusta o no te gusta de la universidad?

Usa la lista a continuación para preguntarle a un(a) compañero(a) si le gusta hacer estas actividades. Sigue el modelo.

MODELO: escuchar el CD en el laboratorio

E1: *¿Te gusta escuchar el CD en el laboratorio?*

E2: *Sí, me gusta (escuchar el CD en el laboratorio). / No, no me gusta...*

1. los exámenes
2. comer en la cafetería
3. salir con amigos
4. las matemáticas
5. terminar la tarea rápidamente
6. escribir composiciones
7. leer y estudiar para las clases
8. bailar en las fiestas
9. tu texto de español

ACTIVIDAD 1•41 ¡A escuchar! ¿Qué sistema universitario prefiere Claudia?

Escucha mientras Claudia dice cuál de los sistemas universitarios, el mexicano o el estadounidense, le gusta más y por qué.

A. Con una pareja, escriban las opiniones que da Claudia sobre las universidades mexicanas y las de los EE.UU.

Las universidades mexicanas

1. ______________________________
2. ______________________________
3. ______________________________

Las universidades estadounidenses

1. ______________________________
2. ______________________________
3. ______________________________

B. Ahora, habla con tu compañero(a) sobre las opiniones de Claudia. ¿Estás de acuerdo (*Do you agree*) con lo que dice de las universidades estadounidenses? Si estás de acuerdo, ¿qué piensas de estas características?

ACTIVIDAD 1•42 Tu firma (*signature*), por favor.

A. Habla con tus compañeros de clase para determinar a quién le gustan las siguientes actividades o cosas. Cuando encuentres a una persona, pídele su firma en la línea apropiada. Luego, prepárate para compartir la información con la clase.

1. estudiar en la biblioteca ______________________________
2. los ejercicios en este texto ______________________________
3. la música latina ______________________________
4. las clases de español ______________________________
5. esta universidad ______________________________
6. la antropología ______________________________
7. la literatura ______________________________
8. la economía ______________________________
9. los programas de radio ______________________________
10. la psicología ______________________________

B. Con un grupo pequeño, determina las tres cosas más populares en la lista. Escoge a un(a) estudiante del grupo como portavoz (*spokesperson*) para comunicarle los resultados a la clase. En clase, forma y comunica las conclusiones: ¿Por qué son estas cosas las más populares?

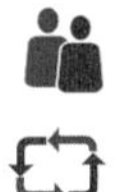

ACTIVIDAD 1•43 Minidrama. Con una pareja, escriban un diálogo entre un(a) consejero(a) (*advisor*) y un(a) estudiante. El diálogo debe incluir lo siguiente:

- Saludos
- Preguntas sobre las clases y la vida universitaria, por ejemplo:

  ¿Cuántas clases tiene tu compañero(a) de clase?
  ¿Cuáles le gustan más? ¿Qué materia no le gusta?
  ¿A qué clases asiste por la mañana? ¿y por la tarde?
  ¿Dónde estudia? ¿Cuántas horas estudia? ¿Cuándo estudia?

  También puedes preguntar si escribe mucho para sus clases, si lee mucho todas las semanas y si mira televisión.
- Despedidas

Usa el vocabulario y las estructuras estudiados en el ***Re*Paso** y **Paso 1.** Prepárate para presentar tu diálogo delante de la clase.

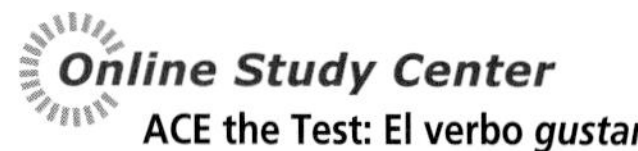

Herramienta estratégica

PRACTICING COMMUNICATION

There is research to show that the more you use new vocabulary and forms in communication, rather than just hear them, the more likely you will remember words and phrases. Get together with another Spanish learner or speaker to use the words in conversation. Try to set aside 20–25 minutes a week to practice a specific set of words. Before you know it these words will be on "the tip of your tongue."

CONÉCTATE CON EL IDIOMA
Ciertas expresiones con *tener*

Javier tiene frío.

Dora tiene calor.

Teresa tiene sueño.

Mirna y Gail tienen prisa.

Jaimito tiene seis años.

César tiene sed.

Eduardo tiene hambre.

Los niños tienen miedo.

The verb **tener,** which literally means *to have,* is used in many idiomatic expressions in addition to the ones depicted above. Use as many of these expressions as you can in conversation to help you recall them.

tener cuidado (*to be careful*)	**Debemos tener cuidado al cruzar la calle.** *We should be careful when crossing the street.*
tener éxito (*to be successful*)	**Muchos inmigrantes tienen éxito en los EE.UU.** *Many immigrants are successful in the U.S.*
tener ganas de (*to feel like + inf.**)	**Tengo ganas de comer una pizza.** *I feel like eating a pizza.*
tener que (*to have to + inf.**)	**Tenemos que repasar las conjugaciones.** *We have to review the conjugations.*
tener razón (*to be right*)	**¡Mi madre siempre tiene razón!** *My mother is always right!*
tener suerte (*to be lucky*)	**Tenemos mucha suerte —no va a llover este fin de semana.** *We're very lucky—it's not going to rain this weekend.*

*Note that **tener ganas de**, like the phrase **tener que** (*to have to*), must be followed by an infinitive.

Remember that these expressions with **tener** are idioms (**modismos**); that is, they do not translate literally.

LA MISMA REALIDAD, PERSPECTIVAS DIFERENTES

Expressing conditions with *tener*

In Spanish, we use the idea of possession to express certain conditions—for example, to have fear or to have hunger (**tener miedo, tener hambre**). In English, we express these conditions with the verb *to be* (to be afraid, to be hungry).

Tener is conjugated as follows. Take a minute to memorize the conjugation.

tener *(to have)*			
yo	tengo	nosotros/nosotras	tenemos
tú	tienes	vosotros/vosotras	tenéis
él, ella, Ud.	tiene	ellos, ellas, Uds.	tienen

Práctica

ACTIVIDAD 1•44 ¿Por qué haces lo siguiente? Conversa con una pareja para determinar por qué él/ella hace las siguientes actividades.

MODELO: corres a tu clase de arte
E1: *¿Por qué corres a tu clase?*
E2: *Porque* (Because) *tengo prisa.*

1. comes espagueti en la cafetería
2. cierras los ojos
3. abres las ventanas del salón de clase
4. bebes mucha agua
5. llevas un abrigo y botas (*coat and boots*)
6. te gustan las películas (*movies*) de terror
7. estudias matemáticas
8. cierras las ventanas de tu casa
9. bebes cerveza en un bar por la primera vez

ACTIVIDAD 1•45 ¡A escuchar! ¿Qué tiene ganas de hacer Tomás? Escucha hablar a Tomás y a Ricardo, dos amigos de Claudia. Luego contesta las preguntas.
Vocabulario útil: exigente (*demanding*), pide (*he asks for*), faltar (*to miss*)

1. ¿Por qué no tiene ganas de ir a clase Tomás?
2. ¿De qué tiene miedo? (Escoge una.)
   a. de tener sueño en clase b. de tener mucha tarea
   c. de no responder bien a las preguntas de su profesor
3. Según Ricardo, ¿qué tienen que hacer los estudiantes para tener éxito en la clase del profesor Díaz? (Menciona por lo menos dos cosas.)
4. ¿Decide Tomás asistir a la clase? ¿Cómo lo sabes?

 **ACTIVIDAD 1•46** **Entrevista.** Hazle a un(a) compañero(a) de clase estas preguntas personales.

1. ¿Cuántos años tienes?
2. ¿Qué comes cuando tienes hambre? ¿Qué tomas cuando tienes sed?
3. ¿Qué haces cuando tienes sueño pero tienes que estudiar?
4. Cuando tienes ganas de comer fuera, ¿dónde comes?
5. ¿En qué clase tienes más éxito?
6. ¿Cuándo tienes miedo?
7. ¿Tienes cuidado cuando sales por la noche?
8. ¿Qué materias tienes que tomar para tu especialidad?
9. ¿Tienes suerte en los exámenes?

Online Study Center
ACE the Test / Improve Your Grade: Las expresiones con *tener*

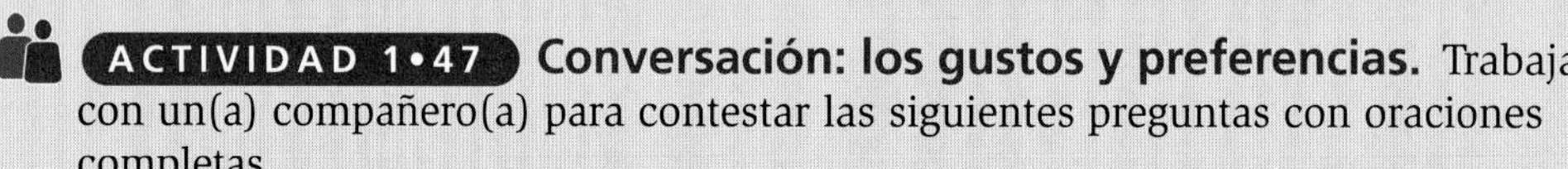

Síntesis e interacción

ACTIVIDAD 1•47 **Conversación: los gustos y preferencias.** Trabaja con un(a) compañero(a) para contestar las siguientes preguntas con oraciones completas.

1. ¿Dónde te gusta comer cuando tienes hambre?
2. ¿Qué te gusta hacer cuando tienes ganas de hacer ejercicio (*exercise*)? ¿Juegas algún deporte? ¿Vas al gimnasio? ¿Montas en bicicleta?
3. Cuando tienes prisa, ¿qué medio de transporte usas, el carro, el autobús, el metro (*subway*) o el taxi?
4. Cuando tienes mucho calor, ¿cómo te gustar refrescarte (*cool off*)? ¿pasando el día en un lugar con aire acondicionado? ¿tomando mucha agua? ¿estudiando en la biblioteca? ¿nadando (*swimming*)?

ACTIVIDAD 1•48 **Lo que te gusta y lo que no te gusta.**

A. Escribe tres cosas, tres clases o actividades que te gustan y tres que no te gustan.

1. ______________________________
2. ______________________________
3. ______________________________
4. ______________________________
5. ______________________________
6. ______________________________

B. Ahora entrevista (*interview*) a tres compañeros para averiguar lo que les gusta y lo que no les gusta. Si encuentras a alguien que tenga gustos como los tuyos, ¡siéntate con esa persona y sigue hablando con él/ella!

Compañero(a) #1 **Gustos:** ______________________________
Lo que no le gusta: ______________________________
Compañero(a) #2 **Gustos:** ______________________________
Lo que no le gusta: ______________________________
Compañero(a) #3 **Gustos:** ______________________________
Lo que no le gusta: ______________________________

Herramienta estratégica

WHEN TO READ: TIME AND ATTITUDE

Successful readers who remember what they read use different reading strategies. The following are just a few. Try a variety of them until you discover a reading system that will turn you into a better reader for life-long learning.

- Figure out what part of the day you are most alert and read then. Don't wait until you're tired and ready for bed.
- Keep a positive attitude. Reading often leads to new discoveries!
- With good lighting nearby, sit up as you read at a desk or table. You might fall asleep if you read in bed.
- To avoid possible distractions and to stay focused, keep background noise to a minimum.
- Before beginning to read, determine the purpose of the reading. Why were you asked to read? What should you get out of it?
- To orient yourself, look at the title and subheadings.
- Take notes as you read. Don't hesitate to mark up the pages and write notes to yourself in the margins. Review the notes once you're done reading.
- Mark areas that confuse you and come back to them. If you still can't figure things out after rereading, write down questions to ask in class.
- Summarize the reading in your own words.
- Read the selections two or three times. When reading in a foreign language, reading only once is usually not sufficient.

Antes de leer

Información esencial

Before you read the following publicity from the website of the Universidad Autónoma de Nuevo León in Mexico, think about what you already know about universities and take the next step. What do universities tend to say about themselves to attract students?

Mark the items you expect to find in the reading. What other information might you expect to see?

a. ☐ location
b. ☐ majors offered
c. ☐ number of students
d. ☐ student/faculty ratio
e. ☐ international programs
f. ☐ sports programs
g. ☐ history of the university
h. ☐ famous alumni
i. ______________________________
j. ______________________________
k. ______________________________

Herramienta estratégica

UNDERSTANDING VOCABULARY

Now scan the article. Which of the items noted above appear? Read the article, but as you do so, do not attempt to understand every word. If you engage in contextual guessing, identify cognates, and keep the following correspondences in mind, chances are you will figure out the meaning of some words without the use of a dictionary.

-dad = *-ity* (feminine noun)	**ciudad**	*city*
-ión = *-ion* (feminine noun)	**administración**	*administration*
-ario(a) = *-ary* (adj.)	**veterinaria**	*veterinary*
-ía = *-y* (noun)	**agronomía**	*agronomy*
-ado(a) = *-ed* (adj., verb)	**creado**	*created*

UNIVERSIDAD AUTÓNOMA DE NUEVO LEÓN

La UANL está situada en San Nicolás de los Garza, Nuevo León (dentro del área metropolitana de la ciudad de Monterrey), una de las ciudades industriales más importantes de México. El estado de Nuevo León está situado en el noroeste del país; limita con los estados de Coahuila, San Luis Potosí, Tamaulipas y Texas (Estados Unidos).

La ciudad de Monterrey ofrece los principales servicios de transporte local y los centros comerciales más grandes de la región. Monterrey es una de las principales ciudades industriales de México, y ha creado uno de los centros de intercambio comercial y tecnológico más importantes de Latinoamérica. La ciudad es considerada la capital industrial de México. Posee materias primas[1] que son elaboradas por su industria cervecera, cementera, vidriera, de acero y de alimentos[2].

Monterrey es una de las ciudades más accesibles del país, con más de 194 vuelos diarios que la conectan con toda la República Mexicana, y con las principales ciudades de Estados Unidos y Canadá. El estado de Nuevo León también posee modernas y accesibles supercarreteras[3] y ferrocarriles.

Los alrededores de Monterrey ofrecen una gran variedad de atracciones para los visitantes. Monterrey está rodeada por las majestuosas montañas de la Sierra Madre Oriental y el clima es muy variable. Además de estas bellezas naturales, está la variedad de actividades culturales en museos, galerías de arte, teatros y el tradicional Barrio Antiguo en el Centro Histórico de la ciudad. Ofrece eventos deportivos y tiene muchos prestigiosos restaurantes que sirven platillos regionales e internacionales.

La UANL tiene un campus principal, conocido como la Ciudad Universitaria. [...] En esta área se ubica[4] la Torre de la Rectoría, el edificio de la administración central de la UANL, además de 13 facultades[5], un estadio, dos bibliotecas principales, dos clubes de informática y cafeterías. Tiene además algunos institutos de investigación, auditorios y gimnasios en una gran extensión rodeada de jardines.

En el Área Médica están situadas las facultades relacionadas con el área de la salud: medicina, odontología, enfermería, psicología, salud pública y nutrición, la clínica para el personal de la UANL y el Hospital Universitario. [...]

La universidad mantiene un ambiente de aprendizaje positivo para sus estudiantes y docentes, el cual se complementa con actividades deportivas y culturales ofrecidas en todas sus facultades.

Adaptado de: Universidad Autónoma de Nuevo León: Visitantes ***http://www.uanl.mx/visitantes/***

[1]***materias primas*** *raw materials* [2]***vidriera… alimentos*** *glass, steel, and foods* [3]*superhighways* [4]*is located* [5]*departments*

Comprensión

A. Determina si las siguientes oraciones son ciertas (**C**) o falsas (**F**).

1. La Universidad Autónoma de Nuevo León está en el noroeste de México. ___
2. Monterrey es considerada una capital industrial de México. ___
3. No es posible llegar a Monterrey por avión. ___
4. Los visitantes en Monterrey pueden ir a museos, galerías y eventos deportivos. ___
5. Todas las facultades están en la Ciudad Universitaria. ___

B. ¿Qué te parece la UANL? ¿Qué te gusta más de esta universidad? ¿Qué no te gusta? Habla con un(a) compañero(a) para ver lo que él(ella) opina.

¡A escribir!

Antes de escribir: Tu universidad

You have been asked to put together a brochure in Spanish about your college or university. Before you start writing, organize your thoughts by mapping them out. As a writing strategy, use the graphic below to help you.

Using a semantic map

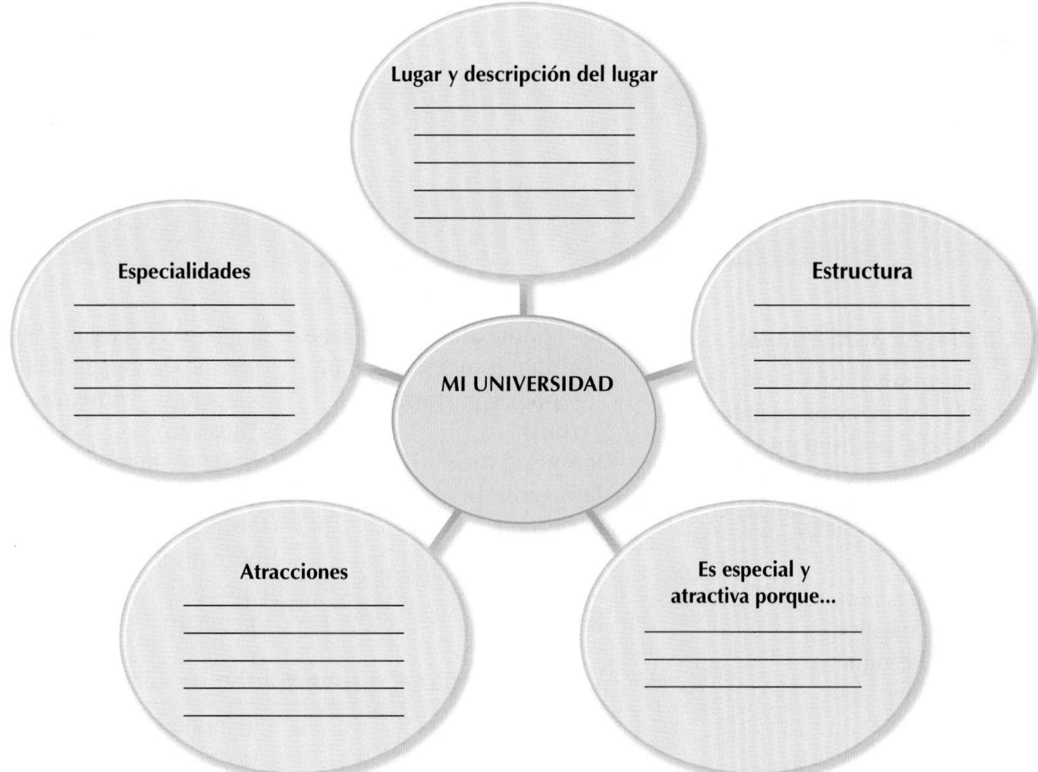

Redactar°

°Escribir

Now, write a publicity brochure for your school, using the reading above as a guide. Where is your school located? What main attractions are nearby? How is your college or university structured? What are some of the majors available? End by stating what makes your school special and most attractive to students.

Después de escribir

Bring your completed brochures to class. Exchange brochures with a classmate and provide three constructive comments on his or her piece. Would you want to attend the school based on his or her brochure? If your classmate has comments that you find helpful, make revisions as needed.

Conéctate con la comunidad

As a class, select some brochures to be forwarded to the Admissions Office for their use. Discuss other places where these brochures in Spanish might come in handy—a local high school or community learning center, for example—and distribute them there.

Vocabulario activo

Las materias/Las especialidades académicas

Cognados: **la antropología, la arquitectura, el arte, la biología, las ciencias naturales, las ciencias sociales, la economía, la geografía, la historia, las humanidades, la literatura, las matemáticas, la medicina, la música, la pedagogía, la política, la psicología, la sociología, el turismo**

la administración de empresas	business administration
las bellas artes	fine arts
la contabilidad	accounting
el derecho	law
los idiomas (alemán, árabe, chino, francés, italiano, japonés, portugués, ruso)	languages (German, Arabic Chinese, French, Italian, Japanese, Portuguese, Russian)
la informática	computer programming
la ingeniería	engineering
el negocio	business
el periodismo	journalism
la pintura	painting
la química	chemistry

Verbos regulares que terminan en *-ar*

apuntar	to jot down
bailar	to dance
buscar	to look for

caminar	to walk
comprar	to buy
descansar	to rest
enseñar	to teach
escuchar	to listen
estudiar	to study
fumar	to smoke
hablar	to speak
llegar	to arrive
mirar	to watch, look at
nadar	to swim
necesitar	to need
preparar	to prepare
regresar (a)	to return
terminar	to finish
tocar	to play (an instrument); to touch
tomar	to take; to drink
trabajar	to work

Verbos regulares que terminan en *-er*

aprender (a)	to learn (to do something)
beber	to drink
comer	to eat
comprender	to comprehend
correr	to run
creer	to believe
deber	to owe; should, ought to
leer	to read
vender	to sell

Verbos regulares que terminan en *-ir*

abrir	to open
asistir (a)	to attend
decidir	to decide
escribir	to write
insistir (en)	to insist (on)
recibir	to receive
vivir	to live
reunir	to unite (**reunirse** = to meet)

Las profesiones

el abogado/la abogada	lawyer
el actor/la actriz	actor
el arquitecto/la arquitecta	architect
el/la artista	artist
el autor/la autora	author
el bombero/la mujer bombero	firefighter
el cocinero/la cocinera	cook
el contador/la contadora	accountant
el/la dentista	dentist
el diplomático/la diplomática	diplomat
el/la electricista	electrician
el enfermero/la enfermera	nurse
el/la gerente	manager
el hombre/ la mujer de negocios	businessman/ businesswoman
el ingeniero/la ingeniera	engineer
el maestro/la maestra	teacher
el mecánico/la mecánica	mechanic
el médico/la médica	doctor
el peluquero/la peluquera	barber/hairdresser
el/la periodista	journalist
el piloto/la mujer piloto	pilot
el pintor/la pintora	painter
el policía/la mujer policía	policeman/policewoman
el programador/la programadora	computer programmer
el psicólogo/la psicóloga	psychologist
el secretario/la secretaria	secretary
el soldado/la mujer soldado	soldier
el/la terapeuta	therapist
el veterinario/la veterinaria	veterinarian

Expresiones con *tener*

tener... años	to be . . . years old
tener calor	to be hot
tener cuidado	to be careful
tener éxito	to be successful
tener frío	to be cold
tener ganas de	to feel like + *inf.*
tener hambre	to be hungry
tener miedo	to be afraid
tener prisa	to be in a hurry
tener razón	to be right
tener sed	to be thirsty
tener sueño	to be sleepy
tener suerte	to be lucky

Palabras interrogativas

¿Cómo?	How? (What?)
¿Cuál(es)?	Which?
¿Cuándo?	When?
¿Cuánto(a)(s)?	How much (many)?
¿Dónde?	Where?
¿Adónde	Where (to)?
¿De dónde?	Where (from)?
¿Para qué?	What for?
¿Por qué?	Why?
¿Qué?	What?
¿Quién(es)?	Who?

PASO

2

El casado, casa quiere

Nuestra familia, nuestra casa y nuestras tradiciones

Pasemos adelante así...

Comunicación funcional

By the end of this **paso**, you will be able to:

- describe your home and family
- talk about emotions and physical states of being
- describe things and make comparisons
- talk about actions taking place in the present
- talk about daily routines

Para empezar

Mira la foto y contesta las siguientes preguntas con un(a) compañero(a).

1. ¿Qué miembros de la familia hay en la foto?
2. ¿Dónde están?
3. ¿Qué hacen?
4. ¿Es una familia grande, mediana o pequeña?
5. ¿Pasas algunos días festivos o celebraciones con tu familia? ¿Cuáles?

Herramienta estratégica

USING AND UNDERSTANDING GESTURES

You may have noticed among some of your Hispanic friends and acquaintances that they use their hands a lot while talking. While some gestures are universal, others are culturally bound. That is, some gestures will mean different things in different cultures. Since gesturing is an example of "body language" used to help communicate meaning, you will want to learn some gestures and body language that are particular to Hispanics. For example, often Latinos not only stand much closer to the person they're talking to than do Anglos, but they also touch others as they are talking. The following are just a few gestures that you might see native Spanish speakers use.

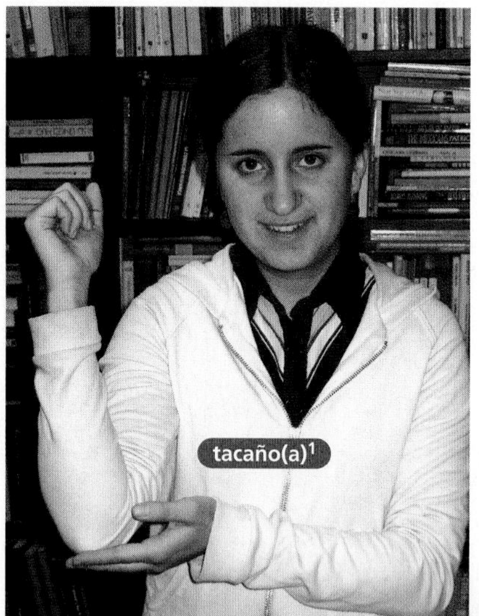

chévere

[1] *stingy*

adiós

PRIMERA ETAPA
¡Hablemos de nuestra familia!

Vocabulario

La familia de Dora Salamanca

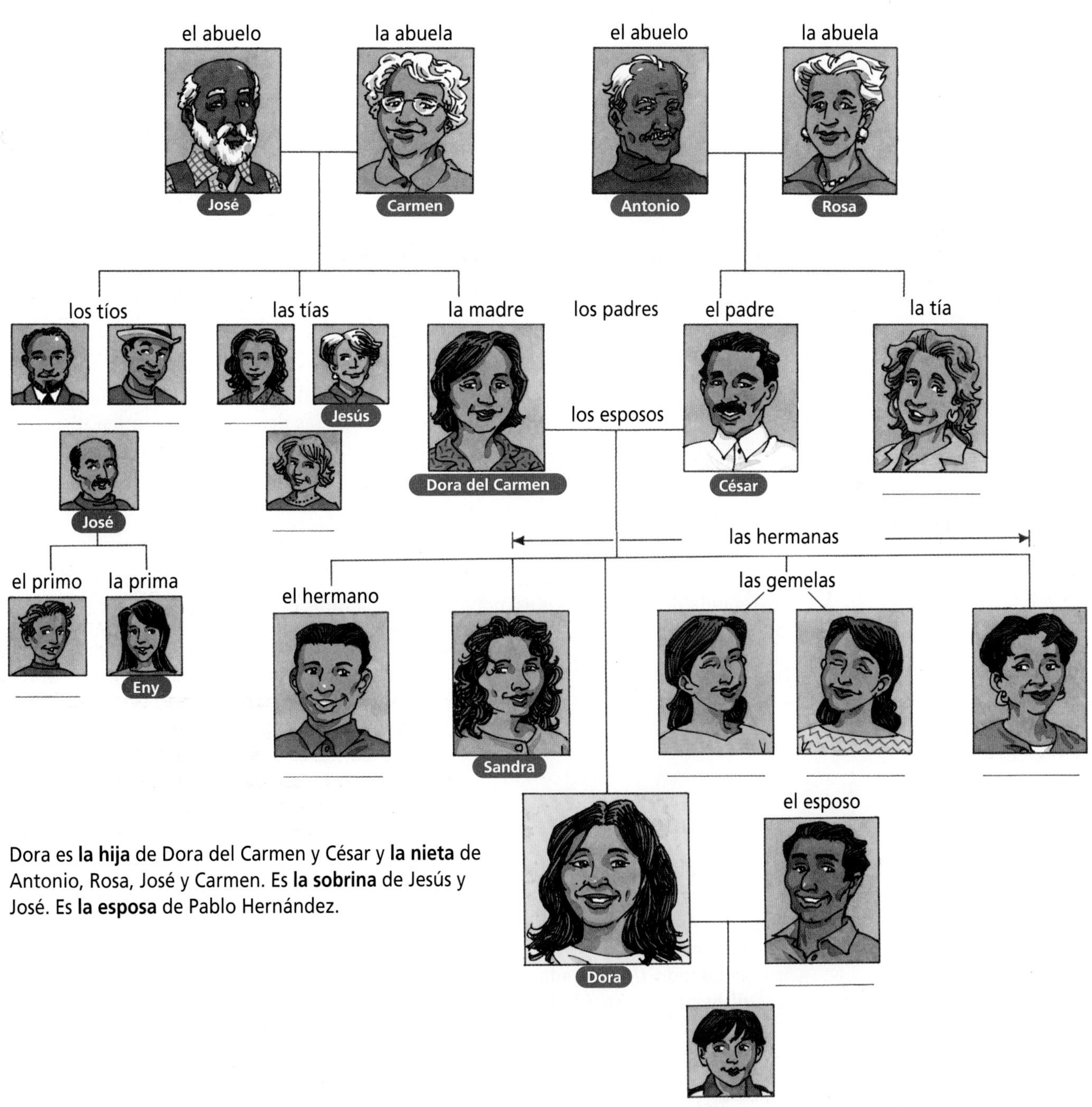

Dora es **la hija** de Dora del Carmen y César y **la nieta** de Antonio, Rosa, José y Carmen. Es **la sobrina** de Jesús y José. Es **la esposa** de Pablo Hernández.

Herramienta estratégica

VISUALIZING

Visualization can be a powerful tool. In fact, it is a strategy that people of all walks of life use. To visualize effectively, consider doing the following: determine what you want to learn or improve and, using your physical sensations, determine how you want to look, sound, and feel as you attempt to learn or improve. Then rehearse in your mind being successful at what you want to do. Visualization can also be used effectively to learn new vocabulary by associating a word with an image as opposed to another word. For example, visualizing a tree as you think about the words that are associated with different family members may help you learn the vocabulary more effectively than simply translating the words.

Práctica

ACTIVIDAD 2•1 ¡Ya lo sabes! La familia de Dora. Dora Salamanca de Hernández, recién llegada de El Salvador, habla de su familia. Antes de escuchar la descripción de su familia, mira el árbol genealógico. Marca con una **X** los cognados y las palabras que ya sabes. En caso de dudas, consulta la lista de palabras al final del **paso.**

A. La familia inmediata. Repasa los nombres de las personas en la familia inmediata de Dora. Luego, escucha a Dora mientras describe a su familia. Escribe el nombre del pariente en el lugar apropiado en el árbol genealógico. (Un nombre ya está indicado en el árbol.)

Sandra	Mili	William	Pablo
Pili	Rosa María	Jeffrey	

B. La familia extendida. Repasa los nombres de las personas en la familia extendida de Dora. Luego escucha a Dora mientras describe a su familia. Escribe el nombre del pariente en el lugar apropiado en el árbol genealógico. (Unos nombres ya están indicados en el árbol.)

Abrahán	Eny	Milagros	Alicia
José	Francisco	Jesús	

Otros parientes

el bisabuelo / la bisabuela	great-grandfather / great-grandmother
el suegro / la suegra	father-in-law / mother-in-law
la nuera	daughter-in-law
el yerno	son-in-law
el cuñado / la cuñada	brother-in-law / sister-in-law
el hermanastro / la hermanastra	stepbrother / stepsister
el padrastro / la madrastra	stepfather / stepmother
el hijastro / la hijastra	stepson / stepdaughter
el medio hermano / la media hermana	half brother / half sister

Más palabras y expresiones asociadas con la familia

la pareja	couple; partner
el novio / la novia	boyfriend / girlfriend; fiancé / fiancée; groom / bride
el soltero / la soltera	unmarried (single) man / unmarried (single) woman
estar casado(a)[1] (con)	to be married (to)
estar divorciado(a) (de)[1]	to be divorced (from)
estar separado(a)[1] (de)	to be separated (from)
estar comprometido(a)[1] con	to be engaged (to)

[1]The **-ado/-ido** form is explained in the **¿Recuerdas?** box below.

¿Recuerdas?

EL PARTICIPIO PASADO COMO ADJETIVO

You probably noticed that in the vocabulary list above, there are some adjectives that come from verbs (**casar, divorciar, separar,** and **comprometer**). This **-ado** or **-ido** form of the verb is called the *past participle* and is often used as an adjective. As such, it must agree with the noun it describes. Do you see this form in the **refrán** in the chapter title?

ACTIVIDAD 2•2 **¡Adivina!** Trabaja con una pareja para hablar de la familia de Dora. Un(a) estudiante va a dar una oración sobre una persona en la familia de Dora y el (la) otro(a) debe adivinar quién es. **¡Ojo!** A veces hay más de una respuesta correcta.

MODELO: **E1:** *Es el nieto de Dora del Carmen Salamanca.*
E2: *Es Jeffrey.*

ACTIVIDAD 2•3 **¿Quiénes son?** Completa las oraciones con la mejor respuesta. Si tienes el (los) pariente(s) mencionado(s), ¿cómo se llama(n)?

1. La mamá de mi mamá es mi ____________. (Se llama ____________.)
2. Los hijos de mis tíos son mis ____________. (Se llaman ____________.)
3. Las hermanas de mi papá son mis ____________. (Se llaman ____________.)
4. El esposo de mi hermana es mi ____________. (Se llama ____________.)
5. Las hijas de mi hijo son mis ____________. (Se llaman ____________.)
6. El esposo de mi hija es mi ____________. (Se llama ____________.)
7. La esposa de mi hijo es mi ____________. (Se llama ____________.)
8. El hijo de mi hermano es mi ____________. (Se llama ____________.)

ACTIVIDAD 2•4 **Mi árbol genealógico.**

A. Arma tu propio árbol genealógico. Si quieres, añade ramas (*branches*) y usa fotos o dibujos.

B. Muéstrales (*Show*) tu árbol a tus compañeros de clase. Comparte información interesante sobre uno o dos miembros de tu familia.

 **ACTIVIDAD 2•5** **Entrevista.** Usa las siguientes preguntas para entrevistar a un(a) compañero(a).

1. ¿Cuántas personas hay en tu familia? ¿Crees que tu familia es grande o pequeña?
2. ¿Cómo se llaman tus padres? ¿y tus hermanos? ¿Cuántos años tienen? ¿Son solteros o están casados?
3. ¿Dónde viven tus hermanos? ¿y tus abuelos? ¿Viven tus tíos cerca de tus padres? ¿Con qué frecuencia ves a tus parientes?
4. ¿Cuántos primos tienes? ¿Cómo se llaman? ¿Cuántos años tienen?
5. ¿Quién es tu pariente(a) favorito(a) y por qué?

Apunte cultural

HISPANIC FAMILIES

In Hispanic cultures the tenderness that family members feel for one another is often expressed by using the diminutive, with both nouns and adjectives: **-ito, -ita, -illo, -illa.** To show endearment, Dora says her husband is **bajito.** One might also hear: **Mi abuelita vive con mi familia. Los chiquillos están jugando.**

Traditionally, Hispanic families have been characterized as large. The size of families, however, is determined by many factors, such as religion, social class, and economics. Spain, for instance, has one of the lowest birthrates in Europe. Young adults have delayed marrying and starting a family because of financial limitations. Hence, many young adults continue to live with their parents well into their twenties. In Latin America, too, it is more common for young, particularly single, adults to live with their parents than it is in the United States. In general, Hispanics value family unity and group wants over individual desires, often spend free time with family members, and expect their children to live at home until they are ready to marry and start their own families.

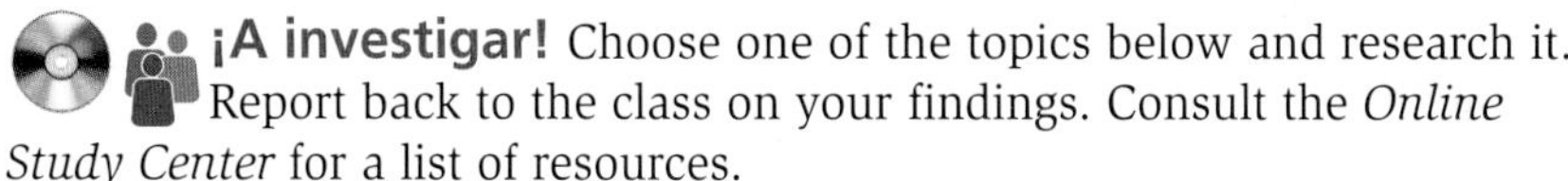

¡A investigar! Choose one of the topics below and research it. Report back to the class on your findings. Consult the *Online Study Center* for a list of resources.

1. Research the average birthrates of two Spanish-speaking countries and the United States. How do the three countries compare and how might you explain the differences? Are there cultural reasons for the differences? If so, what are they?
2. Survey other students to determine how much of their free time they spend with their families. Do they spend weekends together? Why or why not? How often do they use their free time to visit extended family members? On a scale of 1 to 5 (1 = not at all, 5 = very important), how important do they consider their families?
3. Survey students to find out how many are expected to live with their families until they marry or establish a life elsewhere. Try to find out the reasons behind their answers.

In small groups, discuss your findings, in English if necessary. Ask your classmates for their insights on your topic. Make notes of explanations or approaches that you did not consider.

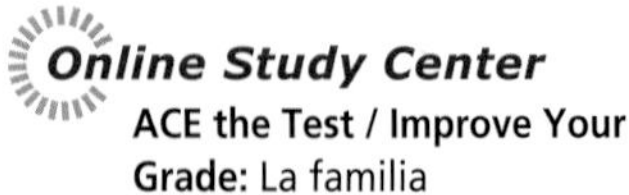

Online Study Center
ACE the Test / Improve Your Grade: La familia

CONÉCTATE CON EL IDIOMA
Ser y estar

"Ser pobre y rico en un día, milagro es de santa Lotería."

You have already used **ser** to describe yourself (see the ***Re*Paso**). Here you will review its full conjugation and how to differentiate it from **estar,** another verb that means *to be*. Remember, these verbs are used in distinct circumstances and are not interchangeable. In general, **ser** designates identity and **estar** expresses condition, state, or location of people and things.

A. *Ser*

ser			
yo	**soy**	nosotros/nosotras	**somos**
tú	**eres**	vosotros/vosotras	**sois**
él, ella, Ud.	**es**	ellos, ellas, Uds.	**son**

Ser...

- Expresses identity or nature (something intrinsic), including religion, profession, and political inclination. Hint: If you are equating two nouns/pronouns, use **ser.**

  Carla y Sara son judías. — *Carla and Sara are Jewish.*
  Soy médica. — *I am a doctor.*
  Mi hermano es demócrata. — *My brother is a Democrat.*

- Describes physical, mental, and moral characteristics that are typical, normal, or intrinsic qualities of something or someone.

  ¿Cómo es tu familia? — *What is your family like?*
  Mi familia es pequeña. — *My family is small.*
  Mis hermanos menores son altos. — *My younger brothers are tall.*

- Expresses origin and nationality.

¿De dónde son tus tías?	*Where are your aunts from?*
Mis tías son nicaragüenses.	*They are Nicaraguan.*
Son de Managua.	*They are from Managua.*

- Expresses what something is made of. Notice the use of **de.**

¿De qué material es esta mesa?	*What is this table made of?*
Es de plástico.	*It's plastic.*
Estas blusas son de algodón.	*The blouses are made of cotton.*

- Expresses possession. Notice the use of **de.** (The construction of possessives with *'s* or *s'* doesn't exist in Spanish.)

¿De quiénes son esas mochilas?	*Whose backpacks are those?*
Son de Penélope y Tomás.	*They are Penelope and Tomas's.*

- Expresses the location of an event.

El concierto es en el estadio.	*The concert is in the stadium.*
La cita es en el centro.	*The appointment is downtown.*

- Expresses time.

¿Qué hora es?	*What time is it?*
Son las cinco de la tarde.	*It is five o'clock in the afternoon.*

- Expresses the passive voice: **ser** + *past participle* (see **Paso 5** for more information).

El teléfono es inventado por Alexander Bell en los años de 1870.	*The telephone is invented by Alexander Bell in the 1870s.*
La primera parte de *Don Quijote* es escrita en 1605.	*The first part of* Don Quijote *is written in 1605.*

- Forms impersonal expressions: **es** + *adjective.*

Es bueno practicar la lengua para hablar bien.	*It's good to practice the language in order to speak well.*

Práctica

ACTIVIDAD 2•6 **La familia de Dora.** Escucha a Dora mientras habla de su familia. Completa su descripción con la forma correcta del verbo **ser.**

—En mi familia ____________ seis. Mi hermano mayor se llama William. Él ____________ bajo. Eh, su [el] color de los ojos ____________ café, su [tiene el] pelo negro y le gusta hacer bastante ejercicio.

— ____________ casada, ¿no?

— ____________ casada.

— ¿Cómo ____________ tu esposo?

— Mi esposo ____________ pequeño, gordito…él ____________ muy paciente …y cariñoso también.

ACTIVIDAD 2•7 **¿Cómo son los miembros de la familia de Dora?**
Completa las descripciones de la familia de Dora. Usa la forma correcta del verbo **ser** y/o del adjetivo entre paréntesis. **¡Ojo con la concordancia (*noun and adjective agreement*)!**

Me llamo Dora. Mi familia (1) __________ de El Salvador. Mi mamá se llama Dora del Carmen. Ella (2) __________ ama de casa. Mi mamá (3) __________ __________ (bajo) y el color del pelo (4) __________ __________ (blanco). Ella (5) __________ __________ (simpático) y __________ (trabajador). Los ojos de mi mamá (6) __________ de color café y su carácter (7) __________ __________ (fuerte).

Mi papá se llama César. Él (8) __________ un hombre jubilado (*retired*) y (9) __________ de estatura mediana. Los ojos de papá (10) __________ __________ (verde) y el pelo (11) __________ __________ (canoso—*gray*). Es (12) __________ (bajo) y su carácter (13) __________ __________ (suave—*mild*).

Mi hermana mayor se llama Sandra. Es madre y esposa. Ella (14) __________ __________ (bajo) y __________ (gordo). Los ojos de Sandra (15) __________ __________ (castaño). Ella (16) __________ __________ (divertido), (17) __________ (romántico) y __________ (generoso). Mi esposo se llama Pablo. Él (18) __________ muy __________ (trabajador). Él (19) __________ más __________ (alto) que mi padre y que yo. El pelo de mi esposo (20) __________ __________ (negro).

¿Recuerdas?

PALABRAS DESCRIPTIVAS

Below are some of the adjectives commonly used to describe people. You will likely recognize many of them. Which of these did you hear Dora use to describe her family members?

Características físicas:

alto(a) / bajo(a)
delgado(a) / gordo(a)
grande / pequeño(a)
guapo(a) / feo(a)
joven / viejo(a)
inteligente, listo(a) / tonto(a)
pelo rubio / castaño / negro / lacio / rizado; pelirrojo(a); canoso(a)

Características personales:

aburrido(a) / interesante, divertido(a)
activo(a) / perezoso(a)
antipático(a) / simpático(a), amable, cariñoso(a)
extrovertido(a) / introvertido(a), tímido(a)

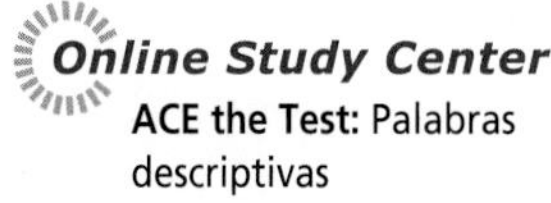

Online Study Center
ACE the Test: Palabras descriptivas

ACTIVIDAD 2•8 **¿Cómo son los miembros de tu familia?**

A. Describe a tu familia. Sigue el modelo de Dora en la **Actividad 2-7.**

Yo ____

____

Mi papá ____

____

Mi mamá ____

____

B. Ahora comparte tus descripciones con una pareja. ¿Qué semejanzas hay entre las familias? ¿y qué diferencias?

ACTIVIDAD 2•9 **Familias famosas.** Habla con un(a) compañero(a) para describir a estas familias famosas. Sigue el modelo de Dora.

1. los Simpson
2. la familia Addams
3. los Hilton
4. la familia del presidente de los Estados Unidos
5. tu familia de televisión preferida (¿Puede adivinar tu compañero[a] qué familia es?)

ACTIVIDAD 2•10 **Concurso: ¿Quiénes son estos hispanos famosos?** Trabaja con tu grupo para identificar a cada persona famosa y escoger el país y la profesión que le corresponden. Usa oraciones completas.

Puerto Rico	Cuba	escritor(a)
Costa Rica	España	cantante
Colombia	México	actriz
Chile		presidente
los Estados Unidos		actor

MODELO: *Es Antonio Banderas. Es de España. Es actor.*

1.

2.

3.

4.

5.

6.

7.

8.

 ACTIVIDAD 2•11 ¡A investigar!

A. Con un grupo, usa el Internet y/o la biblioteca para investigar sobre una de las figuras de la lista anterior o sobre otra figura famosa en el mundo hispanohablante. Trata de encontrar algo sobre su familia y su rol en el mundo hispano.

B. Ahora, inventa un afiche (*poster*) con tu grupo que presente en forma visual la información. Presenta el afiche a la clase.

B. *Estar*

Lo único peor que estar enamorado...

...es no estar enamorado.

		estar	
yo	**estoy**	nosotros/nosotras	**estamos**
tú	**estás**	vosotros/vosotras	**estáis**
él, ella, Ud.	**está**	ellos, ellas, Uds.	**están**

Estar...

- When used with adjectives, expresses a condition or state of being. When adjectives denote a mental state, physical condition, or other feature that may not be typical or normal, **estar** is used.

¿Cómo está Claudia?	*How is Claudia?*
Está nerviosa porque tiene examen hoy.	*She's nervous because she has an exam today.*
¡Micaela, qué hermosa estás!	*Micaela, you look beautiful!*
Esta fruta está podrida.	*This fruit is rotten.*

Note that the condition of being dead or alive is expressed with **estar: ¡Está vivo!** (*He's alive!*)

- Expresses the location of people and things (*but not events*).

Julio está en casa pero sus libros están en la biblioteca.	*Julio is home, but his books are in the library.*

- Expresses mood and temporary situations with **de** + *adjective* or *noun*.

Los nietos están de mal humor.	*The grandchildren are in a bad mood.*
Rafael está de mecánico en un taller.	*Rafael is working as a mechanic in a shop.*

- Is used with the present participle to form the present progressive and with the past participle to show the result of an action.

¿Qué hacen los niños?	*What are the children doing?*
***Están jugando* en el patio.** (*present progressive*)	*They are playing in the yard.*
Las ventanas *están cerradas* porque hace frío afuera. (**estar** + *past participle*)	*The windows are closed because it's cold outside.*

- Is generally used with an adjective to express marital state.

Estoy divorciada.	*I am divorced.*
Melanie Griffith y Antonio Banderas están casados.	*Melanie Griffith and Antonio Banderas are married.*

¡Ojo! Ser + **casado(a)** or **divorciado(a)** means to be a married or divorced person. **Ser** is also used with the adjective **soltero(a).**

Práctica

 **ACTIVIDAD 2•12 Preguntas y respuestas.** Con un(a) compañero(a), contesta las siguientes preguntas. Usa oraciones completas.

1. ¿Cómo estás hoy?
2. ¿Qué estás haciendo?
3. ¿Dónde crees que está tu mamá en este momento?
4. ¿Cómo están los compañeros de clase?
5. ¿Dónde está el presidente de los EE.UU.?
6. ¿Dónde está Managua?
7. ¿Dónde estamos tú y yo?

ACTIVIDAD 2•13 **¿Cómo están estas personas de tu familia?** Decide cómo están las personas en cada situación. **Vocabulario útil:** triste, alegre, ocupado(a), preocupado(a), cansado(a), nervioso(a), entusiasmado(a)

MODELO: Mi cuñado – Su hijo está enfermo y tiene que ir al hospital.
Mi cuñado está preocupado.

1. Mis tíos – Van a ir de vacaciones a España.
2. Mi hermano mayor – Tiene una entrevista con Disney esta tarde.
3. Tus primos – Van a tener una fiesta el viernes.
4. Tu papá – No sabe donde están sus documentos importantes.
5. Tu mamá – Trabaja fuera de la casa todo el día y tiene que cocinar y limpiar la casa.
6. Tu hermana – Tiene dos exámenes mañana.

TERTULIA LINGÜÍSTICA
¿Ser o no ser?

¿Por qué dice Hamlet: "Ser o no ser"? Hamlet is questioning whether to exist or not. Moreover, he's reflecting on the "essence" of life, *what* life is (its essential qualities), and not on *how* life is (its varying conditions).

¿Ser o estar? When that is the question, try thinking of Hamlet!

ACTIVIDAD 2•14 **La carta electrónica de Jaime.** Los abuelos de Jaime quieren saber quién es su compañero de cuarto y cómo es su cuarto. ¿Qué piensas que Jaime les escribe? Lee las preguntas a continuación y escribe tus respuestas en el correo electrónico de Jaime. Usa **ser** o **estar.**

¿Cómo se llama tu compañero de cuarto?
¿De dónde es?
¿Cómo es?
¿Cómo es su familia?
¿Qué estudia tu compañero de cuarto?
¿Qué le gusta hacer cuando no está en clase?
¿Qué está haciendo él en este momento?
¿Cómo es tu cuarto?

A: abuelos@parientes.fam
De: tunieto@universidad.global

Queridos abuelos:

Espero que esta breve carta los encuentre bien. Quiero contarles de mi compañero de cuarto. Se llama...

____

____

____

____

____

Un fuerte abrazo,
Jaime

ACTIVIDAD 2•15 ¿Qué hacer?

A. Pobre Julián no encuentra sus entradas para el concierto de Ricky Martin. Lee su narración y pon la forma correcta de **ser** o **estar** en los espacios en blanco.

El concierto (1) ___________ esta noche y no sé donde (2) ___________ las entradas. Creo que (3) ___________ en mi libro de español que (4) ___________ en el laboratorio de lenguas. El problema (5) ___________ que ya (6) ___________ las diez de la noche y el laboratorio (7) ___________ cerrado. ¡No lo puedo creer! ¡Se me olvidó el libro! ¿Qué voy a hacer? Invité a Susana, una chica magnífica. (8) ___________ bella, inteligente y divertida, y en este momento me (9) ___________ esperando para ir al estadio.

B. Ahora, escucha su narración y verifica tus respuestas.

C. Habla con una pareja para explicar por qué Julián usa **ser** o **estar** en cada oración. Túrnense para hacer las preguntas y dar las respuestas. Usen las siguientes indicaciones para las respuestas: es un acontecimiento (*event*), expresa características típicas, expresa dónde está localizado algo, expresa el resultado de una acción, forma parte del verbo progresivo, expresa la hora, expresa un hecho (*fact*).

MODELO: **E1:** *¿Por qué usa* ***ser*** *para número uno?*
E2: *Usa* ***ser*** *porque es un acontecimiento.*

ACTIVIDAD 2•16 ¿Qué opinas?

Las siguientes observaciones son generalizaciones. Completa las oraciones con la forma correcta de **ser** o **estar.** Luego, con un(a) compañero(a), comenta si en tu opinión son ciertas o falsas y explica por qué.

1. La función primaria de la familia ___________ producir nuevas generaciones.
2. Si los padres trabajan todo el día no saben dónde ___________ sus hijos.
3. El rol de una mujer casada ___________ cuidar (*care for*) a sus hijos en la casa.
4. Las familias en los Estados Unidos no ___________ muy unidas.
5. Los hijos ___________ contentos cuando sus padres no participan en su vida.
6. Sólo el padre debe ___________ responsable por la disciplina de los hijos.
7. Hoy en día los hijos ___________ rebeldes y agresivos con sus padres.

ACTIVIDAD 2•17 Refranes.

Con un grupo pequeño, habla de los siguientes refranes. Intenta explicar el uso de **ser** y **estar** y el significado de cada refrán.

1. Bailar sin son (*music and beat*), o **es estar** loco o tener enorme afición (*inclination*).
2. **Ser** adulto significa **estar** solo.
3. Más vale **ser** pobre que **estar** enterrado (*buried*).
4. El pobre puede morir, lo que no puede **es estar** enfermo.
5. El hombre que desea **estar** tranquilo ha de (*should be*) **ser** sordo, mudo y ciego (*deaf, dumb, and blind*).

Online Study Center
ACE the Test: *Ser y estar*

LA MISMA REALIDAD, PERSPECTIVAS DIFERENTES

The multiplicity of *being*

In Spanish, we have several distinct ways of expressing states and conditions that are all expressed in English with the verb *to be:*

- **Ser** expresses identity—moral, physical, and mental characteristics: **Soy alto y extrovertido.** *I am tall and extroverted.*
- **Estar** expresses conditions or states: **Estoy nerviosa.** *I am nervous.*
- **Tener** can be used to express certain physical states and age: **Tengo sed.** *I am thirsty.* **Tengo dieciocho años.** *I am eighteen years old.*
- **Hacer** idioms, which you'll learn more about later, can express weather conditions: **Hace frío.** *It is cold.*
- **Hay (haber),** as we saw in the ***Re*Paso,** expresses the existence of things or people in a particular setting: **Hay veinticinco estudiantes en esta clase.** *There are twenty-five students in this class.*

CONÉCTATE CON EL IDIOMA
Cómo comparar adjetivos y sustantivos

Ana es **tan** elegante **como** su madre.

Carlitos tiene **tantos** juguetes **como** Rosita.

Arnold es **más** fuerte **que** Ángel.

A. Comparaciones de igualdad

To form equal comparisons of adjectives, use:

tan + *adj.* + **como** (*as . . . as*)

¡Ojo! The adjective must agree with the noun.

Isabel es tan simpática como su hermana.	*Isabel is as nice as her sister.*
Sandra es tan morena como Dora.	*Sandra is as dark as Dora.*

To form equal comparisons of nouns, use:

tanto (a, os, as) + *noun* + **como** (*as . . . as*)

Tengo tantas clases como Uds.	*I have as many classes as you.*
Pili tiene tantos años como Mili.	*Pili is as old as Mili.*

¡Ojo! The word **tanto** must agree in number and gender with the noun compared.

B. Comparaciones de desigualdad

To form most unequal comparisons of adjectives, use:

más... que (*more than*) or **menos... que** (*less than*)

La casa de mi tío Julián es más grande que la casa de mi tía Rosa, pero es menos cómoda.	*My uncle Julian's house is bigger than my aunt Rosa's, but it is less comfortable.*

The following adjectives have irregular comparative forms:

bueno(a)	**mejor**	**Este diccionario es mejor que ése.**
malo(a)	**peor**	**Mi carro es peor que el carro de José.**
joven	**menor**	**Mi hermanito es menor que yo.**
viejo(a)	**mayor**	**Mi abuelita es mayor que mi abuelo.**

C. El superlativo

Arnold es **el más fuerte** de los tres.

La abuelita de Ana es **la más elegante** de todas.

To point out "the most" or "the least" of a group, add a definite article (**el, la, los, las**) to the comparative form. When the group is mentioned, it must be preceded by the preposition **de.**

Mami es generosa.	*Mom is generous.*
Mami es más generosa que su hermana Alicia.	*Mom is more generous than her sister Alicia.*
Mami es *la más* generosa *de* todas sus hermanas.	*Mom is the most generous of all her sisters.*
Nueva York es una ciudad grande.	*New York is a big city.*
Nueva York es más grande que Chicago.	*New York is bigger than Chicago.*
***De* todas las ciudades en los EE.UU., Nueva York es *la más* grande.**	*Of all the cities in the U.S., New York is the largest.*

Práctica

 **ACTIVIDAD 2•18** **Dora hace comparaciones.**

A. Escucha a Dora mientras compara a sus padres y a sus hermanas gemelas. Completa la tabla con las características que menciona. **¡Ojo!** A veces hay más de una descripción en cada categoría.

	Estatura	**Peso**	**Pelo**	**Carácter**
Padre				
Madre				
Pili				
Mili				

B. Ahora, escribe tres oraciones que comparen a los padres de Dora y tres oraciones que comparen a sus hermanas.

Padres

1. ______________________________
2. ______________________________
3. ______________________________

Hermanas

1. ______________________________
2. ______________________________
3. ______________________________

ACTIVIDAD 2•19 **Comparaciones.** Compárate con los miembros de tu familia. Sigue el modelo.

MODELO: alto(a) - mamá
Yo soy tan alto(a) como mi mamá.

1. extrovertido(a) - hermano(a)
2. divertido(a) - papá
3. gordo(a) - primo(a)
4. inteligente - abuelo
5. idealista - tío(a)
6. romántico(a) - mamá

ACTIVIDAD 2•20 ***El señor de los anillos* (Lord of the Rings).**

A. Mira los adjetivos a continuación. Si el adjetivo describe a los personajes, escribe una **X** debajo de su nombre. Luego escribe comparaciones de igualdad y de desigualdad. Si quieres, añade a otro personaje. (Puedes comparar a los personajes de otra película u otro libro si prefieres.)

MODELO: bajo—*Frodo es más bajo que Gandalf.*

	Frodo Baggins	Gandalf	Saruman	¿?
bajo				
poderoso(a) (*powerful*)				
malo(a)				
menor				
mágico(a)				

B. Ahora compara tus respuestas con las de otra persona en la clase. ¿Tienen las mismas respuestas?

ACTIVIDAD 2•21 **¿Qué opinas?** Con un grupo, decide si estás de acuerdo con las siguientes oraciones. Explica por qué.

1. Los hermanos son más importantes que los amigos.
2. Mis padres son menos estrictos que mis abuelos.
3. El Internet es más peligroso para los adultos que para los niños.
4. Los niños comen mejor que los adultos.
5. Para los adultos, la radio es mejor que la televisión.
6. Hay más personas solteras en la universidad que personas casadas.
7. La vida de los estudiantes es más divertida que la de sus padres.

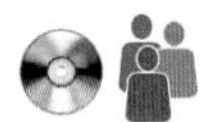

ACTIVIDAD 2•22 **Encuesta.**

A. Habla con tres de tus compañeros(as) de clase para determinar cuántos hermanos/hermanastros tienen y sus edades (*ages*).

Nombre	Número de hermanos(as)	Número de hermanastros(as)	Edades

Online Study Center
ACE the Test: Las comparaciones

B. Ahora, usa tus resultados y los de otro(a) compañero(a) de clase para escribir comparaciones. Sigue el modelo.

MODELO: *Los hermanos de Brian son menores que mis hermanos.*

Síntesis e interacción

ACTIVIDAD 2•23 Conversación. Trabaja con un(a) compañero(a) para contestar las siguientes preguntas con oraciones completas.

1. ¿Cómo es tu pariente favorito? ¿Dónde está ahora?
2. ¿Puedes visualizar tu árbol genealógico? ¿Cuántos hermanos ves por parte de tu mamá?
3. ¿Quién en tu familia es más alto(a) que tú? ¿más inteligente? ¿menos fuerte?
4. ¿Quiénes son tus mejores amigos? ¿Cómo son?

ACTIVIDAD 2•24 La familia real española. Éste es el árbol genealógico de la familia real (*royal*) española. Tu pareja tiene la información que falta en tu árbol. Ponte a la espalda (*back to back*) de tu pareja y hazle preguntas para completar el árbol que tienes.

MODELO: **E1:** *¿Quién es la esposa del rey Juan Carlos?*
E2: *La esposa de Juan Carlos es Sofía de Grecia.*

La familia real española a principios del siglo (*century*) XXI (Estudiante 1)

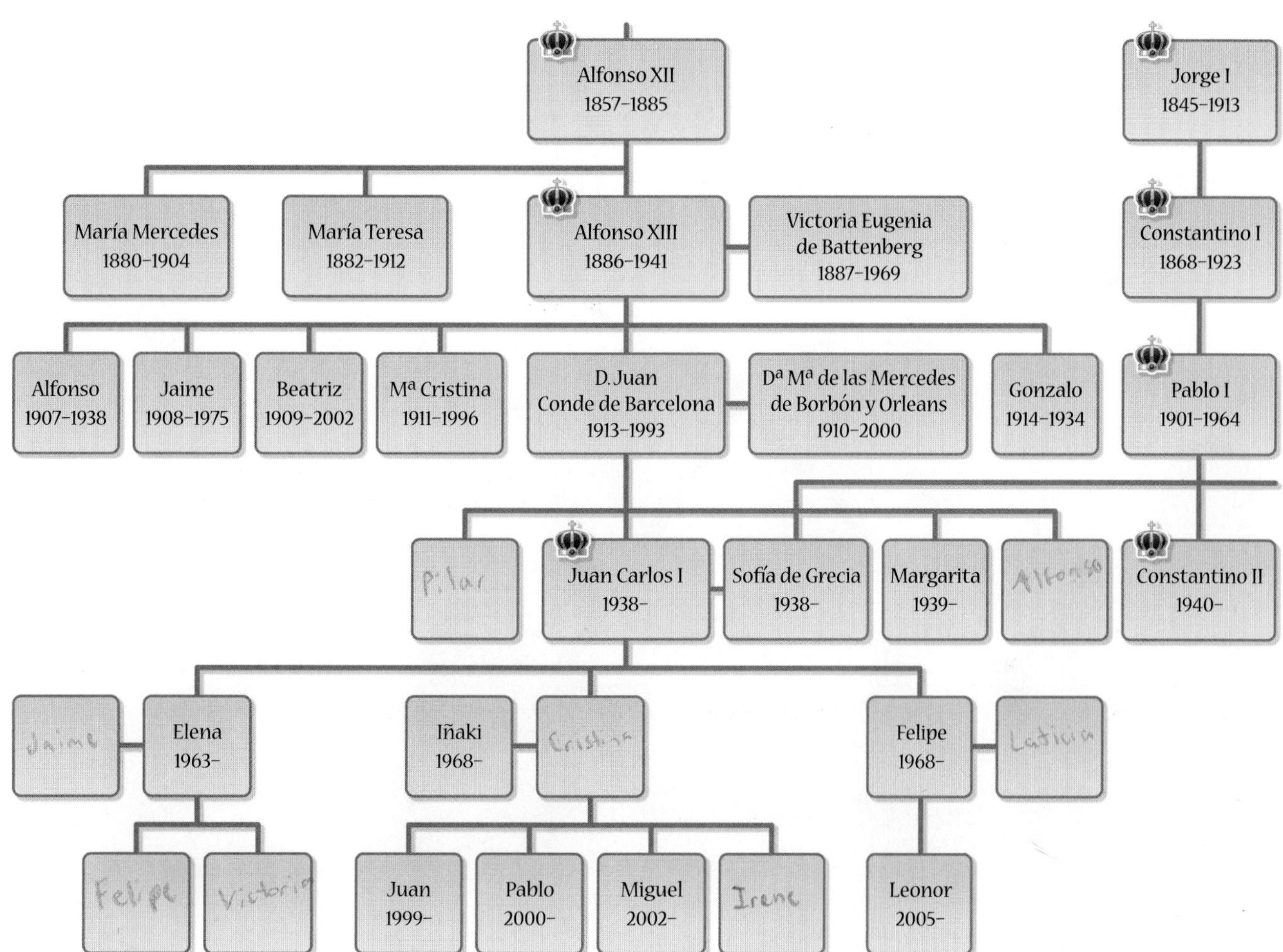

La familia real española a principios del siglo (*century*) XXI (Estudiante 2)

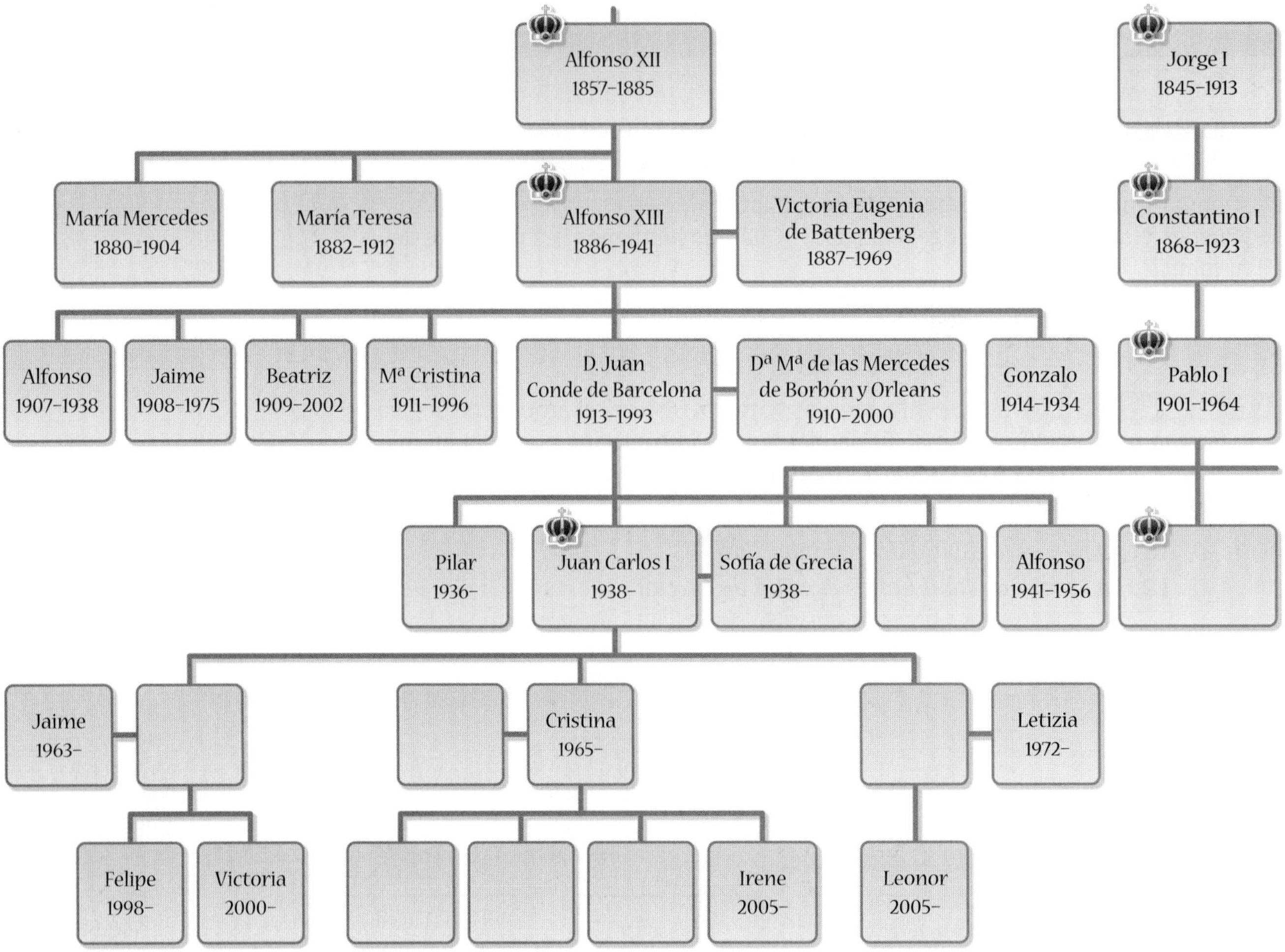

Alfonso XII
1857–1885

Jorge I
1845–1913

María Mercedes
1880–1904

María Teresa
1882–1912

Alfonso XIII
1886–1941

Victoria Eugenia
de Battenberg
1887–1969

Constantino I
1868–1923

Alfonso
1907–1938

Jaime
1908–1975

Beatriz
1909–2002

Mª Cristina
1911–1996

D. Juan
Conde de Barcelona
1913–1993

Dª Mª de las Mercedes
de Borbón y Orleans
1910–2000

Gonzalo
1914–1934

Pablo I
1901–1964

Pilar
1936–

Juan Carlos I
1938–

Sofía de Grecia
1938–

Alfonso
1941–1956

Jaime
1963–

Cristina
1965–

Letizia
1972–

Felipe
1998–

Victoria
2000–

Irene
2005–

Leonor
2005–

La reina Sofía con una hija, un yerno y un nieto

Centroamérica

Los pueblos de Centroamérica

Después de su independencia de España, varios pueblos de Centroamérica forman la Federación de Centroamérica, pero en 1838 se separan en cinco repúblicas independientes: Costa Rica, El Salvador, Guatemala, Honduras y Nicaragua. Estas naciones tienen muchos aspectos en común: geografía, clima tropical y exportaciones (café, plátano, azúcar). Comparten también un pasado político, social y cultural.

Rigoberta Menchú

El pasado indígena vive hoy

Aunque en muchas de estas naciones los nuevos gobiernos no le dan poder a la población indígena o mestiza, hoy los grupos indígenas son muy activos en la política. Reclaman sus derechos (*rights*) políticos y sociales y denuncian las violaciones de los derechos humanos.

Rigoberta Menchú, una mujer indígena, gana el Premio Nobel de la Paz en 1992 por su intento de defender los derechos humanos en Guatemala. Otra joven quiché, Rosa Isabel García, sigue sus pasos y defiende los derechos de las trabajadoras domésticas.

Centroamericanos en los Estados Unidos: Cruzando fronteras

Para 1970 ya hay salvadoreños en San Francisco y guatemaltecos en Chicago, pero su presencia crece a finales del siglo XX. Actualmente, los salvadoreños constituyen el grupo centroamericano más grande en los EE.UU.

Muchos centroamericanos buscan asilo político a causa de las guerras civiles. En los años de 1980, el conflicto en Nicaragua es entre los Sandinistas y el presidente Somoza y luego entre los Sandinistas y los Contra. En Honduras, la infiltración de muchos Contras de Nicaragua, los cuales atacan (*attack*) a los hondureños, causa (*causes*) la emigración de miles de hondureños a los Estados Unidos. En general, en El Salvador las guerras resultan (*turn out to be*) porque la

VOCABULARIO REGIONAL
Expresiones centroamericanas

el chavalo: el muchacho, niño
chupar: beber bebidas alcohólicas
hablar paja: no decir nada importante
la pachanga: fiesta ruidosa (*loud*) y alegre
el pisto: el dinero
ponerse las pilas (baterías): concentrarse
salado(a): desafortunado(a)
el tiradero: el desorden
tuanis: muy bueno, excelente

oligarquía les prohibe (*prohibits*) a los campesinos tener sus propias fincas (*properties*). Esta inestabilidad política resulta en una situación económica difícil. Por lo tanto, muchos centroamericanos deciden emigrar a los Estados Unidos por razones, bien políticas o económicas.

Actualmente, la situación en Centroamérica está cambiando bastante. En 1990, el gobierno de Nicaragua cambió de una dictadura a una democracia con la elección de Violeta Chamorro, quien gobernó hasta 1997. Desde los acuerdos de paz (*peace accords*) que terminaron la guerra civil en 1992, El Salvador ha experimentado (*has experienced*) cambios económicos y políticos. Recientemente, Guatemala y Honduras empezaron a desarrollar (*to develop*) el ecoturismo como recurso económico. Hoy en día, los inmigrantes centroamericanos que están en los EE.UU., sobre todo los salvadoreños, contribuyen mucho a la economía de su país con el dinero que mandan a su familia. Muchos de ellos viajan libremente entre los EE.UU. y su país de origen y participan en la vida y cultura de los dos países.

El servicio de inmigración estadounidense publica las siguientes estadísticas:

	Inmigrantes admitidos a los EE.UU., 2004[1]	Población total del país[2]
El Salvador	29.795	6.704.932
Guatemala	17.999	14.655.189
Honduras	5.505	6.975.204
Nicaragua	4.000	5.465.100

[1]U.S. Census Bureau [2]CIA, *The World Factbook*, 2005

ACTIVIDAD 2•25 **¡A investigar!** En un grupo pequeño, escriban una lista de las posibles razones que expliquen las diferencias entre los países centroamericanos basándose Uds. en las estadísticas anteriores (*above*). ¿Cuáles les parecen más convincentes? Pueden usar recursos de la biblioteca o del Internet (hay una lista de recursos en el *Online Study Center*).

Online Study Center
Improve Your Grade: Centroamérica

Una centroamericana en los Estados Unidos

Paso adelante presenta a...

Ana Sol Gutiérrez

Profesión:
Ingeniera en sistemas y química; política (es delegada a la Asamblea Legislativa de Maryland)

Lugar de nacimiento:
El Salvador

Madre, ingeniera en sistemas y química, Ana Sol Gutiérrez es la primera salvadoreña en conseguir un puesto por elección popular en Estados Unidos: el consejo escolar del condado. Sirve como presidenta del consejo antes de ser elegida al Congreso de Maryland.

"Mi mayor anhelo (*desire*)", expresa, "es ser la portavoz (*spokesperson*) de los latinos en el Congreso de Maryland, hacer ver a los anglosajones que los latinos pueden integrarse a la nación."

Charla videoteca

My Family / Mi familia (1995)

En *Mi familia*, el prestigioso director de cine Gregory Nava relata la historia de tres generaciones de la familia Sánchez. El patriarca mexicano, José Sánchez, emigra a Los Ángeles en los años veinte en busca de un pariente llamado El Californio. Allí conoce a María, su futura esposa. Luego la acción salta a los años cincuenta y ahí conocemos a sus seis hijos, los cuales siguen distintos caminos. Entre ellos hay un escritor, una monja (*nun*), un abogado y la dueña de un restaurante. La acción salta de nuevo a los años ochenta para centrarse en Jimmy, el hijo menor, su esposa Isabel, una salvadoreña, y su único hijo.

Mi familia es una película que nos conmueve y nos hace reír. En ella se ven diferencias entre culturas, las luchas y desafíos (*challenges*) de varios individuos, y el fuerte lazo (*bond*) que existe entre los padres y sus hijos.

Director:
Gregory Nava

Reparto:
Jimmy Smits,
Esai Morales,
Jennifer López,
Jacob Vargas,
Eduardo López Rojas,
Jenny Gago

1920	**1950**	**1980**
Emigra José Sánchez	Conocemos a sus hijos	La trama se centra en Jimmy

ACTIVIDAD 2•26 **¿Qué comprendes?** Escoge la mejor respuesta.

1. Mira la foto. ¿Qué se celebra?
   a. un cumpleaños b. un aniversario c. una boda
2. La familia parece estar...
   a. feliz. b. triste. c. enojada.
3. ¿Cómo se llama el padre de Jimmy?
   a. José b. Gregory c. El Californio
4. José sale de México para...
   a. estar con su esposa. b. buscar a un pariente.
   c. hacerse abogado o escritor.
5. ¿Cuántos hijos tienen Jimmy e Isabel?
   a. uno b. muchos c. no dice
6. "...nos conmueve y nos hace reír" significa que...
   a. la película evoca varias emociones. b. la película es breve.
   c. la película tiene mucha acción.

ACTIVIDAD 2•27 **Aspecto cultural.** A la vez (*At the same time*) que los grupos indígenas y mestizos participan en el mundo moderno social y político, muchas veces mantienen sus raíces culturales y espirituales. En la película *Mi familia*, la madre lleva a su bebé, Chucho, a las curanderas (*healers*) para salvarlo. ¿Hay otras películas que muestren (*may show*) este aspecto? Hablen sobre éstas en su clase.

SEGUNDA ETAPA
¡Hablemos de nuestra casa!

Vocabulario

La casa

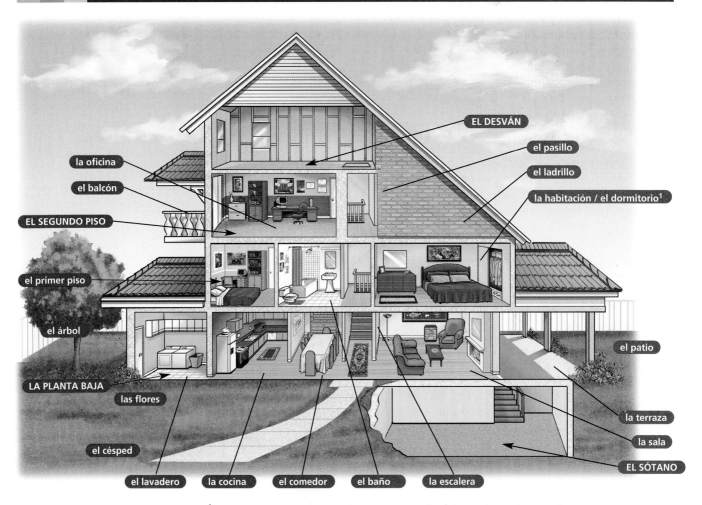

EL DESVÁN
el pasillo
el ladrillo
la oficina
el balcón
la habitación / el dormitorio[1]
EL SEGUNDO PISO
el primer piso
el árbol
el patio
LA PLANTA BAJA
las flores
la terraza
la sala
el césped
EL SÓTANO
el lavadero
la cocina
el comedor
el baño
la escalera

[1]Also known as **la alcoba, el cuarto,** or **la recámara,** depending on the country.

LA MISMA REALIDAD, PERSPECTIVAS DIFERENTES

Referring to the ground floor

The word *floor* in Spanish may be either **planta** or **piso.** In some Hispanic countries the ground floor is referred to as the **planta baja.** The floor above the ground floor, which in the United States would be the second floor, is seen as **el primer piso.** If you have an apartment on **el tercer piso** in a building in San Salvador, how many flights of stairs will you have to walk up?

Los muebles y los aparatos domésticos

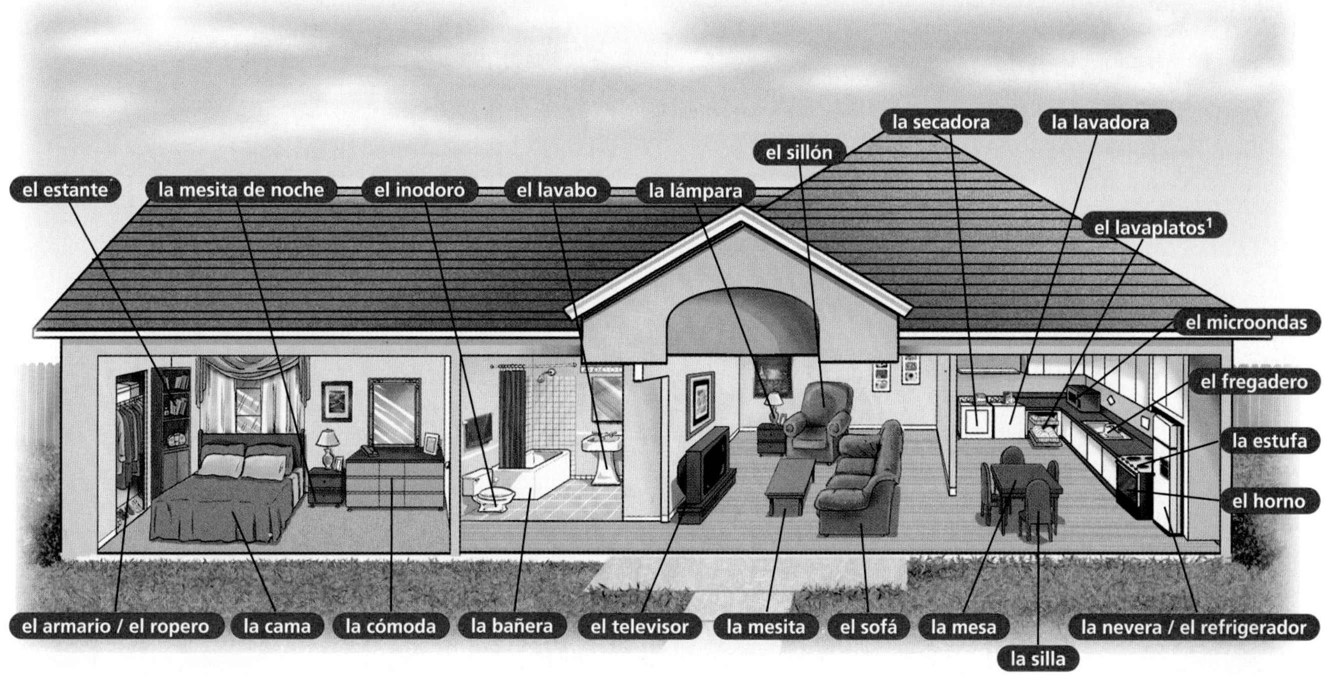

[1]In Spain, **el lavavajillas**

Alrededor de la casa

la alfombra	*area rug*	**el cubierto**	*table setting*
el cojín	*cushion*	**el espejo**	*mirror*
las cortinas	*curtains*	**el mantel**	*tablecloth*
el cuadro	*painting, wall hanging*		

LA MISMA REALIDAD, PERSPECTIVAS DIFERENTES

The bidet

This modern bathroom has what may seem to be an extra fixture—the bidet. In Hispanic countries, as in many other parts of the world, this is a common furnishing, especially in hotel bathrooms. In use in France as early as the 18th century, when full-body baths were not common occurrences, the bidet was and is still used to cleanse partially between baths. Have you ever seen or used a bidet? Given the perception by some other cultures that Americans are preoccupied with cleanliness, why do you suppose that the bidet is not a standard fixture in U.S. homes and hotels?

Los quehaceres

Práctica

ACTIVIDAD 2•28 **¿Cómo son las casas?** Mira los tres dibujos anteriores y contesta las siguientes preguntas sobre las casas.

1. ¿Cuál de las casas es la más pequeña? ¿y la más grande?
2. ¿Cuántos pisos tienen las casas?
3. ¿Cuál de los dormitorios es el más grande?
4. ¿Cuál es el cuarto más desordenado?
5. ¿Cuántas personas viven en la casa del tercer dibujo? ¿Quiénes son?
6. ¿Dónde están los habitantes de la casa?
7. ¿Qué hacen?
8. ¿Cuál de las casas es tu favorita y por qué? ¿y los cuartos?
9. ¿En qué se parecen estas casas a la tuya? ¿En qué son diferentes?

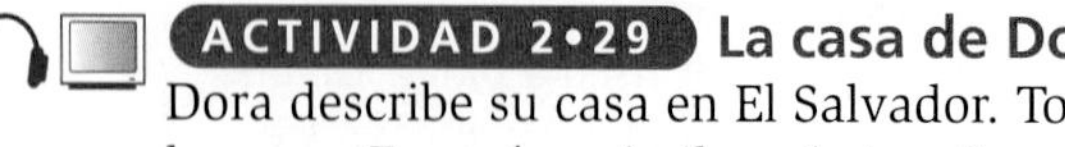

ACTIVIDAD 2•29 **La casa de Dora en El Salvador.** Escucha mientras Dora describe su casa en El Salvador. Toma apuntes sobre la casa y lo que hay en la casa. ¿En qué es similar a la tuya?

Construcción: ______________________________

____

Cuartos: ____

____

Muebles: ____

____

¿Recuerdas?

LAS PREPOSICIONES

Prepositions are short words that express different kinds of relationships between a noun/pronoun and another word in the sentence. Here are just a few to help you tell where things are spatially.

a	*at*
a la izquierda/derecha (de)	*to the left/right (of)*
al lado de	*next to*
alrededor de	*around*
arriba de	*above*
cerca (de)	*near*
debajo de	*underneath*
delante de	*in front of*
detrás de	*behind*
en	*on, in*
encima de	*on top of*
entre	*between*
sobre	*on, on top of*

Online Study Center
ACE the Test: Las preposiciones

ACTIVIDAD 2•30 **¿Dónde están?** Mira la siguiente pintura de la mexicoamericana Carmen Lomas Garza y llena (*fill in*) los espacios en blanco con la preposición más lógica.

1. La mayoría de los parientes está ____________ la mesa.
2. El niño está ____________ las dos personas con lentes (*eyeglasses*).
3. El padre está ____________ su hijita.
4. La niña está ____________ su padre.
5. El maíz está ____________ la mesa.
6. Carmen tiene el cuenco (*bowl*) en las manos y está ____________ su padre.
7. Los pies (*feet*) están ____________ la mesa.
8. La hermana de Carmen tiene las manos en el agua y está ____________ Carmen.
9. El padre de Carmen está ____________ Carmen.

Tamalada (*Making tamales*), Carmen Lomas Garza

Apunte cultural

¡MI CASA ES TU CASA!

You have probably heard the expression: **¡Mi casa es tu casa! Casa** can mean *house*, of course, but it can also carry the more emotionally charged meaning of *home*. What do you think it means in the expression above? Why?

Your ideas on what Hispanic houses look like are probably limited by what you have seen on television and in other media. Houses in Spanish-speaking countries, however, vary in architectural style, from colonial-style houses with interior courtyards to modern contemporary houses. As in the United States, the poor may live in makeshift buildings or housing projects while the very rich live in spacious homes. Though you may see U.S.-style suburbs in some Spanish-speaking cities, in many older urban centers the majority of families' homes are apartments: **apartamentos, departamentos** (Mexico), or **pisos** (Spain).

¡A investigar! Escoge uno de los siguientes temas y haz una investigación sobre él en la biblioteca o por Internet. Consulta el *Online Study Center.*

1. ¿Quién es Antonio Gaudí? ¿Qué tipo de edificios diseñó (*did he design*)? ¿Cómo son sus casas?
2. Escoge un país hispanoamericano, luego compara las casas que se encuentran en su capital con las casas en algún pueblo. ¿Hay diferencias? ¿Cuáles son? ¿De qué son las casas? ¿Son estas casas como la tuya (*yours*)?
3. Antes de 1848 gran parte del suroeste de los Estados Unidos formaba (*used to form*) parte de España y México. Investiga sobre la arquitectura del suroeste. ¿Cómo ha influido (*has influenced*) la cultura hispana en el diseño de las casas allí?

ACTIVIDAD 2•31 Diseñadores. Trabaja con un(a) compañero(a) para diseñar la habitación estudiantil ideal. Dibuja la habitación y los muebles.

A. Primero decidan qué muebles van a tener (cama, escritorio, mesa de noche, lámpara, sofá, sillón, estante, estufa, horno, microondas, refrigerador, etc.) y dónde van a ponerlos.

MODELO: *Una cama va cerca de la puerta.*

B. Luego decoren la habitación. Piensen en lo que ya tienen en su cuarto y lo que les gustaría tener. **Vocabulario útil:** planta, foto, cuadro, cartel/afiche (*poster*), alfombra/tapete (*carpet*)

MODELO: *Pintamos las paredes de color rojo. Ponemos esta alfombra debajo de la mesa.*

C. Ahora, tú o tu compañero(a) debe describirles a la clase lo siguiente:

- el plano de tu habitación ideal
- los muebles que tú y tu compañero(a) tienen
- la decoración

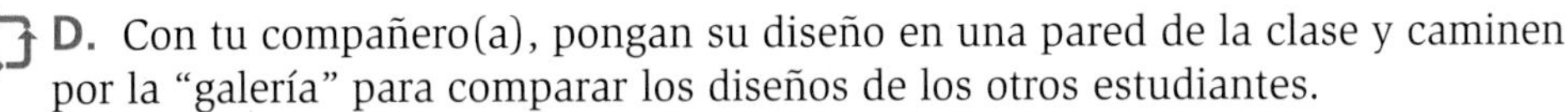

D. Con tu compañero(a), pongan su diseño en una pared de la clase y caminen por la "galería" para comparar los diseños de los otros estudiantes.

ACTIVIDAD 2•32 **Casas panameñas.** Con un(a) compañero(a), escriban cinco comparaciones de las tres casas panameñas a continuación. Luego, dile a tu compañero(a) cuáles te gustan más y cuáles menos y por qué. Sigue los modelos.

MODELOS: *La casa C tiene más dormitorios que la casa B.*
Me gusta más la casa C porque es más moderna que las otras.

A. 2 dormitorios/1 baño/1 piso/vieja

B. 2 dormitorios/1 baño/1 piso/veraniega (*summer*)

C. 4 dormitorios/2 baños/2 pisos/moderna

Online Study Center
ACE the Test / Improve Your Grade: Las casas

LA MISMA REALIDAD, PERSPECTIVAS DIFERENTES

Using demonstrative pronouns and adjectives to indicate proximity

In Spanish, we have three ways of demonstrating the location of something in relation to the speaker:

near	**éste/ésta, éstos/éstas** (*pronouns*) **este/esta, estos/estas** (*adjectives*)
at a short distance	**ése/ésa, ésos/ésas** (*pronouns*) **ese/esa, esos/esas** (*adjectives*)
at a farther distance	**aquél/aquélla, aquéllos/aquéllas** (*pronouns*) **aquel/aquella, aquellos/aquellas** (*adjectives*)

In English, we have only two ways of demonstrating this: *this* (*these*) and *that* (*those*). Remember that Spanish demonstrative pronouns have an accent; demonstrative adjectives do not.

¡Pruébalo tú! ¿De quién es/son...? Usa el vocabulario del ***RePaso*** y de esta etapa para hacerles preguntas a tus compañeros de clase sobre las cosas que hay en tu salón de clase.

MODELO: **E1:** *¿De quién es este libro?*
E2: *Es de Mariana.*

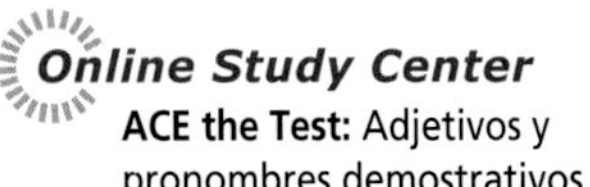
ACE the Test: Adjetivos y pronombres demostrativos

CONÉCTATE CON EL IDIOMA
El tiempo presente de verbos irregulares

CHISTE

Una señora le pregunta a un carpintero:

—¿Me quieres hacer una mesita de noche?

—Lo siento, señora, de noche no trabajo.

A. Verbos con cambio radical

In the last **paso** you reviewed the regular endings of the present tense. Following is a list of common verbs that require a change in the stem in all forms but the **nosotros** and **vosotros.** In ***Paso adelante*** we'll indicate that verbs are stem-changing by designating the change in parentheses: **divertir (ie).**

e → ie			
comenzar* (*to start*)			
yo	com**ie**nzo	nosotros/nosotras	comenzamos
tú	com**ie**nzas	vosotros/vosotras	comenzáis
él, ella, Ud.	com**ie**nza	ellos, ellas, Uds.	com**ie**nzan

Other e → *ie* verbs:

cerrar (*to close*)
empezar* (*to begin*)
entender (*to understand*)
pensar + *inf.* (*to intend; to plan*)
perder (*to miss, to lose*)
preferir (*to prefer*)
querer (*to want; to love*)
sentir (*to feel*)

*__Comenzar__ and **empezar** are both followed by an **a** when used with an infinitive: **Comenzamos a estudiar a las ocho.**

e → i			
repetir (*to repeat*)			
yo	rep**i**to	nosotros/nosotras	repetimos
tú	rep**i**tes	vosotros/vosotras	repetís
él, ella, Ud.	rep**i**te	ellos, ellas, Uds.	rep**i**ten

Other e → *i* verbs:

pedir (*to ask for*)
seguir (*to follow*)
servir (*to serve*)

o → ue			
almorzar (*to eat lunch*)			
yo	alm**ue**rzo	nosotros/nosotras	almorzamos
tú	alm**ue**rzas	vosotros/vosotras	almorzáis
él, ella, Ud.	alm**ue**rza	ellos, ellas, Uds.	alm**ue**rzan

Other *o* → *ue* verbs:

contar (*to tell, relate*)
dormir (*to sleep*)
encontrar (*to find*)
morir (*to die*)
poder (*to be able, can*)
soler (*to tend to*)
volver (*to return*) (+ **a** + *infinitive* = *to do something again*)

u → ue			
jugar (*to play*)			
yo	j**ue**go	nosotros/nosotras	jugamos
tú	j**ue**gas	vosotros/vosotras	jugáis
él, ella, Ud.	j**ue**ga	ellos, ellas, Uds.	j**ue**gan

Jugar is the only **u → ue** verb.

Práctica

ACTIVIDAD 2•33 **¿Qué hacen estas personas?** Lee cada situación y escoge el verbo que mejor complete la oración. **¡Ojo!** Necesitas conjugar los verbos. Algunos verbos se pueden repetir.

servir	**preferir**	**encontrar**	**querer**	**comenzar**
poder	**contar**	**soler**	**volver**	**empezar**

1. (Yo) __________ salir esta noche pero no __________ porque tengo mucha tarea. Necesito estudiar y levantarme temprano. Mi primera clase mañana __________ a las ocho de la mañana.
2. La madre __________ contarles historias a sus hijos todas las noches. Ella __________ historias chistosas y divertidas. A los niños les gusta mucho oírlas.
3. Mis tíos __________ comer fuera porque no __________ cocinar y no __________ aprender. Siempre __________ restaurantes donde el camarero (*waiter*) __________ la comida rápidamente.

ACTIVIDAD 2•34 **¿En qué parte de la casa?** Pregúntale a tu compañero(a) de clase dónde hace lo siguiente.

MODELO: dormir

E1: *¿Dónde duermes?*

E2: *Duermo en un dormitorio.*

1. preferir comer
2. poder descansar
3. soler hacer la tarea
4. dormir
5. almorzar
6. jugar a los naipes (*cards*)
7. servir la comida
8. poder estudiar sin interrupciones

ACTIVIDAD 2•35 **¿Qué quehaceres prefieren?**

A. ¿Qué quehaceres hacen tú y tus parientes? Sigue el modelo. Si la respuesta es "No...," ¿qué prefieren hacer las personas mencionadas?

MODELO: mi cuñado / cortar el césped

Sí, mi cuñado corta el césped. / No, prefiere preparar la comida.

1. mi abuelo / lavar los platos
2. mis hermanos y yo / limpiar el baño
3. mis primos / servir la comida
4. mi mamá / lavar la ropa
5. yo / pasar la aspiradora

B. Ahora, compara tus respuestas con las de un(a) compañero(a). ¿Qué semejanzas (*similarities*) hay en las divisiones laborales en su casa?

B. Verbos con *-go* en la primera persona

You'll recall that other present tense verbs require a change to **-go** in the first person singular and/or a stem change. Below are some examples of this.

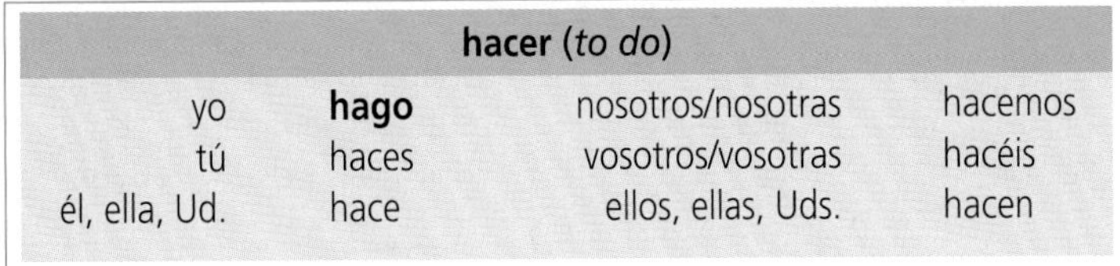

hacer (*to do*)			
yo	**hago**	nosotros/nosotras	hacemos
tú	haces	vosotros/vosotras	hacéis
él, ella, Ud.	hace	ellos, ellas, Uds.	hacen

Other verbs that follow this form:

poner (*to put, place*) → **pongo,** pones, pone, ponemos, ponéis, ponen
salir (*to exit, come out*) → **salgo,** sales, sale, salimos, salís, salen
traer (*to bring*) → **traigo,** traes, trae, traemos, traéis, traen

venir (*to come*)			
yo	**vengo**	nosotros/nosotras	venimos
tú	v**ie**nes	vosotros/vosotras	venís
él, ella, Ud.	v**ie**ne	ellos, ellas, Uds.	v**ie**nen

You'll recall that **tener** also follows this form: **tengo, tie**nes, **tie**ne, tenemos, tenéis, **tie**nen.

decir (*to say*)			
yo	**digo**	nosotros/nosotras	decimos
tú	d**i**ces	vosotros/vosotras	decís
él, ella, Ud.	d**i**ce	ellos, ellas, Uds.	d**i**cen

C. Más verbos con cambio en la primera persona

ver (*to see*)			
yo	**veo**	nosotros/nosotras	vemos
tú	ves	vosotros/vosotras	veis
él, ella, Ud.	ve	ellos, ellas, Uds.	ven

saber (*to know*)			
yo	**sé**	nosotros/nosotras	sabemos
tú	sabes	vosotros/vosotras	sabéis
él, ella, Ud.	sabe	ellos, ellas, Uds.	saben

dar (*to give*)			
yo	**doy**	nosotros/nosotras	damos
tú	das	vosotros/vosotras	dais
él, ella, Ud.	da	ellos, ellas, Uds.	dan

oír (*to hear*)			
yo	**oigo**	nosotros/nosotras	oímos
tú	**oyes**	vosotros/vosotras	oís
él, ella, Ud.	**oye**	ellos, ellas, Uds.	**oyen**

Práctica

ACTIVIDAD 2•36 La familia de Pepe. Lee lo que Pepe dice de su familia. Luego conjuga los verbos entre paréntesis.

1. Cuando (yo) ____________ (salir) de la casa siempre le ____________ (decir) "adiós" a mi familia.
2. Yo siempre ____________ (hacer) mis quehaceres domésticos, pero mi hermano nunca ____________ (hacer) los suyos.
3. Cuando (yo) ____________ (ver) a mis abuelos les ____________ (dar) besos y abrazos. Ellos me ____________ (dar) mucho cariño y amor.
4. Mis padres siempre ____________ (saber) cuando yo vuelvo a casa por la noche, pero yo no ____________ (saber) cómo ellos lo ____________ (saber). Entro sin hacer ningún ruido (*noise*).

ACTIVIDAD 2•37 Conversación. ¿Cómo son tus compañeros de clase? Habla con otros estudiantes en tu clase para conocerse mejor. Responde con oraciones completas.

1. ¿A qué hora sales de tu casa/habitación por la mañana? ¿A qué hora comienza tu primera clase? ¿Qué traes a clase? ¿A veces pierdes tu tarea? ¿Estudias mucho cuando tienes un examen?
2. ¿Almuerzas en la cafetería? ¿Qué sueles pedir cuando almuerzas en un restaurante? ¿Pides algún refresco? ¿Dónde piensas almorzar mañana?
3. ¿Qué haces cuando no entiendes al (a la) profesor(a)? ¿Entiendes mejor cuando el (la) profesor(a) usa la pizarra? ¿Cuándo haces la tarea? ¿Prefieres hacerla en tu habitación o en la biblioteca?
4. ¿Qué deportes practicas? ¿Juegas todos los días? ¿Con quién juegas? ¿Dónde juegas? ¿Pierdes a menudo?
5. ¿Qué piensas hacer después de esta clase? ¿A qué hora piensas volver a casa?
6. ¿Cuántas horas sueles dormir todas las noches? ¿Duermes la siesta? ¿Duermes a veces en la biblioteca? ¿Haces tu cama antes de salir de tu casa/habitación?
7. ¿Qué quieres hacer este fin de semana? ¿Piensas salir con tus amigos?

ACTIVIDAD 2•38 Minidiálogo: En la agencia de bienes raíces (*real estate*). Trabaja con un(a) compañero(a) para escribir un diálogo entre un(a) agente de bienes raíces y un(a) cliente que quiere comprar una casa. El (La) agente debe preguntar sobre: a) el número de personas en la familia, b) el tamaño de la casa y c) el estilo de la casa. Usen los verbos **querer, preferir** y **tener.** Practiquen el diálogo en voz alta. Luego, preséntenle el diálogo a otra pareja.

Online Study Center
ACE the Test: El tiempo presente de verbos irregulares

CONÉCTATE CON EL IDIOMA
El tiempo presente de verbos reflexivos

Susana, necesitas **lavarte** las manos antes de comer.

When the subject of the verb does something to or for him- or herself, we use what are called reflexive pronouns. Reflexive pronouns show that the action of the verb reflects back on the subject performing the action. Note the difference in meaning in these two sentences:

La mamá baña al bebé. *The mom bathes the baby.*

The mom is doing something to someone else: the baby. Mom, the subject, washes the baby, the object of the verb.

La mamá *se* baña. *The mom takes a bath (bathes herself).*

Note the use of the pronoun **se** to indicate that Mom is washing herself. Mom, the subject, washes herself, the object of the verb.

Reflexive pronouns are also used to express *to get* or *to become*, as in the saying below.

La pareja **se casa** y compra casa. (*The couple **gets** married and buys a house.*)

Here is the present tense of the verb **ponerse,** *to put on (oneself)*. Note the reflexive pronouns.

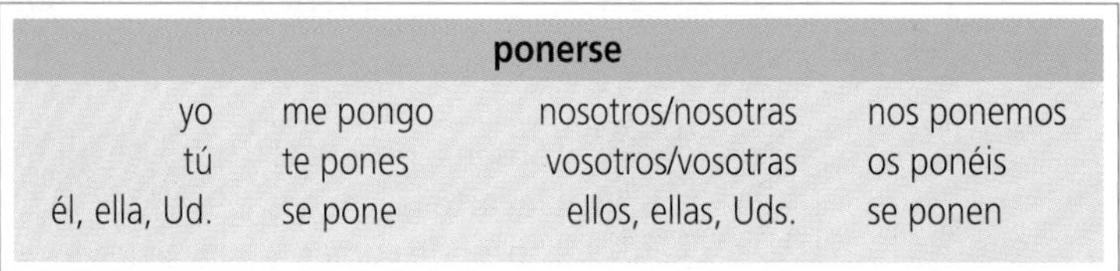

ponerse			
yo	me pongo	nosotros/nosotras	nos ponemos
tú	te pones	vosotros/vosotras	os ponéis
él, ella, Ud.	se pone	ellos, ellas, Uds.	se ponen

Reflexive pronouns are placed directly before the conjugated verb:

Me baño.

They may, however, be attached to the end of infinitives and present participles:

Quiero bañarme.

Está lavándose las manos.

La rutina diaria

Mamá **se baña.**

Mi hermano **se afeita.**

Raquel **se peina** y su hermana Anita **se cepilla** el pelo.

Mi prima Natalia **se lava** las manos.

Mi abuela **se acuesta.**

Mi abuelo **se pone** la camisa.

Below are more verbs that can be used reflexively. Notice how the verbs change in meaning when used this way.

despertar (ie)	*to wake someone up*	despertarse (ie)	*to wake oneself up*
divertir (ie)	*to entertain*	divertirse (ie)	*to have fun*
dormir (ue)	*to sleep*	dormirse (ue)	*to fall asleep*
duchar	*to shower*	ducharse	*to take a shower/shower oneself*
ir	*to go*	irse	*to go away*
levantar	*to get someone up; to raise someone/something up*	levantarse	*to get oneself up*
maquillar	*to put makeup on someone*	maquillarse	*to put makeup on oneself*
quedar	*to be (in a location); to stay, remain*	quedarse	*to stay, remain*
quitar	*to take away*	quitarse	*to remove (e.g., one's clothes); to take off*
sentar (ie)	*to sit down*	sentarse (ie)	*to sit oneself down*
sentir (ie)	*to feel; to touch (+ noun)*	sentirse (ie)	*to feel (+ adjective)*
secar	*to dry*	secarse	*to dry oneself*
vestir (i)	*to dress*	vestirse (i)	*to get dressed*
casar	*to marry a bride and groom*	casarse (con)	*to get married (to)*
divorciar	*to divorce a married couple*	divorciarse (de)	*to get divorced (from)*

Práctica

ACTIVIDAD 2•39 Una mañana típica. Lee el siguiente párrafo en el que Alicia habla de una mañana típica de su familia. Luego, cuando sea necesario, llena los espacios en blanco con el pronombre reflexivo apropiado.

Mi padre es el primero en (1) despertar____; (2) ____ levanta a las seis de la mañana. Antes de salir para la oficina, (3) ____ despierta a toda la familia. Es nuestro despertador ambulante (*walking*). Yo soy la primera en llegar al baño. (4) ____ ducho, (5) ____ peino y luego paso a la cocina a desayunar. Mis hermanos mayores no bajan hasta media hora más tarde porque suelen (6) acostar____ tarde y tienen sueño. Después de comer, (7) ____ visto a Pepe, mi hermanito, y juego con él. Cuando todos estamos listos, salimos para la escuela, pero no antes de (8) poner____ gorros (*hats*). Mi mamá no quiere que tomemos mucho sol.

ACTIVIDAD 2•40 Asociaciones. Con un(a) compañero(a), usen los verbos reflexivos para decir qué actividades asocian con estos lugares u objetos. No repitan el verbo.

MODELO: la cocina
Me lavo las manos en la cocina.

1. el baño ________________
2. la entrada ________________
3. el dormitorio ________________
4. el espejo ________________
5. el lavabo ________________
6. la ducha ________________

ACTIVIDAD 2•41 **¿Qué haces?** Para aprender más sobre la rutina de tu compañero(a) de clase, formula ocho preguntas con verbos reflexivos. Luego, hazle las preguntas (*ask him/her the questions*).

MODELO: **E1:** *¿Te duermes en clase?*
E2: *Sí, a veces me duermo en la clase de cálculo.*

1. ______________________
2. ______________________
3. ______________________
4. ______________________
5. ______________________
6. ______________________
7. ______________________
8. ______________________

ACTIVIDAD 2•42 **Rutinas diarias.** Escribe un párrafo con cinco oraciones sobre tu día y el día de otro miembro de tu familia. Algunos verbos que pueden usarse son: **despertarse, bañarse, vestirse, irse, acostarse.**

Mi día...

El día de mi pariente...

ACTIVIDAD 2•43 **¡A jugar charadas!** Cada estudiante debe escoger un verbo reflexivo y luego hacer una indicación física sobre el significado del verbo que ha escogido (*he/she has chosen*). El resto de la clase presta atención y trata de adivinar el verbo.

ACTIVIDAD 2•44 **¿Están locos?** Mira el siguiente dibujo y escribe lo que te parece estar mal y lo que sería (*would be*) más lógico. Sigue el modelo.

Vocabulario útil: los tenis (*tennis shoes*), el caballo (*horse*), el perro (*dog*), la brocha (*paintbrush*), el cepillo para el pelo (*hairbrush*)

MODELO: *El hombre se afeita con una sierra* (saw); *debe afeitarse con una navaja de afeitar.*

1. ____
2. ____
3. ____
4. ____
5. ____
6. ____

ACTIVIDAD 2•45 Dora emigra a los Estados Unidos. La historia de la llegada de Dora a los EE.UU. ilustra el aspecto humano de la inmigración. En la narración que sigue, ella explica cómo llegó a los Estados Unidos. Ella habla del viaje en tiempo presente, porque lo tiene tan fresco (*fresh*) en su mente. Lee su narración y complétala con la forma correcta del tiempo presente del verbo entre paréntesis.

Yo (1) __________ (irse) con otras personas para México en autobús. Nosotros (2) __________ (perderse) por cinco horas en las montañas y (3) __________ (tener) que regresar (*return*) de nuevo. (4) __________ (Caminar) diez horas ese día. (5) __________ (Madrugar—*to get up early*) a las cuatro de la mañana y (6) __________ (perderse) de nuevo. (7) __________ (Caminar) ocho horas y (8) __________ (llegar) a una casa. Ahí en esa casa unas personas nos (9) __________ (dar) comida y nos (10) __________ (dar) donde quedarnos—hasta en el piso. (11) __________ (Ser) yo la única mujer y (12) __________ (tener) que cocinar para todos. Y yo (13) __________ (tener) los pies (*feet*) todos ensangrentados (*bloodied*).

(14) __________ (Venir) un autobús y nosotros (15) __________ (irse) en ese autobús. (16) __________ (Estar) en un hotel por cinco días. Después (17) __________ (entrar) al desierto donde (18) __________ (caminar). (19) __________ (Llevar) sólo comida enlatada (*canned*) porque no (20) __________ (poder) llevar muchas cosas. El agua y la comida se (21) __________ (acabar). Luego, nosotros (22) __________ (caminar) tres días y tres noches y (23) __________ (sudar—*to sweat*) bastante. Después (24) __________ (descansar), pero (25) __________ (caminar) por la noche porque uno no (26) __________ (poder) quedarse mucho tiempo bajo el sol fuerte.

Gracias a Dios, después (27) nosotros __________ (llegar) al Río Grande. (28) __________ (Cruzar) el río en unas balsas (*rafts*), pero algunas casi (*almost*) (29) __________ (hundirse—*sink*). Por fin nosotros (30) __________ (cruzar) al otro lado y allí (31) __________ (ocultarse—*to hide*) en unas llantas (*tires*).

Por la noche (32) __________ (llegar) unos carros, unos "pick-ups" que (33) __________ (ser) de marca King Cab y yo (34) __________ (irse) para Houston. Yo (35) __________ (ir) en la parte de atrás con otras ocho personas. Parece que se me (36) __________ (ir) a quebrar (*break*) una pierna (*leg*) porque todas las personas (37) __________ (estar) encima de mí. Yo (38) __________ (viajar) así por seis horas. Entonces yo (39) __________ (llorar—*to cry*), (40) __________ (llorar) bastante pero finalmente, nosotros (41) __________ (llegar) allí a Houston. Y, bueno, aquí (42) __________ (estar) yo.

Online Study Center
ACE the Test: El tiempo presente de verbos reflexivos

Síntesis e interacción

 **ACTIVIDAD 2•46 Conversación.** Trabaja con un(a) compañero(a) para contestar las siguientes preguntas con oraciones completas.

1. ¿Quién en tu familia hace los siguientes quehaceres: lavar la ropa, servir la comida, poner la mesa, barrer el piso?
2. ¿Sigues la misma rutina todos los días? ¿Qué haces por la mañana? ¿por la tarde? ¿por la noche?
3. ¿Dónde pones estas cosas cuando vas a casa o a tu dormitiorio: tus libros, tus llaves (*keys*), tu mochila, tu chaqueta, tu botella de agua?
4. ¿Quieres visitar un país centroamericano? ¿Cuál y por qué?

 **ACTIVIDAD 2•47 La casa de tus sueños.** Túrnate con una pareja para describir la casa ideal. Deben incluir las respuestas para estas preguntas: ¿Es una casa moderna o tradicional? ¿Es grande o pequeña? ¿Cuántos pisos y cuartos tiene? ¿Qué muebles y aparatos hay en cada cuarto? ¿Tiene patio? ¿Cómo es? Sé específico(a). La persona que escucha tiene que dibujar la casa y hacer las preguntas necesarias para completar el dibujo, pero no puede mostrar el dibujo hasta el final. Después de describir la casa ideal, miren el dibujo y díganle a su pareja si la casa es como se la imaginan Uds.

Herramienta estratégica

WHEN AND HOW TO USE A BILINGUAL DICTIONARY

We have encouraged you to engage in contextual guessing, to identify cognates, and to use what you already know to figure out meaning when reading. There will be times, however, when you will need to use a dictionary. In addition to helping you determine the meaning of a word, dictionaries can also help you check the plural form of a word, how to divide the word into syllables, establish its part of speech, find out its register (informal, slang, regional, poetic, etc.), see examples of how to use it, and find synonyms and antonyms.

When looking up a word in a bilingual dictionary, you will often find that there is more than one translation. Be sure you have selected the correct word by verifying the part of speech (noun, adjective, etc.) and definition. Once you look up the word in the English-Spanish section of your bilingual dictionary, always turn to the Spanish-English section, and vice versa, to confirm you have chosen the correct word. Or better yet, use a monolingual Spanish dictionary to verify the definition of a word and in the process get more practice reading in the target language.

Let's say you want to express in Spanish *There's a fly in my room* but can't remember how to say *fly*. A compact bilingual dictionary may read:

fly, [flaī] s (*pl flies*) mosca; (*of trousers*) portañuela, bragueta

Edwin B. Williams, *The Bantam New College Spanish & English Dictionary* (New York: Bantam Books, 1981).

Since you're looking for a noun (**s** = **sustantivo**) and not a verb, you may want to verify in a monolingual dictionary that **mosca** is the word you want.

¡Pruébalo tú!

A. Using a good dictionary, translate the words in italics. Before you start, understand how your dictionary works. Keep in mind that verbs must be looked up as infinitives. Nouns are found in the singular form. Adjectives are found in the singular, masculine form.

1. I want to *file* my *nails.*
2. *We can* recycle these *cans.*
3. He needs *to take off* his jacket before *taking* the exam.
4. Habanero chiles are *hot.*
5. The books don't cost anything; they're *free.*
6. Stop *bugging* me.
7. Now *I realize* I need *to realize* my *dream.*
8. Please buy a *banana* and an *orange.*

¡Ojo! Online translators

Watch out for online translators; they don't always get it right! Look at the translations we got for these English sentences:

Stop bugging me.	**Pare el desinsectar de mí.** (*Stop the disinsecting of me.*)
Can the can be used to can fruit?	**¿Puede puede ser utilizado a la fruta de lata?** (*Can can be used to the fruit of can?*)

B. Traducciones automáticas. Enter the sentences in the activity above into an online translator and see what you get. How does that translation compare to what you found using dictionaries? If the translator came up with something different than what you meant, can you figure out why?

Antes de leer

Norma Elia Cantú

La autora Norma Elia Cantú es profesora de inglés en la Universidad de Texas, San Antonio. También escribe crítica literaria, poesía, ficción y ensayos personales. Su libro *Canícula: Imágenes de una niñez fronteriza* (en el cual aparece el siguiente extracto) es una memoria fascinante de su niñez en la frontera entre México y los Estados Unidos.

Apunte cultural

EL COMPADRAZGO

Important in many Latin American societies is the **compadrazgo,** a tradition that consists of parents choosing godparents (**padrinos**) for their children. The godparents may be family members or friends who watch out for the spiritual well-being of the child and provide assistance in times of hardship. Normally, the godparents provide the child's baptismal clothing and cover the costs of the festivities that follow the christening. While the relationship between godparent and godchild (**ahijado/a**) is special, more significant is the kinship formed between the parents and the godparents, who refer to each other as a **comadre** (co-mother) or **compadre** (co-father).

A. Anticipar la lectura. Trabaja con una pareja para contestar las siguientes preguntas.

1. Piensa en lo que ya sabes sobre el tema de **comadres.** ¿Puedes anticipar el contenido del cuento?
2. ¿Qué palabras usas cuando describes las amistades (*friendships*) entre mujeres? ¿cariñosas (*affectionate*), emotivas, intensas, infelices (*unhappy*), competitivas...?
3. ¿Qué tipo de relación interpersonal tienes con tus vecinos (*neighbors*)? ¿Quieres cambiar esta relación? ¿Cómo y por qué?

B. Repaso de palabras. Las siguientes oraciones dan una idea del tema del cuento (*story*). Completa las oraciones con la forma correcta del verbo entre paréntesis. A veces tienes que escoger (*choose*) el verbo correcto.

1. Las tres comadres ____________ (ser/estar) en frente de una casa pequeña.
2. Un fotógrafo les ____________ (sacar) una foto.
3. Tina ____________ (ser/estar) gorda.
4. Las tres mujeres ____________ (contar) chistes e historias tristes mientras los niños ____________ (jugar).
5. ____________ (Ser/Estar) verano y ____________ (ser/hacer) mucho calor.
6. Los nietos ____________ (sentarse) con las abuelas.

C. Diminutivos. Hay varios diminutivos en esta lectura. Lee rápidamente para encontrar tres e intenta determinar su forma original.

	Diminutivo	**Forma original**
1.	______________________	______________________
2.	______________________	______________________
3.	______________________	______________________

COMADRES (EXTRACTO)

NORMA ELIA CANTÚ

Excerpt from: Norma Elia Cantú, *Canícula: Imágenes de una niñez fronteriza* (Boston: Houghton Mifflin, 2001), pp. 61–63.

Tres mujeres. Vecinas[1]. Comadres, posan frente a la casita color de rosa que parece gris pálido en la foto de aquel año de la inundación[2]. Tres mujeres. Sonríen[3]; ríen a carcajadas[4] y luego con calma, miran directamente al fotógrafo. Tina, la más bajita, rechonchita[5], en paz con su peso[6], —es hereditario, no se puede hacer nada—. Concha con el ceño fruncido[7] que desmiente los ojos risueños enmarcados con ojeras[8], sombras obscuras, casi moradas. Mami, ¿es que se ve a sí misma[9] como la mayor? [...] Tres comadres compartiendo tristezas, júbilos. Cada mañana después de los quehaceres[10], la ropa tendida en la soga[11], los frijoles cociéndose[12] en un jarro sobre la llama azul de la estufita de gas, comparten chismes[13], sueños, chistes[14], se aconsejan una a la otra, se cuentan sus penas[15], sus temores.

—No, comadre, pos[16] sí, dígale a mi compadre que no se mortifique. Su compadre le ayudará con lo del cesspool. Nomás que se espere hasta que pase la canícula[17]. [...]

Y todas las mañanas platicando[18], y todas las tardes jugando lotería, contando chistes, compartiéndolo todo. Primero son sus hijos que corren y juegan a las escondidas[19], a la *touch;* luego son nietos que se sientan en un regazo[20], que lloran por alguna injusticia juvenil o que duermen seguros en brazos de abuela. Cuando entierran[21] seres queridos y cuando dan a luz[22], se apoyan; le dan de comer a los chiquillos, lavan ropa, barren linóleo y solares de tierra asoleados y limpios; a veces el dolor forma lazos[23] más fuertes que la sangre, más hermanas que sus propias hermanas. Zulema, Nicha, Chita. Vecinas. Comadres. Mujeres. [...]

---

[1]*neighbors* [2]*flood* [3]*smile* [4]*guffaw* [5]*chubby* [6]*weight* [7]**ceño...** *wrinkled frown* [8]*dark circles* [9]*herself* [10]*chores* [11]*rope* [12]*cooking* [13]*gossip* [14]*jokes* [15]*sorrows* [16]***pues*** [17]*dog days of August* [18]***conversando*** [19]*hide-and-seek* [20]*lap* [21]*bury* [22]**dan...** *give birth* [23]*bonds*

Comprensión

1. ¿Dónde están las tres mujeres cuando les toman su foto?
2. ¿Cuál de las tres mujeres es la más baja?
3. Menciona cuatro cosas que hacen las comadres por la mañana.
4. ¿De qué hablan?
5. ¿Qué es lo más importante en su vida?
6. ¿Qué adjetivo(s) se puede(n) usar para caracterizar a estas comadres: generosas, unidas, perezosas, tristes o alegres?

¡A escribir!

Antes de escribir: Mi diario de lector

Herramienta estratégica

KEEPING A READER-RESPONSE JOURNAL

Keeping a reader-response journal or diary is a good way to reflect upon what you have read, to ask questions, and to use new vocabulary and grammatical structures. You may want to answer questions of this sort as you write in your journal: What does this reading make me think about? How does it make me feel? Does it remind me of anything else I've read? Would I recommend it to someone else? Why or why not?

Redactar

Mi diario de lector: Primera reacción. Write the first entry in your reader-response journal. Begin by writing as much as you can in Spanish. You may use the general questions described above. You may also think and write about the following questions: Do I know anyone with relationships like those of the three **comadres**? What are my personal relationships like? Am I happy with my relationships and sense of community?

Después de escribir

 **Compartir y comparar.** En parejas, compartan las reacciones en su diario. Comparen sus reacciones.

Conéctate con la comunidad

There are ways to learn more about your community and in particular about your Hispanic / Latino neighbors. Here is one way: investigate the resources or agencies (both governmental and non-governmental) that work largely with immigrants in your area. Choose one of these organizations and provide the following information:

1. Why did you choose your particular agency or organization?
2. What specific programs does it offer?
3. How can immigrants access the programs?
4. What volunteer opportunities are available through this group?
5. How can students contact this group (phone, e-mail, website)?

Create an informational brochure that includes the information you learned. As a class, you can create a "bank" of information to share with other classes in the department or school or with the volunteer or service-learning office at your institution. Be sure to include specific contact information for the group, in case anyone wants to volunteer!

Vocabulario activo

Miembros de la familia

Cognados: **mamá, papá**

el abuelo/la abuela	grandfather/grandmother
el bisabuelo/la bisabuela	great-grandfather/ great-grandmother
el cuñado/la cuñada	brother-in-law/ sister-in-law
el esposo/la esposa	husband/wife
los gemelos/las gemelas	twins
el hermanastro/ la hermanastra	stepbrother/stepsister
el hermano/la hermana	brother/sister
el hijastro/la hijastra	stepson/stepdaughter
el hijo/la hija	son/daughter
la madre	mother
el medio hermano/ la media hermana	half brother/ half sister
el nieto/la nieta	grandson/granddaughter
la nuera	daughter-in-law
el padrastro/la madrastra	stepfather/stepmother
el padre	father
los padres	parents
los parientes	relatives
el primo/la prima	cousin
el sobrino/la sobrina	nephew/niece
el suegro/la suegra	father-in-law/ mother-in-law
el tío/la tía	uncle/aunt
el yerno	son-in-law

Otras palabras asociadas con la familia

el novio/la novia	boyfriend/girlfriend; fiancé/fiancée; groom/bride
la pareja	couple; partner
el soltero/la soltera	unmarried (single) man/ unmarried (single) woman

Frases con *estar*

Cognados: **estar divorciado(a) (de); estar separado(a) (de)**

estar casado(a) (con)	to be married
estar comprometido(a) con	to be engaged (to)

Características físicas

alto/alta	tall
bajo/baja	short
canoso/canosa	gray-haired
delgado/delgada	thin
feo/fea	ugly
gordo/gorda	fat
grande	big, large
guapo/guapa	handsome/pretty
joven	young
pelirrojo/pelirroja	red-haired, redhead
pelo rubio/castaño/ negro/lacio/rizado	blond/brown/black/ straight/curly hair
pequeño/pequeña	small
viejo/vieja	old

Características personales

Cognados: **activo(a), amable, extrovertido(a), inteligente, interesante, introvertido(a), tímido(a)**

aburrido/aburrida	boring
antipático/antipática	unpleasant
cariñoso/cariñosa	loving
divertido/divertida	fun
listo/lista	clever
perezoso/perezosa	lazy
simpático/simpática	likable
tonto/tonta	silly, stupid

La casa

Cognados: **el ático, la oficina**

el desván	attic
la escalera	stairway
el lavadero	laundry room
el pasillo	hallway
la planta baja	ground floor
el primer piso	first floor
el sótano	basement

El baño

la bañera (la tina de baño)	bathtub
el inodoro	toilet
el lavabo	bathroom sink

El comedor

el cubierto	table setting
el mantel	tablecloth
la mesa	table

La habitación/El dormitorio

Cognado: **el clóset**

el armario/el ropero	closet
la cama	bed
la cómoda	dresser
el espejo	mirror
el estante	bookcase
la lámpara	lamp
la mesita de noche	bedside table

La sala

Cognado: **el sofá**

la alfombra	area rug
el cojín	cushion
las cortinas	curtains
el cuadro	painting, wall hanging
la mesita (para servir el café)	coffee table
los muebles	furniture
el sillón	armchair
el televisor	television set

La cocina y los aparatos domésticos

Cognado: **el refrigerador**

la estufa	stove
el fregadero	kitchen sink
el horno	oven
la lavadora	washer
el lavaplatos	dishwasher
el microondas	microwave
la nevera	refrigerator
la secadora	dryer

Fuera de la casa

Cognados: **el balcón, la terraza**

el árbol	tree
el césped	lawn
las flores	flowers
el ladrillo	brick
el patio	yard, patio

Los quehaceres

arreglar	to tidy up
barrer el suelo/el piso	to sweep the floor
hacer la cama	to make the bed
lavar la ropa	to do laundry
lavar/fregar los platos	to wash the dishes
pasar la aspiradora	to vacuum
planchar	to iron
poner la mesa	to set the table
preparar/servir la comida	to prepare/to serve food
sacudir los muebles	to dust the furniture

Las preposiciones

a	at
a la izquierda/derecha (de)	to the left/right (of)
al lado de	next to
alrededor de	around
arriba de	above
cerca (de)	near
debajo de	underneath
delante de	in front of
detrás de	behind
en	on, in
encima de	on top of
enfrente de	in front of
entre	between
sobre	on, on top of

Verbos

Verbos: e → ie

Cognado: **preferir**

cerrar	to close
comenzar	to commence, begin
empezar	to begin
entender	to understand
pensar	to think; to plan
perder	to miss; to lose
querer	to want; to love
sentir	to feel

Verbos: e → i

Cognados: **repetir, servir**

pedir	to ask for
seguir	to follow

Verbos: o → ue

almorzar	to have lunch
contar	to tell, relate
dormir	to sleep
encontrar	to find
morir	to die
poder	to be able, can
soler	to tend to
volver/volver a	to return; to do again

Verbo: u → ue

jugar	to play (games and sports)

Verbos con cambio en la primera persona

dar	to give
decir	to say
hacer	to do; make
oír	to hear
poner	to put, place
salir	to exit; to leave; to come out
tener	to have
traer	to bring
venir	to come
ver	to see

Verbos reflexivos

acostarse (ue)	to go to bed
afeitarse	to shave oneself
bañarse	to bathe oneself
casarse (con)	to get married (to)
cepillarse	to brush (one's hair, teeth, etc.)
despertarse (ie)	to wake oneself up
divertirse (ie)	to have fun
divorciarse (de)	to get divorced from
dormirse (ue)	to fall asleep
ducharse	to take a shower/to shower oneself
irse	to go away
lavarse	to wash oneself
levantarse	to get oneself up
maquillarse	to put on make-up
peinarse	to comb one's hair
ponerse	to put on oneself
quedarse	to stay; to remain
quitarse	to remove (e.g., one's clothes); to take off oneself
secarse	to dry oneself
sentarse (ie)	to sit oneself down
sentirse (ie)	to feel (+ *adjective*)
vestirse (i)	to get dressed

PASO

3

Adonde el corazón se inclina, el pie camina

De viaje

Pasemos adelante así...

Comunicación funcional

By the end of this paso, you will be able to:

- plan a trip
- identify seasons and talk about the weather
- go shopping for clothing
- narrate past events

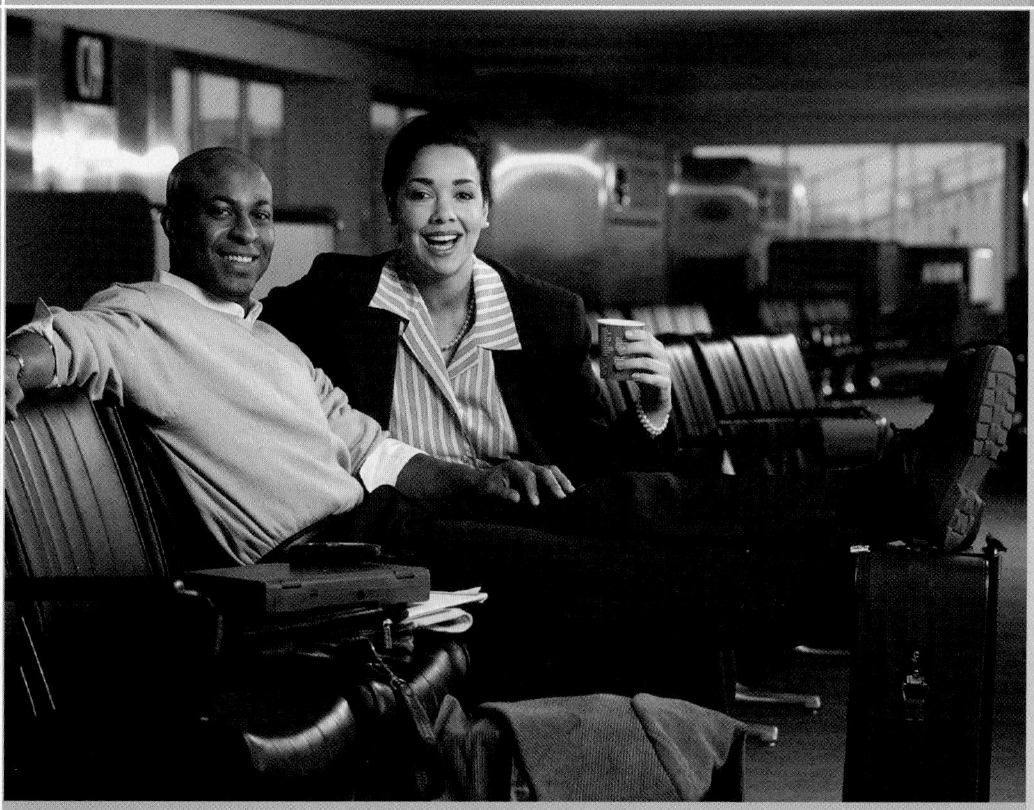

Para empezar

Mira la foto y hazle a un(a) compañero(a) las siguientes preguntas.

1. ¿Dónde está la pareja?
2. ¿Adónde crees que van?
3. ¿Qué ropa llevan?
4. ¿Te gusta viajar? ¿Adónde vas tú de vacaciones?
5. ¿Cómo te vistes tú cuando viajas?

PRIMERA ETAPA
¡Hablemos de los viajes!

Vocabulario

Las vacaciones

1. Planear el itinerario

2. Investigar el lugar

3. Hacer reservaciones / comprar pasajes de avión... de ida (→); ...de ida y vuelta (⇄)

4. Alquilar un coche

5. Conseguir el pasaporte

6. Hacer / empaquetar las maletas

7. Llegar a tiempo al aeropuerto

Cómo se viaja

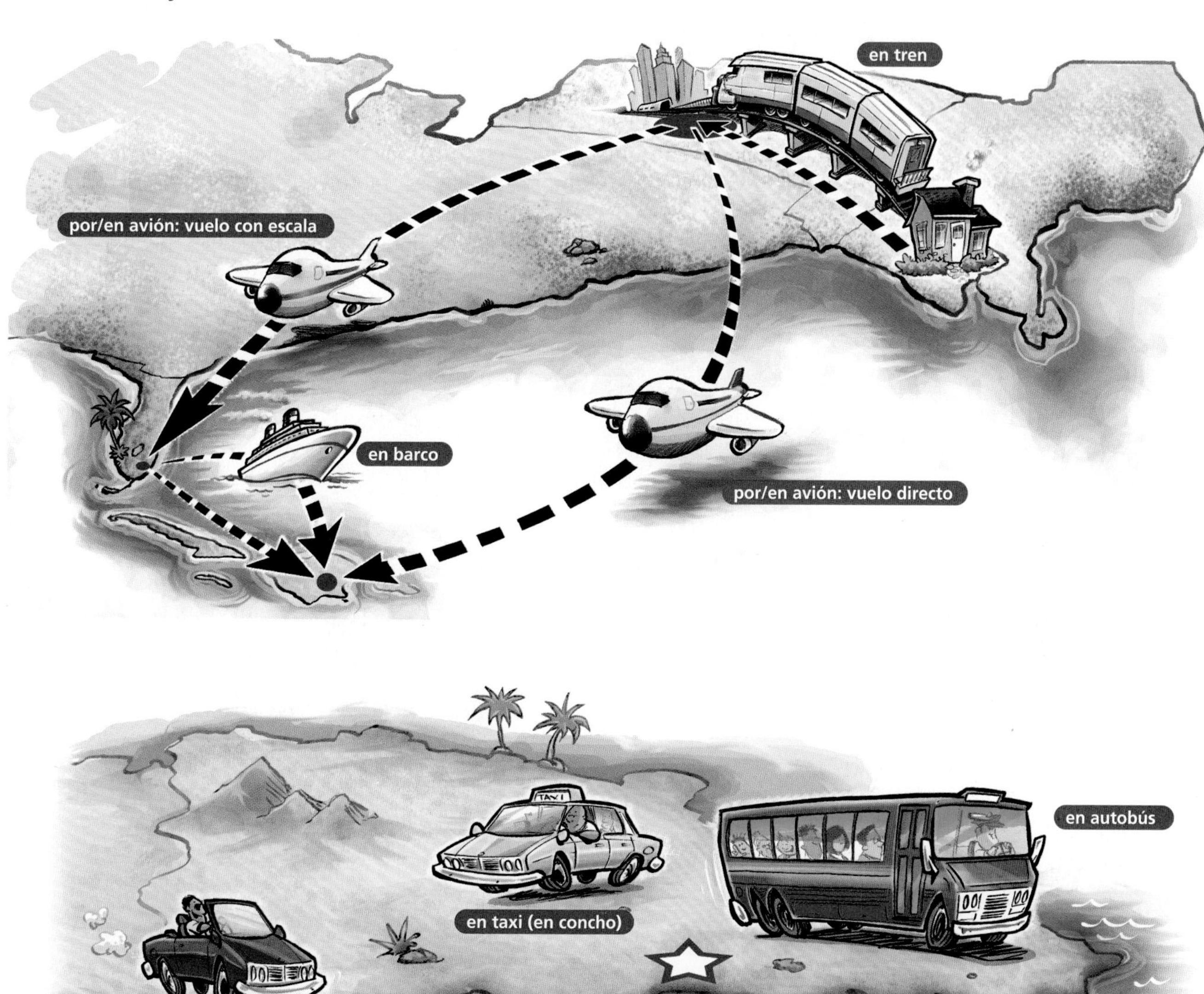

Práctica

ACTIVIDAD 3•1 **¡Ya lo sabes!** Marca los cognados verdaderos de los dibujos anteriores con una **X.** Si no recuerdas o no sabes el significado, mira la lista al final del **paso** y nota la definición. Marca también otras palabras conocidas (*familiar*).

Apunte cultural

LOS TAXIS

En la República Dominicana y en Cuba hay otras formas populares de taxi. En la República Dominicana hay el "moto-concho", una motocicleta-taxi. Es una forma de transporte más barata, aunque menos cómoda (*comfortable*), que un taxi normal. La población local los usa mucho, pero no están autorizados. En Cuba se ven estos taxis modernos para turistas —"coco-taxis". Muchos taxistas en Cuba son mujeres.

Coco-taxis (Cuba)

Moto-concho (la República Dominicana)

ACTIVIDAD 3•2 **¡A escuchar! Los medios de transporte.** Escucha mientras Teresa Bevin, escritora y profesora cubana, habla del transporte público en Cuba. Luego marca con una **X** las formas que los cubanos usan normalmente y las que los turistas usan. **Vocabulario útil:** cascarón (*shell*), ciudad (*city*), joroba (*hump*), caerse (*to fall*), colgados (*hanging on*).

	Cubanos	Turistas
autobús/camello		
camión (*truck*)		
coco-taxi/cubanito		
taxi		

¿Recuerdas?

LOS DÍAS DE LA SEMANA Y LOS MESES DEL AÑO

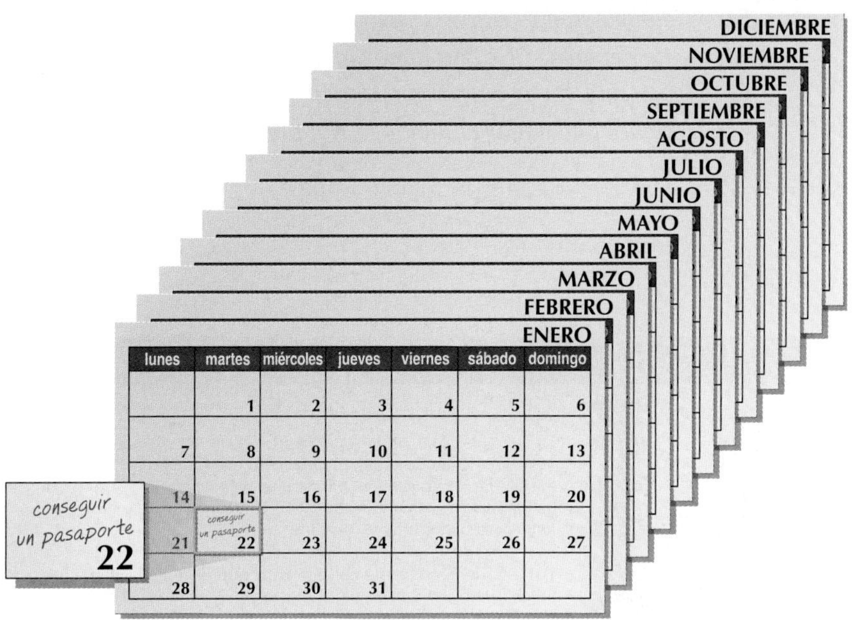

¡Ojo! No olvides que para expresar la fecha en español se usa la fecha del día primero y luego el mes: El viaje es **el 19 de noviembre (19/11).** Se dice **primero** en vez de **uno** para hablar del primer día del mes y se usan los números cardinales para los demás días.

¡Pruébalo tú! Los planes de Teresa. Al principio de cada año Teresa planea sus actividades más importantes. Trabaja con un(a) compañero(a) para determinar las fechas.

MODELO: hacer reservaciones en un hotel (9/12)
E1: *¿Cuándo tiene que hacer las reservaciones?*
E2: *El 9 de diciembre.*

1. conseguir un nuevo pasaporte (22/1)
2. llamar a la agente de viajes (15/3)
3. salir para Cuba (2/4)
4. volver de Cuba (9/4)
5. terminar su nueva novela sobre Cuba (1/8)

Online Study Center
ACE the Test / Improve Your Grade: Los días de la semana y los meses

LA MISMA REALIDAD, PERSPECTIVAS DIFERENTES

Calendars

Calendars in the United States begin the week with Sunday. In many countries of Latin America and in Spain, the week begins on Monday and a period of two weeks is often referred to as **quince días.**

ACTIVIDAD 3•3 **Veinte preguntas.** Piensa en un país, en una ciudad, en un pueblo o en otro lugar donde se pueda ir de vacaciones. Tu compañero(a) va a hacerte hasta 20 preguntas para adivinar qué sitio escogiste (*you chose*). Contéstale con oraciones completas. Luego, tu compañero(a) debe escoger otro lugar de vacaciones. ¡A ver si puedes adivinarlo con menos preguntas!

MODELOS: **E1:** *¿Tiene playa este sitio?*
E2: *Sí, tiene playa. / No, no tiene playa.*
E1: *¿Tengo que viajar en avión a este lugar?*
E2: *Sí, tienes que viajar en avión. / No, puedes ir en autobús.*

Dónde alojarse°

stay

Guía turística, República Dominicana

Alojamiento

El Hotel V Centenario Intercontinental (**★★★★★ desde $99 hasta $195 la noche**), Avenida George Washington, 218, es un **hotel de lujo** situado en el famoso malecón *(seawalk)* de la capital. Cuenta con las siguientes **facilidades** e instalaciones *(facilities)*: piscina al aire libre, canchas de tenis y *paddle* iluminadas, salón de belleza y el gran Casino V Centenario.

Cada habitación tiene las siguientes **comodidades**: minibar, caja de seguridad electrónica *(safe deposit box)*, facilidades para conexión de fax, TV en color por cable, teléfono con dos líneas y correo de voz, máquina para hacer café, secador *(dryer)* de cabello en el baño.

Hotel Conde de Peñalba (**★★★ desde $55 hasta $75 la noche**), Calle El Conde esquina *(corner)* Arzobispo Meriño, es un **hotel modesto** situado en el corazón *(heart)* de la Ciudad Colonial, justo en el Parque Colón, frente a la Catedral de Santo Domingo, primera catedral de América. Sus habitaciones son finamente decoradas al estilo colonial y tienen aire acondicionado, TV cable, teléfonos y baño privado.

Guía turística, República Dominicana

El Hostal Nicolás Nader está situado en la Calle General Luperón, 151, en la Zona Colonial. Es más como un pequeño hotel que un **hostal** (donde los jóvenes duermen en habitaciones que no tienen baño privado). Nicolás Nader tiene 10 habitaciones cómodas y limpias a precios muy razonables.

La Pensión Gilette está ubicada en El Conde, 505. Como no hay muchos hostales universitarios o de jóvenes en la República Dominicana, muchos jóvenes se alojan en casas privadas (**pensiones**) donde toman todas sus comidas (**pensión completa**) o dos comidas diarias (**media pensión**). Los precios son entre los más bajos que se pueden encontrar.

La Casa de Monaga es una **casa de huéspedes** *(guests)* en la Calle Canela, 102, esquina Estrelleta. En las habitaciones hay TV por cable, plancha *(iron)* y tabla de planchar y caja fuerte. Desde $35 hasta $60 la noche.

El Balneario Hotel Barceló está ubicado en la playa en Punta Cana. Las habitaciones tienen muchas comodidades y vista al agua. Las facilidades y los servicios incluyen desayuno incluido, servicio en la habitación, piscina, restaurantes, periódico diario gratis, servicio de lavandería, conserje, salón de ejercicios, spa, campos de golf, salón de juegos/arcada. Desde $125 hasta $410 la noche.

Adaptado de: *Guía turística de la República Dominicana, 2000–2001* (Editora Taller, Santo Domingo, R.D.), y de **http://www.colonialtours.com.do/hoteles.htm**

ACTIVIDAD 3•4 **¡Ya lo sabes!** Haz una lista de las facilidades que esperas encontrar en varias clases de hoteles. Piensa en lo que ya sabes de los hoteles. Luego, lee la guía turística anterior y marca con una **X** los elementos conocidos. Puedes subrayar (*underline*) los elementos nuevos para ti.

____________	____________
____________	____________
____________	____________
____________	____________

Apunte cultural

TIPOS DE ALOJAMIENTO

En el mundo hispano, el viajero va a encontrarse con varios tipos de alojamiento: **hoteles, moteles, balnearios, apart(a)hoteles, posadas, condos, pensiones, hostales** y **paradores.** En España, los **paradores nacionales** son edificios de gran importancia histórica, artística y cultural —castillos, conventos, palacios, entre otros— que el estado ha adquirido y convertido en hoteles.

En Puerto Rico los paradores también son patrocinados por el gobierno, pero los paradores en Puerto Rico tienen sus propias características.

¡A investigar! Compara los paradores de España con los de Puerto Rico. ¿En qué se diferencian? ¿Dónde te gustaría alojarte (*would you like to stay*)? ¿Por qué? Visita el *Online Study Center* para aprender más.

Online Study Center
Improve Your Grade: El alojamiento

ACTIVIDAD 3•5 ¡A escuchar! Los alojamientos en Cuba. Escucha mientras Teresa habla de los tipos de alojamiento en Cuba. Luego marca con una **X** los que mencione.

apart(a)hoteles _______
balnearios _______
condos _______
hostales _______
hoteles _______
moteles _______
paradores _______
pensiones _______
posadas _______

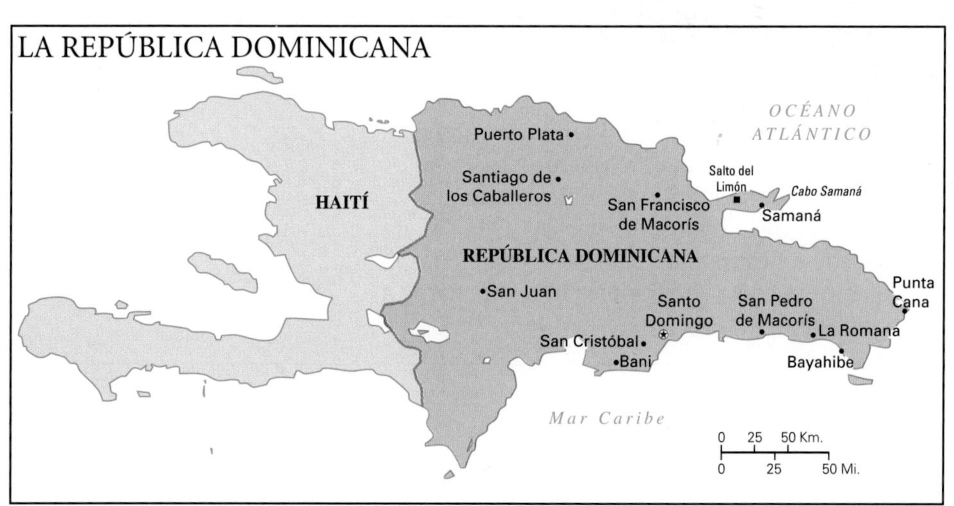

ACTIVIDAD 3•6 ¿Dónde nos quedamos?

A. Unos amigos de Teresa planean su viaje a Santo Domingo en la República Dominicana. Lee lo que cada amigo quiere, y haz una recomendación de parte de Teresa sobre el tipo de alojamiento. Usa la *Guía turística de la República Dominicana* anterior para hacer las recomendaciones.

MODELO: **Carlos:** Quiero descansar en la playa y el precio no es importante.
Teresa: *Debes quedarte en el balneario Hotel Barceló en Punta Cana. La ubicación es muy buena.*

1. **Tatiana:** No tengo mucho dinero, pero quiero estar en la ciudad cerca de la zona colonial en una casa limpia y cómoda.
   Teresa: ______________________________
2. **Dra. López:** Mi esposo y yo queremos celebrar nuestro aniversario en la capital. No nos importa mucho el costo, sino las facilidades.
   Teresa: ______________________________
3. **Enrique:** Voy a estudiar en Santo Domingo en el otoño y necesito alojarme en un lugar cómodo y barato con la comida incluida.
   Teresa: ______________________________
4. **Profesor Salazar:** Vamos en grupo a Santo Domingo para un congreso de profesores. Necesitamos un hotel bueno con baño privado, pero no demasiado costoso.
   Teresa: ______________________________

B. Ahora pregúntale a tu compañero(a) dónde desea quedarse él (ella) y por qué.

C. Ahora tú y tu compañero(a) van a hablar con otra pareja para ver qué alojamiento escogieron (*they chose*) estas personas y por qué.

Herramienta estratégica

REHEARSING COMMUNICATION

Sometimes rehearsing what you are going to say beforehand helps you feel more comfortable speaking a second language. Writing down what you plan to say and then rehearsing it is especially helpful for telephone conversations.

¡Pruébalo tú! En la próxima actividad, vas a escuchar una conversación entre Marcos Zapalo, que está planeando su luna de miel (*honeymoon*) a la República Dominicana, y Beatriz Caná, una agente de viajes de la Agencia Zeppelin. ¿Qué preguntas supones que Marcos va a hacerle a Beatriz para planear su viaje? Hazle a un(a) compañero(a) tantas preguntas como sea posible. Tu compañero(a) debe tratar de (*try to*) contestarte.

ACTIVIDAD 3•7 ¡A escuchar! Marcos y Beatriz. Ahora, vas a escuchar la conversación entre Marcos Zapalo y Beatriz Caná, la agente de viajes. Ella menciona varios sitios de interés en la República Dominicana.

A. Antes de escuchar, repasa los sitios en la lista a continuación. ¿Reconoces algunas palabras? ¿Cuáles?

B. Ahora escucha la conversación entre Marcos y Beatriz y marca con una **X** los sitios que Beatriz mencione.

_______ La Catedral
_______ La Casa de Colón
_______ La Fortaleza
_______ Calle de las Damas
_______ Altos de Chavón
_______ Museo Folklórico
_______ Museo del Ámbar
_______ la playa en Punta Cana
_______ Melia Paradisus en Punta Cana
_______ Salto de Limón
_______ fábrica tabacalera
_______ fábrica azucarera
_______ Museo de las hermanas Mirabal[1]

C. Escucha la conversación otra vez. Basándote en la información de Beatriz, anota los tres sitios que tú quieres visitar. Después de anotarlos, dile a la clase por qué quieres visitarlos.

ACTIVIDAD 3•8 ¡Mi viaje! Ahora planea tu propio viaje a la República Dominicana. Visita el *Online Study Center* si quieres saber más sobre las posibles actividades en las islas. Allí hay mapas y horarios de avión.

Online Study Center
Improve Your Grade: La República Dominicana

ACTIVIDAD 3•9 Antes de viajar. Teresa Bevin viaja a Cuba después de veintiún años de ausencia. A continuación hay una serie de actividades que Teresa va a hacer antes de su viaje. Determina su orden lógico.

_______ Voy a conseguir los cheques de viajero.
_______ Voy a ir al aeropuerto.
_______ Voy a conseguir la visa y el permiso especial para viajar a Cuba.
_______ Voy a comprar los pasajes.
_______ Voy a pedir unas semanas de vacaciones.
_______ Voy a hacer las maletas.

[1]Tres hermanas asesinadas por las tropas del dictador Trujillo en 1959. Su asesinato inflama el público y la comunidad internacional.

¿Recuerdas?

EL RELOJ DE 24 HORAS

Acuérdate que en los horarios (*schedules*) en países hispanos generalmente se usa el horario de las 24 horas (hora militar) en vez de usar a.m. y p.m.

¡Pruébalo tú! Los horarios. Tu amiga Amalia quiere visitar la isla Saona este fin de semana. Mira el horario para los barcos a la isla Saona y anota las horas para tu amiga. Usa **de la mañana, de la tarde o de la noche** en vez de la hora militar.

	Bayahibe – Saona	Saona – Bayahibe
lunes – viernes	7 h	14 h
	11 h	16 h
sábado – domingo	7 h	14 h
	9 h	16 h
	11 h	20 h
	13 h	22 h

Querida Amalia:

Los barcos salen de Bayahibe a las horas siguientes los sábados:

1. ______________________
2. ______________________
3. ______________________
4. ______________________

Vuelven de Saona a las horas siguientes los domingos:

5. ______________________
6. ______________________
7. ______________________
8. ______________________

Un abrazo,

____

ACTIVIDAD 3•10 ¡A escuchar! Viajar a Cuba. Teresa dice cómo se viaja (*how one travels*) a Cuba y dónde alojarse en la isla. Antes de escuchar su narración, lee las preguntas. Escucha la narración y toma apuntes. Escucha otra vez y contesta las preguntas.

1. ¿Se puede viajar en vuelo directo de los EE.UU. a Cuba?
2. ¿Cómo se viaja de la República Dominicana a Cuba?
3. ¿De dónde es posible tomar un vuelo directo a Cuba?
4. ¿Qué pasa cuando llegas a la aduana en Cuba?
5. ¿Dónde se queda Teresa cuando se va a su pueblo natal?
6. ¿Por qué se queda allí?

 **ACTIVIDAD 3•11** **Conversación.**

A. Usa las siguientes preguntas como punto de partida y conversa con un(a) compañero(a) sobre tus próximas vacaciones.

1. ¿Adónde vas a viajar durante tus próximas vacaciones? ¿Piensas viajar solo(a) o vas a ir acompañado(a)?
2. ¿Dónde vas a comprar el pasaje? ¿Va a ser de ida y vuelta? ¿Cuánto crees que vas a pagar por él?
3. ¿Qué vas a empaquetar? ¿Cuántas maletas vas a llevar? ¿Qué vas a hacer mientras esperas en el aeropuerto?
4. ¿Qué es lo primero que vas a hacer al llegar a tu destino? ¿Qué actividades vas a hacer allí?
5. ¿Dónde vas a quedarte? ¿Por qué quieres este tipo de alojamiento?

B. ¿Están de acuerdo sobre lo que son unas buenas vacaciones? ¿Por qué sí o por qué no?

Online Study Center
ACE the Test / Improve Your Grade: Los viajes y medios de transporte

 **ACTIVIDAD 3•12** **En el aeropuerto.** Describe lo que las personas en el dibujo hacen o van a hacer. ¡Usa la imaginación!

 **ACTIVIDAD 3•13** **Diálogo.** Con un(a) compañero(a), hagan un diálogo entre un(a) agente de viajes y su cliente. Háganlo primero en voz alta. Luego, escríbanlo. Incluyan información sobre los vuelos (horarios, escalas, etc.), el transporte público y el alojamiento.
Estudiante 1: Escoge un destino y haz el papel del (de la) cliente. Consigue información sobre un viaje a ese destino desde tu propio pueblo o tu propia ciudad.
Estudiante 2: Haz el papel del (de la) agente de viajes.

CONÉCTATE CON EL IDIOMA
Los pronombres de complemento directo

Making connections between grammatical points can help us use them correctly in a new language. This is definitely true with direct-object pronouns. The following are a few examples of direct-object pronouns in English.

Do you have the *itinerary*?	*Yes, I have* ***it.***
Where are you going to buy the *tickets*?	*I'm going to buy* ***them*** *online.*

To determine if a sentence has a direct object, form a question with "whom?" or "what?" after the verb. In the first example above, the question would be: "Have what?" or "What or whom do I have?" The answer, if there is one, is the direct object: the itinerary. The direct-object pronouns given below take the place of the direct object. Using pronouns instead of the direct object helps to avoid repetition.

¿Tienes **el itinerario**? Sí, **lo** tengo. (**lo** = el itinerario)
¿Dónde vas a comprar **los pasajes**? **Los** voy a comprar por Internet. (**los** = los pasajes)

¡Ojo! Remember that, just as with reflexive pronouns, you place object pronouns before the conjugated verb: ***Lo*** **tengo.** ***Los*** **voy a comprar por Internet.** Pronouns may also be attached to infinitives: **Voy a** ***comprarlos*** **por Internet.**

Los pronombres de complemento directo	
me (me)	**nos** (us)
te (you, *inf.*)	**os** (you, *plural./inf. Sp.*)
lo (you, *form./masc.;* him, it)	**los** (them, *masc.;* you, *plural, masc.*)
la (you, *form./fem.;* her, it)	**las** (them, *fem.;* you, *plural, fem.*)

ACTIVIDAD 3•14 ¿Listo para la universidad? Tu mamá te llama antes de tu primer día en la universidad. Es la primera vez que no está contigo el primer día de clase. Contesta sus preguntas (¡con paciencia, por favor!).

MODELO: ¿Tienes tus papeles?
Sí, mamá, los tengo.

1. ¿Tienes tu mochila?
2. ¿Llevas tu papel y bolígrafos?
3. ¿Llevas lápiz y cuaderno?
4. ¿Tienes tu carnet de estudiante?
5. ¿Llevas dinero para tomar un refresco?

ACTIVIDAD 3•15 Los preparativos. Nerviosa porque tiene un importante viaje de negocios en tres días, la señora Ruiz le hace muchas

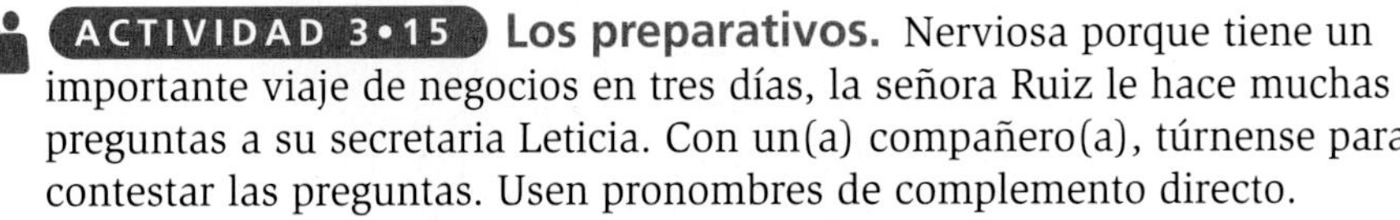

preguntas a su secretaria Leticia. Con un(a) compañero(a), túrnense para contestar las preguntas. Usen pronombres de complemento directo.

MODELO: Leticia, ¿vas a llamar a la agente de viajes?
Sí, señora, voy a llamarla esta tarde.

1. ¿Tienes mi pasaporte?
2. ¿Cuándo vas a comprar el pasaje?
3. ¿Ya tienes todos los documentos fotocopiados?
4. ¿Vas a hacer las reservaciones de hotel hoy?
5. ¿A qué hora me lleva la limosina al aeropuerto?
6. ¿Sabes dónde puedo comprar regalos para mis nuevos clientes?

ACTIVIDAD 3•16 Los quehaceres domésticos.

A. Pregúntale a un(a) compañero(a) de clase quién hace los siguientes quehaceres en su familia.

MODELO: hacer tu cama
E1: *¿Quién hace tu cama?*
E2: *Yo la hago. / Nadie la hace.*

1. arreglar la casa
2. barrer el piso
3. servir el desayuno
4. lavar los platos
5. lavar la ropa
6. pasar la aspiradora
7. planchar la ropa
8. poner la mesa
9. preparar la comida
10. sacudir los muebles

B. Compara tus respuestas con las de tu compañero(a). ¿Cuál de los dos hace más quehaceres domésticos? Habla de los quehaceres que te gusta hacer y los que no te gusta hacer. Explica por qué.

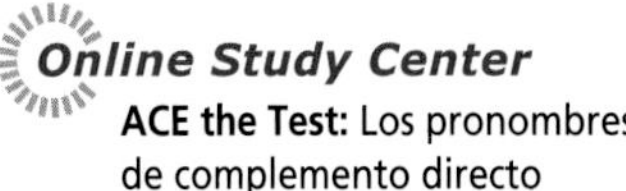
Online Study Center
ACE the Test: Los pronombres de complemento directo

C. Ahora hablen con otras parejas y háganles las siguientes preguntas. ¿Quiénes hacen más quehaceres? ¿Hacen los hombres tantos quehaceres como las mujeres? Si la respuesta es no, expliquen por qué.

CONÉCTATE CON EL IDIOMA
Expresiones con *por* y *para*

Even though **por** and **para** can both mean *for,* they are used in different ways. Keep the translation out of your head and try to learn them through examples of their uses, keeping in mind the following basic difference: **para** expresses destination and purpose while **por** expresses motive or cause.

A. Usos de *para*

1. To indicate use or purpose:

   Estos boletos son para mis abuelos.
   These tickets are for my grandparents.

   Vengo para ayudarte a empaquetar.
   I have come (in order) to help you pack.

2. To indicate objective/goal:

   Estudia para ingeniero.
   He is studying to become an engineer.

3. To indicate a deadline:

   La composición es para el lunes.
   The composition is for (due) Monday.

4. With verbs of motion, to express direction or destination:

   ¿Qué avión sale para Cuba?
   Which plane leaves for Cuba?

5. To express *considering* or *in view of:*

   Es muy inteligente para su edad.
   He is very intelligent for (considering) his age.

6. To express *on the point of:*

   ¡Corre! El tren está para salir.
   Run! The train is about to leave.

7. To express *by, around,* or *toward* (a particular time):

   El viaje es para finales de julio.
   The trip is for the end of July.

8. To express a point of view or opinion:

   Para nosotros, éstas son las mejores vacaciones.
   In our view, this is the best vacation.

Práctica

ACTIVIDAD 3•17 **¿Qué significa?** Di qué expresa la preposición **para** en las oraciones siguientes.

1. Para llegar a Mayagüez hay que tomar un carro público.
2. La tarea es para el viernes próximo.
3. Para mí, comer bien es un imperativo.
4. Para estudiante de biología, no sabe mucho de ciencias.
5. Este taxi va para La Habana.
6. Estos regalos son para mis amigos.

ACTIVIDAD 3•18 **Los refranes.** Con una pareja, trata de descifrar el significado de cada refrán y explica el uso de **para.**

1. El día para el trabajo, la noche para el descanso.
2. Aquí se rompió (*broke*) una taza y cada quien para su casa.
3. De recién casaditos, "Arrímate más (*get closer*), cielito (*my heavenly love*)". Al año de matrimonio, "Hazte para allá, demonio (*devil*)".
4. El vino se hizo (*was made*) para los reyes (*kings*) y el agua para los bueyes (*oxen*).

B. Usos de *por*

1. To express motive, cause, or reason:

   Voy a ir a la agencia de viajes por los pasajes.
   I'm going to go to the travel agency for the tickets.

2. To express *by* in passive constructions:

   Esos cuadros fueron pintados por Picasso.
   Those paintings were painted by Picasso.

3. With verbs of motion, to express *by, through,* or *around:*

   Pasa por la casa blanca, entra por el portón negro y camina por el parque.
   Go by the white house, enter through the black gate, and walk around the park.

4. To express *in support of:*

   Votaron por los demócratas.
   They voted for the Democrats.

5. To express *in exchange for* or *per* and to talk about payment:

   El tren viaja a más de 100 millas por hora.
   The train travels at more than 100 miles per hour.

6. To express duration or period of time:

   Visita los museos por la tarde.
   He visits the museums in the afternoon.

   Por años fue agente de viajes.
   For years she was a travel agent.

7. To express *in search of:*

   Vamos a la bodega por frutas y leche.
   We're going to the corner market for fruit and milk.

8. In certain set expressions:

por aquí/allí	*around here/there*
por cierto	*surely*
por eso	*that's why*
por favor	*please*
por lo general	*in general*
por lo tanto	*consequently*
por lo visto	*apparently*
por supuesto	*of course*

Práctica

ACTIVIDAD 3•19 ¿Qué significa? Lee la siguiente conversación entre Ramón y Rosa. ¿Qué explica el uso de la preposición **por** en cada oración?

Ramón: ¿Cuánto tenemos que pagar (1) por los pasajes?
Rosa: Quinientos dólares. Cuestan mucho (2) por ser vuelo directo.
Ramón: ¿Podrías pasar (3) por la agencia (4) por los pasajes?
Rosa: Sí, (5) por supuesto. Tengo que pasar (6) por allí (7) por la tarde.
Ramón: Gracias, mi amor. ¡Planeamos este viaje (8) por dos meses y no quiero perdérmelo!

ACTIVIDAD 3•20 Más refranes.

A. En parejas, traten de descifrar el significado de cada refrán y de explicar el uso de **por.**

1. El pez por la boca muere.
2. Más vale malo conocido, que bueno por conocer.
3. El tonto si es callao por sesudo (*wise*) es reputao.
4. Por donde entra el hambre el amor sale.
5. Pagan justos por pecadores (*sinners*).

B. Ahora completen los refranes y dichos con **por** o **para**, según el contexto. Expliquen por qué.

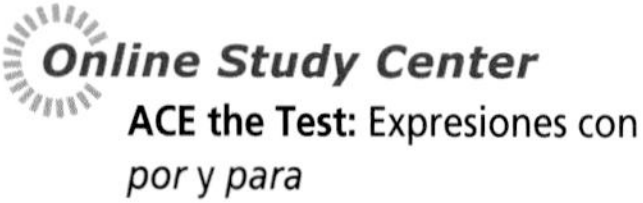

Online Study Center
ACE the Test: Expresiones con por y para

1. __________ el humo (*smoke*) se sabe dónde está el fuegro (*fire*).
2. __________ prosperar, vender y comprar.
3. __________ todo mal, un refrán, y __________ todo bien, también.

4. ____________ lo general, un hombre es más cuidadoso con su dinero que con sus principios. (—Ed Howe)
5. Yo no estudio ____________ escribir, ni menos ____________ enseñar... sino sólo ____________ ver si con estudiar ignoro menos. (—Sor Juana Inés de la Cruz)
6. La amistad (*friendship*) es un amor que no se comunica ____________ los sentidos.
7. Caer ____________ levantarse, no es caer.
8. Nadie mira más ____________ otro que ____________ sí (*him/herself*).
9. Con amigos de esa clase (*type*), ¿____________ qué quiero enemigos?
10. Dar ____________ recibir, no es dar sino pedir.
11. Sólo es pobre el que se tiene ____________ pobre.

Herramienta estratégica

PREFIXES AND SUFFIXES

Learning prefixes and suffixes will help you learn and identify the meaning of new vocabulary. The suffix **-ción,** for example, is equivalent to *-tion* in English: **acción,** *action*; **sección,** *section*. In general, prefixes change the meaning of a word: **precolombino** (**pre** = *before*; **colombino** = *Columbus*), and suffixes indicate a part of speech: **-ción** = noun. Here are just a few prefixes and suffixes to help you learn more.

Prefixes

ante-	*before*	**antemano, antecedente**
anti-	*against*	**antipático, anticuerpo**
bi-, bis-, biz-	*two*	**bicicleta, bisabuela**
cent-	*one hundred*	**centígrado, centavo**
contra-	*against*	**contradicción, contrapunto**
de-, des-	*not, undo*	**descuento, despejado**
i-, im-, in-	*not*	**incapacitado, inmóvil**
mal-	*bad*	**maligno, maldad**
pre-	*before*	**prefijo, predecir**

Suffixes

-ería	Place where items are made or sold or a service is offered (root word indicates product or service)	**zapatería, consejería, tintorería, peluquería**
-ero	One who does something	**zapatero, peluquero**
-mente	*-ly*	**rápidamente**
-ito, -illo, -cito, -zuelo	Diminutive form	**Carlitos, chiquillo, jovencito**

¡Pruébalo tú! ¿Qué significan las siguientes palabras?

portero
lavandería
desabrigar
bimensual
centigramo

Síntesis e interacción

 **ACTIVIDAD 3•21 Conversación.**

A. Usa las siguientes preguntas para hablar con un(a) compañero(a) sobre su próximo viaje a la casa de sus padres. Contesta con una oración completa. Usa los pronombres de complemento directo cuando sea posible.

1. ¿Cuándo piensas visitar a tus padres o a tu familia? ¿Qué medio de transporte vas a usar para viajar? Si necesitas un pasaje, ¿dónde vas a comprarlo? ¿Cuánto piensas pagar por él?
2. ¿Cuándo te visitan tus padres en la universidad? ¿Vienen para *Family Weekend*? ¿Qué hacen Uds. para divertirse? ¿Caminan por el campus y la ciudad/el pueblo donde queda tu universidad?
3. ¿Llamas a tus parientes con frecuencia? ¿Prefieres comunicarte con ellos por teléfono o por correo electrónico? ¿Por qué? ¿Qué te cobra (*charge*) la compañía telefónica por hacer una llamada a larga distancia?

B. Ahora, compara tus respuestas con las de tu compañero(a). ¿Quién viaja más lejos (*farther*) para ver a su familia? ¿Quién paga más por viajar? ¿Quién hace cosas más divertidas cuando vienen sus padres al campus? ¿Quién paga más por las llamadas telefónicas?

 **ACTIVIDAD 3•22 Minidrama.** Trabaja con un(a) compañero(a) de clase. Una persona hace el papel del (de la) viajero(a) y la otra hace el papel de la azafata/del auxiliar de vuelo (*flight attendant*).

La azafata/El auxiliar de vuelo: Trabajas en la sección de primera clase. Tu responsabilidad es asegurarte de que los viajeros estén (*are*) cómodos. Haz preguntas relacionadas con la comida, los refrescos, la película que están mostrando y las revistas (*magazines*) que ofrecen.

El (La) viajero(a): Contesta las preguntas de la azafata/del auxiliar de vuelo. Luego, indica las cosas que te gustan y las cosas que no te gustan de viajar en primera clase. Haz un comentario sobre la temperatura en el avión, pide una manta (*blanket*), averigua si van a llegar a tiempo a su destino y dile a qué hora tú quieres que él/ella te despierte por si acaso (*in case*) te duermes.

El Caribe

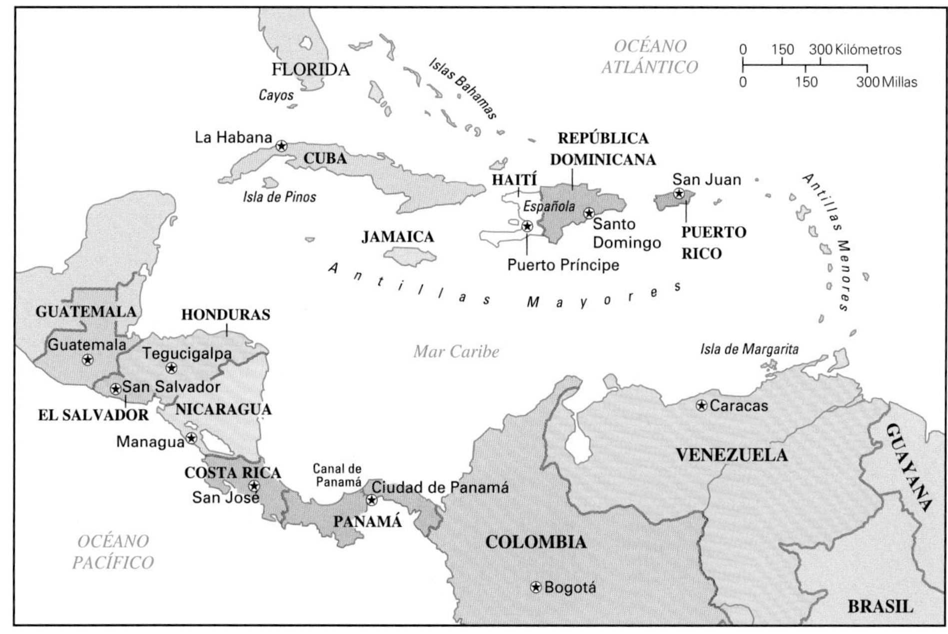

Hay tres islas en el Caribe donde el español es la lengua oficial: Cuba, Puerto Rico y la República Dominicana. De las tres islas, la más grande es Cuba. Todas fueron (*were*) colonias de los españoles por siglos. La República Dominicana se independizó (*became independent*) primero (1844), y luego Cuba (1898). España le cedió (*ceded*) Puerto Rico a los EE.UU. después de la guerra hispano-norteamericana en 1898. Además, los países que tienen costa caribeña comparten (*share*) una historia y fenómenos culturales y lingüísticos, especialmente en los pueblos de la costa del Caribe.

Todos estos países tienen un fondo indígena semejante (*similar*). Estas regiones fueron pobladas por tribus (Arawak, Calipuna, Taíno) que se mezclaron con los esclavos de África y los españoles.

De particular interés es el pueblo garífuna que se estableció en 1635 en la isla de San Vicente y que hoy en día existe en 51 colonias en los países del Caribe de Centroamérica, con la mayoría en Honduras. Los garífunas son muy pobres y una gran parte de la población es analfabeta (*illiterate*). A pesar de esto (*in spite of this*), la cultura garífuna se mantiene muy fuerte y su música y su danza muestran influencias africanas e indígenas. Su religión se llama **dugú** o **gubida** y consiste en una mezcla de creencias y prácticas católicas, africanas e indígenas. Su sociedad es matriarcal. Los garífunas hablan español e inglés (si viven en Belice), pero tienen su propia lengua, llamada **igñergi.**

Los garífunas

La película *El espíritu de mi madre* trata de la búsqueda de una garífuna llamada Sonia. Ella vuelve a su pueblo para ponerse en contacto con su pasado y su cultura.

La herencia africana: Los garífunas

ACTIVIDAD 3•23 **¡A investigar!** Con un grupo pequeño, investiga uno de los siguientes temas sobre el pueblo garífuna. Visita el *Online Study Center* para empezar. Preséntale tu información a la clase.

Temas

Historia y orígenes	Lengua
Música y danza	Religión
Estructura social	Problemas sociales

Latinos caribeños en los EE.UU.

Aunque la presencia de latinos caribeños en los EE.UU. se ha visto desde inicios del siglo XIX, la mayoría de ellos no llega hasta el siglo XX. De los tres grupos —puertorriqueño, cubano y dominicano— los puertorriqueños o **boricuas** (nombre tomado del antiguo nombre de la isla: Borinquen) han sido (*have been*) ciudadanos de los EE.UU. desde 1917 y representan el grupo más grande de caribeños de los EE.UU. Más de tres millones de puertorriqueños residen en los EE.UU., la mayoría en Nueva York. Los cubanos llegan en grandes números después de la revolución cubana en 1959 y otra vez en 1980. La mayoría o tres cuartas partes de los cubanos viven en el condado (*county*) de Miami-Dade en la Florida. A diferencia de los puertorriqueños y los cubanos, los dominicanos en los EE.UU. se consideran inmigrantes. El área de Nueva York-Nueva Jersey tiene las más grandes comunidades dominicanas.

A continuación está la letra de una canción de 1960 en forma de décima, que consta de estrofas de diez versos y que los poetas de las montañas de Puerto Rico componen oralmente desde hace siglos.

LAMENTO DE UN JÍBARO[1]

ANÓNIMO

Yo vengo desde las montas[2]
del gran cerro[3] de Guiarte
y traigo como estandarte
el canto hondo de Adjuntas[4]
Allí yo dejé[5] mi yunta[6]
de bueyes[7] que poseía
para hacer la travesía[8]
y hoy ninguno se imagina
cuánto es yo mi serranía.[9]
Allí dejé mi finquita[10]
y todos mis animalitos
y el amor más infinito
de mi pobre viejecita[11]
Y hoy ruego a Dios me permita
poder volver algún día
y contemplar la serranía
en donde tuve[12] mi niñez
para pasar mi vejez[13]
Estoy echando de menos[14]
todo lo que allí dejé

Yo no me explico por qué
vine[15] a este país ajeno
y allí vivía más sereno
y más tranquilo en mi bohío[16]
contemplando la estancia
su verdor[17] y su belleza
que dio la Naturaleza
a ese terruñito[18] mío.
Aquí en suelo nuyorquino[19]
siento dentro de mi pecho[20]
la falta[21] que a mí me ha hecho
el ambiente campesino
Tal vez sería[22] mi destino
venir a tierras extrañas[23]
Pero algún día a las montañas
de Adjuntas yo volveré[24]
y mis despojos[25] dejaré[26]
Guardados en sus entrañas.[27]
En Borinquen, tierra mía.

[1] *rustic fellow* [2] **montañas** [3] *hill* [4] **ciudad en Puerto Rico** [5] **yo...** *I left* [6] *team* [7] *oxen* [8] *voyage* [9] *mountains* [10] *farm* [11] *old mother* [12] *I spent* [13] *old age* [14] **echando...** *missing* [15] *I came* [16] *hut* [17] *greenness* [18] *land* [19] *relating to New York* [20] *chest* [21] *lack* [22] **Tal...** *Perhaps it was* [23] *strange* [24] **yo...** *I will return* [25] *remains* [26] *I will leave* [27] *belly*

Fuente: *En otra voz: Antología de literatura hispana de los Estados Unidos*; ed Nicolás Kanellos (Houston: Arte Público Press, 2002).

 **ACTIVIDAD 3•24 Comentario del poema.**

A. Lee el poema. Luego compara tu interpretación del poema con la de un(a) compañero(a). ¿Cuál es el tema? ¿Cuál es el tono? ¿Qué recuerda el poeta? ¿Qué opina de Puerto Rico? ¿Dónde vive cuando compone el poema? ¿Qué diferencias existen entre su cuidad natal y su ciudad adoptiva?

B. ¿Puedes identificarte con las emociones expresadas en el poema? ¿Cuándo te sientes así? ¿Cómo te sientes donde vives actualmente?

Paso adelante presenta a...

Teresa Bevin

Escritora bilingüe y profesora de español y salud mental en Montgomery College, Teresa Bevin nació en Camagüey, Cuba. A los dieciocho años emigró sola a España y tres años más tarde a los EE.UU. Su primera novela, *Havana Split,* trata de una joven cubana que sale de Cuba y vuelve veinte años más tarde. En esta novela, "Bevin revela una refrescante habilidad de mostrar la vida del exilio cubano sin sentimentalismo. Su chispeante prosa muestra personajes de todos los puntos de vista de la política de Cuba con respeto y dignidad" (Carolyn Ellis González, Biblioteca de la Universidad de Texas en San Antonio).

Su colección bilingüe de cuentos, *Sueños y otros achaques / Dreams and Other Ailments,* fue (*was*) finalista del premio 2002 de Editoriales Independientes en la categoría de ficción multicultural y ganó (*won*) el premio bronce 2001 de la revista *ForeWord.* Su libro más reciente es *Tina se lanza al verano / Tina Springs into Summer,* una colección bilingüe de cuentos para niños.

VOCABULARIO CARIBEÑO

asopao: chicken and rice stew
boricua: term Puerto Ricans use to refer to each other
Borinquen: Taíno Indian name for Puerto Rico
el coco-taxi: small taxi (Cuba)
el concho: taxi
el conuco: small landholding with home of rural Dominicans
el coquí: Puerto Rican tree frog
la guagua: bus
la guayabera: men's shirt pleated down the front with 4 pockets
los mahones: blue jeans
las medias: socks
lechón asado: roast suckling pig
mofongo: mashed plaintains with olive oil and garlic
morir soñando: sweet, refreshing drink
moros y cristianos: beans and rice
el moto-concho: motorcycle-taxi
negro(a): term of endearment used to refer to any person, regardless of his or her color
pasteles: tamale-like food made of plaintain and tubers
el sancocho: stew with squash, corn, meat, tubers, etc.

Charla videoteca

La guagua aérea (1993)

Director:
Luis Molina Casanova

Reparto:
Chavito Marrero, Idalia Pérez Garay, Teófilo Torres, Sunshine Logroño

Herramienta estratégica

FOLLOWING VISUAL CLUES

Following visual clues before reading (or viewing a movie!) can enhance your understanding of the main content. Look carefully at the cover of the video box. What do you think a **guagua** might be? Why is it in the air?

La guagua aérea es una comedia puertorriqueña. La acción acontece (*occurs*) en un vuelo de Puerto Rico a Nueva York. Por medio de conversaciones y de escenas retrospectivas (*flashbacks*) se exploran las varias razones por las cuales los pasajeros migran a Nueva York en los años sesenta, época en que aumenta dramáticamente el número de puertorriqueños en el continente. Algunos viajan en busca de una vida mejor y otros para reunirse con familiares.

El gran escritor puertorriqueño Luis Rafael Sánchez es el autor del guion para *La guagua aérea*. **Guagua** es un término usado en las islas del Caribe que significa **ómnibus** o **autobús.** *Guagua aérea* también es una metáfora para la ida y vuelta o ciclo migratorio de muchos puertorriqueños.

ACTIVIDAD 3•25 **¿Qué comprendiste?** Escoge la mejor respuesta según la foto y la sinopsis que aparecen anteriormente.

1. Mira la cubierta del video. ¿Qué hay encima de la guagua?
   a. plantas b. maletas c. inmigrantes
2. ¿Dónde comienza el viaje?
   a. Nueva York b. Puerto Rico c. no dice
3. ¿Sabemos por qué viajan los pasajeros?
   a. sí b. no
4. ¿Qué quiere decir *guagua*?
   a. autobús b. avión c. ciclo migratorio
5. Luis Rafael Sánchez es...
   a. un pasajero en la película. b. escritor. c. chofer de la guagua.

SEGUNDA ETAPA
¡Hablemos del tiempo y de las estaciones!

Vocabulario

¿Recuerdas?

EL TIEMPO

Many, although not all, weather expressions in Spanish use the verb **hacer.** See whether you can match the weather expressions with the pictures. If you don't remember, check the glossary at the end of this **paso.**

__________ está nublado	__________ hace fresco
__________ hace viento	__________ hace sol
__________ hace (mucho) calor	__________ llueve
__________ hace (mucho) frío	__________ nieva
__________ hace buen tiempo	

LA MISMA REALIDAD, PERSPECTIVAS DIFERENTES

Spanish uses the verb **hacer** (an action) to express many weather conditions. English uses the verb *to be* (a state).

Otras condiciones meteorológicas

Online Study Center
ACE the Test / Improve Your Grade: El tiempo

Está soleado/despejado.

Viene una tormenta. Caen rayos.

Está húmedo el clima.

Oigo truenos.

LA MISMA REALIDAD, PERSPECTIVAS DIFERENTES

In English, we say *thunder and lightning* (singular), in Spanish, **rayos y truenos** (plural). En términos científicos, ¿cuál viene primero?

Las estaciones

En los climas templados hay cuatro estaciones. En el hemisferio del norte tenemos:

primavera
marzo–junio

verano
junio–septiembre

otoño
septiembre–diciembre

invierno
diciembre–marzo

Práctica

ACTIVIDAD 3•26 **¿Qué estación es?** En la parte sur del hemisferio (al sur del ecuador), las estaciones ocurren al revés. ¿Qué estación es en Montevideo, Paraguay, en estas fechas?

1. 1° (primero) de mayo ___________
2. 25 de diciembre ___________
3. 15 de agosto ___________
4. 14 de octubre ___________

ACTIVIDAD 3•27 **Asociaciones.** ¿Qué estación o estaciones asocias con estas cosas?

1. la lluvia
2. Papá Noel (*Santa Claus*)
3. vacaciones largas
4. las flores
5. los insectos
6. la gripe (*flu*)
7. la playa
8. mucha comida
9. el sol
10. el surfing
11. las bodas (*weddings*)
12. el béisbol

ACTIVIDAD 3•28 **¿Cuál es la temperatura?** Tu amiga Rebecca se va a Rincón, Puerto Rico, por cuatro días y no sabe nada de la temperatura en grados centígrados. Después de mirar el pronóstico a continuación, completa el diálogo. **¡Ojo!** Tienes que convertir las temperaturas de grados centígrados a grados Fahrenheit. Si es necesario, consulta **La misma realidad, perpectivas diferentes:** *Expressing temperatures.*

Pronóstico

martes

Mañana	**Tarde/Noche**
Mín: 25°C	**Máx:** 30°C
Cielo nublado. Probabilidad de lluvias y algunas tormentas aisladas. Mejorando. Vientos leves del sector sur.	Cielo nublado. Probabilidad de lluvias y tormentas. Vientos leves del sector sur.

miércoles		jueves		viernes	

Mañana	**Tarde/Noche**	**Mañana**	**Tarde/Noche**	**Mañana**	**Tarde/Noche**
23°C	32°C	25°C	36°C	25°C	35°C
Inestable con probables precipitaciones.	Lluvias y alta humedad.	Algo nublado.	Parcialmente nublado. Muy caliente.	Parcialmente soleado.	Caliente.

Rebecca: Salgo para Ponce el martes por cuatro días, pero no entiendo la temperatura en grados centígrados. ¿Me puedes explicar esta información?

Tú: Bueno, el martes va a hacer __________ y va a __________. La temperatura máxima va a ser __________ grados Fahrenheit y la mínima va a ser __________ grados Fahrenheit.

Rebecca: Veo que también va a __________ el miércoles y que va a __________, ¿no?

Tú: Exacto, la temperatura máxima va a llegar a __________ grados Fahrenheit, pero el jueves va a ser el día más caliente durante tu estadía. La temperatura máxima va a ser __________ grados Fahrenheit.

Rebecca: Bueno, ahora tengo que decidir qué ropa llevar.

Online Study Center
ACE the Test / Improve Your Grade: Las estaciones

LA MISMA REALIDAD, PERSPECTIVAS DIFERENTES

Expressing temperatures

En los EE.UU. se usa el sistema Fahrenheit (F) para medir la temperatura. En el resto del mundo se usa el sistema centígrado. Si te gustan las matemáticas, aquí están las fórmulas para convertir la temperatura:

$\mathbf{C} = F - (32)/(1.8)$
$\mathbf{C} = (F - 32) \times (5/9)$

$\mathbf{F} = (C \times 1.8) + 32$
$\mathbf{F} = (C \times (9/5)) + 32$

La ropa

El Gran Almacén
ZAPATOS Y MÁS
CABALLEROS
las botas
el paraguas
los tenis
las sandalias
el traje
la camisa
los calcetines
la chaqueta
la bufanda
el gorro
la corbata
el pañuelo
la gorra
el impermeable
los guantes
los calzoncillos/pantaloncillos
Esta blusa me queda apretada.
NIÑOS
la sudadera
el abrigo
el suéter/jersey
DAMAS
la camiseta
los jeans/vaqueros
el/la pijama
la bata
la blusa
las medias
las bragas/pantaletas
la falda
¿Qué talla tiene usted? Le voy a traer una más grande.
el vestido
el sostén
el traje de baño

Apunte cultural

LA GUAYABERA

En muchos países hispanos de clima tropical los hombres llevan una camisa llamada "guayabera", prenda de origen cubano. Esta camisa se usa en este clima en ocasiones, tanto formales como informales. Puede tener una variedad de diseños, y normalmente está hecha de algodón (*cotton*), poliéster o lino (*linen*) (para ocasiones más formales).

ACTIVIDAD 3•29 **En la tintorería *(dry cleaner).*** Estás en Guayama, Puerto Rico, para un viaje de negocios y necesitas ropa limpia. Escribe una lista de las prendas de vestir que necesitas hacer lavar (*to have washed/cleaned*). Luego suma los precios de lo que cobra la tintorería por lavar cada artículo.

San Martín Cleaners

Tintorería-Sastrería

Nuestro personal con amplia experiencia, garantiza el más excelente servicio de lavado en seco, planchado y sastrería.

Mujeres	Limpieza (EN SECO)	Planchado (UNICAMENTE)
Blusa	$ 2.50 (Hilo: $3.00)	$ 2.00
Falda	$ 2.50 (Hilo: $3.00)	$ 2.00
Juego[1] de Mujer	$ 5.00 *en adelante*	$ 3.00 *en adelante*
Juego de Mujer (3 piezas)	$ 6.00 *en adelante*	$ 4.00 *en adelante*
Juego de Mujer Plizado	$ 7.00 *en adelante*	$ 5.00 *en adelante*
Traje de Mujer	$ 7.00 *en adelante*	$ 5.00 *en adelante*
Traje de Noche	$10.00 *en adelante*	$ 7.00 *en adelante*
Jumpsuit	$ 5.00 *en adelante*	

Hombres	Limpieza (EN SECO)	Planchado (UNICAMENTE)
Pantalón	$ 2.60	$ 1.85
Camisas	$ 2.60	$ 1.85
Suéter	$ 3.00	$ 1.85
Traje de Hombre	$ 5.50	$ 4.50
Traje de Hombre (3 piezas)	$ 6.00	$ 5.00
Chaqueta	$ 3.00	$ 2.00
Corbata	$ 1.50	$ 1.00
Chaleco	$ 1.50	$ 1.25
Abrigo/Capa	$ 8.00	$ 4.00
Abrigo Grande	$10.00	$ 5.00
Mameluco[2]	$ 4.00	$ 2.50
Bata (Médico)	$ 4.00	$ 2.50
Fatiga Militar (2 Piezas)	$ 6.00	$ 4.50
Fatiga (Camisa)	$ 3.00	$ 2.30
Fatiga (Pantalón)	$ 3.00	$ 2.30
Fatiga (Chaqueta)	$ 3.00	$ 2.25

[1]*two-piece set* [2]*overalls*

LA MISMA REALIDAD, PERSPECTIVAS DIFERENTES

Sizing things up!

In English, *size* is used for dimensions of any type. Spanish is more specific: **el tamaño** refers to general size; **la talla/el talle** refers to clothing; and **el número** refers to shoes. Nor does Spanish use one verb to refer to *being* a certain size: **¿Qué talla tienes?** asks about clothing size, and **¿Qué número calzas?** asks about shoe size.

¿Recuerdas?

LOS VERBOS *SABER* Y *CONOCER*

You might recall that **saber** and **conocer** can be translated as *to know,* but **saber** means to know facts or information while **conocer** means to know people and places. The latter also translates as *to be acquainted* or *familiar with*. **Saber** + *infinitive* = to know how to do something. Note that both verbs have irregular forms in the first person singular.

saber			
yo	**sé**	nosotros/nosotras	sabemos
tú	sabes	vosotros/vosotras	sabéis
él, ella, Ud.	sabe	ellos, ellas, Uds.	saben

conocer			
yo	**conozco**	nosotros/nosotras	conocemos
tú	conoces	vosotros/vosotras	conocéis
él, ella, Ud.	conoce	ellos, ellas, Uds.	conocen

Online Study Center
ACE the Test: Los verbos *saber y conocer*

 **¡Pruébalo tú! Conversación.** En parajas conversen para saber qué y a quiénes conocen y qué saben.

1. ¿Viajas mucho? ¿Qué ciudades extranjeras conoces? ¿Cuál es tu favorita y por qué?
2. ¿A qué estudiantes internacionales o personas de países extranjeros conoces? ¿De dónde son? ¿Te gustaría visitarlos en su país nativo?
3. ¿Conoces los restaurantes de por aquí? ¿Cuál prefieres y por qué? ¿Conoces al cocinero o a algunos de los camareros (*waiters*)?
4. ¿Sabes manejar un carro? ¿Quién maneja cuando necesitas ir y venir de la universidad? ¿A quién conoces que maneje mal?
5. ¿Sabes cómo se llaman todos tus profesores y dónde tienen su oficina? ¿Qué sabes de tu profesor(a) de español? ¿Cómo se llama tu profesor(a) favorito(a)?
6. ¿Sabes los nombres de tus compañeros de clase? ¿Quién es...? (*Point to a student to see if your classmate knows who he or she is.*) ¿A quién conoces bien en tu clase de español?

 **ACTIVIDAD 3•30 De viaje en Puerto Rico.** Mañana vas de viaje a Puerto Rico con tu amiga Rebecca. Vas a ir a estas tres ciudades por un día: Ponce, Mayagüez y San Juan. Anota la fecha en la que vas a visitar cada ciudad, el pronóstico del tiempo y la ropa que vas a necesitar. Para el pronóstico de tiempo, visita el *Online Study Center.*

Online Study Center
ACE the Test / Improve Your Grade: La ropa

	Fecha	Temperatura: C/F	Condiciones	Ropa
Ponce				
Mayagüez				
San Juan				

CONÉCTATE CON EL IDIOMA
Modismos con *hacer*

CHISTE

—¿Cómo está tu hijo pequeño?

—Hace tres meses que anda.

—¡Huy!, pues ya debe estar muy lejos.

In **Paso 1** you learned **tener** idioms such as **tener frío** and **tener calor,** and you've already practiced some weather expressions with **hacer.** Here are some other **hacer** idioms.

hacer cola — *to stand in line*
Hacemos cola en el banco.

hacer de nuevo — *to do again*
Ella va a hacer el viaje de nuevo.

hacer (el papel) de — *to represent, play*
Hace (el papel) de King Lear en el teatro.

hacer escala — *to stop over*
El avión tiene que hacer escala en Denver.

hacer juego — *to match*
Esta camisa hace juego con esos pantalones.

hacer las maletas — *to pack luggage*
Mi esposa me ayuda a hacer las maletas.

hacer un viaje — *to take a trip*
Hacen un viaje a Orlando, Florida, todos los años.

hacer una pregunta — *to ask a question*
Hacen preguntas cuando tienen dudas.

hacer(se) — *to act*
A veces (me) hago el tonto (*fool*).

Hace + (período de tiempo) + que + *present tense*	*. . . has/have been doing something since . . .*	**Hace dos meses que estudio español.** *I have been studying Spanish for two months.*
Hace + (período de tiempo) + que + *past tense*	*. . . did something . . . ago*	**Hace dos meses que estudié español.** *I studied Spanish two months ago.*

Práctica

 **ACTIVIDAD 3•31 Asociaciones.** Empareja cada cosa o acción en la columna a la izquierda con la expresión más apropiada de la columna a la derecha.

1. pretender ser una persona no muy lista	a. hacer juego
2. un viaje largo	b. hacerse el tonto
3. un actor	c. hacer escala
4. la aduana	d. hacer de nuevo
5. prepararse para un viaje	e. hacer las maletas
6. una blusa verde y una falda amarilla	f. hacer un papel
7. intentar otra vez	g. hacer cola

ACTIVIDAD 3•32 ¡Un viaje desastroso!

A. Escribe un cuento breve, en el tiempo presente, que trate de un viaje desastroso. Utiliza tantos modismos con **hacer** como puedas.

Online Study Center
ACE the Test / Improve Your Grade: Modismos con *hacer*

B. Léele tu cuento a un(a) compañero(a) mientras él/ella cuenta el número de modismos en tu narración. Entonces, escucha su cuento y haz lo mismo. Luego, comparen sus puntuaciones (*scores*). ¿Quién utilizó más expresiones con **hacer**?

CONÉCTATE CON EL IDIOMA
El pretérito: Formas regulares

Like the present tense, the past tense (preterit) is formed by dropping the **-ar, -er,** and **-ir** from the infinitive and adding particular endings. Below are the conjugations of regular verbs. Some time expressions indicate that you are talking about the past and might need the preterit: **ayer, ayer por la tarde, anoche, anteayer, la semana pasada, esta mañana, ya.**

"Vine, vi, conquisté."
—Julio César

Pretérito de verbos regulares que terminan en *-ar*

		hablar	
yo	habl**é**	nosotros/nosotras	habl**amos**
tú	habl**aste**	vosotros/vosotras	habl**asteis**
él, ella, Ud.	habl**ó**	ellos, ellas, Uds.	habl**aron**

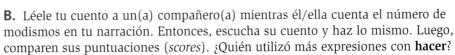

Pretérito de verbos regulares que terminan en *-er*

conocer			
yo	conocí	nosotros/nosotras	conoc**imos**
tú	conoc**iste**	vosotros/vosotras	conoc**isteis**
él, ella, Ud.	conoc**ió**	ellos, ellas, Uds.	conoc**ieron**

Pretérito de verbos regulares que terminan en *-ir*

vivir			
yo	viví	nosotros/nosotras	viv**imos**
tú	viv**iste**	vosotros/vosotras	viv**isteis**
él, ella, Ud.	viv**ió**	ellos, ellas, Uds.	viv**ieron**

Práctica

ACTIVIDAD 3•33 **¿Y tú?** Sigue el modelo de Julio César y menciona tres cosas importantes que hiciste (*you did*) el año pasado.

ACTIVIDAD 3•34 **¿Qué hiciste ayer?**

A. ¿Hiciste las siguientes actividades ayer o no? Sigue el modelo.

MODELO: escribir una composición
Sí, escribí una composición. [o]
No, no escribí una composición.

1. comer en la cafetería
2. llamar a mis padres
3. escribir una carta
4. beber café
5. asistir a clases
6. hablar con amigos
7. aprender una nueva palabra en español
8. comprar ropa
9. estudiar por tres horas
10. llevar unos pantalones cortos

B. Compara tus respuestas con las de un(a) compañero(a). ¿Qué tienen en común?

MODELO: *Nosotros asistimos a clase, llamamos a nuestros padres y comimos en la cafetería ayer.*

ACTIVIDAD 3•35 **¡A escuchar! ¿Dónde se aloja Teresa?** Escucha mientras Teresa habla sobre dónde se aloja cuando viaja a Cuba. Luego decide si las siguientes oraciones son ciertas o falsas. Si son falsas, corrígelas. **Vocabulario útil:** me he alojado (*I have stayed*), ciudad natal (*birthplace*), recientemente (*recently*), la azotea (*roof*).

1. Teresa visitó a amigos. **C F**
2. Se quedó en el Gran Hotel. **C F**
3. El Gran Hotel se construyó en los años cincuenta. **C F**
4. Miró el mar desde el hotel. **C F**

ACTIVIDAD 3•36 **Entrevista.** Usando la forma correcta del pretérito de los verbos entre paréntesis, hazle estas preguntas a un(a) compañero(a) de clase.

Esta mañana

1. ¿A qué hora te (levantar)?
2. ¿Te (cepillar) los dientes?
3. ¿Dónde (desayunar)? ¿Qué (comer)?
4. ¿(Escuchar) las noticias?
5. ¿Qué ropa (llevar)?

Anoche

1. ¿(Salir) anoche con tus amigos? ¿Adónde (salir) Uds.?
2. ¿Cuántas horas (estudiar)?
3. ¿Qué (estudiar)?
4. ¿Te (duchar) antes de acostarte? ¿Por cuánto tiempo?
5. ¿A qué hora te (acostar)?

El mes pasado

1. ¿(Hablar) con tus padres? ¿De qué (hablar)?
2. ¿Qué ropa (comprar)? ¿Dónde la (comprar)?
3. ¿Cuántos trabajos de investigación (escribir)? ¿(Recibir) buenas notas en los trabajos?
4. ¿Qué película (ver)? ¿Te (gustar)?
5. ¿Cuántas veces (lavar) tu ropa?

ACTIVIDAD 3•37 **¿Por qué no me escribes?** Isabela, tu tía favorita, no tiene computadora y quiere saber de ti. Escríbele una carta breve sobre las cosas que tú y tus amigos hicieron recientemente. Usa los siguientes sujetos y verbos:

Sujetos: yo, mi compañero(a), mis amigos, mi profesor(a) de español, tú
Verbos: estudiar, salir, escribir, comer, recibir, escuchar

Querida tía Isabela:

____
____
____
____
____
____
____

Un beso,

____

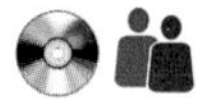 **ACTIVIDAD 3•38 Mis mejores vacaciones.** Cuéntale a un(a) compañero(a) los detalles de las mejores vacaciones (¡o las peores, si prefieres!) que puedes recordar. ¿Adónde viajaste? ¿Qué pasó? ¿Por qué fueron buenas (o malas)?

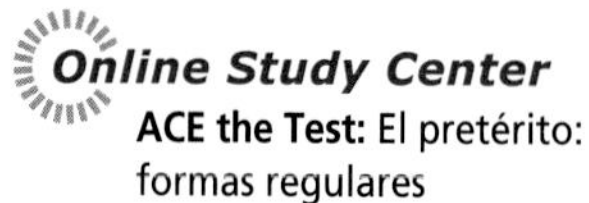

ACE the Test: El pretérito: formas regulares

Síntesis e interacción

 **ACTIVIDAD 3•39 Conversación.** Te ganaste (*won*) un viaje de dos semanas a la República Dominicana. Ahora necesitas prepararte para el viaje. Contesta las preguntas que te va a hacer un(a) compañero(a). Luego, cambien de papel.

1. ¿Qué ropa vas a comprar? ¿Qué vas a empaquetar?
2. ¿Por qué aeropuerto vas a salir? ¿Dónde crees que vas a tener que hacer cola en el aeropuerto?
3. ¿Qué vas a hacer en el aeropuerto y durante el vuelo para entretenerte (*entertain yourself*)?
4. ¿Dónde piensas alojarte y por qué?
5. ¿Qué vas a hacer y ver en la isla durante las dos semanas?
6. ¿Vas a convencer a alguien de que te acompañe? Si la repuesta es sí, ¿a quién y por qué?
7. ¿Conoces a alguien en o de la República Dominicana? ¿Qué vas a leer para prepararte para el viaje?
8. ¿Qué tiempo crees que va a hacer en la isla durante tu visita?

 **ACTIVIDAD 3•40 Minidrama.** Trabaja con un(a) compañero(a) de clase. Una persona hace el papel del (de la) viajero(a) y la otra hace el papel del(de la) dependiente (*sales clerk*).
El (La) viajero(a): Estás en un almacén en la Repúbica Dominicana porque se te perdió la maleta y ahora necesitas comprar ropa. Explícale al (a la) dependiente dónde se te perdió la maleta y qué ropa necesitas comprar. Dile cuánto dinero quieres gastar.
El (La) dependiente: Pregúntale qué talla tiene y qué colores prefiere. Luego, muéstrale la ropa al (a la) viajero(a). Trata de convencerle de comprar otra ropa también.

Herramienta estratégica

USING SCRIPTS

We all have scripts in our heads about how a certain activity or exchange should take place. For example, we know how a conversation between a waiter and a restaurant patron will probably unfold in our own culture. Keep in mind that while some scripts are more universal, other scripts are very culture-specific.

Antes de leer

Luz María Umpierre

La autora Luz María Umpierre nació en Santurce, Puerto Rico, en 1947. Vivió en Puerto Rico hasta 1974, cuando se trasladó a Pennsylvania. (Es interesante notar que la madre de la autora, quien vivió en Nueva York desde los cinco años de edad hasta los veintitrés, fue una de las primeras "Nuyoricans".) La Dra. Umpierre consiguió su doctorado en Bryn Mawr College, Pennsylvania, y ha publicado siete libros y más de cien artículos. También es reconocida por su trabajo en el campo de derechos humanos. Sus libros incluyen los siguientes títulos: *The Margarita Poems, Una puertorriqueña en Penna*, Ideología y novela en Puerto Rico* y *For Christine.*

En el libro *En el país de las maravillas* (en el cual se encuentra el poema "Pase de lista") aparecen el tema de la nostalgia por su tierra natal tropical y su sentimiento de alienación en la nueva cultura.

* *abbreviation for Pennsylvania*

Anticipar la lectura. Usa tu estrategia de usar lo que ya sabes —en este caso sobre una isla del Caribe (Puerto Rico) y cómo son algunos procedimientos típicos en una clase— para anticipar la lectura. ¿Cómo es la isla natal de la autora? Piensa en el clima, la comida, las plantas, etc. Con una pareja, hagan una lista de las características de Puerto Rico. Cuando viajan a un nuevo lugar, ¿notan diferencias entre ese lugar y su ciudad o pueblo nativo? ¿Cuáles?

___

___

___

___

___

PASE DE LISTA

LUZ MARÍA UMPIERRE-HERRERA

Aquél, el otro .... Presentes, aquí presentes
Tu turno .... Ausente
En la calle, la gente que camina de prisa[1] envuelta en zorros fallecidos[2] y pisan la negrusca nieve .... Presentes
Las pisadas[3] en la arena .... Ausentes
El American idiom en la radio y la televisión .... Presente
Mi idioma que es mi voz .... Ausente
Los rostros[4] blancos, el intenso frío, la calefacción .... Presentes
El sol, los rostros morenos, el humano calor .... Presentes, aquí no, Ausentes
Cielo, gris, árboles desnudos, pinos[5] enormes .... Presentes, ahora, aquí
El azul límpido, del cielo, el flamboyán[6], el verdor[7] .... Faltan, ausentes
Vegetación sin vida, civilización helada[8], rostros sin sonrisas[9] .... Presentes, Presentes
Ausente el mar .... Ausente
Ausente la gente alegre .... Ausente
Ausente Puerto Rico .... todo está ausente.

[1]**de ...** *hurriedly* [2]**zorros ...** *dead foxes* [3]*footprints* [4]*faces* [5]*pines* [6]*colorful tree native to Puerto Rico* [7]*lush greenery* [8]*frozen* [9]*smiles*

Comprensión

A. Contesta las siguientes preguntas sobre el poema. Puedes contestar en tu cuaderno de reacciones.

1. ¿Dónde está la poeta?
2. ¿Cómo es el tono del poema (alegre, nostálgico, trágico, horroroso, gracioso)?
3. ¿Cómo se refiere la poeta al clima y a la temperatura en este poema?
4. El poema se basa en una serie de contrastes entre lo que está "ausente" y lo que está "presente". ¿Cuáles son las cosas presentes? ¿Cuáles son las ausentes? ¿Cuáles de las cosas presentes pertenecen a Puerto Rico? ¿Cuáles a los Estados Unidos? ¿Y las cosas ausentes?
5. Cuando tú viajas, ¿qué no está presente? ¿Qué te falta?
6. ¿Tienes tú nostalgia por algún lugar?
7. ¿Cuáles son algunas cosas que están ausentes en tu vida actualmente?

B. Ahora trabaja con tu compañero(a) para ver cuáles de las características que se nombraron en la actividad **Anticipar la lectura** aparecen en el poema.

C. Vuelve a leer el poema "Lamento de un jíbaro" en el **Enfoque cultural**. Habla con tu compañero(a) sobre los dos poemas. ¿Cómo son semejantes? ¿Cómo son diferentes? Usa el diagrama para apuntar sus ideas.

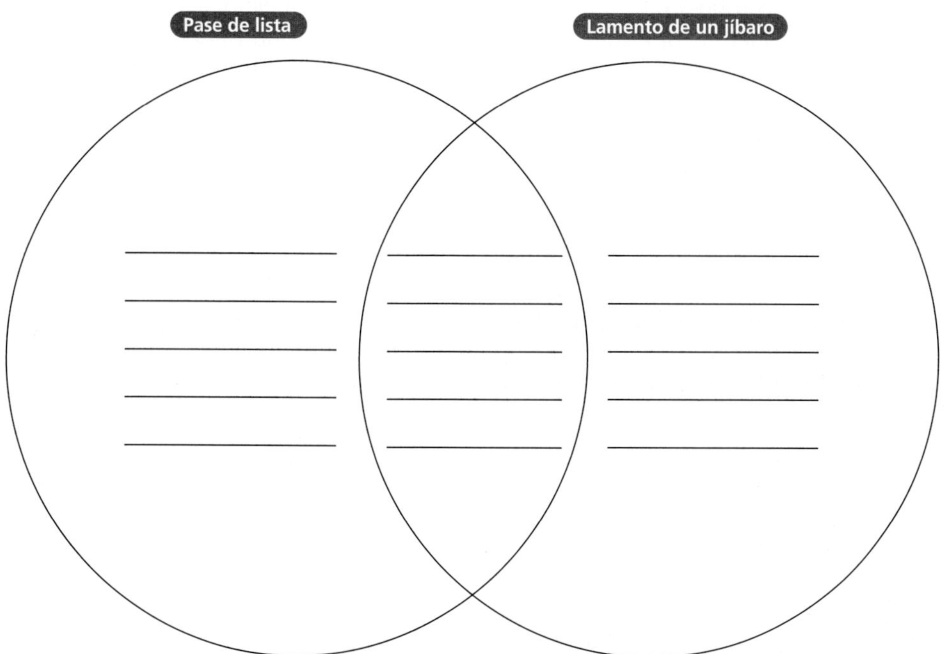

¡A escribir!

La correspondencia

Tú y tus amigos quieren viajar a Puerto Rico y a la República Dominicana durante sus próximas vacaciones. Visita el *Online Study Center* para consultar sobre varios sitios sobre estas dos islas. Luego decide a que isla prefieres viajar y en que ciudad te quieres alojar. Apunta los sitios de interés que quieres visitar.

Antes de escribir

Herramienta estratégica

WRITING CORRESPONDENCE IN SPANISH

We write e-mails and letters for different reasons: to make/decline a request, to express appreciation, to create a paper trail, and to acquire employment, among others. There are some tips and strategies you will want to keep in mind when you do the following writing activity.

Before you begin, be sure you can answer these questions: Why am I writing this letter (or e-mail)? Who will read it? What do I hope to accomplish? Write a draft, and once you have done so, read it out loud and have someone else read it to ensure that you are clear, concise, and accurate and have adopted the right tone.

There are conventions for writing letters in Spanish you may want to follow. You may address a formal letter to: **Estimados señores** or **Muy estimado(a) señor/señora/señorita.** To end your request you may want to say: **Ruego a Ud./Uds. una contestación inmediata** or **Sírva(n)se contestarme tan pronto como sea posible.** Make your closing remark one of the following: **Muy atentamente** or **Sin otro asunto, quedo muy atentamente.** Below is a sample letter:

24 de abril

Agencias Valedón
Calle Nenadich #10 Oeste
Mayagüez, PR 00680

Estimados señores:

Para nuestras próximas vacaciones mi esposa y yo queremos viajar a las islas Galápagos. Prefiero un crucero en clase de lujo que nos permita bucear y aprender más sobre la naturaleza. Quisiera estar ocho días en el crucero. ¿Me podría enviar una lista de los cruceros que recomienda y decirme qué no se incluye en la tasa (*rate*) de los cruceros? También quisiera saber si hay vuelos directos a Guayaquil desde San Juan y qué debo empaquetar para las excursiones.

Sin otro asunto, quedo atentamente,
Félix Ramírez

There are also conventions for writing informal letters. For the salutation, use **Querido(a)** (e.g., **Querido Rafael, Queridos Ana y Juan, Querida mamá**). Closings in friendly personal letters may consist of: **Un (fuerte) abrazo.** In letters to family members, endings may show greater affection: **Un beso** (*kiss*), **Besos, Con todo mi cariño** (*affection*), **Afectuosamente** (*Affectionately*), **Un afectuoso** (or **cariñoso**) **saludo.**

Redactar

A. Escríbele un correo electrónico a Agencias Valedón. Pide información y precios para la ciudad que identificaste en **Antes de escribir.** Incluye los detalles necesarios: el medio de transporte en que deseas viajar, el tipo de alojamiento que prefieres, los sitios de interés que quieres conocer, las fechas de tu itinerario, el clima y la ropa que debes llevar.

Fecha:
A:
De:
Sujeto: Viaje académico

B. Escríbele una carta a un amigo que quiere visitar tu ciudad/pueblo natal o donde queda tu universidad. Dile cómo llegar, dónde se puede alojar, qué van a hacer y ver, qué medios de transporte Uds. van a usar para moverse por la ciudad/el pueblo, cuál es la temperatura y qué ropa debe traer y por qué.

Después de escribir

Intercambia (*Exchange*) tu carta con la de un(a) compañero(a). Haz tres o cuatro comentarios útiles sobre ella. ¿Está bien organizada la carta? ¿Se entiende? ¿Usó correctamente tu compañero(a) los saludos y las despedidas?

Conéctate con la comunidad

Aprende más sobre un(a) dominicano(a), cubano(a) o puertorriqueño(a) cuyo trabajo contribuye a la cultura de Estados Unidos. Algunas posibilidades: Julia Álvarez, Gloria Estefan, Andy García, Cristina García, Oscar Hijuelos, Pedro Martínez, Nicholasa Mohr, Judith Ortiz Cofer, Eddie Palmieri, Gustavo Pérez Firmat, Tito Puente, Sammy Sosa. Averigüa (*Find out*) cuándo y dónde nació (*was born*), si es de una familia cubana, dominicana o puertorriqueña, su profesión y cómo contribuye a la cultura dominante de los Estados Unidos. En forma de póster o PowerPoint, preséntale la información a la clase.

Vocabulario activo

Las vacaciones

Cognados: **el itinerario, el aeropuerto**

la agencia de viajes	travel agency
el/la agente de viajes	travel agent
el alojamiento	lodging
el avión	airplane
la escala	layover
ida y vuelta	round trip
el lugar	place
la maleta	suitcase
el mar	sea
la montaña	mountain
el pasaje	ticket
el pasaporte	passport
la playa	beach
la reservación	reservation
la sala de reclamación de equipaje	baggage claim
el viaje	trip
el vuelo (directo, con escala)	flight (nonstop, with layover)

El alojamiento

el balneario	beach resort
la casa de huéspedes	guesthouse
las comodidades	amenities
las facilidades	facilities
el hostal	hostel, hotel
el hotel de lujo	luxury hotel
el hotel modesto	moderately priced hotel
la pensión	hostel, boarding house

Verbos

Cognados: **investigar, planear**

alojarse	to stay
alquilar	to rent
conocer	to know (to be acquainted with)
conseguir	to get
empaquetar	to pack bags
planear	to plan
saber	to know (information)
viajar	to travel

Medios de transporte

en autobús	by bus
en barco	by ship
en coche (en carro)	by car
en taxi	by taxi
en tren	by train
en/por avión	by plane

Los días de la semana

el lunes	Monday
el martes	Tuesday
el miércoles	Wednesday
el jueves	Thursday
el viernes	Friday
el sábado	Saturday
el domingo	Sunday

Las estaciones

primavera	spring
verano	summer
otoño	fall
invierno	winter

Los meses

enero	January
febrero	February
marzo	March
abril	April
mayo	May
junio	June
julio	July
agosto	August
septiembre	September
octubre	October
noviembre	November
diciembre	December

Expresiones con *por*

por aquí/allí	around here/there
por cierto	surely
por eso	that's why
por favor	please
por lo general	in general
por lo tanto	consequently
por lo visto	apparently
por supuesto	of course

El tiempo

Está nublado.	It's cloudy.
Está soleado.	It's sunny.
Hace buen tiempo.	It's a nice day.
Hace (mucho) calor.	It's (very) hot.
Hace fresco.	It's cool.
Hace (mucho) frío.	It's (very) cold.
Hace (mucho) sol.	It's (very) sunny.
Hace (mucho) viento.	It's (very) windy.
Llueve.	It's raining.
Nieva.	It's snowing.
Está despejado.	The skies are clear.
centígrado	Celsius/centigrade
la humedad (húmedo)	humidity (humid)
el pronóstico del tiempo	forecast
el rayo/relámpago	lightning
la tormenta	storm
el trueno	thunder

Ropa interior

las bragas/pantaletas	women's underpants
los calcetines	socks
los calzoncillos/ pantaloncillos	men's underpants
la camiseta	T-shirt
las medias	pantyhose
el sostén/brassier	bra

Ropa para estar en casa

la bata	robe
el/la pijama	pajamas

Ropa de calle

el abrigo	coat
la bufanda	scarf
la chaqueta	jacket
la gorra	cap
el gorro	hat
los guantes	gloves
el impermeable	raincoat

Otras prendas de vestir

la blusa	blouse
la camisa	shirt
el cinturón	belt
la corbata	necktie
la falda	skirt
los jeans/vaqueros	jeans
los pantalones	pants
la sudadera	sweatshirt
el suéter/jersey	sweater
el traje	suit
el traje de baño	bathing suit
el vestido	dress

Los zapatos

las botas	boots
las sandalias	sandals
los tenis	sneakers

Otras palabras

el número	shoe size
el pañuelo	handkerchief
el paraguas	umbrella
la talla	clothes size

Modismos y expresiones con *hacer*

hacer cola	to stand in line
hacer de nuevo	to do again
hacer (el papel) de	to represent, act
hacer escala	to stop over at
hacer juego	to match
hacer las maletas	to pack luggage
hacer un viaje	to take a trip
hacer una pregunta	to ask a question
hacer(se)	to act
hace + (período de tiempo) + que + ***present tense/past tense***	have been ...ing/ago

PASO

4

A más doctores, más dolores

Nuestra salud

Pasemos adelante así...

Comunicación funcional

By the end of this **paso,** you will be able to:

- discuss personal and public health
- use statistics to talk about health trends
- talk more about the past: actions and conditions
- identify the receiver of an action

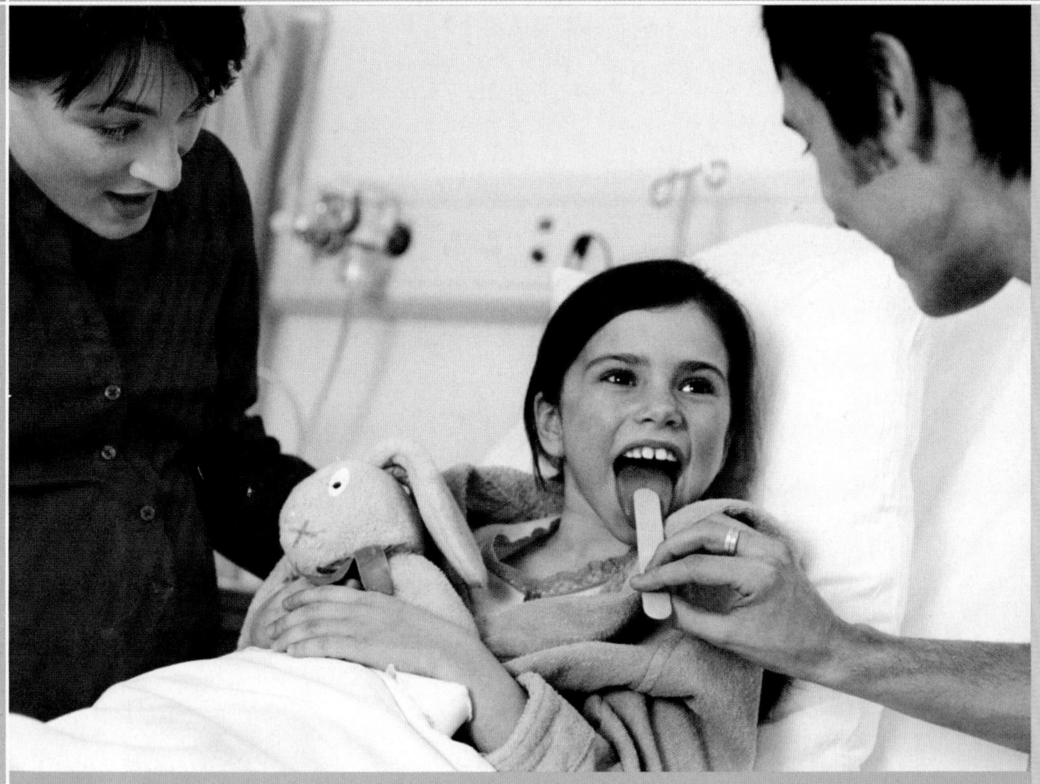

Para empezar

Mira la foto y hazle a un(a) compañero(a) las siguientes preguntas.

1. ¿Quiénes son las personas en la foto?
2. ¿Dónde están?
3. ¿Qué hacen?
4. ¿Qué lleva la niña? ¿Y su madre?
5. ¿Por qué crees que está la niña en el hospital?
6. ¿Pasaste tú algún tiempo en el hospital cuando eras niño(a)? ¿Por qué?

PRIMERA ETAPA

¡Hablemos del cuerpo humano y de la salud!

Vocabulario

Las partes del cuerpo

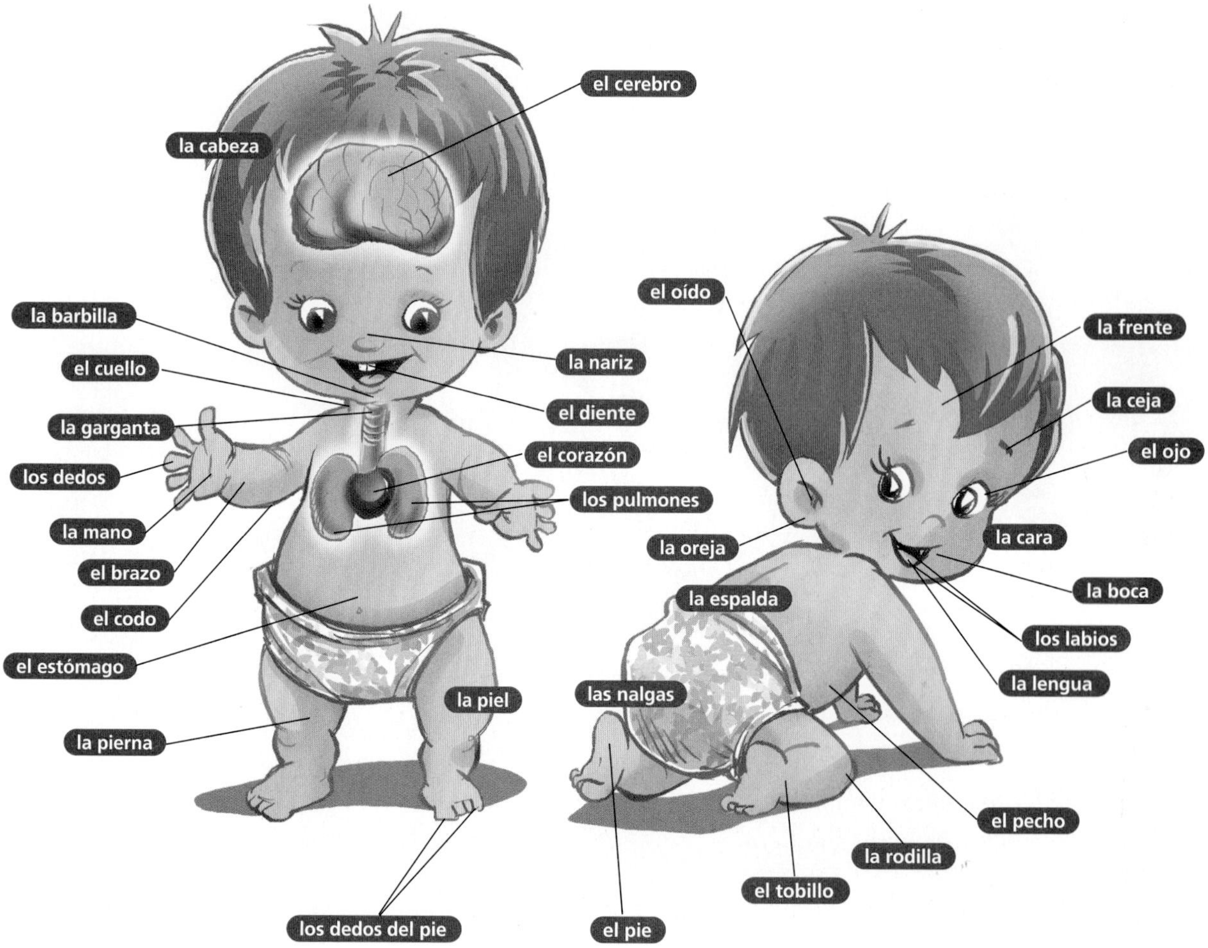

el cerebro
la cabeza
el oído
la barbilla
la frente
la nariz
el cuello
el diente
la ceja
la garganta
el ojo
el corazón
los dedos
los pulmones
la mano
la oreja
la cara
el brazo
la espalda
la boca
el codo
los labios
el estómago
la lengua
la piel
las nalgas
la pierna
el pecho
la rodilla
el tobillo
los dedos del pie
el pie

LOS CINCO SENTIDOS

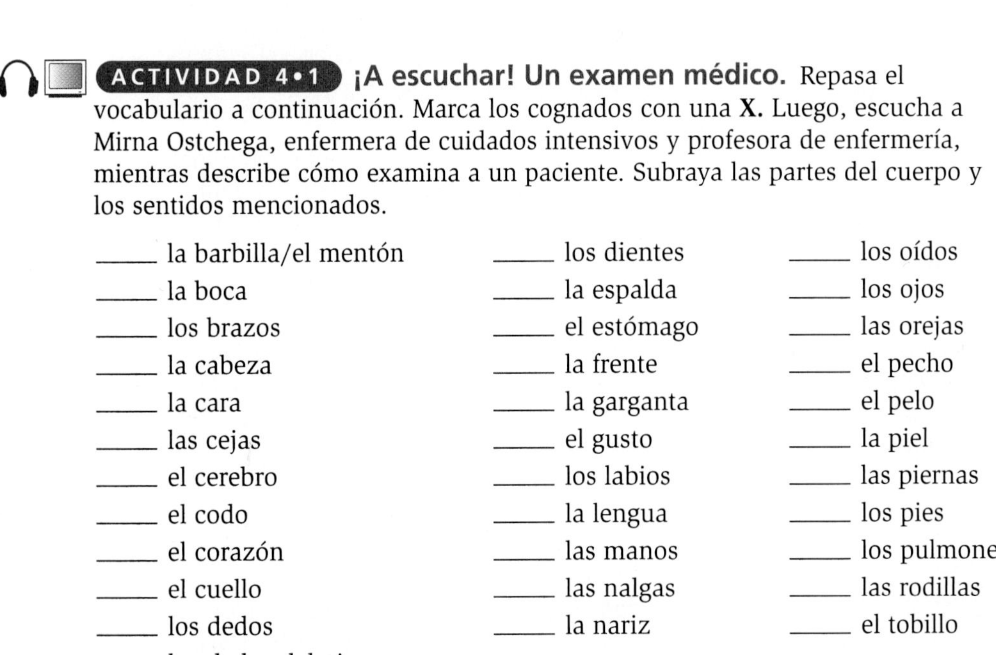

ACTIVIDAD 4•1 **¡A escuchar! Un examen médico.** Repasa el vocabulario a continuación. Marca los cognados con una **X.** Luego, escucha a Mirna Ostchega, enfermera de cuidados intensivos y profesora de enfermería, mientras describe cómo examina a un paciente. Subraya las partes del cuerpo y los sentidos mencionados.

_____ la barbilla/el mentón	_____ los dientes	_____ los oídos
_____ la boca	_____ la espalda	_____ los ojos
_____ los brazos	_____ el estómago	_____ las orejas
_____ la cabeza	_____ la frente	_____ el pecho
_____ la cara	_____ la garganta	_____ el pelo
_____ las cejas	_____ el gusto	_____ la piel
_____ el cerebro	_____ los labios	_____ las piernas
_____ el codo	_____ la lengua	_____ los pies
_____ el corazón	_____ las manos	_____ los pulmones
_____ el cuello	_____ las nalgas	_____ las rodillas
_____ los dedos	_____ la nariz	_____ el tobillo
_____ los dedos del pie		

ACTIVIDAD 4•2 **Asociaciones.** Trabaja con un(a) compañero(a) para asociar la parte del cuerpo con el sentido correspondiente. Es posible asociar más de un sentido con la parte del cuerpo.

Partes del cuerpo: el ojo, la piel, la nariz, la lengua
Sentidos: el oído, el gusto, el olfato, el tacto, la visión/vista

MODELO: **E1:** *La parte del cuerpo es la oreja.*
E2: *La oreja se asocia con el sentido del oído.*

ACTIVIDAD 4•3 **Asociaciones.** Di qué partes del cuerpo asocias con estas prendas de vestir.

1. los pantalones
2. los calcetines
3. la camisa
4. los calzoncillos
5. el sombrero
6. las botas
7. los guantes
8. la bufanda
9. la camiseta

ACTIVIDAD 4•4 **¡Adivina tú!** Haz este juego con una pareja. Una persona piensa en una parte del cuerpo y nombra el sentido que se pueda asociar con ella. La otra tiene que adivinar la parte del cuerpo.

MODELO: **E1:** *Estoy pensando en una parte del cuerpo que se asocia con el tacto.*
E2: *¿Es la piel?*
E1: *Sí, ¡adivinaste!*

Herramienta estratégica

USING PHYSICAL MOVEMENT TO REMEMBER

Your instructor has used physical motions or responses not only to make learning fun but also to help you remember. This is the strategy your teacher used every time you were asked to respond: **Abran el libro en la página..., Escriban las respuestas en la pizarra,** among others. You can use this strategy on your own by identifying words and phrases that you can act out. For instance, go back and review reflexive verbs. As you do, attach a physical response whenever possible so that as you say **Me lavo la cara,** you pretend to wash your face. You can also remember vocabulary better by linking a sensation to words you hear. For example, when you hear the word **gripe** (*flu*), you link it to tiredness, aches, and maybe nausea. Try this with the vocabulary presented in this **paso.**

ACTIVIDAD 4•5 **El/La profesor(a) dice...** Sigue las instrucciones de tu profesor(a), pero **sólo** (*only*) cuando empiece con las palabras **El/La profesor(a) dice.**

ACTIVIDAD 4•6 **Dichos y refranes.** ¿Conoces el famoso brindis (*toast*) "Salud, dinero y amor y tiempo para gastarlos (*spend them*)"? Habla con una pareja del significado de los siguientes dichos y refranes. ¿Hay expresiones parecidas (*similar*) en inglés?

Mente sana en cuerpo sano.

Significado: ______________________________

Expresión en inglés: ______________________________

A diario una manzana es cosa sana.

Significado: ______________________________

Expresión en inglés: ______________________________

Salud, dinero y buen vino, e irme a la gloria de camino.

Significado: ______________________________

Expresión en inglés: ______________________________

No hay cosa tan buena como la salud, ni tan mala como el ataúd (*coffin*).

Significado: ______________________________

Expresión en inglés: ______________________________

Online Study Center
ACE the Test / Improve Your Grade: Las partes del cuerpo, los sentidos

¿Recuerdas?

VERBOS COMO *GUSTAR*

In **Paso 1** you learned that **gustar** is not conjugated like most verbs in that it is normally used in the third person singular or plural forms with an indirect-object pronoun **(me, te, le, nos, os, les)**. The verb **doler** (*to hurt; to ache*), conjugated below in the present tense, functions like **gustar.** It may require an **a** + *noun/pronoun* for purposes of clarification or emphasis:

***A Miguelito* le duele la garganta.** (clarification)
Miguelito's throat hurts.
***A mí* me duelen la cabeza y la espalda pero *a Pepe* no.** (emphasis)
My head and back hurt, but not Pepe's.

doler			
(a mí) me	duele(n)	(a nosotros/nosotras) nos	duele(n)
(a ti) te	duele(n)	(a vosotros/vosotras) os	duele(n)
(a él, a ella, a Ud.) le	duele(n)	(a ellos, a ellas, a Uds.) les	duele(n)

¡Pruébalo tú! ¿Qué le duele? Indica qué le duele a una persona si tiene estos problemas médicos.

MODELO: problemas de digestión
Le duele el estómago.

1. la gripe
2. la sinusitis
3. la artritis
4. el enfisema
5. la tos

Online Study Center
ACE the Test: Verbos como *gustar*

CONÉCTATE CON EL IDIOMA
Los pronombres de complemento indirecto

CHISTE

¿Qué le dice una chinche (*bedbug*) a otra chinche?

Te amo chincheramente.

Los pronombres de complemento indirecto

me (to, for me)	**nos** (to, for us)
te (to, for you)	**os** (to, for you)
le (to, for it, him, her, you)	**les** (to, for them, you)

In using verbs like **gustar,** you used the indirect-object pronouns listed above. Indirect objects tell who is receiving the direct object. To determine whether a verb has an indirect object, isolate the verb and ask *to whom?*, *to what?*, *for whom?*, or *for what?* after it. The answer is the indirect object: *I gave John an aspirin. You gave aspirin to whom? To John* (indirect object). Often, if there are two objects, the indirect object will be a person.

When **le** and **les** are ambiguous, you will need to use **a** + *noun* or *pronoun* to clarify to whom or what they refer. For purposes of emphasis, use **a** + *prepositional pronoun:* **mí, ti, él, ella, Ud., nosotros(as), vosotros(as), ellos, ellas, Uds.**

El doctor *le* recetó un antibiótico *al paciente.* (*clarification*)
The doctor prescribed an antibiotic for the patient.

El nutricionista *les* recomienda *a Uds.* que coman más vegetales. (*clarification*)
The nutritionist recommends that you eat more vegetables. Here the direct object is the noun clause: *que coman más vegetales* (that you eat more vegetables).

La enfermera *me* trajo agua *a mí* pero no *a ti.* (*emphasis*)
The nurse brought water for me but not for you.

Placement of indirect-object pronouns

Indirect-object pronouns are placed before a conjugated verb or negative command, but they may also be attached to the *end* of an infinitive or a gerund / present participle:

El paciente *le va a describir* sus síntomas al doctor. / El paciente *va a describirle* sus síntomas al doctor.
The patient is going to describe his symptoms to the doctor.

El doctor *le está haciendo* preguntas al paciente. / El doctor *está haciéndole* preguntas al paciente.
The doctor is asking the patient questions.

Object pronouns *must* be attached to the end of an affirmative command:

***Dile* a Mirna que tenemos un caso urgente.**
Tell Mirna that we have an emergency.

Práctica

ACTIVIDAD 4•7 ¿Qué hacen? Completa las oraciones con un verbo lógico y un pronombre de complemento indirecto, según el modelo.

ayudar	dar	escribir	explicar
limpiar	mandar	regalar	servir

MODELO: El agente *les consigue* los pasajes a sus clientes.

1. Nuestros padres __________ a nosotros resolver problemas.
2. Amazon.com normalmente __________ inmediatamente los libros que pido.
3. El camarero __________ café con leche a las mujeres.
4. Los profesores __________ la materia a nosotros.
5. Papá Noel __________ juguetes a los niños.
6. Tus amigos __________ cartas electrónicas a ti.
7. El dentista __________ los dientes a su paciente.
8. Mis abuelos __________ dinero cuando los visito.

ACTIVIDAD 4•8 ¿Qué les compraste? Mientras estabas en Venezuela, fuiste (*you went*) a isla Margarita para ver las playas e ir de compras. Di qué les compraste a tu familia y a tus amigos. Sigue el modelo.

MODELO: a mi mejor amiga
A mi mejor amiga le compré un collar.

1. a mi papá
2. a mis hermanas
3. a mi abuela
4. a mis amigos
5. a mi mamá

ACTIVIDAD 4•9 Preguntas personales. Hazle a tu compañero(a) de clase las siguientes preguntas. Usa un pronombre de complemento indirecto.

MODELO: **E1:** *¿Les das la tarea a tus profesores?*
E2: *Sí, les doy la tarea. / No, no les doy la tarea.*

La salud

1. ¿Te examina el(la) médico(a) con regularidad?
2. ¿Les das medicina a tus amigos cuando tienen dolor de estómago?
3. ¿Nos explica cómo debemos comer bien el Departamento de Salud del gobierno?
4. ¿Me escuchas cuando digo que los estudiantes no deben tomar mucho alcohol?
5. ¿Le pides consejos al (a la) enfermero(a) de la universidad cuando te sientes mal?

Tu familia

1. ¿Qué te da tu familia para tu cumpleaños?
2. ¿Con qué frecuencia le escribes a tu mamá?
3. ¿Siempre le dices la verdad a tu familia sobre tu salud?
4. ¿Qué comidas saludables te prepara tu mamá cuando vuelves a casa?
5. ¿Les mandas tarjetas postales a tus parientes cuando viajas?

El **Centro Sambil Margarita** es el centro de compras y entretenimiento más grande y completo del oriente venezolano. Tiene más de 200 tiendas y servicios y más de 30 opciones gastronómicas.

Online Study Center
ACE the Test: Los pronombres de complemento indirecto

CONÉCTATE CON EL IDIOMA
El pretérito: Formas irregulares

Herramienta estratégica
USING HUMOR

Research shows that humor and laughter can strengthen the immune system and help reduce stress. So laugh more often, including at yourself! When it comes to learning, try to control your emotions and attitudes. Don't forget to think positively and keep an upbeat attitude; remind yourself that you are doing the best you can to perform well. To help you de-stress, listen to and tell jokes, watch a funny movie or television show, or read amusing literature. It's not always easy to understand jokes in another language, but can you appreciate these?

—¡Doctor, doctor! Sigo pensando que soy invisible.
—¿Quién dijo (*said*) eso?

—¡Doctor, doctor! Ayer no pude dormir nada.
—¿Intentó contar ovejas (*sheep*), como le dije?
—Sí, pero cuando llegué a 222.000.000 ya tenía que levantarme.

A. El pretérito: Verbos irregulares

Many verbs undergo significant changes in the preterit. The good news is that if you study the verbs using your *grouping* strategy and study basically one set of endings at a time—you've got it covered!

Irregular preterit endings

yo	**-e**	nosotros/nosotras	**-imos**
tú	**-iste**	vosotros/vosotras	**-isteis**
él, ella, Ud.	**-o**	ellos, ellas, Uds.	**-ieron**/(**-eron** after a **j**)

Verbs with *-uv-* in the stem

estar	estuve	estuviste	estuvo	estuvimos	estuvisteis	estuvieron
tener	tuve	tuviste	tuvo	tuvimos	tuvisteis	tuvieron
andar	anduve	anduviste	anduvo	anduvimos	anduvisteis	anduvieron

Verbs with *-u-* in the stem

poder*	pude	pudiste	pudo	pudimos	pudisteis	pudieron
poner	puse	pusiste	puso	pusimos	pusisteis	pusieron
haber*	hube	hubiste	hubo	hubimos	hubisteis	hubieron
saber	supe	supiste	supo	supimos	supisteis	supieron
caber	cupe	cupiste	cupo	cupimos	cupisteis	cupieron

*These verbs do not have a consonant change.

Verbs with an *-i-* in the stem

querer	quise	quisiste	quiso	quisimos	quisisteis	quisieron
venir	vine	viniste	vino	vinimos	vinisteis	vinieron
hacer	hice	hiciste	hizo*	hicimos	hicisteis	hicieron
dar	di	diste	dio	dimos	disteis	dieron

*Spelling change: **c** → **z** to maintain a soft sound

¡Ojo! Some verbs change meaning in the preterit:

pude/no pude	*I tried (and succeeded)/I tried but wasn't able*
supe	*I found out; I learned (something I didn't know)*
quise/no quise	*I tried/I refused*
tuve	*I got, received*
conocí	*I met*

Verbs with *-j-* in the stem

¡Ojo! The third person plural ending is **-eron.**

decir	dije	dijiste	dijo	dijimos	dijisteis	dij**eron**
traer	traje	trajiste	trajo	trajimos	trajisteis	traj**eron**
traducir*	traduje	tradujiste	tradujo	tradujimos	tradujisteis	traduj**eron**

*Also **conducir** (*to drive*) and **reducir**

Ser and *ir:* Verbs with identical forms

ser	fui	fuiste	fue	fuimos	fuisteis	fueron
ir	fui	fuiste	fue	fuimos	fuisteis	fueron

Práctica

ACTIVIDAD 4•10 Claudia se enfermó. Usa las frases a continuación para decir qué le pasó a Claudia ayer.

1. estar enferma
2. no poder trabajar
3. hacer una cita con su doctor
4. (el doctor) decirle que ella tenía una infección
5. (el doctor) darle un antibiótico

ACTIVIDAD 4•11 Un viaje a la farmacia. Lee las oraciones a continuación. Conjuga los verbos en el pretérito. Luego, pon las oraciones en orden lógico.

1. Ellos *andar* en bicicleta. _______
2. Anita le *dar* el jarabe a su mamá. _______
3. Su amigo Eloy *ir* con ella. _______
4. Anita *tener* que ir a la farmacia por un jarabe. _______
5. Eloy *querer* estacionar su bicicleta al lado de un árbol pero Anita le *decir* que no. _______
6. La semana pasada la mamá de Anita *estar* enferma. _______

ACTIVIDAD 4•12 ¿Ser o ir?

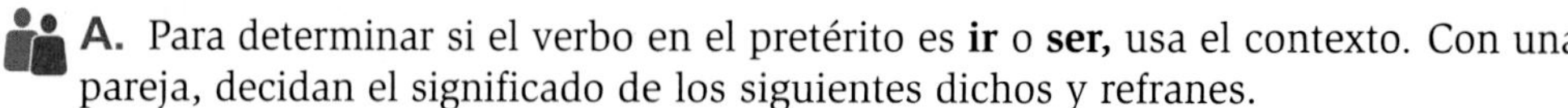

A. Para determinar si el verbo en el pretérito es **ir** o **ser,** usa el contexto. Con una pareja, decidan el significado de los siguientes dichos y refranes.

1. Fui adonde no debí ¡y cómo salí!
2. El que (*He who*) se fue a la villa (*village*) perdió su silla.
3. Todo tiempo pasado fue mejor.
4. Cuando fuiste martillo (*hammer*) no tuviste clemencia (*mercy*), ahora que eres yunque (*anvil*), ten paciencia.

B. Ahora, cada pareja debe comparar su interpretación con la de las otras parejas de la clase. ¿Están todos de acuerdo?

B. El pretérito: Verbos con cambio radical°

stem-changing verbs

Note that **-ir** verbs that have a stem change in the present also have a stem change in the *third person singular and plural* of the preterit.

e > ie (present) **> i** (preterit)

preferir			
yo	preferí	nosotros/nosotras	preferimos
tú	preferiste	vosotros/vosotras	preferisteis
él, ella, Ud.	pref**i**rió	ellos, ellas, Uds.	pref**i**rieron

Other verbs that follow this form: **sentir, mentir, sugerir, divertir**

e > i (present) **> i** (preterit)

pedir			
yo	pedí	nosotros/nosotras	pedimos
tú	pediste	vosotros/vosotras	pedisteis
él, ella, Ud.	p**i**dió	ellos, ellas, Uds.	p**i**dieron

Other verbs that follow this form: **repetir, servir, seguir, vestir**

o > ue (present) **> u** (preterit)

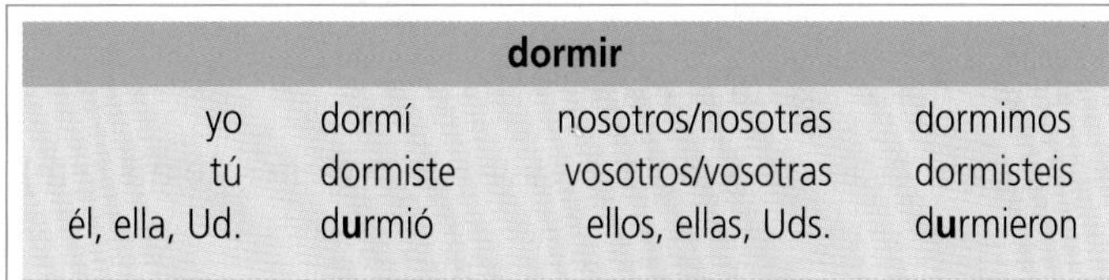

dormir			
yo	dormí	nosotros/nosotras	dormimos
tú	dormiste	vosotros/vosotras	dormisteis
él, ella, Ud.	d**u**rmió	ellos, ellas, Uds.	d**u**rmieron

Another verb that follows this form: **morir**

Práctica

ACTIVIDAD 4•13 Personajes literarios y mitológicos. Para formar oraciones, empareja a los personajes en la primera columna con la acción que les corresponda en la segunda columna. Cambia los verbos en infinitivo al pretérito para decir qué hicieron.

1. Pinocho (*Pinocchio*)
2. Aquiles (*Achilles*)
3. Teseo (*Theseus*)
4. Rip Van Winkle
5. La Cenicienta (*Cinderella*)
6. Ricitos de Oro (*Goldilocks*)
7. Blancanieves (*Snow White*)

a. preferir el plato, la silla y la cama del bebé oso
b. vestirse de princesa
c. divertirse en el bosque con los siete enanos
d. mentir y se le estiró la nariz
e. seguir el hilo de Ariadna para salir del laberinto
f. dormir por veinte años
g. morir en Troya

ACTIVIDAD 4•14 Encuesta.

A. Habla con tres de tus compañeros de clase para determinar quiénes hicieron lo siguiente (*the following*) el fin de semana pasado. Luego pregúntales por qué lo hicieron.

nombre	dormir tarde	mentirles a sus amigos	divertirse

B. Añade tus resultados a los de la clase.

C. Ahora, escribe tres oraciones completas sobre las acciones de tus compañeros(as).

1. ______________________________
2. ______________________________
3. ______________________________

C. El pretérito: Verbos con cambios ortográficos°

°*spelling changes*

¡El sonido importa! Sometimes words in Spanish undergo a spelling change to enhance or maintain the pronunciation of a form. You saw this above with the verb **hacer.** These are generally small changes that are easy to remember. Here are two groups of verbs that have spelling changes in the preterit:

1. If the stem of an **-er** or **-ir** verb ends in a vowel, the **i** of the third person changes to **y.**

leer			
yo	leí	nosotros/nosotras	leímos
tú	leíste	vosotros/vosotras	leísteis
él, ella, Ud.	le**y**ó	ellos, ellas, Uds.	le**y**eron

Other verbs that follow this form: **creer, caer, construir, oír.**

2. If the infinitive ends in **-car, -gar,** or **-zar,** then a change takes place in the first person singular. This often happens to preserve the sounds of the consonants heard in their infinitive forms.

buscar → bus**qué** | llegar → lle**gué** | cruzar → cru**cé**
atacar → ata**qué** | cargar → car**gué** | comenzar → comen**cé**
sacar → sa**qué** | juzgar (*to judge*) → juz**gué** | empezar → empe**cé**
gozar (*to enjoy*) → go**cé**

Práctica

ACTIVIDAD 4•15 El concurso. ¡Trabaja con tu equipo para ganar el concurso del pretérito!

estar						
tener						
ser						
ir						
venir						
poder						
querer						
saber						
hacer						
haber						
dar						
poner						
decir						
buscar						
dormir						
cargar						
pedir						
empezar						

ACTIVIDAD 4•16 **¡Una crisis!** Mira los dibujos y luego di lo que pasó y lo que hizo Leticia, una enfermera de cuidados intensivos en la Sección Neonatal, en cada parte. **Vocabulario útil:** respiración artificial, resucitación cardiopulmonar

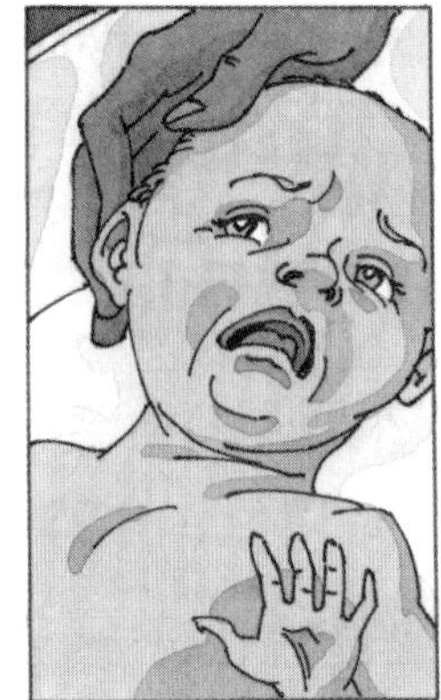

¿Recuerdas?

ADVERBIOS TEMPORALES EN LA NARRACIÓN

Adverbs that indicate time and sequence provide transitions in narration. Review each of these adverbs to see which you remember before looking at the meanings below.

1. primero	4. antes de	7. entonces
2. segundo	5. después de	8. mientras
3. tercero	6. luego	9. finalmente

¿De cuántos adverbios te acordaste? Marca tu respuesta con una **X.**
Me acordé de:

___________ todos	___________ la mitad (*half*)
___________ la mayoría	___________ menos de la mitad

1. *first;* 2. *second;* 3. *third;* 4. *before;* 5. *after;* 6. *then, later, next;* 7. *then, next;* 8. *while;* 9. *finally*

ACTIVIDAD 4•17 **¡A escuchar! En la guardería.** Escucha mientras Leticia cuenta lo que le pasó una noche en la Sección Neonatal del hospital donde trabaja. Luego escribe los verbos en el pretérito que ella utilice.

Cuando yo (1) __________ a la guardería había cinco bebés recién nacidos. Vi que uno quería llorar pero no (2) __________. Se le (3) __________ la cara roja. Primero (4) __________ la atención de la otra enfermera y entonces (5) __________ a resucitarlo y ella le (6) __________ una inyección. Finalmente, el bebé (7) __________ a llorar. Yo (8) __________ a buscar a la madre y le (9) __________ lo que había pasado. Cuando lo (10) __________, nos dio mil gracias y no (11) __________ de llorar. ¡La otra enfermera y yo (12) __________ mucha suerte esa noche!

ACTIVIDAD 4•18 **El SIDA (*AIDS*) en Colombia.** Lee el siguiente artículo "Aumenta el SIDA en mujeres amas de casa de departamento colombiano". Luego completa los espacios en blanco con la forma del pretérito de los verbos entre paréntesis.

Bogotá, 7 feb 2005 (PL). Las mujeres amas de casa del departamento central colombiano de Cundinamarca presentan hoy una incidencia del VIH[1]/SIDA superior al de las prostitutas, según revela un estudio de la Secretaría de Salud Pública de ese territorio.

Aunque[2] la directora de Salud Pública de Cundinamarca, Soraya López, no (1) __________ (divulgar) el porcentaje exacto de mujeres en el hogar contagiadas por la mortal enfermedad, (2) __________ (precisar = *to detail*) que el de las prostitutas es de 0,8 por ciento del total de enfermos en 2004.

López (3) __________ (apuntar = *to point out*) que el año anterior (4) __________ (reportarse) sólo 196 casos de SIDA, 57 menos que en 2003, pero — (5) __________ (aclarar)— se estima que el subregistro, es decir, los enfermos no reportados, podrían alcanzar[3] el 20 por ciento.

La directora sanitaria de Cundinamarca (6) __________ (sostener = *to sustain*) que por cada caso confirmado se calcula que quedan ocho sin reportar.

(7) __________ (Destacar = *to highlight*) que llama la atención que de esos 196 casos, el 21 por ciento (8) __________ (ser) en menores de 18 años y un 11 (9) __________ (corresponder) a menores de once años.

El género[4], (10) __________ (proseguir = *to continue*) López, también es otro factor que ha venido cambiando, pues antes el masculino tenía casi el 80 por ciento de los portadores[5] del VIH/SIDA y ahora esa cifra[6] está en 55, mientras que en las mujeres ya llega al 45 por ciento.

«Eso nos preocupa porque según un estudio que (11) __________ (hacerse) con ONUSIDA[7] (12) __________ (detectarse) que las promiscuas no son las que se infectan. Cualquiera[8] pensaría que las prostitutas por su mismo trabajo se infectan más, pero no, ellas tienen el 0,8 por ciento de la infección», (13) __________ (afirmar).

La franja[9] que hoy presenta mayor incidencia es donde se encuentra la madre de hogar, esa que está en casa y que tiene una pareja estable, con un hombre que, según los datos, parece no ser monogámico[10] y resulta contagiándola, (14) __________ (aseverar) López.

---

[1]*HIV* [2]*even though* [3]*reach* [4]*gender* [5]*carriers* [6]*number* [7]Organización de Naciones Unidas sobre el SIDA [8]*Anyone* [9]*sector* [10]*monogamous*

(15) __________ (Agregar = *to add*) que las cifras revelan además que la forma más frecuente de transmisión es la heterosexual, con más de un 79 por ciento, mientras el contagio por relaciones homosexuales tiene un 6,2 y el 5,1 se refiere a la transmisión parenteral (agujas[11], sangre, drogas).

[11]*needles*

Fuente: "Aumenta el SIDA en mujeres amas de casa de departamento colombiano", *Prensa Latina*, 07/02/05

ACTIVIDAD 4•19 Comprensión. Contesta las preguntas sobre el artículo en la **Actividad 4-18.**

1. ¿En qué estudio se basó la información de este artículo?
2. ¿Cuántos casos de VIH/SIDA cree Soraya López que no se reportan?
3. ¿El número de hombres con VIH/SIDA en Cundinamarca subió o bajó?
4. ¿Quiénes se infectan más, las prostitutas o las amas de casa? ¿Por qué?
5. En general, ¿cómo se transmite más el VIH/SIDA, por las relaciones heterosexuales o por las homosexuales?
6. ¿Qué pasos debes dar tú para no contagiarte?

ACTIVIDAD 4•20 La salud pública a través de las estadísticas. Busca la información específica sobre el SIDA en el texto de la **Actividad 4-18** y contesta las preguntas a continuación. Después, comparte tus respuestas con un(a) compañero(a).

1. ¿Cuántos casos de SIDA hubo en Cundinamarca en el 2003? ______
2. ¿Cuántos casos de SIDA hubo en el 2004? ______
3. ¿Cuál fue el porcentaje de casos en menores de dieciocho años? ______
4. ¿Cuál fue el porcentaje de hombres infectados? ______
5. ¿Cuál fue el porcentaje de mujeres infectadas? ______
6. ¿Cuál fue el porcentaje de casos debidos a la transmisión heterosexual ______?

Online Study Center
ACE the Test / Improve Your Grade: El pretérito: Formas irregulares

Síntesis e interacción

ACTIVIDAD 4•21 Conversación. Trabaja con un(a) compañero(a) para contestar las siguientes oraciones.

1. ¿Cuándo fue la última vez que te enfermaste?
2. ¿Les dijiste a tus padres que estabas enfermo(a)? ¿Por qué sí o por qué no?
3. ¿Qué partes del cuerpo te dolieron?
4. ¿Qué haces cuando te duele la cabeza? ¿Y cuando te duele el estómago?
5. En general, ¿qué haces para mantenerte sano(a)?

ACTIVIDAD 4•22 Analogías aproximadas.

A. Trabaja con una pareja para completar las siguientes analogías.

1. Los pacientes son a los doctores lo que __________ son a __________.
2. La medicina tradicional es a la medicina alternativa lo que __________ es a __________.
3. La audición es al oído lo que __________ es a __________.
4. El síntoma es a la enfermedad lo que __________ es a __________.
5. Los dolores son a los doctores lo que __________ son a __________.
6. El amor es al corazón lo que __________ es a __________.

B. Ahora compara tus analogías con las de otra pareja. Intenta explicárselas.

La Gran Colombia

Gran Colombia

Venezuela

Colombia

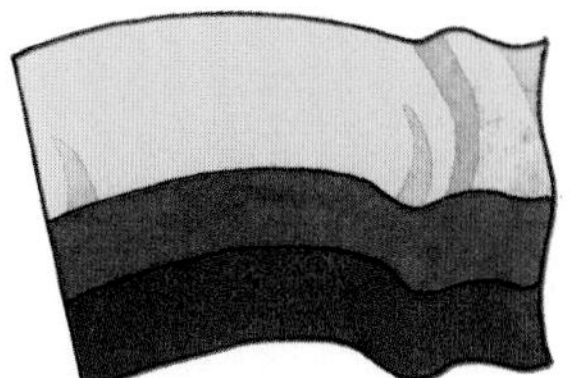

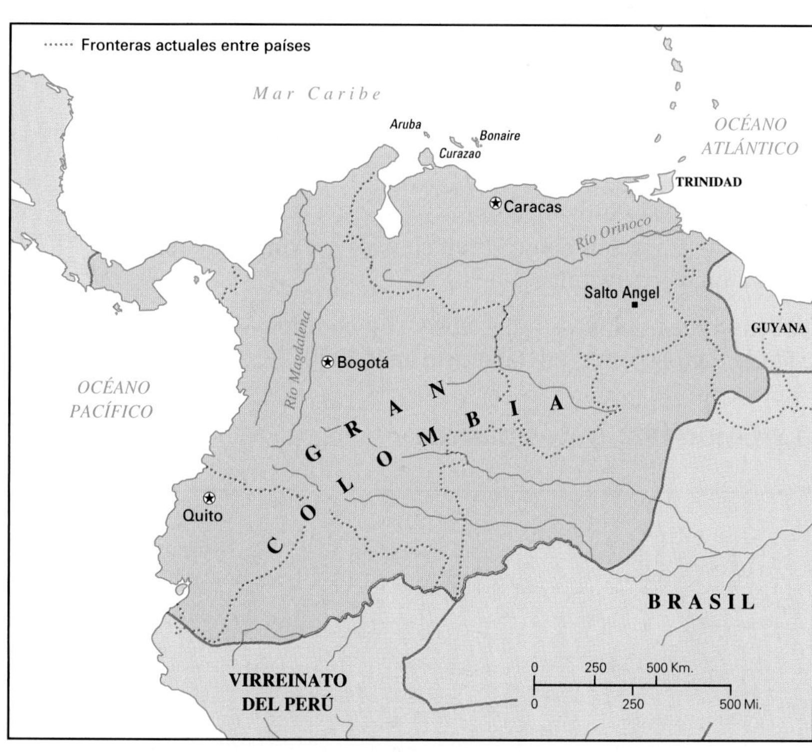

ACTIVIDAD 4•23 El sueño de Bolívar.

A. Antes de leer el pasaje a continuación, mira las banderas (*flags*) y el mapa que aparecen anteriormente. Nota las características que las banderas tienen en común. ¿Ves los países de Venezuela y Colombia en el mapa de la Gran Colombia?

B. Lee este pasaje sobre la Gran Colombia. Luego, léelo otra vez y subraya los verbos en pretérito.

Al principio, el gran libertador Simón Bolívar imaginó una Latinoamérica unida en una gran república. Empezó con la creación en 1819 de la Gran Colombia, una república que consistía en las actuales naciones de Venezuela, Colombia[1], el Ecuador y parte de Panamá y que tenía su capital en Bogotá. Este gran sueño de Bolívar nunca se realizó y su Gran Colombia empezó a disolverse en 1828, cuando Venezuela se separó de la república.

[1]En la época de la Gran Colombia era *Nueva Granada*

Sin embargo, los dos países más grandes de esta primera república, Venezuela y Colombia, todavía tienen mucho en común. Venezuela y Colombia comparten una larga frontera (2.050 km.) y los dos tienen costa caribeña. En estas regiones, la cultura tiene mucho en común (baile, música, etc.) con los otros países del Caribe (ver **Paso 3**). El clima de los dos países es tropical, con clima más templado o frío en las montañas.

Los dos países han sufrido recientemente de inestabilidad política. La economía de Venezuela depende mucho del petróleo, pero esta industria fluctúa mucho y trae problemas ambientales[2]. El problema del narcotráfico en Colombia se nota principalmente en las regiones rurales. Es importante notar que los gobiernos de Venezuela y Colombia están trabajando para combatir estos problemas.

---

[2] *environmental*

ACTIVIDAD 4•24 **¡A investigar! La narración histórica.** Con un grupo pequeño, investiguen algunos de los detalles sobre la historia de la Gran Colombia.

El grupo debe:

- Hacer una línea cronológica de los acontecimientos (*events*) históricos sobre la formación de la Gran Colombia hasta su disolución.
- Dibujar mapas que ilustren la historia.
- Escribir una breve narración sobre el tópico y las acciones que tomaron Bolívar y sus amigos (y enemigos) políticos.

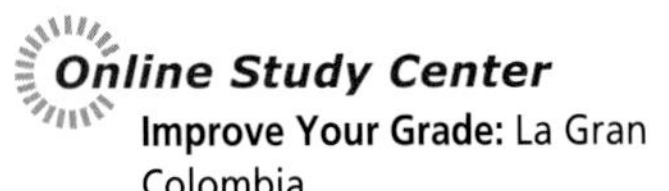

Improve Your Grade: La Gran Colombia

Los grupos deben intercambiar los proyectos y compararlos. Consulta los recursos en el *Online Study Center* para completar esta actividad.

Venezuela y Colombia: Datos básicos

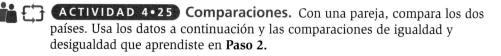

ACTIVIDAD 4•25 **Comparaciones.** Con una pareja, compara los dos países. Usa los datos a continuación y las comparaciones de igualdad y desigualdad que aprendiste en **Paso 2.**

	Venezuela	**Colombia**
Área:	912.050 km^2	1.138.910 km^2
Área costal:	2.800 km	3.208 km
Clima:	tropical; húmedo	tropical
Punto más alto:	Pico Bolívar (La Columna) 5.007 m	Pico Cristóbal Colón 5.775 m
Población:	25.017.387	42.310.775

Los wayúu de Colombia y Venezuela

Los wayúu son gente de arena, sol y viento[1]. Llevan adentro[2] la moral del desierto. Son grandes artesanos y comerciantes[3] y luchan[4] incansables por sus derechos históricos, que han sido violentados por la discriminación y el racismo. [...]

[S]u territorio originario es denominado la Guajira, en el Municipio Páez. Habitan entre Colombia y Venezuela, porque son anteriores a la creación de los estados nacionales, que no tomaron en cuenta su historia y sus costumbres[5] al momento de establecer los límites geográficos. Es una zona casi desértica y consecuentemente muy seca[6] y árida, por ello una de sus necesidades y solicitudes más frecuentes es la democratización del agua y la posibilidad de acceso al agua potable[7]. [...]

La sociedad wayúu presenta una estructura compleja. Es de carácter matrilineal y clánica, teniendo unos treinta clanes, cada uno con su propio territorio y su propio animal totémico. Existen todavía las autoridades tradicionales, y existe una forma específica de administrar justicia[8]. Las figuras de los *putchipu*, los portadores de la palabra, son los que ayudan a resolver conflictos entre los clanes. Dentro de la familia extendida, la autoridad máxima le corresponde al tío materno, quien interviene en todos los problemas familiares y domésticos. Dentro de la familia nuclear, los hijos son dirigidos prácticamente por el hermano de la madre y no por el propio padre biológico. La mujer tiene un papel muy importante[9]. Se puede decir que es la conductora y organizadora del clan y políticamente es muy activa en su sociedad. [...]

Los wayúu tienen shamanes masculinos y femeninos, quienes utilizan las técnicas tradicionales [para sus curaciones[10]]: canto con maraca, uso de tabaco, succión de los elementos patógenos, etc. [...]

Los sueños[11] son un mundo desconocido y mágico muy respetado por la familia wayúu. Se cree que, por medio de los sueños, los espíritus de algunos familiares fallecidos[12] se comunican con los wayúu para prevenirlos o alertarlos[13] de un posible acontecimiento[14] que va a ocurrir en la familia o en la comunidad.

---

[1]***arena…*** *sand, sun, and wind* [2]*inside* [3]*traders* [4]*fight* [5]*customs* [6]*dry* [7]***agua…*** *drinking water* [8]*justice* [9]***La mujer…*** *The woman has an important role* [10]*healing* [11]*dreams* [12]*deceased* [13]*alert* [14]*event*

Adaptado del sitio web de la Comunidad Indígena Wayúu.

 **ACTIVIDAD 4•26** **¡A investigar! Los wayúu.** Los wayúu tienen una cultura muy antigua y muy interesante.

A. Con un grupo pequeño, investiga sobre uno de los siguientes temas. Visita el *Online Study Center* para más información.

- el baile
- la sociedad
- los sueños y la religión
- los wayúu en el mundo moderno
- los símbolos
- los ritos funerarios

B. Haz una breve presentación para la clase. La presentación puede ser oral, visual, dramática o artística.

Online Study Center
Improve Your Grade: Los wayúu

Un deportista venezolano

Paso adelante presenta a...

Andrés Galarraga

Nombrado El Gran Gato por su agilidad felina, Galarraga tiene brazos fuertes que lo convirtieron en gran bateador. En 2005 le faltaba un jonrón para llegar a 400 jonrones. Había jugado para varios equipos en las Grandes Ligas, entre ellos, Los Expos, Los Bravos, Los Gigantes y Los Mets. En 1999 y 2004 fue diagnosticado con cáncer, de lo cual dice: "Ha sido muy difícil, he tenido muchas náuseas, pero siempre fui optimista. Gracias a Dios que estoy bien, ahora me siento mejor que nunca. [...] A aquellos que lo sufren, les digo que sigan luchando y que no pierdan la fe en Dios".

Fuente: **www.marca.com**

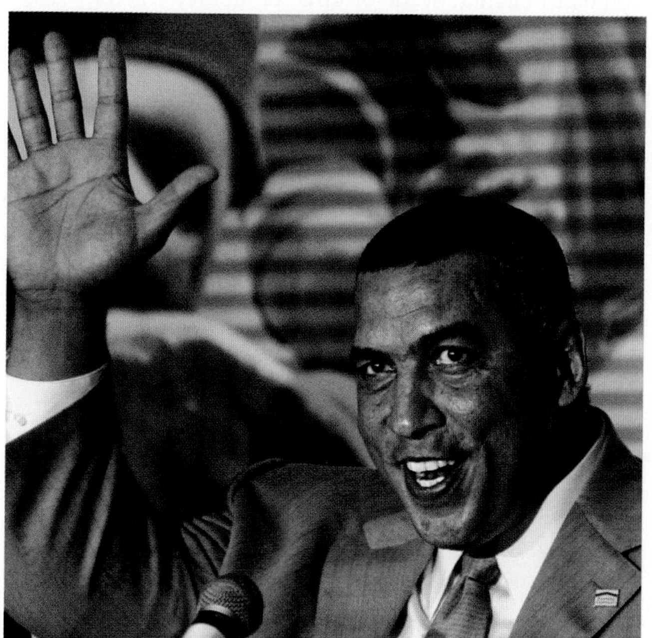

Profesión:
Jugador de béisbol en las Grandes Ligas

Lugar de nacimiento:
Caracas, Venezuela

VOCABULARIO DE VENEZUELA

arepa: comida típica, especie de torta hecha de harina de maíz blanco que se come sola o rellena de jamón, queso, carne, etc.

bolo: expresión popular con la que se define al bolívar (moneda de curso legal). **Préstame 300 *bolos.***

bonche: fiesta, reunión, etc. **Tremendo *bonche.***

mondongo: plato hecho a base del estómago de vaca o cerdo con garbanzos, papa y chorizo; muy parecido a los callos (*tripe*); de pesada digestión.

¡Sóbate!: expresión dirigida o referida a una persona que se golpea o cae bruscamente.

Fuente: *Diccionario popular venezolano,* **nacionesunidas.com.**

Mar adentro (2004)

Director:
Alejandro Amenábar

Reparto:
Javier Bardem, Belén Rueda, Lola Dueñas, Mabel Rivera, Celso Bugallo, Clara Segura

VOCABULARIO DE COLOMBIA

birra: cerveza

chévere: muy bueno, fantástico, fenomenal

estar/ponerse como un tití: estar furioso (el "tití" es un mono pequeño suramericano)

vaina: una palabra indefinida e indefinible, quiere decir todo y no quiere decir nada. [...] Cuando no conoce un objeto y no sabe su nombre ni su uso, el colombiano pregunta: ¿Qué **vaina** es esa? [...] Un momento agradable o desagradable es una **vaina** [...]; los hijos son una **vaina;** el carro, los autobuses, el tráfico, la carretera, el calor, el frío, las lluvias, el verano, todo es una **vaina.** [...] El amor, el odio y todos los sentimientos son **vainas.**

Fuente: *Diccionario popular colombiano,* **nacionesunidas.com**

Obra de Alejandro Amenábar, director de *Abre los ojos* (*Vanilla Sky*) y *Los otros* (*The Others*), *Mar adentro* se basa en una verdadera historia. Ramón Sampedro, el protagonista, es un gallego que se quedó paralizado después de un accidente en el mar. Incapaz de mover los brazos o las piernas, Ramón desea quitarse la vida, pero el estado y la Iglesia Católica prohiben la eutanasia. Después de luchar veintiséis años por el derecho de morir dignamente, Ramón desarrolla relaciones con dos mujeres, Julia y Rosa. Abogada y mujer que sufre de una enfermedad degenerativa, Julia lo apoya. Al contrario, Rosa quiere que Ramón siga viviendo. *Mar adentro* es un film hermoso y conmovedor que celebra la vida y la libertad. Ganó el Premio Golden Globe 2004 a la mejor película extranjera, el Premio Oscar 2004 a la mejor película en lengua extranjera y 14 premios Goya, incluyendo los premios a la mejor película, al mejor director, al mejor actor y a la mejor actriz principal.

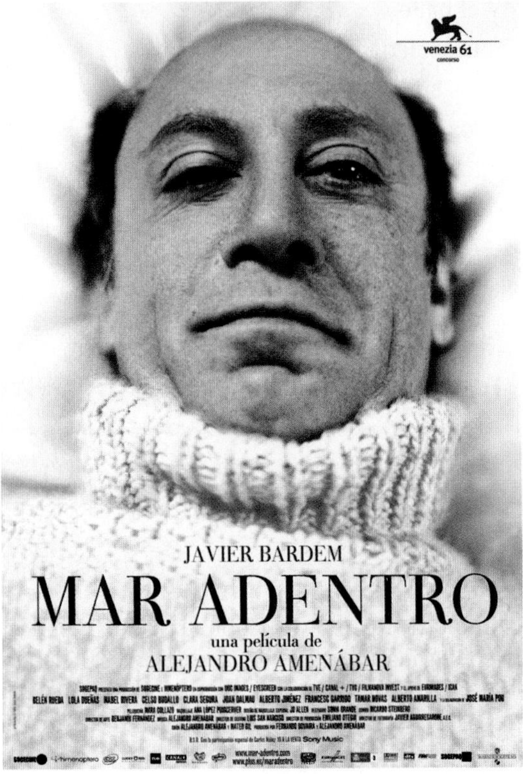

ACTIVIDAD 4•27 **¿Qué comprendiste?** Mira la cubierta del video de *Mar adentro* y lee la información sobre esta película. Luego contesta las preguntas a continuación.

1. ¿Qué partes del cuerpo se ven en la cubierta? (Menciona todas las que puedas.)
2. ¿Qué tipo de accidente supones que tuvo Ramón en el mar?
3. ¿Por qué no pudo quitarse la vida Ramón cuando era joven?
4. ¿Estás a favor o en contra de la eutanasia? Explica.
5. ¿Serías capaz de asistir a alguien con el suicidio? ¿Por qué sí o por qué no?

SEGUNDA ETAPA

¡Hablemos de la salud pública y personal!

Vocabulario

La salud

Los síntomas

Cognados: **las alergias, la congestión, la depresión, la diarrea, el insomnio, las náuseas**

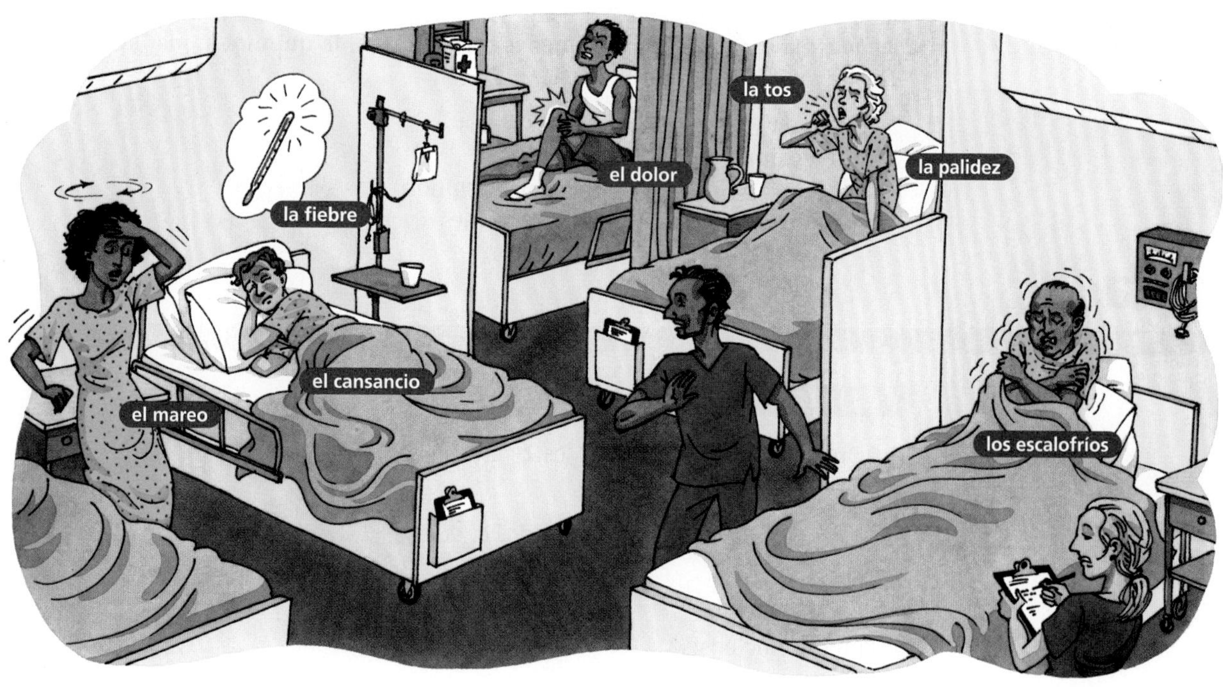

Los problemas de salud

doler	to hurt
romperse	to break
tener (fiebre, tos, dolor de...)	to have (a fever, a cough, an ache/pain in the . . .)
torcerse (un tobillo, una pierna, etc.)	to twist (an ankle, a leg, etc.)
toser	to cough

Las enfermedades

Cognados: **el alcoholismo, la artritis, el cáncer, la diabetes, el estrés, la mononucleosis, la obesidad**

un ataque al corazón	heart attack
el catarro/el resfriado	cold
el dengue	dengue (a tropical fever)
la gripe	flu
las paperas	mumps
la pulmonía	pneumonia
el sarampión	measles
el SIDA	AIDS
el sobrepeso	excess weight
la varicela	chickenpox

Las medicinas comunes

Cognados: **el antiácido, el antibiótico, la aspirina**

el analgésico/el calmante	painkiller/tranquilizer
el jarabe	cough syrup
la pastilla (para la garganta)	tablet, pill (lozenge)

Otras palabras

Cognados: **la diagnosis, los exámenes diagnósticos, la quimioterapia, la radiografía (los rayos X)**

la cirugía	surgery
la inyección	shot
la receta	prescription
la vacuna	vaccine

Práctica

ACTIVIDAD 4•28 Asociaciones.

A. ¿Qué síntomas asocias con estas enfermedades?

MODELO: el SIDA
el cansancio, la depresión, el dolor

1. el catarro
2. la gripe
3. la mononucleosis
4. la artritis
5. la pulmonía
6. la obesidad

B. ¿Qué partes del cuerpo asocias con el siguiente vocabulario de la salud?

1. torcer
2. el antiácido
3. la pastilla
4. la pulmonía
5. el catarro

ACTIVIDAD 4•29 Minidrama. En la clínica. Haz estos papeles con un(a) compañero(a). Una persona es el (la) doctor(a) y la otra es su paciente. El (La) paciente se queja de las siguientes enfermedades y síntomas y el (la) doctor(a) debe recomendarle medicinas o curas.

MODELO: el dengue

Paciente: *Estoy muy cansado y tengo fiebre.*

Doctor(a): *Debes descansar y tomar mucho líquido y acetaminofén para la fiebre.*

1. el cáncer
2. la diabetes
3. el dolor de cabeza
4. la tos
5. el dolor de estómago
6. la artritis
7. la sinusitis

ACTIVIDAD 4•30 La salud pública. Muchos países alertan a la población acerca de las enfermedades y epidemias locales. Con una pareja, lee los síntomas del dengue que publica el gobierno de Uruguay. Para cada síntoma, anota otra enfermedad que también muestre este síntoma.

Síntomas del dengue, una enfermedad viral

1. Temperatura súbitamente alta de dos a siete días ____________.
2. Sangrado (*bleeding*) en diferentes partes del cuerpo ____________.
3. Dificultad de respiración ____________.
4. Fuerte dolor abdominal ____________.
5. Vómito o diarrea ____________.
6. Alteraciones en la presión arterial ____________.
7. Falta de apetito ____________.
8. Palidez, sudor y sueño ____________.

Adaptado de: El Ministerio de Salud Pública de Uruguay

ACTIVIDAD 4•31 ¡A investigar! Un folleto de salud pública.

A. En parejas, investiguen en la biblioteca o por Internet sobre una de las enfermedades mencionadas en la lista del vocabulario anterior. Anoten los síntomas y los posibles tratamientos (*treatments*).

B. En parejas, diseñen un folleto de información para el público sobre la enfermedad, sus síntomas y su tratamiento. Denle el folleto al centro de salud estudiantil en su universidad o a la agencia de salud pública en su comunidad.

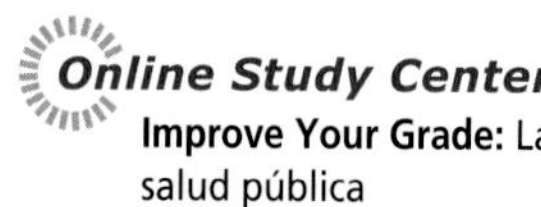

La medicina alternativa

Terapias populares

la osteopatía
la iriología
la gemoterapia
la aromaterapia
el masaje
la medicina china
el yoga
la medicina ayurvédica
la quiropraxia
la bioenergía
la naturapatia
la cromoterapia
la medicina natural
el masaje shiat-zu
la hipnosis clínica
el tai chi
la grafología
la nutrición
la acupuntura
la programación neurolingüística
la homeopatía
la reflexología

ACTIVIDAD 4•32 La medicina alternativa. Lee las de formas de medicina alternativa con una pareja. Escojan una o dos palabras del vocabulario que aprendieron en este **paso** y que se puedan asociar con cada profesión. Si hay profesiones que no reconozcan, ¿pueden adivinar lo que significan?

MODELO: acupuntura → *el estrés, el dolor*

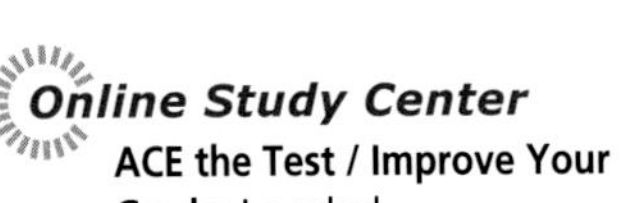

Online Study Center
ACE the Test / Improve Your Grade: La salud

Herramienta estratégica

USING FLASH CARDS

In addition to using grouping, physical motions, and other strategies to remember new words, you should consider using flash cards, if you haven't already. On one side of the flash card write the Spanish word or phrase. Then write the word or phrase in a sentence that is meaningful to you:

doler la cabeza → Me duele la cabeza cuando no duermo bien.

If you appreciate visuals, include a drawing whenever possible. On the other side of the flash card write the English equivalent of the Spanish word and any other information that is useful to you: part of speech, whether it's colloquial, etc.

- to have a headache → idiomatic expression
- **doler** works like **gustar** in that it requires indirect-object pronouns
- stem-changing only in the present indicative
- **Me va a *doler* la cabeza** if he doesn't *dole* out the money he owes me.

Online Study Center
On the ***Paso adelante*** Online Study Center you'll find some helpful flash cards to get you started learning chapter vocabulary.

CONÉCTATE CON EL IDIOMA

El imperfecto

You might recall that, in addition to the preterit, Spanish has a second simple past tense called the *imperfect*. Unlike the preterit tense, which is used when one views a past action as completed, the imperfect is used to express states of being and actions viewed as in progress or habitual.

The imperfect is used to . . .

1. tell *time* in the past:

   Era la una de la mañana cuando Eduardo fue al hospital.
   It was 1:00 AM when Eduardo went to the hospital.

2. express *age* in the past:

   Él tenía diez años cuando se rompió un brazo.
   He was ten years old when he broke an arm.

3. describe actions that occurred *repeatedly or habitually* in the past:

   Cuando yo vivía en el Caribe, me levantaba a las siete todos los días.
   When I lived in the Caribbean, I used to get up at seven o'clock every morning.

   Look for adverbs that suggest repetition: **constantemente, generalmente, usualmente, normalmente, por lo común, todos los días,** and **todas las mañanas,** among others.

4. describe two activities *in progress at the same time* in the past:

   Mientras la enfermera preparaba la inyección, el médico examinaba al paciente.
   While the nurse prepared the injection, the doctor examined the patient.

   Note that when talking about the past, **mientras** is followed by the imperfect.

TERTULIA LINGÜÍSTICA:
Conceptos verbales: Aspecto

Verbs have qualities—tense (present, past, future), mood (indicative, subjunctive), voice (active/passive), and aspect. Essentially, aspect is concerned with whether the verb is completed (perfective) or not completed (imperfective) at the moment the sentence is spoken or written. Which one do you think imperfect is? What about the preterit?

5. describe an activity or action that is *in progress* when another interrupts it (the interrupting action is expressed by the preterit):

   Yo escuchaba (estaba escuchando) música cuando sonó el teléfono.
   I was listening to music when the telephone rang.

6. describe *ongoing physical and emotional states or conditions* in the past:

   La mujer de sus sueños era generosa y tenía ojos verdes y pelo negro.
   The woman of his dreams was generous and had green eyes and black hair.

   Pablo estaba triste cuando lo vi.
   Pablo was sad when I saw him.

   Hacía frío cuando salí de casa.
   It was cold when I left home.

A. El imperfecto: Verbos regulares

-*ar* verbs

respirar *(to breathe)*			
yo	respiraba	nosotros/nosotras	respirábamos
tú	respirabas	vosotros/vosotras	respirabais
él, ella, Ud.	respiraba	ellos, ellas, Uds.	respiraban

-*er* verbs

tener			
yo	tenía	nosotros/nosotras	teníamos
tú	tenías	vosotros/vosotras	teníais
él, ella, Ud.	tenía	ellos, ellas, Uds.	tenían

-*ir* verbs

dormir			
yo	dormía	nosotros/nosotras	dormíamos
tú	dormías	vosotros/vosotras	dormíais
él, ella, Ud.	dormía	ellos, ellas, Uds.	dormían

B. El imperfecto: Verbos irregulares

There are only three irregular verbs in the imperfect.

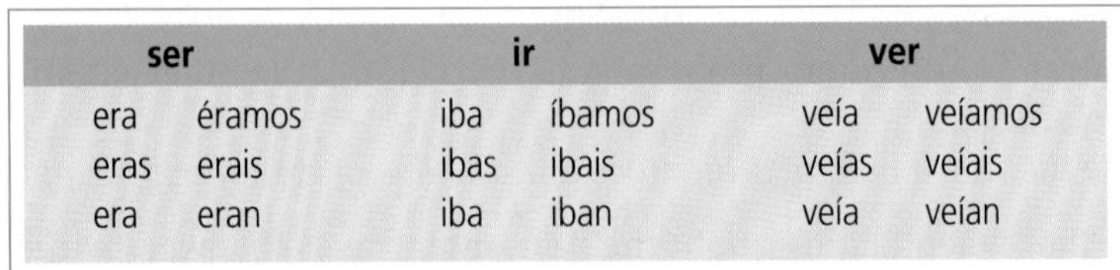

ser		**ir**		**ver**	
era	éramos	iba	íbamos	veía	veíamos
eras	erais	ibas	ibais	veías	veíais
era	eran	iba	iban	veía	veían

LA MISMA REALIDAD, PERSPECTIVAS DIFERENTES

Expressing the past

Past is past, right? While people from all cultures share a sense of present, past, and future, we choose different ways to view and express our actions in time. In English, we use special vocabulary to communicate nuances about the past. For example, when we talk about something we did repeatedly or habitually we use *used to* or *would*: When I was a child, we *used to go* to the beach every summer. In English, to communicate an ongoing past action, we use the past progressive: I *was reading* when the doorbell rang.

In Spanish, we use a simple verb tense to communicate all these ideas: the *im*perfect—a perfect solution!

Práctica

ACTIVIDAD 4•33 **Tu niñez.** Indica si estas oraciones te describen a ti o no, cuando tenías diez años. Si no te describen, corrígelas.

MODELO: Iba al parque todos los días.
Sí, iba al parque todos los días. / No, no iba al parque de vez en cuando.

1. Comía toda clase de verduras.
2. Me cepillaba los dientes todas las noches.
3. Tomaba vitaminas.
4. Miraba menos de dos horas de televisión al día.
5. Andaba mucho en bicicleta.
6. Me acostaba a las ocho y media.
7. Hacía toda la tarea a tiempo.
8. Nunca bebía Coca-Cola.
9. Siempre era obediente.
10. Iba al cine todos los sábados.

ACTIVIDAD 4•34 **¿Llevabas una vida sana?**

A. ¿Qué vida llevabas cuando estabas en la escuela secundaria? Dile a un(a) compañero(a) cómo vivías. Usa las frases a continuación.

1. (no) desayunar todas las mañanas
2. (no) hacer ejercicios aeróbicos
3. (no) consumir narcóticos
4. (no) tomar alcohol
5. (no) acostarse muy tarde
6. (no) fumar cigarrillos
7. (no) ir al gimnasio para levantar pesas
8. (no) tener estrés
9. (no) dormir lo suficiente
10. (no) comer frutas todos los días

B. Repasa los comentarios que tu compañero(a) hizo. ¿Crees que él/ella llevaba una vida sana en la escuela secundaria? Explícale a la clase por qué sí o por qué no.

ACTIVIDAD 4•35 **¡A escuchar! Mantenerse sano.** ¿Qué hacía el señor Rosas cada vez que necesitaba bajar de peso? Escucha su historia y completa los espacios en blanco.

Durante un período en mi vida fue muy difícil cambiar mi dieta y mantener un peso adecuado para mi altura. Cada vez que (1) __________ sobrepeso y (2) __________ perder peso, (3) __________ frutas con el desayuno. Al llegar a mi trabajo o cualquier destino, (4) __________ mi carro lejos del edificio y (5) __________. Si (6) __________ afuera, (7) __________ ensaladas y (8) __________ agua. Al volver a la oficina, no (9) __________ el ascensor. Al contrario, siempre (10) __________ las escaleras. En casa, (11) __________ pesas antes de cenar. Para la cena, mi esposa y yo (12) __________ comidas sin mucha grasa y nos (13) __________ pequeñas porciones. Todas las tardes, después de la cena, mi esposa y yo (14) __________ por dos o tres millas. Cuando yo (15) __________ algo que picar por la noche, (16) __________ frutas y verduras en vez de galletas y comidas muy dulces. Desafortunadamente, no mantuve esta vida sana hasta que tuve un ataque al corazón. Fue entonces que decidí cuidarme constantemente. Ahora siempre como bien y hago ejercicio.

ACTIVIDAD 4•36 **¡A escuchar! Una emergencia.** Escucha mientras Mirna describe lo que le pasó una noche en el Departamento de Emergencias. Luego, escribe cada verbo en su forma apropiada en el párrafo a continuación. ¿En qué tiempo está cada verbo (pretérito o imperfecto)? ¿Puedes explicar por qué? Finalmente, ¿qué diagnosis harías (*would you make*) en este caso?

Online Study Center
ACE the Test / Improve Your Grade: El imperfecto

Un día (1) __________ un paciente del Departamento de Emergencias y no (2) __________ pulso ni (3) __________ respiraciones [palpitaciones]. (4) __________ que darle respiración artificial inmediatamente y (5) __________ que hacer[le] compresiones en el pecho. Después (6) __________ que llamar inmediatamente a los doctores y ellos (7) __________.

ACTIVIDAD 4•37 **Conversación.** Con un(a) compañero(a), contesta las preguntas sobre tu salud cuando eras niño(a). Usa oraciones completas.

1. Cuando eras niño(a), ¿qué (no) te gustaba de tener la gripe?
2. ¿Qué te daban tus padres cuando tenías tos?
3. Cuando no asistías a la escuela porque estabas enfermo(a), ¿cómo pasabas el día en casa?
4. ¿Qué hacías cuando tenías dolor de estómago?
5. Cuándo tenías fiebre, ¿tenías que bañarte en agua tibia (*lukewarm*)? ¿Qué más hacían tus padres para reducirte la fiebre?
6. ¿Cuándo ibas (*would you go*) a tu pediatra?
7. ¿Qué (no) te gustaba de tener que ir al doctor?
8. ¿Cuándo tenías que tomar antibióticos?

CONÉCTATE CON EL IDIOMA
Dos complementos pronominales

Los pronombres de complemento indirecto

me (to, for me)	**nos** (to, for us)
te (to, for you)	**os** (to, for you)
le (to, for it, him, her, you)	**les** (to, for them, you)

Los pronombres de complemento directo

me (me)	**nos** (us)
te (you)	**os** (you)
lo/la (him, her, it, you)	**los/las** (them, you)

Sometimes sentences call for more than one object pronoun: for instance, *The nurse gave it to me*. The indirect-object pronouns (**me, te, le, nos, os, les**) will often refer to the person *to* or *for whom* something is done. The direct-object pronouns (**lo, la, los, las**) will refer to the thing concerned. Below are a few rules for using more than one object pronoun in a sentence.

1. The indirect-object pronoun always precedes the direct-object pronoun.
2. In a sentence that has a conjugated verb or a negative command, both pronouns come immediately before it.

indirect object + direct object + conjugated verb (or negative command)

¿Cuándo **te** recetó **un antibiótico?**	*When did he/she prescribe **an antibiotic for you**?*
Me lo recetó ayer.	*He/She prescribed **it for me** yesterday.*
Doctor, ¿**le** pongo **la inyección al paciente**?	*Doctor, should I give **the patient the injection**?*
No, no **se la** ponga todavía.	*No, don't give **it to him** yet.*

3. The indirect-object pronouns **le** and **les** change to **se** when followed by **lo, la, los, las.** When necessary, clarify the meaning of **se, le,** or **les** by using **a** + *noun or pronoun.*

—Fred, ¿*le* devolviste *la bicicleta a Jorge*?	*Fred, did you return* ***the bicycle to Jorge****?*
—No, *se la* voy a devolver mañana.	*No, I'm going to return* ***it to him*** *tomorrow.*
—Susana, ¿*le* diste *las píldoras al paciente*?	*Susana, did you give* ***the patient the pills****?*
—Sí, *se las* di hace una hora.	*Yes, I gave* ***them to him*** *an hour ago.*
—Tomás, ¿*les* vas a comprar *las medicinas a los niños*?	*Tomás, are you going to buy* ***the medicines for the kids****?*
—Sí, *se las* voy a comprar en la farmacia.	*Yes, I'm going to buy* ***them for them*** *at the pharmacy.*

4. You will note that in the examples above, the object pronouns are placed before the conjugated verb. But direct- and indirect-object pronouns may also be attached to infinitives and present participles. They *must* be attached to affirmative commands. **¡Ojo!** Don't forget to write an accent mark when you add both pronouns.

infinitive / present participle / affirmative command + i.o. pronoun + d.o. pronoun

—¿Cuándo te van a poner la inyección?	*When are they going to give* ***you the injection****?*
—Van a **ponérmela** mañana. (*or,* **Me la** van a poner...)	*They are going to give* ***it to me*** *tomorrow.*
—¿Está lista mi receta?	*Is my prescription ready?*
—No, el farmacéutico está **surtiéndotela.** (*or,* No, el farmacéutico **te la** está surtiendo.)	*No, the pharmacist is filling* ***it for you.***
Miriam, si tienes mis libros, **tráemelos.**	*Miriam, if you have my books, bring* ***them to me.***

Práctica

ACTIVIDAD 4•38 En los cuidados intensivos. Mirna tiene que dar la información sobre los pacientes cuando su compañera Gail, la enfermera de turno, llega al trabajo. Lee el diálogo entre ellas y escribe los complementos directos e indirectos necesarios.

Mirna: ¡Tengo tantas cosas que contarte! Voy a (1) decír__________ ahora. (2) __________ puse una inyección a Tomás De Soto pero tú tienes que (3) dár__________ otra vez en una hora.

Gail: Está bien. ¿Le cambiaste la medicina a la niña Gómez?

Mirna: Sí, (4) __________ cambié esta mañana.

Gail: ¿Le tomaste la temperatura al señor Salinas?

Mirna: Sí, (5) __________ tomé, pero el pobre sigue con fiebre. Por eso, (6) __________ di una dosis de Tylenol a las once. Oye, Gail, ¿le vas a cambiar la receta a José Castro?

Gail: No, no (7) ____________ voy a cambiar. No es necesario ahora.
Mirna: Está bien. Mira, también le examiné la vista a Daniela, la chica que sufrió el accidente. Me parece que tiene problemas. Tú debes (8) examinár____________ también.
Gail: De acuerdo. Pero, Mirna, tú sabes que tienes que escribirme todo esto.
Mirna: Sí, ya (9) ____________ escribí, ¡pero me gusta (10) contár____________ también!

ACTIVIDAD 4•39 **La enfermera exigente.** Hay dos enfermeras en el Hospital Santa Cruz. Elena es exigente; constantemente le hace preguntas a Cristina para ver si ella hizo su trabajo o no. Haz el papel de Cristina y contesta las preguntas según el modelo.

MODELO: ¿Le pusiste la inyección al joven?
Sí, ya se la puse. / No, voy a ponérsela ahora. / No, se la voy a poner ahora.

1. ¿Le diste la dosis de medicina al Sr. Casares?
2. ¿Les tomaste la temperatura a los niños?
3. ¿Le diste aspirina a Margarita?
4. ¿Le sacaste una radiografía a la Sra. Zayas?
5. ¿Les cambiaste la gasa (*gauze*) a Felipe y a Antonio?

ACTIVIDAD 4•40 **Preguntas personales.** Contesta las siguientes preguntas.

MODELO: ¿Quién te compró los libros para esta clase?
Mis padres me los compraron.

1. ¿Te dio tu médico un antibiótico este año? ¿Por qué sí o por qué no?
____
2. ¿Cuándo les escribes un correo electrónico a tus padres?
____
3. ¿Cuándo le puedes prestar los apuntes para esta clase a tu amigo(a)?
____
4. ¿Le mandaste un regalo a tu mejor amigo para su cumpleaños?
____
5. ¿Cuándo te mandan dinero tus padres?
____

ACTIVIDAD 4•41 **Conversación.**

A. Trabaja con un(a) compañero(a) para hacerle las preguntas a continuación.

1. Si tus amigos te piden medicinas, ¿se las das? ¿Por qué sí o por qué no?
2. ¿Les prestas tus discos compactos a tus hermanos? ¿Por qué sí o por qué no?
3. Si una persona en la calle te pide dinero, ¿se lo das? ¿Por qué sí o por qué no?
4. ¿Cuándo les dices mentiras (*lies*) a tus padres? ¿Por qué se las dices?
5. Si un(a) compañero(a) de clase te pide las respuestas a un examen, ¿se las das? ¿Por qué sí o por qué no?

B. Comparte tus repuestas con la clase para hacer comparaciones. Por ejemplo, ¿quién es la persona más generosa? ¿Quién es más responsable? ¿Quién es la persona más honesta?

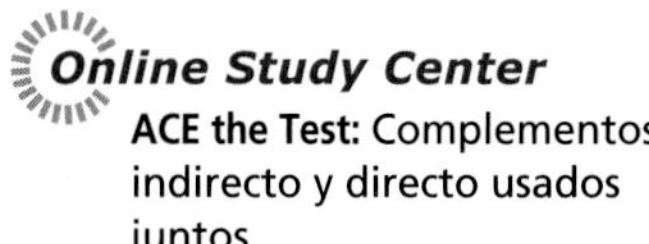

Online Study Center
ACE the Test: Complementos indirecto y directo usados juntos

Síntesis e interacción

ACTIVIDAD 4•42 Conversación. Hazle las siguiente preguntas a un(a) compañero(a) de clase.

1. Cuando eras niño(a), ¿cuán (*how*) sano(a) eras?
2. ¿Tenías que tomar medicinas? ¿Cuáles?
3. ¿Conoces a alguien que padezca (*may suffer*) de alergias? ¿A qué es alérgico(a)? ¿Cuáles son sus síntomas?
4. Se dice que los EE.UU. es el país de los gordos. ¿Estás de acuerdo? Explica. ¿Qué problemas de salud se asocian con el sobrepeso?
5. ¿Cómo te sientes cuando tienes mucho estrés? ¿Qué causa tu estrés? ¿Qué haces para aliviarlo?
6. ¿Cuándo usas pastillas? ¿Qué marca de pastillas para el dolor usas, Tylenol, Advil, Aleve o alguna otra?
7. ¿Qué enfermedad te parece la más horrible y por qué?
8. ¿Qué haces para prevenir enfermedades? ¿Qué crees que se debe enfatizar más, la prevención o los tratamientos? ¿Por qué?

ACTIVIDAD 4•43 Pantomima: ¡Un caso urgente!

A. Trabaja con una pareja para inventar un caso médico urgente. Escriban lo que pasó. Usen el pretérito y el imperfecto para describir la situación y las medidas que los personajes tomaron. El caso urgente que describe Mirna en este paso te puede servir como modelo. Después de escribir la narración, pásensela a otro grupo para completar la parte **B.**

B. Con un grupo pequeño, traten de inventar casos urgentes. Una persona en el grupo tiene que describir el caso médico urgente sólo con gestos. Las otras personas adivinan con oraciones completas lo que está pasando.

MODELO: **Actor/Actriz:** *Hace gesto de tener dolor de estómago y parece que va a vomitar.*
Estudiante: *Tenías náuseas.*
Actor/Actriz: *Afirma "sí" con la cabeza.*

Antes de leer

Herramienta estratégica

K-W-L (KNOW-WANT TO KNOW-LEARNED)

Very often it's useful to survey a reading before doing a close reading. As you survey, look at titles, pictures, and captions and skim the reading. Then make a list or chart of what you already know about the topic and what you would like to know or find out about the topic. After you finish the reading, you can note what you have learned. Always ask yourself: Did this reading confirm what I knew about this topic? Did I find out what I wanted to know?

Muchas técnicas de la medicina alternativa usadas hoy en día se basan en prácticas tradicionales. En la lectura vas a leer sobre los chamanes (*shamans*), personas que se comparan con los/las *medicine men/women* de las tribus que habitaban los Estados Unidos y Canadá.

Lo que sé, lo que quiero saber, lo que aprendí. Repasa la lectura. Mira bien el título y la foto. Lee el artículo por encima. Nota lo que ya sabes y lo que quieres saber. Deja en blanco, por el momento, la parte que aparece a continuación: "Lo que aprendí".

Lo que sé	Lo que quiero saber	Lo que aprendí

LA MEDICINA ALTERNATIVA: EL CHAMANISMO

Afirma lo siguiente José María Poveda, doctor en medicina: "El chamanismo es un interesantísimo fenómeno, poco conocido, cuyo origen se remonta a la prehistoria de la humanidad. Según la definición de la *New British Encyclopedia*, 'el chamán es una persona a quien se atribuyen poderes para curar a los enfermos y comunicarse con el más allá'. Su actividad está orientada a sanar, actuando en áreas de la realidad que en muchas ocasiones comparte con los médicos y

La mayoría de los chamanes que llega a nuestro país (Chile) proviene de Perú, Bolivia y México. Los puntos de reunión se escogen por su energía especial.

los místicos; en términos generales, su tarea consiste en restaurar la salud, limpiar, purificar, reparar, mejorar las relaciones del individuo con su grupo y dar sentido a lo que ocurre...

"Lo que diferencia específicamente al chamán de sacerdotes, magos o curanderos es que utiliza para el desarrollo de su actividad estados modificados de conciencia —a veces identificados con el trance o viaje—, en los que puede entrar a voluntad."

Adaptado de: José María Poveda, "Introducción al chamanismo"

UNA ENTREVISTA

En una entrevista reciente, el chamán Arwa Vikú de la tribu wayúu contesta las preguntas, ¿Cómo conciben los médicos tradicionales de la Sierra Nevada de Santa Marta la salud y la enfermedad? ¿Qué es para usted salud y enfermedad?

"Salud y enfermedad son hermanas. **Biicha bii** es un alimento y **cha** es el asiento[1] de ese alimento. **Zayu** es la putrefacción, como el desecho[2], como la corrupción de esa enfermedad. **Duwanare** es la salud. **Duw** es la sensibilidad del viento. **Duwana** también es viento. Entonces nosotros vemos a la salud y la enfermedad como hermanas, ellas van a la par[3]. Dándonos así a entender que todos los hombres nacemos enfermos y llevamos salud al tiempo. Para explicar eso es mejor poner un ejemplo. Se dice: **"Deynare biichanu."** Nos dan a entender de que todos los días nacemos y morimos a diario. Y comparan la salud con cuando estamos despiertos y la enfermedad con cuando estamos dormidos, más no muertos. Es decir, que morimos muertos, morimos vivos y nacemos con salud todos los días, ese es el juego. Hay varias clases de enfermedades, empezamos a determinar ahí de acuerdo[4] al aspecto somático[5] de cada persona en particular."

[1]*seat* [2]*waste* [3]***a...*** *hand in hand* [4]***de...*** *in accordance* [5]*physical*

Adaptado de: "Entrevista con el mamo arhuaco Arwa Vikú: Trabajamos para mantener el equilibrio del planeta Tierra," en *Visión chamánica*, por Ricardo Díaz, Consuelo Pinzón e Iván Arana.

Comprensión

¡Lo que aprendí! Ahora vuelve al gráfico y escribe lo que aprendiste.

¡A escribir!

Sintetizar

Herramienta estratégica

CONCEPT MAPPING

Concept maps can help you organize what you already know and integrate new knowledge with existing concepts. A concept map is a graphic representation of the relationship among ideas. The graphic can take many forms—spokes of a wheel, a traditional flow chart, even something that resembles the organizational structure diagrams that businesses use. It's a great tool to use as you prepare to write.

Antes de escribir

¡Traza el mapa! En clase o con un grupo pequeño, relacionen lo que aprendieron sobre el chamanismo con lo que saben y aprendieron sobre la medicina y la salud. Pueden añadir categorías como la medicina alternativa o la medicina convencional. Conecta las ideas con flechas (→).

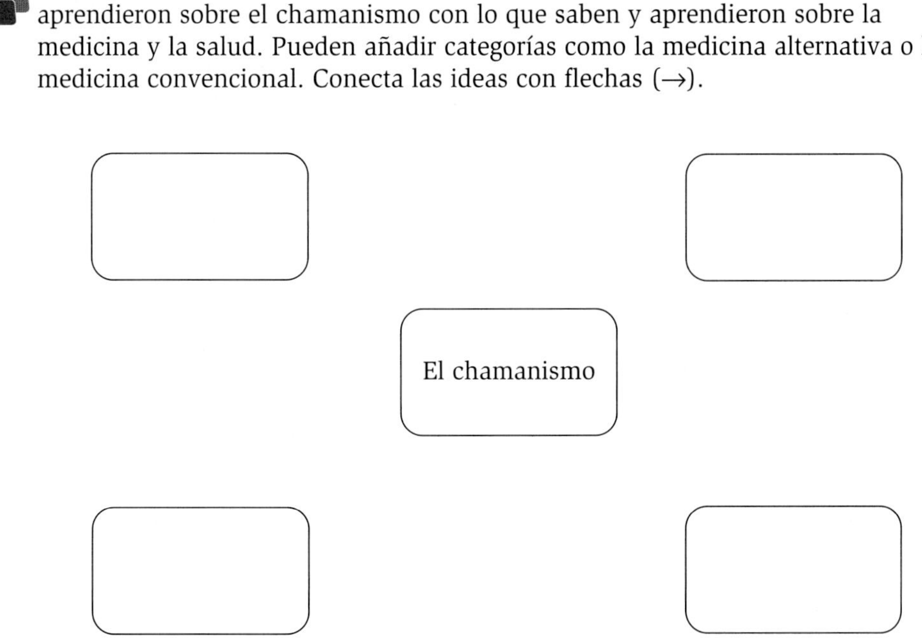

Redactar

Ahora escribe una breve síntesis de las conexiones entre el chamanismo y lo que ya sabías de la salud y la medicina. Usa las ideas representadas en tu mapa para organizar la composición.

Conéctate con la comunidad

La salud pública en la comunidad. Con un grupo pequeño, hagan una investigación sobre las clínicas comunitarias en su ciudad o su pueblo. Pueden buscar información en la guía telefónica, en la biblioteca o por Internet. Hagan una lista con la siguiente información:

- lugar
- dirección
- teléfono
- servicios disponibles
- precios
- lenguas habladas
- otra información importante

Hagan una página de Internet, un folleto o un póster con la información. Varias de las instituciones a continuación operan clínicas públicas y son una buena fuente de información:

- universidades con programas académicos dedicados a la salud
- hospitales públicos y privados
- gobiernos municipales

Vocabulario activo

Las partes del cuerpo

la barbilla/el mentón	chin
la boca	mouth
el brazo	arm
la cabeza	head
la cara	face
la ceja	eyebrow
el cerebro	brain
el codo	elbow
el corazón	heart
el cuello	neck
los dedos	fingers
los dedos del pie	toes
el diente	tooth
la espalda	back
el estómago	stomach
la frente	forehead
la garganta	throat
los labios	lips
la lengua	tongue
la mano	hand
las nalgas	buttocks
la nariz	nose
el oído	ear (inner)
el ojo	eye
la oreja	earlobe
el pecho	chest
el pie	foot
la piel	skin
la pierna	leg
los pulmones	lungs
la rodilla	knee
el tobillo	ankle

Los cinco sentidos

el gusto	taste
el olfato	smell
el (sentido del) oído	hearing
el tacto	touch
la visión/la vista	vision

Los síntomas

Cognados: **las alergias, la congestión, la depresión, la diarrea, el insomnio, las náuseas**

el cansancio	tiredness
el dolor	pain
los escalofríos	chills
la fiebre	fever
el mareo	dizziness, lightheadedness
la palidez	paleness
la tos	cough

Los problemas de salud

doler	to hurt
romperse	to break
tener (fiebre, tos, dolor de...)	to have (a fever, a cough, an ache/pain in the...)
torcerse (un tobillo, una pierna, etc.)	to twist (an ankle, a leg, etc.)
toser	to cough

Las enfermedades

Cognados: **el alcoholismo, la artritis, el cáncer, la diabetes, el estrés, la mononucleosis**

un ataque al corazón	heart attack
el catarro/el resfriado	cold
el dengue	dengue (a tropical fever)
la gripe	flu
las paperas	mumps
la pulmonía	pneumonia
el sarampión	measles
el SIDA	AIDS
el sobrepeso	excess weight
la varicela	chickenpox

Las medicinas comunes

Cognados: **el antiácido, el antibiótico, la aspirina**

el analgésico	painkiller
el calmante	tranquilizer
el jarabe	cough syrup
la pastilla (para la garganta)	tablet, pill (lozenge)

La medicina alternativa

Cognados: **la acupuntura, la aromaterapia, la bioenergía, la hipnosis clínica, la homeopatía, la medicina china, la quiropraxia, la reflexología, el yoga**

Otras palabras

Cognados: **la diagnosis, los exámenes diagnósticos, la inyección, la quimioterapia**

la cirugía	surgery
la radiografía, los rayos X	x-rays
la receta	prescription
la vacuna	vaccine

PASO

5

Barriga llena, corazón contento

La comida

Pasemos adelante así...

Comunicación funcional

By the end of this **paso**, you will be able to:

- discuss food and food customs
- order a meal in a restaurant and use a recipe at home
- talk more about the past (combining preterit and imperfect)
- make impersonal and passive statements
- express emotions like hope, desire, doubt, and uncertainty
- make commands in various contexts

Para empezar

Mira la foto y con un(a) compañero(a) contesten las siguientes preguntas.

1. ¿Dónde están las dos personas?
2. ¿Qué prepara la mamá?
3. ¿Te gusta la mayonesa?
4. ¿Qué comes tú para el almuerzo?
5. ¿Cuáles son tus comidas favoritas?

PRIMERA ETAPA
¡Hablemos de las comidas!

Vocabulario

LA MISMA REALIDAD, PERSPECTIVAS DIFERENTES

Three square meals

It's the same 24 hours in a day and everyone has to eat, but different cultures approach food in different ways. For example, in many Spanish-speaking countries, the main meal of the day would be served around 2:00 p.m. and would look more like dinner in the U.S. In the evening, a light supper would be eaten. The breakfast buffet you see below might be labeled **desayuno americano.** Can you guess why? What would you call a breakfast that consists of bread, toast, or pastry, and coffee?

La comida

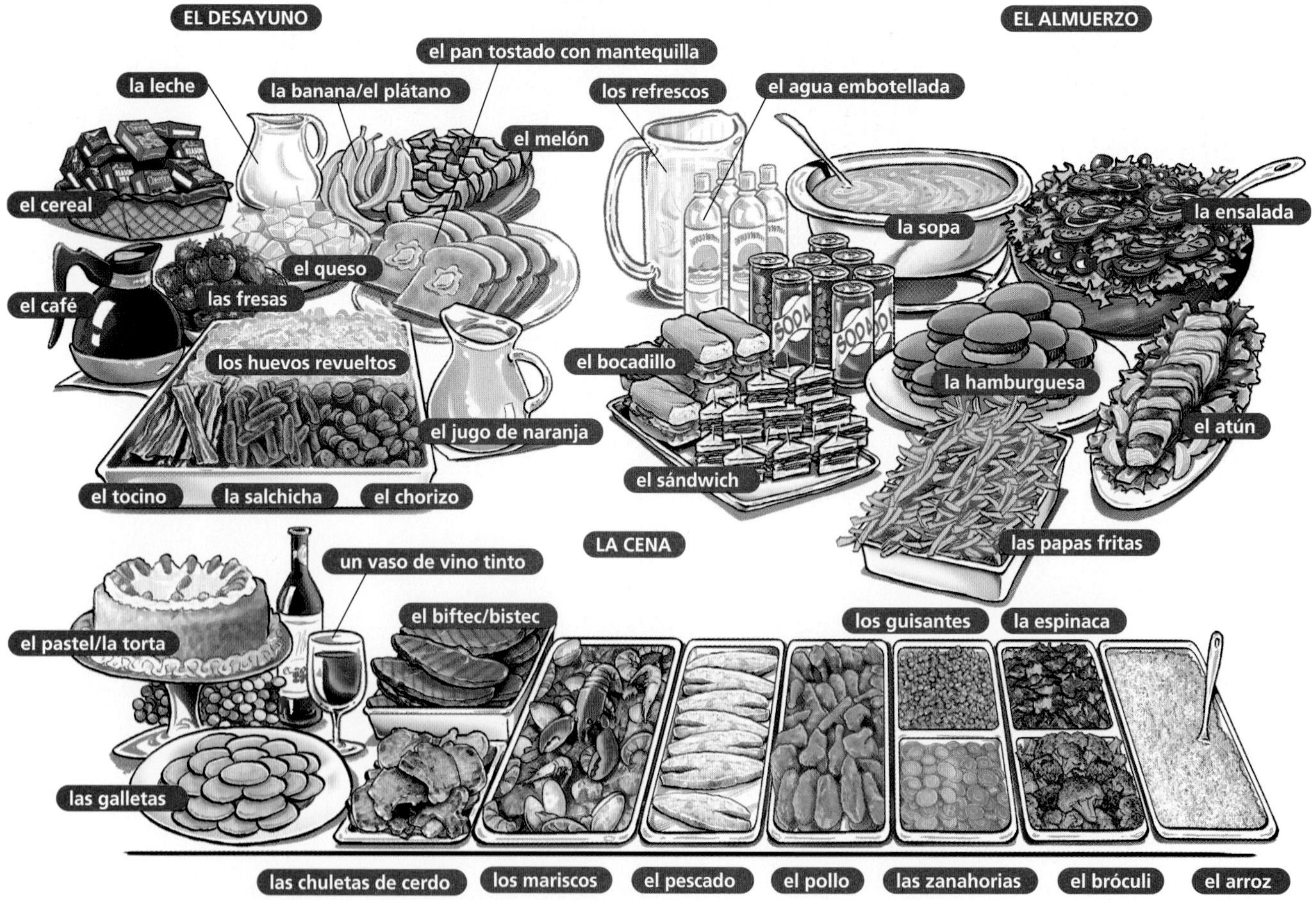

Los ingredientes y las especias°

spices

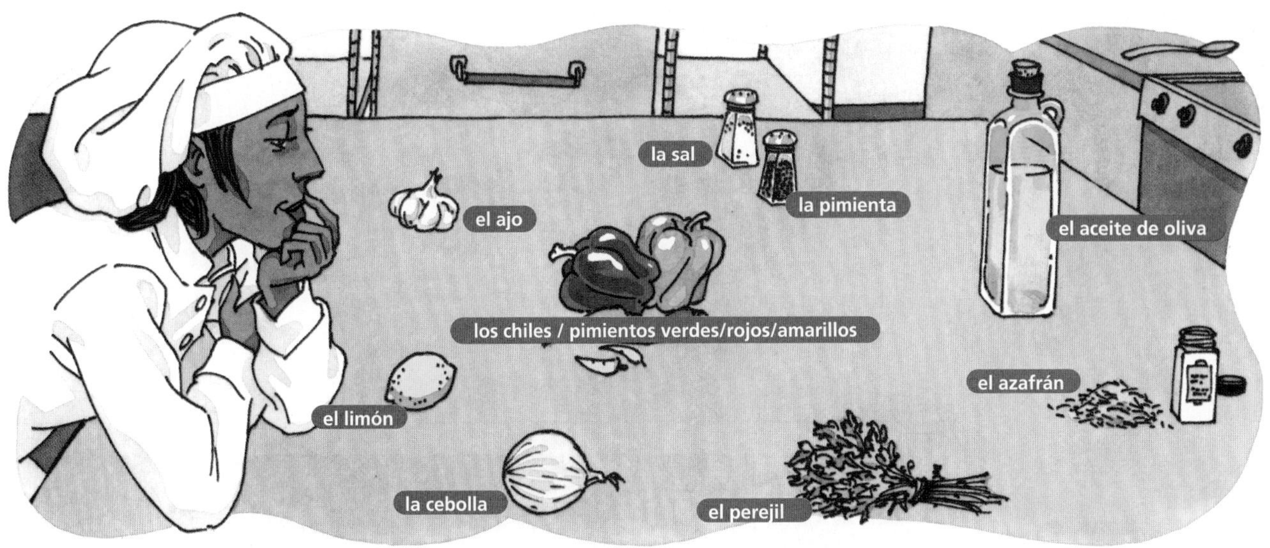

Apunte cultural

COCINA DIVERSA

While the Spanish and European influence is felt in Spanish American cuisine, the fact is that this cuisine is quite diverse. It is African because of the cooking done by the slaves from West Africa. It is tropical because of the tropical foods brought from other hot places. But it is mostly native because of the foods inherited from the indigenous civilizations of the New World—Aztec, Inca, and others. In fact, the indigenous peoples of the New World have given us foods we have come to love and rely on: corn, potatoes, tomatoes, squash, pumpkins, sweet potatoes, peanuts, cashew nuts, vanilla, avocados, pineapples, cocoa for chocolate, chili peppers, and more!

¡A cocinar! Verbos importantes

asar (en el horno)	to roast
batir	to beat, whip
cocer (al horno)	to bake
cocinar	to cook
freír (i)	to fry
hervir (ie)	to boil
pelar	to peel
picar	to mince, chop up
sazonar	to season
sofreír	to sauté; to fry lightly

Los utensilios

¿Recuerdas?

CÓMO PONER LA MESA

Tal vez recuerdas lo que se necesita para poner una mesa. A continuación vas a ver "la manera de acomodar los platos, copas y cubiertos en una mesa cuando se tiene una cena o comida formal", según la página **Etiqueta** de un sitio web mexicano. ¿Recuerdas el vocabulario de la mesa? Escribe las palabras apropiadas en la lista a continuación (hay sólo seis palabras—cada una se usa más de una vez). Si hay palabras que no recuerdas, mira la lista del vocabulario al final del **paso.**

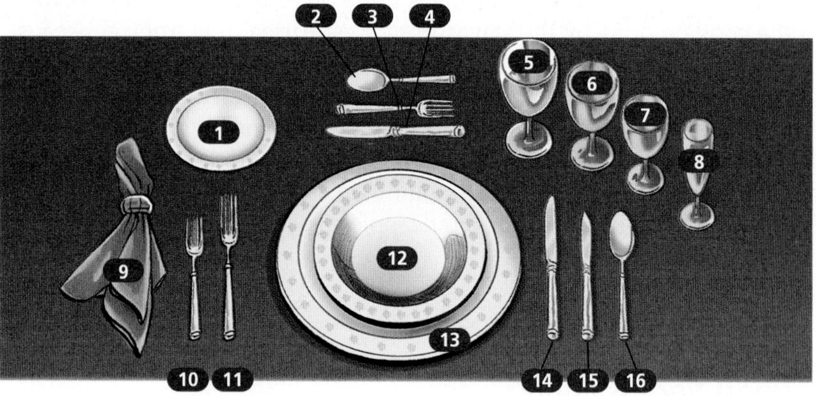

1. __________ para pan
2. __________ para postre
3. __________ para postre
4. __________ para postre
5. __________ para agua
6. __________ para vino tinto
7. __________ para vino blanco
8. __________ para champaña
9. __________ de tela
10. __________ para pescado
11. __________ de mesa
12. __________ para sopa
13. __________ para comida
14. __________ de mesa
15. __________ para pescado
16. __________ de mesa

Práctica

ACTIVIDAD 5•1 **¡A escuchar! Una receta.**

A. Escucha a Eduardo Barrada, chef en el área de Washington D.C., dar la receta para yuca con mojo. Marca con una **X** los ingredientes que mencione.
Vocabulario útil: mojo (*marinade*); congelado (*frozen*); escurrir (*to drain*); coger (*to take*)

Vegetales	**Especias y más**
________ tomate	________ sal
________ pimiento	________ perejil
________ cebolla	________ ajo
________ espinaca	________ aceite de oliva
________ guisantes	________ orégano

B. Ahora escucha otra vez y pon las acciones en orden cronológico.

________ se pone el mojo sobre la yuca
________ se echa un paquete de yuca en el agua
________ se sofríe el ajo, la cebolla y la sal en aceite de oliva
________ se pone a hervir el agua
________ se escurre el agua de la yuca

ACTIVIDAD 5•2 **Emparejar.** Escoge la palabra a la derecha que corresponda a la definición de la primera columna.

____	1. bebida blanca con calcio	a. el bróculi
____	2. dos rebanadas (*slices*) de pan y algún relleno (*filling*)	b. la sopa
____	3. comida normalmente servida caliente	c. la galleta
____	4. grano blanco consumido en todas partes del mundo	d. la fresa
____	5. verdura verde	e. el sándwich
____	6. postre que a veces se come con leche	f. el vino
____	7. fruta amarilla con mucho potasio	g. el arroz
____	8. algo que se come con leche para el desayuno	h. la leche
____	9. fruta roja que a veces se cubre con chocolate	i. la banana
____	10. una bebida alcohólica blanca o de color tinto	j. el cereal

ACTIVIDAD 5•3 **¿Qué comes?** Hazle a un(a) compañero(a) de clase las siguientes preguntas.

1. ¿Con qué te gusta desayunar? ¿Bebes café por las mañanas? ¿Qué le pones al café? ¿Lo prefieres con cafeína o descafeinado?
2. ¿Qué tipo de comida rápida comes?
3. ¿Eres vegetariano(a) o te gusta la carne? ¿Cuál es tu carne o verdura favorita?
4. Cuando comes en un restaurante, ¿qué te gusta pedir?
5. ¿Qué comes cuando tienes hambre? ¿Qué bebes cuando tienes sed?

 ACTIVIDAD 5•4 !A investigar! **El chile versátil y tubérculos (extra)ordinarios** (*tubers, root vegetables*).

Online Study Center
Improve Your Grade: La comida hispana

A. Con un grupo, hagan una investigación sobre la variedad de chiles que existen o sobre los tubérculos, variaciones de la patata. Consulten los recursos en el *Online Study Center* para completar esta actividad.

B. Preparen una presentación o una página web sobre el tópico. Incluyan información visual y textual.

C. Preséntenle el proyecto a la clase y/o pongan la página en el sitio de la universidad.

Apunte cultural

COMIDAS DIVERSAS

Online Study Center
ACE the Test / Improve Your Grade: La comida

In the United States, holidays are celebrated with particular foods. Typical foods at Thanksgiving, for instance, are turkey, mashed potatoes, gravy, candied yams, stuffing, and pies. Spanish-speaking countries also serve traditional foods during national holidays. For example, in Mexico **chiles en nogala** (*walnut sauce*) is often served for Independence Day.

CONÉCTATE CON EL IDIOMA
¿Pretérito o imperfecto?

CHISTE

La profesora dice:

—Pablito venía para la escuela, pisó una cáscara de banano, se cayó y se quebró (*broke*) una pierna. ¿Qué se debe aprender de esto, Juanito?

Juanito dice:

—¡Que no se debe venir a la escuela!

You already know from the previous **paso** that there are two simple past tenses, the preterit and the imperfect. Here we focus on distinguishing between when to use the two. Can you identify the verbs in the joke above and tell why the imperfect is used in one case and the preterit in three others?

The preterit is used . . .

1. to express an action seen as completed:
   *Raúl **se divirtió** mucho.*
2. to express the start, end, or total duration of an action:
   *Los niños **comenzaron** a comer a las seis y **terminaron** a las siete.*
   *José Andrés **vivió** en España por veinte años.*
3. to express a series of completed actions:
   *Ana **fue** al mercado, **escogió** frutas, **pagó** por ellas y **volvió** a casa.*

The imperfect is used . . .

1. to express ongoing actions:
   *Cuando Pepa llegó a casa, Rafael **preparaba** espaguetis.*
2. to express habitual or repeated actions:
   *Cuando joven, Alicia **bebía** leche con chocolate todos los días.*
3. to give background information and descriptions, such as age, physical and mental attributes, time, weather, mood, and location:
   ***Eran** las seis de la tarde. Juan **estaba** de mal humor porque **hacía** mal tiempo. **Tenía** hambre y no **había** nada en casa que comer.*

Remember that some verbs change meaning in the preterit. Compare the meanings of these verbs in the preterit with their meanings in the imperfect:

Preterit		Imperfect	
pude/no pude	I tried (and succeeded)/ I tried but wasn't able	**podía**	I could, was able
supe	I found out; I learned (something I didn't know)	**sabía**	I knew (facts and information)
quise/no quise	I tried/I refused	**quería**	I wanted
tuve	I got, received	**tenía**	I had
conocí	I met (for the first time)	**conocía**	I knew (people and places)

Práctica

ACTIVIDAD 5•5 La hija mimada (*spoiled*).

A. Rosa siempre reacciona ante las necesidades y deseos de su hija Montse. Empareja las condiciones o deseos de la lista a la izquierda con la reacción más lógica de la columna de la derecha. Nota las formas del pretérito.

Montse...	**Su mamá Rosa...**
1. deseaba desayunar.	a. le dio una manzana.
2. tenía sed.	b. le ofreció un vaso de leche.
3. quería algún postre.	c. le preparó un sándwich.
4. quería fruta.	d. le hizo una tortilla de huevos.
5. tenía más hambre.	e. le sirvió flan.

B. Ahora marca los complementos indirectos (c.i.) y los complementos directos (c.d.) en las oraciones que describen lo que hizo Rosa para su hija.

ACTIVIDAD 5•6 Ricardo y un dolor de estómago. Lee la historia de Ricardo. Luego decide cuál de los dos verbos entre paréntesis completa mejor la oración.

Ayer no (quise/quería) asistir a mi clase de relaciones internacionales porque (tuve/tenía) un dolor de estómago que me mataba. Pensé que la comida que había comido la noche anterior me había caído mal. Pero (tuve/tenía) que asistir a mi clase para tomar un examen importantísimo. Cuando terminé el examen ya no (pude/podía) aguantar (*stand*) más el dolor. Kati, una chica que yo (conocí/conocía) el primer día de clases, me vio en el pasillo y me preguntó si yo (quise/quería) que ella me acompañara a la clínica. Le dije que sí. Allí (supe/sabía) que tenía una enfermedad rara pero curable.

ACTIVIDAD 5•7 ¡A escuchar! Un día desastroso.

Escucha a Eduardo mientras narra lo que pasó un día al abrir su restaurante. Escribe la forma correcta del pretérito o del imperfecto del verbo.
Vocabulario útil: llenar (*to fill*); el cupo (*seating capacity*); caber (*to fit*); el socio (*business partner*); carecer (*to lack*)

Recuerdo un día, uno de los días desastrosos como cocinero... bajo una operación en Washington, D.C. en un restaurante de comida española. Recuerdo que se nos (1) ____________ el restaurante, aproximadamente en menos de dos horas y temprano. Como a las siete de la noche ya no (2) ____________ más personas. Y el cupo es limitado por ley, por seguridad. Entonces nos (3) ____________ muy frustrados porque (4) ____________ unas líneas de por lo menos sesenta, setenta personas esperando afuera. Y (5) ____________ que acercarnos a ellos [ellas] y decirles que lo (6) ____________ que tenían que cerrarles las puertas por falta de capacidad. Y cuando les (7) ____________ los comentarios a los *partners,* a los socios, del restaurante de [sobre] lo que nos había sucedido, en este caso a Teresa y a Johnny, (8) ___________ la noticia como algo no desastroso, [sino] como un éxito, porque es que la operación (9) ___________ muy bien. Pero a la vez (10) ___________ de espacio. Y nos (11) ___________ muy mal los que (12) ___________ operando el negocio en ese momento.

ACTIVIDAD 5•8 **Los tres cerditos (*little pigs*).** A continuación está parte de *¡La verdadera historia de los tres cerditos!*, la versión de Jon Scieszka de la historia infantil de los tres cerditos.

A. Léela y luego completa los espacios en blanco con la forma correcta del pretérito o del imperfecto de los verbos entre paréntesis, según el contexto.

Hace mucho, en el tiempo de "había una vez", yo [el Sr. Lobo] ___________ (1. estar) preparando una torta de cumpleaños para mi querida abuelita. (Yo) ___________ (2. tener) un resfriado terrible. Me ___________ (3. quedar) sin azúcar. De manera que (*So*) ___________ (4. caminar) hasta la casa de mi vecino para pedirle una taza de azúcar. Pues bien, resulta que este vecino ___________ (5. ser) un cerdito. Y además, no ___________ (6. ser) demasiado listo, que digamos. (Él) ___________ (7. haber) construido toda su casa de paja (*straw*). ¿Se imaginan? ¿Quién con dos dedos de frente construiría (*would construct*) una casa de paja?

Fuente: *¡La verdadera historia de los tres cerditos!* by Jon Scieszka

B. Termina la historia. ¿Cómo piensas tú que la versión de Scieszka termina? Escribe tu propia versión.

Herramienta estratégica

DEVELOPING CULTURAL UNDERSTANDING

Important to understanding and being able to speak Spanish well is empathy with other people. The more you know about the cultures of the Spanish-speaking world, the better you'll understand what you hear and read. Take advantage of the resources around you to develop greater cultural understanding. If your instructor does not assign all the readings in this text, read them on your own. Find more readings on the Internet and in libraries. Attend lectures that relate to Hispanic/Latino themes. Try to watch the films featured in each of these **pasos** (you can borrow them from the library or rent them). Listen to Hispanic music and, whenever possible, take courses in other disciplines that relate to the hundreds of millions of people who speak Spanish. Developing this kind of understanding will no doubt prepare you better for living in a multicultural world.

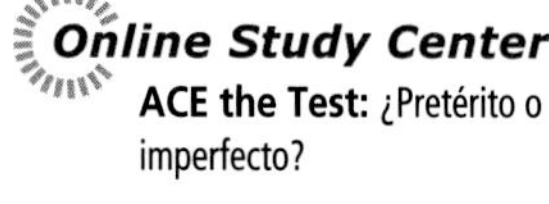

ACE the Test: ¿Pretérito o imperfecto?

CONÉCTATE CON EL IDIOMA
Se impersonal/pasivo

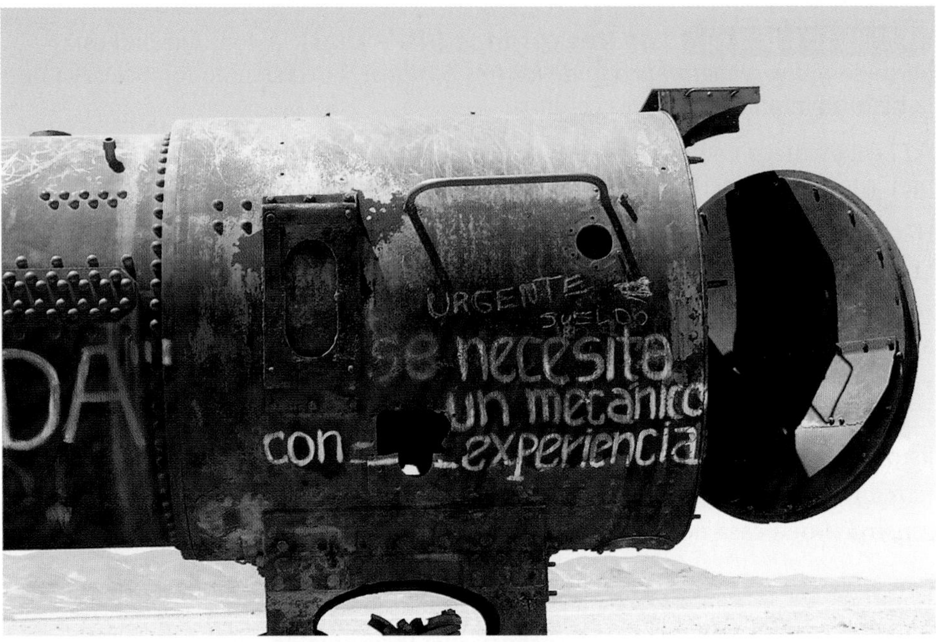

¿Recuerdas?
EL PRONOMBRE *SE*

Se is a truly versatile pronoun! You've seen it as a reflexive: **Eduardo *se* lavó las manos antes de cocinar. Los estudiantes tenían sueño y *se* acostaron a las diez.** You've also seen it in place of **le** or **les** when two object pronouns are used: **Cuando Susana me pidió agua, *se* la serví inmediatamente.** Get ready to see ***se*** again!

We use the pronoun **se** in impersonal expressions . . .

Se come muy bien en ese restaurante.	*One eats/People eat well in that restaurant.*

. . . and in place of the traditional passive form (**ser** + *past participle*). In this case, the verb is singular or plural, depending on the subject that may follow it.

Se sofríe la carne con ajo y albahaca.	*The meat is sautéed with garlic and basil.*
Se pelan las patatas antes de hervirlas.	*The potatoes are peeled before boiling them.*

How would you translate the **refrán** in the drawing?

Donde pan se come, migas (*crumbs*) quedan.

Práctica

ACTIVIDAD 5•9 Refranes.

A. Con una pareja, traten de descifrar el significado de los siguientes dichos y refranes, ¡en español! Luego di si se usa el pronombre **se** como expresión impersonal o como forma pasiva.

1. No **se** debe ir por carne a casa del lobo (*wolf*).
2. No **se** debe escupir (*spit*) al cielo.
3. Donde menos **se** piensa, salta la liebre (*jumps the hare*).
4. A nadie le hace mal el vino, si **se** bebe con tino (*good judgment*).
5. A veces perdiendo (*losing*) **se** gana (*win*).
6. Allí **se** puede comer por una peseta (*quarter*).
7. Caldero que **se** mira no hierve.
8. Caminante, no hay camino, **se** hace camino al andar. (Antonio Machado)
9. Comer sin trabajar, no **se** debe tolerar.
10. Con pan y vino, **se** anda el camino.
11. El vino **se** hizo para los reyes (*kings*) y el agua para los bueyes (*oxen*).

B. ¿Revelan estos refranes algunos valores? ¿Cuáles? ¿Existen refranes semejantes en tu cultura?

ACTIVIDAD 5•10 La receta de Eduardo. Usa **se** con la forma correcta del verbo para completar esta receta para "pollo al ajillo".

Una de mis recetas favoritas es el pollo al ajillo con salsa verde. Primero, (1) ____________ (preparar) la salsa con cebolla, pimienta, sal, ajo y perejil. Después, (2) ____________ (cortar) el pollo en pedazos y (3) ____________ (picar) tres dientes de ajo. (4) ____________ (Sofreír) el ajo en aceite de oliva muy caliente por un minuto. Luego, (5) ____________ (echar) sal y pimienta para sazonar el pollo y (6) ____________ (freír) el pollo rápidamente. Finalmente, (7) ____________ (cubrir) el pollo con la salsa verde y (8) ____________ (servir) inmediatamente.

ACTIVIDAD 5•11 **Día de entrenamiento.** Paco es un cocinero nuevo en la cocina del Restaurante La Taberna. Magdalena lo está entrenando y tiene que explicarle todo. **Estudiante 1:** Haz el papel de Paco y hazle preguntas a Magdalena. Usa el pronombre **se. Estudiante 2:** Haz el papel de Magdalena y contesta las preguntas de Paco.

MODELO: los huevos / guardar → la refrigeradora
Paco: *¿Dónde se guardan los huevos?*
Magdalena: *Se guardan en la refrigeradora.*

1. asar / la carne → el horno
2. sofreír / el pescado → la estufa
3. calentar / la salsa → el microondas
4. lavar / la cazuela → el fregadero
5. lavar / los platos → la lavadora de platos

ACTIVIDAD 5•12 **Medidas necesarias.**

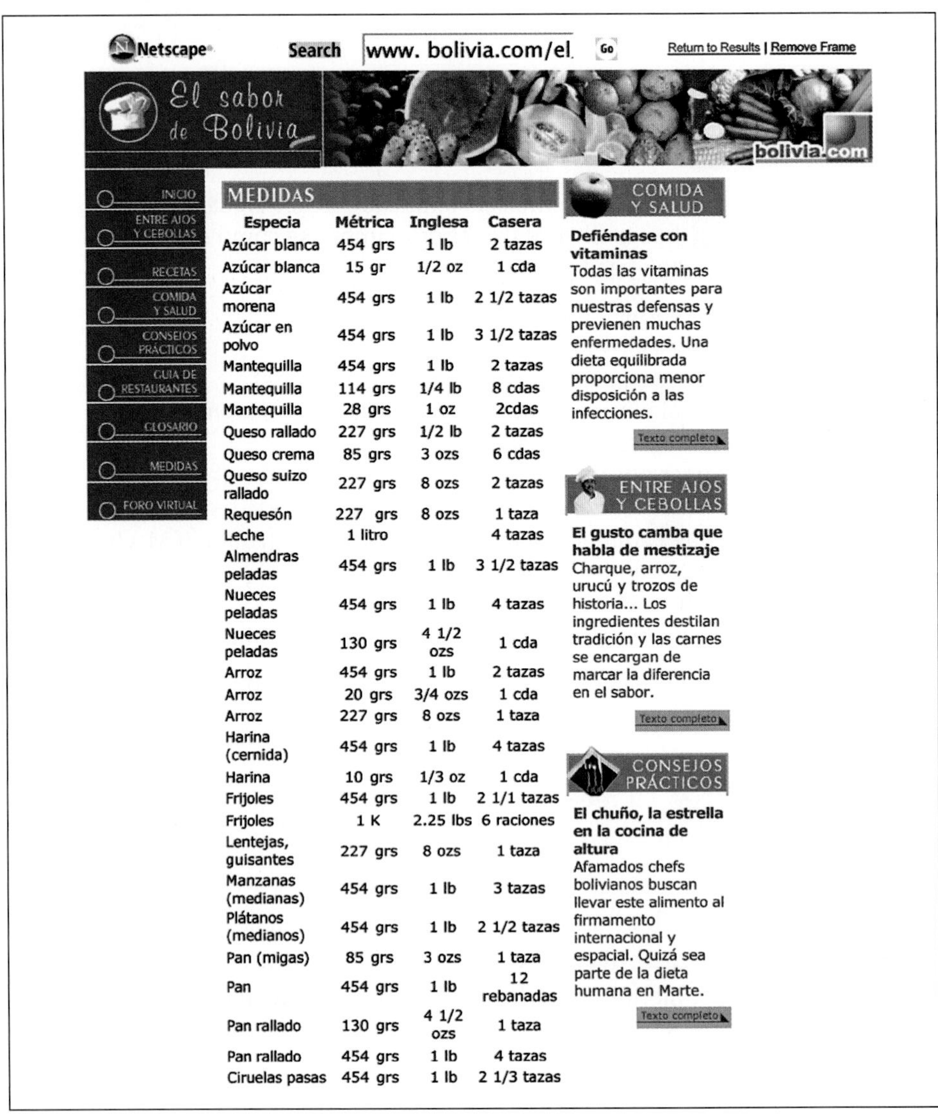

Netscape Search www. bolivia.com/el. Go Return to Results | Remove Frame

El sabor de Bolivia

INICIO
ENTRE AJOS Y CEBOLLAS
RECETAS
COMIDA Y SALUD
CONSEJOS PRÁCTICOS
GUIA DE RESTAURANTES
GLOSARIO
MEDIDAS
FORO VIRTUAL

MEDIDAS

Especia	Métrica	Inglesa	Casera
Azúcar blanca	454 grs	1 lb	2 tazas
Azúcar blanca	15 gr	1/2 oz	1 cda
Azúcar morena	454 grs	1 lb	2 1/2 tazas
Azúcar en polvo	454 grs	1 lb	3 1/2 tazas
Mantequilla	454 grs	1 lb	2 tazas
Mantequilla	114 grs	1/4 lb	8 cdas
Mantequilla	28 grs	1 oz	2cdas
Queso rallado	227 grs	1/2 lb	2 tazas
Queso crema	85 grs	3 ozs	6 cdas
Queso suizo rallado	227 grs	8 ozs	2 tazas
Requesón	227 grs	8 ozs	1 taza
Leche	1 litro		4 tazas
Almendras peladas	454 grs	1 lb	3 1/2 tazas
Nueces peladas	454 grs	1 lb	4 tazas
Nueces peladas	130 grs	4 1/2 ozs	1 cda
Arroz	454 grs	1 lb	2 tazas
Arroz	20 grs	3/4 ozs	1 cda
Arroz	227 grs	8 ozs	1 taza
Harina (cernida)	454 grs	1 lb	4 tazas
Harina	10 grs	1/3 oz	1 cda
Frijoles	454 grs	1 lb	2 1/1 tazas
Frijoles	1 K	2.25 lbs	6 raciones
Lentejas, guisantes	227 grs	8 ozs	1 taza
Manzanas (medianas)	454 grs	1 lb	3 tazas
Plátanos (medianos)	454 grs	1 lb	2 1/2 tazas
Pan (migas)	85 grs	3 ozs	1 taza
Pan	454 grs	1 lb	12 rebanadas
Pan rallado	130 grs	4 1/2 ozs	1 taza
Pan rallado	454 grs	1 lb	4 tazas
Ciruelas pasas	454 grs	1 lb	2 1/3 tazas

COMIDA Y SALUD

Defiéndase con vitaminas
Todas las vitaminas son importantes para nuestras defensas y previenen muchas enfermedades. Una dieta equilibrada proporciona menor disposición a las infecciones.

Texto completo

ENTRE AJOS Y CEBOLLAS

El gusto camba que habla de mestizaje
Charque, arroz, urucú y trozos de historia... Los ingredientes destilan tradición y las carnes se encargan de marcar la diferencia en el sabor.

Texto completo

CONSEJOS PRÁCTICOS

El chuño, la estrella en la cocina de altura
Afamados chefs bolivianos buscan llevar este alimento al firmamento internacional y espacial. Quizá sea parte de la dieta humana en Marte.

Texto completo

A. Estás tomando una clase de cocina en un restaurante boliviano. El cocinero da la receta en medidas métricas, pero tienes que comprar los ingredientes en los

Estados Unidos. En parejas, hagan la lista de compras en medidas inglesas. **Vocabulario útil:** grs. = gramos; lb. = libra; cda. = cucharada (*tablespoon*); oz. = onza; rebanada = *slice*

MODELO: 227 gramos de arroz

E1: *En esta receta se usan doscientos veintisiete (227) gramos de arroz.*

E2: *Entonces, tenemos que comprar ocho (8) onzas.*

1. 85 gramos / pan (migas)
2. 1 kilo / frijoles
3. 30 gramos / harina (*flour*)
4. 227 gramos / pan
5. 454 gramos / azúcar morena
6. 28 gramos / mantequilla

B. Vas a querer compartir tu receta con tu mamá. Escribe los ingredientes en la parte A otra vez. Usa medidas caseras.

1. ______________________________
2. ______________________________
3. ______________________________
4. ______________________________
5. ______________________________
6. ______________________________

ACTIVIDAD 5•13 Mi receta favorita.

A. Escribe los ingredientes y la preparación de tu receta favorita. Usa **se** + ***verbo*** para describir las etapas.

Ingredientes

______________________ ______________________

______________________ ______________________

______________________ ______________________

______________________ ______________________

______________________ ______________________

Preparación

____

____

____

____

____

Online Study Center
ACE the Test: El pronombre *se*

B. Comparte tu receta con la clase y diles por qué es tu receta favorita.

Síntesis e interacción

ACTIVIDAD 5•14 Conversación. Usa el pretérito y el imperfecto para hablar con un(a) compañero(a) de clase de sus experiencias. Usa oraciones completas.

Esta mañana

1. ¿Qué hora era cuando te levantaste esta mañana?
2. ¿Qué hacía tu compañero(a) de cuarto mientras te desayunabas?
3. Cuando llegaste a tu primera clase, ¿ya estaba tu profesor(a) allí?
4. ¿Quién fue la última persona en llegar a tu clase? ¿Llegó tarde o a tiempo?
5. ¿Qué aprendiste en esa clase?

Anoche

1. ¿Dónde estudiaste anoche? ¿Había mucho ruido en ese lugar o era callado?
2. ¿Escuchaste música mientras estudiabas?
3. ¿Dónde cenaste ayer? ¿Estuvo buena la comida? (*Did the meal turn out well?*) ¿Qué comiste?

Una fiesta

1. ¿Cuánto tiempo hace que fuiste a una fiesta?
2. ¿Con quién fuiste? ¿A qué hora llegaste a la fiesta?
3. ¿Cuánta gente había cuando llegaste? ¿A cuántas personas conocías? ¿Conociste a personas interesantes esa noche?
4. ¿Tocaron música? ¿Era la clase de música que te gusta escuchar? ¿Bailaste?
5. ¿Qué había de beber y comer?
6. En general, ¿cómo fue la fiesta? ¿Divertida, aburrida, regular?

ACTIVIDAD 5•15 El(La) reportero(a) para el canal de comidas. El canal de comidas latinas quiere que tú entrevistes a Martha Stewart, la diva del hogar.

Reportero(a): Entrevista a Martha Stewart, que habla un poco de español. Pregúntale qué edad tenía cuando se interesó en la decoración y la comida. ¿Qué comidas se servían en su casa cuando niña? ¿Cuáles eran sus platos favoritos? ¿Qué comió mientras estaba encarcelada (*jailed*)? ¿Cuál es su receta favorita y por qué? ¿Qué comidas latinas le gusta comer? Añade otras preguntas.

Martha Stewart: Usa la imaginación y contesta las preguntas que el(la) reportero(a) te va a hacer sobre tu niñez, tus comidas favoritas y lo que comiste mientras estabas encarcelada.

El "ABC" de Suramérica

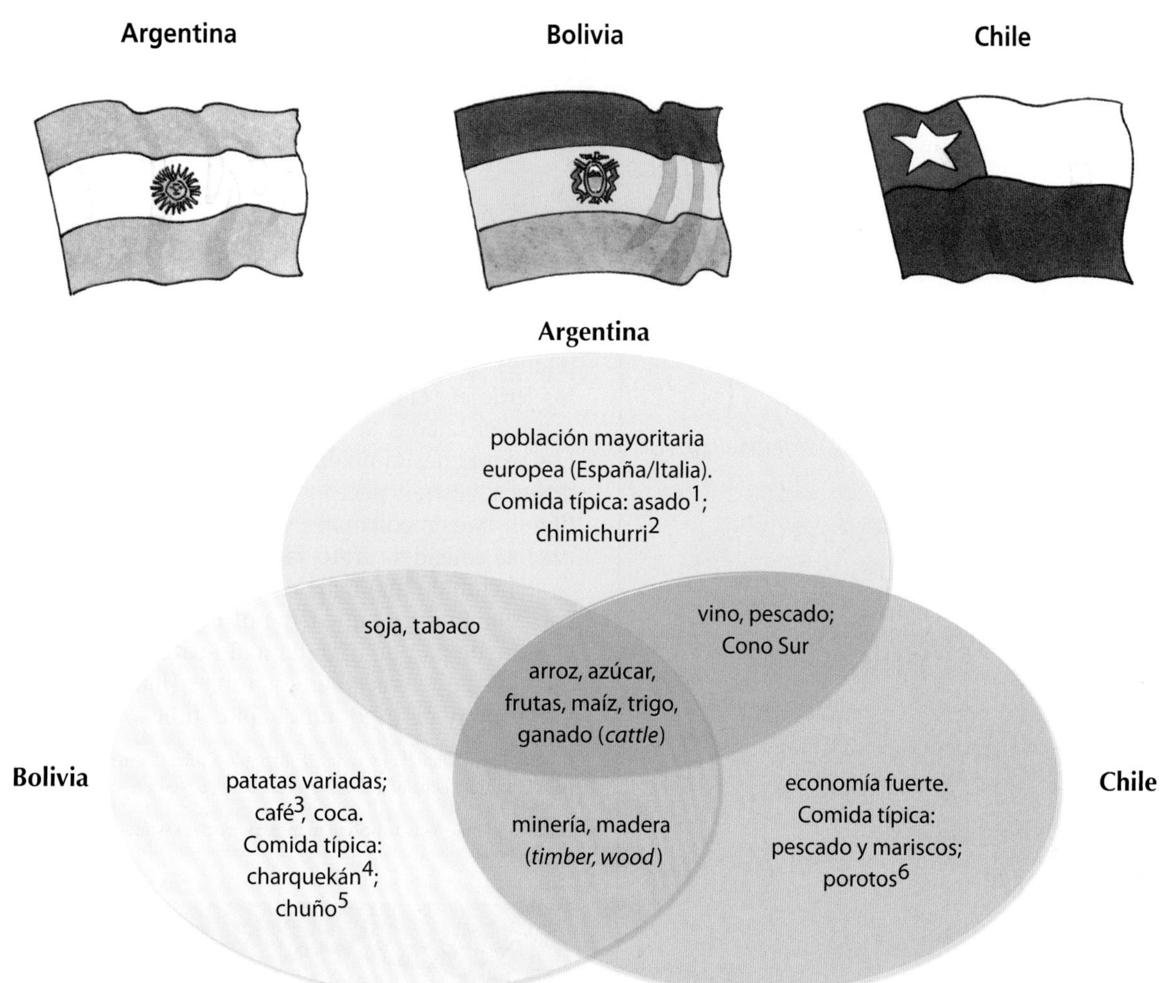

[1]Argentine barbecue (see the Student Activities Manual for more information on this delicious Argentine tradition); [2]sauce that accompanies the barbecue; [3]El café orgánico de la cooperativa Cenaprac ganó el premio Taza de Excelencia (una competencia internacional) como el mejor café de Bolivia; [4]dried llama meat, often served over large kernels of corn; [5]dehydrated and frozen white potato dish that dates from pre-colonial times; [6]beans (another vegetable brought from the Americas to Europe).

Datos interesantes

Según el Congreso Mundial de Carnes, Argentina tiene la mayor tasa de consumo de carne por habitante (62 kilos per capita en 2004).

Bolivia tiene dos "capitales": Sucre (capital constitucional y sede [*seat*] del poder judicial) y La Paz (sede del gobierno). Tiene tres lenguas oficiales: el español, el quechua y el aymará.

El vino de Chile figura entre los mejores del mundo y su historia se remonta (*goes back*) al licor chicha (alcohol fermentado de frutas) de los indígenas araucanos. Hoy los mapuche llaman su licor ceremonial *el mapai*.

TERTULIA LINGÜÍSTICA:
The *voseo*

The subject pronoun **vos** is heard in many areas in Latin America. It is widely used in Argentina in both speech and writing. People use **vos** instead of **tú** and it has its own conjugation. For example, instead of **¿Recuerdas?**, we could say **¿Recordás?**

El pueblo mapuche de Chile y Argentina

El pueblo **mapuche** (**mapu** = tierra, **che** = gente) es uno de los tantos grupos aborígenes americanos, que han conservado más fuertemente sus creencias, costumbres e identidad.

Durante toda la Colonia opusieron una prolongada resistencia a la Corona hispánica. Este hecho obligó a la administración a reconocerles cierta autonomía, estableciendo fortificaciones a lo largo de la frontera y manteniendo un ejército profesional, caso único en la historia de las colonias.

Fuente: Sylvia Ríos Montero, Universidad de Chile

Gastronomía mapuche

En 2005 se abrió Kokavi, el primer restaurante especializado en comida mapuche, en Temuco, Chile. Los mapuches combinan cereales con legumbres y comen porotos (frijoles) con maíz, arvejas (*peas*) con locro (*potato soup*), ensaladas de habas (*broad or lima beans*) y más. Los mapuches también consumen carnes, frutas y verduras silvestres, peces y mariscos. Las yerbas (*herbs*) tienen fines medicinales y gastronómicos. El piñón (*pine nut*) se considera fruto sagrado.

La comida mapuche es muy sana porque está hecha con alimentos orgánicos y nutritivos, tales como una especie de pan de trigo llamado **catuto**, hongos comestibles que crecen en los robles (llamados **digüeñes**) y el **muday** de trigo, una bebida típica.

Adaptado de: Daniela Estrada, "Indígenas-Chile: Cultura mapuche, buena para la salud y el paladar," Inter Press Service News Agency, febrero 2005.

Rosario Mena, "Gastronomía mapuche, aymara y rapanui", **nuestra.cl**, agosto 2004.

Descendientes de los araucanos, los mapuches hoy en día tratan de preservar su cultura y su lengua.

Machi con *kultrung*

Cosmovisión y creencias religiosas

Este es un poema de Elicura Chihuailaf, poeta mapuche contemporáneo.
Los **mapuches** actuales han llegado a establecer una nueva dimensión de lo religioso en un sincretismo[1] que inserta tanto la religión católica como los cultos evangélicos protestantes. La **machi** o chamán, es fundamental en la configuración de mitos y ritos **mapuches.** Es la mediadora entre el mundo natural y el sobrenatural. Con estos fines utiliza el **kultrung,** tambor ceremonial en el cual aparece representado simbólicamente el universo en cuatro partes, por medio de una cruz. En los cuadrantes superiores se representan figuraciones del cielo, y en los inferiores de la tierra. Esta oposición cielo-tierra, equivaldría a la oposición masculino-femenino o a los ciclos de la naturaleza. El hombre **mapuche** se ubica[2] en el centro del cosmos, donde convergen los cuatro puntos cardinales. Es la **meli witran mapu** (la tierra de las cuatro esquinas). [...]

En muchas de las ceremonias rituales **mapuches** y de acuerdo a la cosmovisión, se persigue la compensación de las fuerzas del bien **(ngnechen)** con las del mal **(wekufe).** El primero significa vida y construcción, el segundo destrucción y muerte.

En este suelo habitan las estrellas.
En este cielo canta el agua de la imaginación.
Más allá de las nubes que surgen de estas aguas y de estos suelos nos sueñan los antepasados.
Su espíritu dicen es la luna.
El silencio su corazón que late.

[1] *merging or reconciling of opposing or disparate elements* [2] ***está***

Fuente: Sylvia Ríos Montero, Universidad de Chile

VOCABULARIO REGIONAL
Argentina

la birome a ballpoint pen with disposable ink cartridges

che informal interjection used to call someone's attention

el faso cigarette

el mate a bitter herbal tea popular in Argentina

VOCABULARIO REGIONAL
Chile

ene enough, too much

el navegado warm, spiced red wine

el papú auto, car

el sapo busybody (*literally:* toad)

VOCABULARIO REGIONAL
Bolivia

el balay a large, flat basket or tray with raised sides

calancho, calanchito from the Aymara word for naked

los cocales coca plantations

la cueca traditional Bolivian dance

ACTIVIDAD 5•16 **Las creencias.** En parejas, hablen sobre los siguientes conceptos de los mapuches. Hagan una lista de conceptos y/o de objetos religiosos que se puedan considerar universales y compárenlos con las ideas de las religiones o filosofías que conozcan. Pueden usar información e ideas de sus clases de mitología, filosofía, antropología y religión.

Religión mapuche	Otras religiones
machi	___________
meli witran mapu	___________
kultrung	___________
Ngnechen	___________
wekufe	___________

ACTIVIDAD 5•17 **¡A investigar! Los mapuches.**

Online Study Center
Improve Your Grade: Los mapuches

A. En un grupo pequeño, hagan una investigación sobre uno de los siguientes tópicos. Visita el *Online Study Center* para más información.

- el baile mapuche
- la sociedad y la religión mapuches
- la gastronomía mapuche
- la lengua mapuche: *mapundungun*
- la historia de la resistencia mapuche
- la lucha política actual de los mapuches en Chile

B. Haz una breve presentación para la clase. La presentación puede ser oral, visual, dramática y/o artística.

Una escritora chilena en los Estados Unidos

Paso adelante presenta a...

Isabel Allende

Profesión:
novelista

Lugar de nacimiento:
Perú —de padres chilenos

Después de caer el gobierno de su tío Salvador Allende y de ser reemplazado por el régimen de Pinochet, Isabel Allende se exilió de Chile. En el exilio empezó su carrera literaria con *La casa de los espíritus,* la saga mágico-realista, basada en su familia extendida. Otras obras suyas incluyen *De amor y de sombra, Cuentos de Eva Luna, La hija de la fortuna, Retrato en sepia, Paula* y un libro de memorias, *Mi país inventado*. Una de sus novelas más recientes trata de la figura legendaria *Zorro*. Hoy en día Allende reside en California con su esposo William (Willie) Gordon.

Charla videoteca

Camila (1984)

Camila
UN FILM DE MARÍA LUISA BEMBERG
"HACE 130 AÑOS LOS CONDENARON POR AMARSE.
HOY USTED PUEDE JUZGARLOS".
NOMINADA PARA EL OSCAR
MEJOR PELICULA EXTRANJERA 1985
GEA

La película *Camila*, dirigida por la famosa directora argentina María Luisa Bemberg, tiene lugar en la Argentina del siglo XIX durante la dictadura represiva de Juan Manuel de Rosas (1829–1852). Trata de la verdadera historia amorosa entre una joven de la clase alta, Camila O'Gorman, y un sacerdote[1], el padre Ladislao Gutiérrez —una pareja única que se opone, tanto al poder represivo del gobernador como al poder patriarcal de la Iglesia y de la sociedad de aquel entonces. Los paralelos entre la situación histórica y la situación real en el momento de producir la película eran tan fuertes que la película fue prohibida en Argentina. Fue nominada para el Oscar de la Mejor Película Extranjera en 1985.

Otras películas escritas y/o dirigidas por Bemberg son: *De eso no se habla* (1993), con Marcello Mastroianni; *Yo, la peor de todas* (1991) sobre la famosa poeta y monja mexicana del siglo XVII Sor Juana Inés de la Cruz; *La señorita Mary* (1986) con Julie Christie; *Señora de nadie* (1982); *Momentos* (1981); *Triángulo de cuatro* (1978) y *Crónica de una señora* (1971).

[1]*priest*

Directora:
María Luisa Bemberg

Reparto:
Susú Pecoraro, Imanol Arias, Héctor Alterio, Elena Tasisto, Carlos Muñoz

ACTIVIDAD 5•18 **¿Qué comprendiste?** Mira la cubierta del video de *Camila* y lee la información sobre esta renombrada película. Escoge la respuesta que mejor complete las oraciones.

1. Camila y Ladislao son...
   a. hermanos. b. amantes. c. parientes.
2. *Camila* tuvo lugar...
   a. hace más de ciento cincuenta años. b. durante la Conquista. c. durante una dictadura.
3. Otras películas de Bemberg tratan de...
   a. ciencia-ficción. b. detectives. c. mujeres en situaciones represivas.
4. La represión de Camila en manos de su padre es análoga a la que el pueblo sufre en manos de...
   a. Ladislao. b. Rosas. c. Bemberg.
5. ¿Cuál de estas palabras probablemente *no* describe la obra de Bemberg?
   a. feminista b. intuitiva c. superficial

SEGUNDA ETAPA

¡Hablemos de los restaurantes, los sabores y los buenos modales!

Vocabulario

Los restaurantes

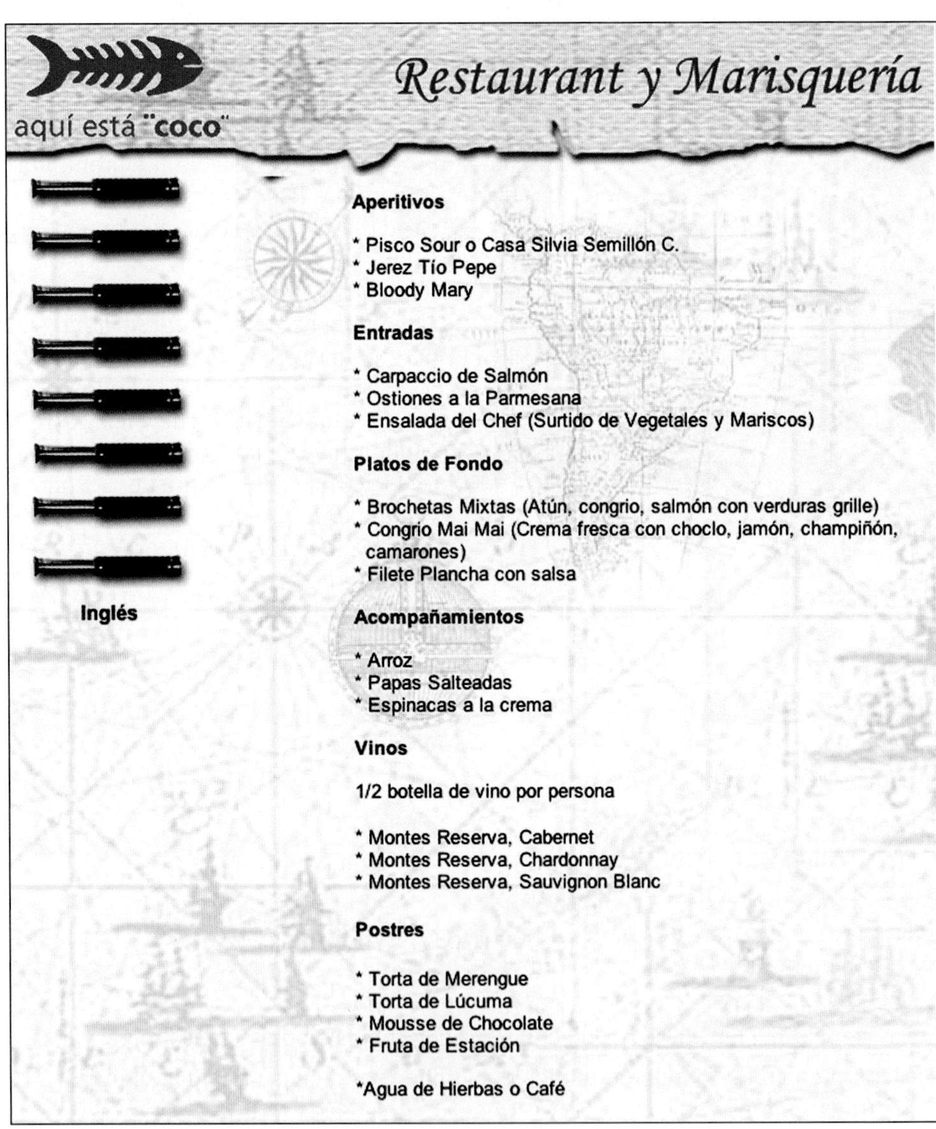

Restaurant y Marisquería

aquí está "coco"

Inglés

Aperitivos

* Pisco Sour o Casa Silvia Semillón C.
* Jerez Tío Pepe
* Bloody Mary

Entradas

* Carpaccio de Salmón
* Ostiones a la Parmesana
* Ensalada del Chef (Surtido de Vegetales y Mariscos)

Platos de Fondo

* Brochetas Mixtas (Atún, congrio, salmón con verduras grille)
* Congrio Mai Mai (Crema fresca con choclo, jamón, champiñón, camarones)
* Filete Plancha con salsa

Acompañamientos

* Arroz
* Papas Salteadas
* Espinacas a la crema

Vinos

1/2 botella de vino por persona

* Montes Reserva, Cabernet
* Montes Reserva, Chardonnay
* Montes Reserva, Sauvignon Blanc

Postres

* Torta de Merengue
* Torta de Lúcuma
* Mousse de Chocolate
* Fruta de Estación

*Agua de Hierbas o Café

Vocabulario útil: pisco (*popular brandy made from white grapes growing in Chile and Peru*); **jerez** (*sherry*); **ostiones** (*a word for large scallops*); **congrio** (*eel*); **choclo** (*another word [from Quechua] for corn*); **lúcuma** (*pre-Incan sweet tropical fruit that grows in the valleys of the Andes*)

Para comer en un restaurante

ACTIVIDAD 5•19 **Aquí está Coco.**

A. Imagínate que estás en Chile y vas al restaurante Aquí está Coco. Contesta las preguntas del camarero. Usa los artículos definidos cuando sea necesario.

Antes de comer

Camarero: Buenas tardes. ¿Desea un **aperitivo**?
Tú: Sí, gracias. Quiero un (1) ___________.
Camarero: ¿Y de **primer plato** (**entrada**)?
Tú: Quiero probar (2) ___________.

Camarero: Muy bien. ¿Qué desea de **segundo** (**plato de fondo**)?
Tú: No me gusta (3) ___________; quiero (4) ___________.
Camarero: Es uno de los mejores **platos del día**. ¿Qué quiere de acompañamiento?
Tú: Pues, (5) ___________ me apetece(n) (*appeal to me*).
Camarero: ¿Qué desea de postre?
Tú: Quisiera (6) ___________.

Después de comer

Camarero: ¿Qué tal el postre?
Tú: ¡Muy rico! Gracias. ¿Me trae la (7) ___________?
Camarero: Sí, cómo no. Aquí la tiene. La **propina** está incluida.

B. Ahora con una pareja, practiquen el diálogo en voz alta. Pidan los platos que escribieron en la parte A.

Los sabores

El limón es **amargo.**

Hay un tipo de chocolate **agridulce.**

Las galletas son **dulces.**

La comida mexicana es **picante.**

El jamón es **salado.**

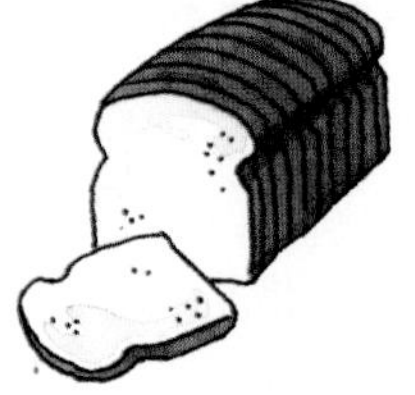
El pan blanco es **soso.**

Práctica

ACTIVIDAD 5•20 **Los sabores de la comida.** Los mejores cocineros conocen bien los ingredientes y sus sabores. Trabaja con una pareja para preparar una lista de comidas e ingredientes para cada sabor.

amargo	agridulce	dulce	picante	salado
________	________	________	________	________
________	________	________	________	________
________	________	________	________	________
________	________	________	________	________
________	________	________	________	________

ACTIVIDAD 5•21 **Tu menú perfecto.** Diseña tu menú perfecto. Escribe tus platos favoritos en el menú. Intercambia tu menú con el de una pareja. ¿Cuántos platos tienen en común? ¿Tienen gustos semejantes o distintos?

CONÉCTATE CON EL IDIOMA
Las formas del presente del subjuntivo

Notice that in talking to her grandson, the grandmother above used **comas.** This form of **comer** is a verbal mood (remember the characteristics of verbs reviewed in **Paso 4**) called the subjunctive, which we use when expressing hopes, emotions, desires, influence, doubt, denial, uncertainty, possibility, and speaking about the unknown. Up to now all the verb tenses we have studied (future, present, preterit, and imperfect) have been in the indicative mood, which expresses fact, assertion, certainty, and asks questions, but you have seen some subjunctives in the direction lines in certain activities.

A good way to remember uses of the subjunctive mood is through the acronym **VEDU** (**V**olition, **E**motion, **D**oubt, **U**ncertainty):

Volition (the imposition of one person's will, wants, desires on another): **querer, desear, insistir en, recomendar, pedir, rogar, suplicar, implorar,** etc.

Te recomiendo que comas bien.	*I recommend that you eat well.*

Emotion: **tener miedo, sorprender, es una lástima** (*shame*), etc.

Tengo miedo de que mis padres no tengan suficiente dinero para pagar la cuenta en este restaurante.	*I'm afraid my parents may not have enough money to pay the bill at this restaurant.*

Doubt, denial, negation: **dudar, es dudoso, negar (ie), no creer, no es cierto, no es seguro,** etc.

Dudo que sepas el nombre de todos los tipos de papas.	*I doubt you know the name of every type of potato.*

Uncertainty, non-existence: **es posible, es probable, puede que,** etc.

Es posible que comamos bien sin gastar mucho dinero.	*It's possible that we will eat well without spending lots of money.*
No hay restaurante donde se coma gratis.	*There is no restaurant where one/ people can eat for free.*

TERTULIA LINGÜÍSTICA:
Complex structures

A complex sentence is made up of an independent clause (one that can stand on its own as a sentence) and one (or more) dependent clause(s) (a phrase with a subject and verb, but incomplete on its own—it "depends" on the independent or main clause to complete its meaning). These clauses are joined by relative words (e.g., *who, whom, which, what, that*)—one that "relates" back to a word or concept in the main clause. In English we sometimes omit the relative word, but in Spanish we *must* use the relative word:

Thyme is the spice (that) I like most. ("that I like most" is a dependent clause; *that* refers to *spice*)

El tomillo es la especia *que* más me gusta. (**que** refers to **especia**)

See whether you can identify the independent and dependent clauses in what the grandmother says to her grandson above.

Following are the rules for forming the present subjunctive mood:

TERTULIA LINGÜÍSTICA
Don't forget:

Sentences use the subjunctive when the dependent clause and the main (independent) clause have different subjects. We don't necessarily need to do this in English because we can use infinitives with a second subject. Contrast the Spanish and English sentences.
Quiero que **hagas** tu tarea. (*subjunctive*)
I want you ***to do*** *your homework. (infinitive)*

1. To form the present subjunctive, use the stem from the first person singular (without the **o**) of the present indicative + "opposite"* endings:

   hablar → hablo → habl- → habl**e**, habl**es**, habl**e**, habl**emos**, habl**éis**, habl**en**
   comer → como → com- → com**a**, com**as**, com**a**, com**amos**, com**áis**, com**an**
   vivir → vivo → viv- → viv**a**, viv**as**, viv**a**, viv**amos**, viv**áis**, viv**an**
   decir → digo → dig- → dig**a**, dig**as**, dig**a**, dig**amos**, dig**áis**, dig**an**

   *The endings for **-ar** verbs begin with **e**. The endings for **-er** and **-ir** verbs begin with **a.**

2. In order to preserve the sound of consonants found in infinitives, verbs ending in **-car, -gar, -ger, -gir,** and **-zar** require a spelling change.

   -car: c → qu   tocar: to**qu**e, to**qu**es, to**qu**e,...
   -gar: g → gu   pagar: pa**gu**e, pa**gu**es, pa**gu**e,...
   -ger: g → j   escoger: esco**j**a, esco**j**as, esco**j**a,...
   -gir: g → j   elegir: eli**j**a, eli**j**as, eli**j**a,...
   -zar: z → c   empezar: empie**c**e, empie**c**es, empie**c**e,...

3. Verbs that are stem-changing in the present indicative also require stem changes in the present subjunctive. As in the present indicative, the present subjunctive of **-ar** and **-er** verbs are also "boot" verbs.

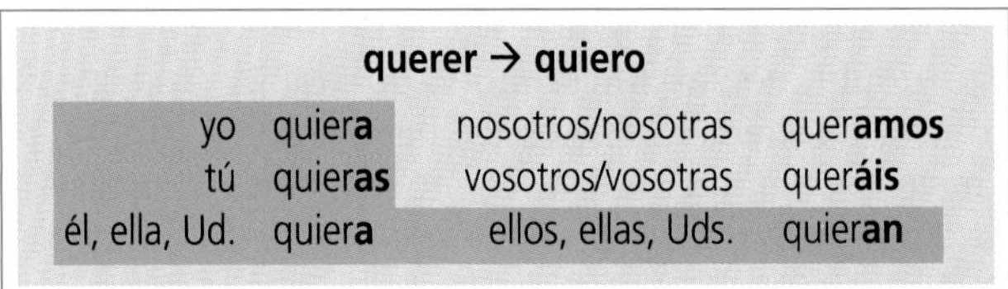

querer → quiero			
yo	quier**a**	nosotros/nosotras	quer**amos**
tú	quier**as**	vosotros/vosotras	quer**áis**
él, ella, Ud.	quier**a**	ellos, ellas, Uds.	quier**an**

   Note that **-ir** stem-changing verbs show a change in all forms, including the **nosotros** and **vosotros** forms, but the change is not the same throughout.

   o → ue and **u**
   dormir (ue, u): d**ue**rma, d**ue**rmas, d**ue**rma, durmamos, durmáis, d**ue**rman

   e → ie and **i**
   divertir (ie, i): div**ie**rta, div**ie**rtas, div**ie**rta, divirtamos, divirtáis, div**ie**rtan

   e → i
   servir (i, i): s**i**rva, s**i**rvas, s**i**rva, s**i**rvamos, s**i**rváis, s**i**rvan

4. Some verbs are entirely irregular in the present subjunctive.

   dar: dé*, des, dé, demos, deis, den
   estar: esté, estés, esté, estemos, estéis, estén
   haber (hay): haya, hayas, haya, hayamos, hayáis, hayan
   ir: vaya, vayas, vaya, vayamos, vayáis, vayan
   saber: sepa, sepas, sepa, sepamos, sepáis, sepan
   ser: sea, seas, sea, seamos, seáis, sean

   *The accent mark on **dé** distinguishes it from the preposition **de.**

Práctica

ACTIVIDAD 5•22 **¿Qué recomienda Mirna?** Busca la recomendación que Mirna da cuando tenemos las condiciones descritas en la primera columna.

Cuando...	**Mirna recomienda que...**
1. tenemos dolor de cabeza	a. tomemos jarabe.
2. tenemos sobrepeso	b. bebamos muchos líquidos.
3. tenemos osteoporosis	c. guardemos cama.
4. tenemos dolor de garganta	d. hagamos ejercicio y comamos mejor.
5. tenemos tos	e. tomemos aspirina.
6. tenemos fiebre	f. levantemos pesas y consumamos calcio.
7. tenemos la gripe	g. hagamos gárgaras de agua salada.

ACTIVIDAD 5•23 **¿Qué quieren?** Empareja los verbos de la columna de la izquierda con las frases de la columna de la derecha para hacer oraciones completas. Usa los verbos y expresiones que requieren el subjuntivo.

MODELO: (levantarse)
Mis padres quieren que yo me levante temprano.

1. (levantarse)	a. atención en mis clases
2. (hacer)	b. limpiar la cocina
3. (desayunar)	c. piano todas las noches
4. (prestar)	d. temprano
5. (volver)	e. tiempo para la escuela
6. (completar)	f. la mesa
7. (poner)	g. cereal o huevos
8. (comer)	h. a casa en autobús
9. (ayudar)	i. espinaca y bróculi
10. (practicar)	j. la tarea antes de cenar
11. (acostarse)	k. la cama

ACTIVIDAD 5•24 **Mejora tu salud.** Usa el artículo en la página siguiente para completar las oraciones, según el modelo.

MODELO: Para el desayuno, se recomienda que se (comer)...
Para el desayuno, se recomienda que se coma pan integral o cereal.

1. Eleazar Lara-Pantin quiere que uno (desayunar)...
2. Lara-Pantin recomienda que a media mañana y a media tarde, se (tomar)...
3. Lara-Pantin no quiere que se (saltar)...
4. Es mejor que la cena no (ser)...
5. Para quemar más calorías, es bueno que uno (hacer)...

MEJORA TU SALUD Y BAJA DE PESO:

ADOPTA ESTOS SEIS BUENOS HÁBITOS.

ELEAZAR LARA-PANTIN, MI DIETA

Las claves para sentirte mejor:

- **Al levantarte, a desayunar.** La mejor forma de empezar el día de una forma saludable es a base de un buen desayuno. El desayuno actúa como activador de tu metabolismo, dándole la energía necesaria para ponerte en funcionamiento, y así poder empezar a quemar calorías. Si ayunas[1] por la mañana, estarás perdiendo una excelente oportunidad de generar gasto calórico y, además, tendrás mucha más hambre al mediodía, lo cual puede hacerte comer en exceso.
- **Más de tres comidas.** Tu ingesta diaria no tiene que limitarse a las tres comidas de rigor. Es muy recomendable tomar una merienda (tentempié o *snack*) a media mañana y/o a media tarde, que te ayudará a no sentir mucha hambre en el almuerzo y en la cena. Después de comer, tu cuerpo segrega una hormona llamada insulina, que contribuye al almacenamiento[2] de las grasas en tu organismo. En las comidas más abundantes es cuando segregas más insulina. Así, si comes en menores cantidades y con mayor frecuencia, mantendrás los niveles de insulina más bajos y podrás quemar más grasas.
- **Sin saltarte ninguna.** Es muy desaconsejable saltarse[3] cualquiera de las tres comidas principales del día (desayuno, almuerzo o cena) y es aún peor sustituir el desayuno o el almuerzo por una cena abundante. Cuando ayunas, tu actividad metabólica disminuye y, por consiguiente, quemas menos calorías. Además, si le provees a tu metabolismo los nutrientes que necesita para su funcionamiento correcto en una sola comida, éste probablemente no podrá procesarlos adecuadamente y los excesos se convertirán en grasas. Por otro lado, la actividad metabólica disminuye notablemente durante la noche, por eso la cena debería ser una de las comidas menos abundantes del día.
- **Después de comer, actividad.** Si aprovechas los ratitos después de comer para realizar alguna actividad física moderada, tu metabolismo se activará y quemará todavía más calorías que con el "estómago vacío". Sin embargo, recuerda que la actividad elegida no debe ser demasiado brusca o extenuante, porque de ese modo lo único que conseguirías es tener una mala digestión.

[1]*fast* [2]*storage* [3]*skip*

Adaptado de: **http://www.univision.com/content/content.jhtml?cid=781515**

ACTIVIDAD 5•25 **Peticiones religiosas.** La profesora Sylvia Ríos Montero de la Universidad de Chile afirma que en una de las ceremonias la *machi* canta: "Te rogamos que llueva para que produzcan las siembras, para que tengamos animales." Escribe otras peticiones que la gente (*people*) puede hacer. Usa los verbos **pedir, rogar, suplicar** e **implorar.**

1. ____________________
2. ____________________
3. ____________________
4. ____________________

Online Study Center
ACE the Test / Improve Your Grade: Las formas del presente del subjuntivo

CONÉCTATE CON EL IDIOMA

Mandatos formales y mandatos informales negativos

RANGA RANGA (RECETA BOLIVIANA)

Ingredientes para 6 personas

1 librillo [carne] de res (*beef*)
12 papas
1 plato de ají amarillo molido
1/2 cucharadita de pimienta
1 diente de ajo molido
2 cebollas
1 tomate grande
sal

Preparación: Lave bien la carne. Corte el librillo en tiras finas antes de darle un hervor (*before boiling it*). En una cacerola fría, ponga el ají con ajo, pimienta y sal; añada agua y el librillo picado y deje hervir hasta que cocine. Aparte, pique la cebolla pluma y el tomate en cuadritos, aderece con sal y poco aceite. Ponga a cocinar las papas con sal. Sirva en plato hondo. Calorías por ración 498.

In the ***RePaso*** and **Paso 1** you learned to give affirmative informal commands **(Abre el libro).** You have also seen them in the direction lines, e.g., **Trabaja con un(a) compañero(a)...** Here you will focus on the negative informal commands, as well as the negative and affirmative formal commands, all of which are derived from the present subjunctive. Review the verbs below to see how formal affirmative commands are formed, then look at the recipe above to see how they are used.

lavar (to wash) → **lave** (wash)
cortar (to cut) → **corte** (cut)
freír (to fry) → **fría** (fry)
añadir (to add) → **añada** (add)
picar (to mince) → **pique** (mince)
aderezar (to dress) → **aderece** (dress)

Remember that when using direct-object pronouns with commands, they are attached to the command when affirmative **(sírvalo)** but precede negative commands **(no lo sirva).**

	hablar	**comer**	**vivir**	**dormir**	**poner**
tú	habla	come	vive	duerme	pon
tú (negative)	no hables	no comas	no vivas	no duermas	no pongas
vosotros	hablad	comed	vivid	dormid	poned
vosotros (negative)	no habléis	no comáis	no viváis	no durmáis	no pongáis
Ud.	(no) hable	(no) coma	(no) viva	(no) duerma	(no) ponga
Uds.	(no) hablen	(no) coman	(no) vivan	(no) duerman	(no) pongan

Práctica

ACTIVIDAD 5•26 Buenos modales en la mesa. Carmen Moreau Canales, Relacionadora Pública en Chile, nos recomienda que sigamos las siguientes guías sociales cuando nos inviten a cenar. Completa los espacios en blanco con el mandato formal singular de los verbos entre paréntesis.

- (1) ___________ (Esperar) a que su anfitrión (*host*) comience a comer. No (2) ___________ (gesticular) con el tenedor o el cuchillo.
- Se comienza a utilizar los cubiertos empezando por los que están hacia afuera, de modo que los cubiertos que se usen para la entrada sean los de más afuera, y así sucesivamente.
- El pan (que se encuentra a la izquierda) se unta (*spread*) con la mantequilla sobre el plato de pan, se parte con la mano.
- Todos cometemos errores, si por casualidad se le cae el cubierto al suelo, no lo (3) ___________ (recoger), (4) ___________ (hacerle) una señal al mozo para que le traiga otro.
- La servilleta se pone en su regazo (*lap*), se usa antes y después de beber. Si por algún motivo debe levantarse de la mesa, la servilleta debe quedar en su silla, y volver a colocarla en su regazo al sentarse.
- Al terminar de comer, no (5) ___________ (doblar) la servilleta, se toma por el centro y se deja a su izquierda.
- Si por error alguien bebe de su copa (que se encuentra a su derecha), no se (6) ___________ (preocupar), (7) ___________ (llamar) al mozo y (8) ___________ (pedir) que le traiga otra.
- Al terminar de comer, los cubiertos deben quedar sobre el plato en paralelo, con el mango (*handle*) hacia usted. Las púas (*tines*) del tenedor hacia arriba.

Adaptado de: **www.buenosmodales.ci**

ACTIVIDAD 5•27 La salud. Dile a tu compañero(a) qué debe hacer para mantenerse sano(a). Sigue el modelo.

MODELO: comer más verduras
Come más verduras.

1. consumir más frutas
2. preparar comidas bajas en grasa
3. comprar pan integral

4. ir al gimnasio y hacer más ejercicio
5. caminar todos los días
6. dormir por lo menos ocho horas al día
7. evitar comer mucha carne de res

Ahora, dile a tu compañero(a) qué no debe hacer para mantenerse sano(a).

MODELO: no comer comida rápida
No comas comida rápida.

8. no conducir tu carro cuando puedes caminar
9. no consumir más de uno o dos vasos de vino diariamente
10. no comer dulces y postres todos los días
11. no acostarse tarde con frecuencia
12. no olvidar desayunar todas las mañanas
13. no beber mucho café
14. no comprar comidas con preservativos

Herramienta estratégica

USING CIRCUMLOCUTION

To use circumlocution is to find a round-about way of saying something that could be said in a single word, or to use a synonym that conveys the intended meaning. This is a strategy you can use effectively since you have acquired a fair bit of Spanish vocabulary to let you overcome limitations in your writing and speaking. Let's say you forgot the Spanish word for *knife*. You could say, **Es el utensilio que se usa para cortar comidas.** Using circumlocution, how would you say these kitchen words: *oven rack, oven mitt, lid, tongs*?

ACTIVIDAD 5•28 **¿Qué deben hacer?** Tus amigos creen que tú lo sabes todo. Por eso quieren que tú les des consejos. Con un(a) compañero(a), hagan y contesten las preguntas, según el modelo.

MODELO: **E1:** *Ricardo y yo queremos ser ingenieros. ¿Qué debemos estudiar?*
E2: *Estudien matemáticas.*

1. Nick y yo tenemos dolor de estómago. ¿Qué debemos tomar?
2. Enrique y yo tenemos dos exámenes mañana. ¿Dónde debemos estudiar?
3. Ava y yo estamos supercansados(as) pero tenemos que terminar nuestro trabajo de investigación. No sabemos qué hacer.
4. Juan y yo tenemos mucha hambre pero la cafetería está cerrada.
5. Jorge y yo necesitamos investigar sobre las comidas de Argentina y Chile pero la biblioteca ya se cerró.
6. Janna y yo vamos a viajar a Perú durante las próximas vacaciones. ¿Dónde debemos comprar los pasajes?
7. Para ahorrar dinero, Laura y yo queremos comprar libros por Internet. ¿Qué sitio en el Internet debemos usar?
8. Andy y yo necesitamos conseguir pasaportes. ¿A dónde debemos ir?
9. Lolo y yo queremos saber qué clases debemos tomar el próximo semestre.
10. Zoila y yo tenemos que escoger entre leer *El Quijote* o *Macbeth.* ¿Cuál escogemos?

 **ACTIVIDAD 5•29 Plano de Tocopilla, Chile.** Hay personas perdidas (*lost*) en Tocopilla, Chile. Mira el plano para decirle cómo llegar a los destinos a continuación.

Vocabulario útil: doblar (*turn*) a la derecha / izquierda, seguir derecho (*to go straight*), cuadras (*blocks*)

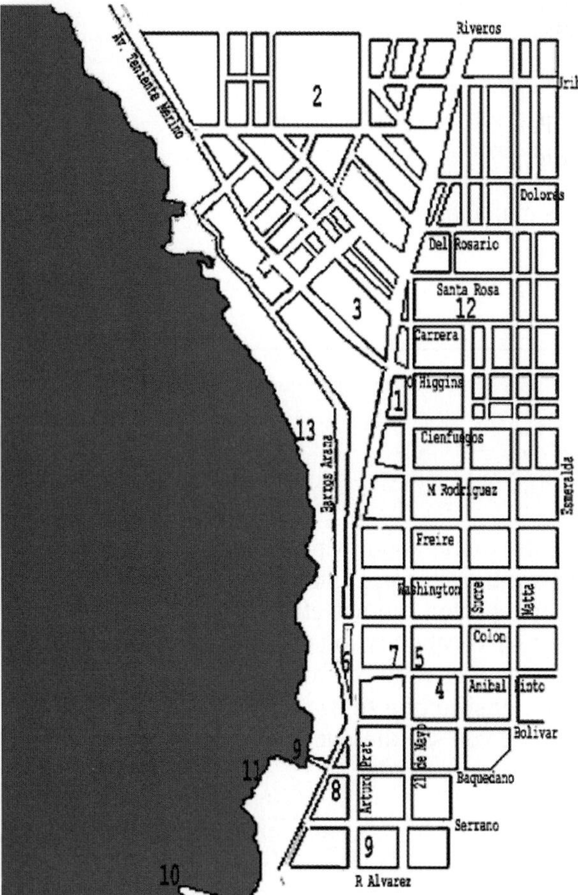

1 Mercado Municipal
2 Cementerio
3 Cancha de Fútbol
4 Plaza central
5 Municipalidad
6 Locomotora Minera
7 Gobernación y Correo
8 Torre del Reloj
9 Iglesia Parroquial Nuestra Señora del Carmen
10 Brazo Mecánico Soquimich
11 Muelle Soquimich
12 Hospital
13 Balneario el Salitre

 MODELO: Cancha de fútbol → Locomotora Minera

E1: *Perdón. ¿Cómo se va de la Cancha de fútbol a la Locomotora Minera?*

E2: *Vaya a la calle Arturo Prat, doble a la derecha, siga derecho por seis cuadras. Locomotora Minera está a la derecha.*

1. Gobernación y Correo → Mercado Municipal
2. Torre del Reloj → Plaza Central
3. Balneario de Salitre → Municipalidad
4. Hospital → Iglesia Parroquial Nuestra Señora del Carmen

Online Study Center
ACE the Test: Mandatos formales y mandatos informales negativos

Apunte cultural

¿PAPAS O PATATAS?

The word for *cake* in many Spanish-speaking countries is **pastel** or **torta,** but did you know that a **pastel** in Puerto Rico is a food made of green bananas and filled with meat and that Puerto Ricans refer to cake as **bizcocho?** That's right—words for foods sometimes differ from one Spanish-speaking country to another. **Papa,** the word for *potato* in Latin America, is not used in Spain, where they call the *potato* a **patata.** A **tortilla** in Mexico is what comes with a soft taco and is made of corn or white flour. A **tortilla española** is made of eggs and potatoes. A **tortilla de huevos** elsewhere would be a plain omelet. Can you think of other examples? What about examples in English from different parts of the United States?

Síntesis e interacción

 **ACTIVIDAD 5•30 Conversación.** Habla con un(a) compañero(a) de clase de los siguientes tópicos personales. Usen oraciones completas.

1. ¿Qué consejos les dan los padres a sus hijos antes de ir a la universidad? ¿Sigues los consejos de tus padres? ¿Por qué sí o por qué no?
2. Casi todos tenemos miedo de algo. ¿De qué tienes miedo tú? ¿Tienes miedo de que el(la) profesor(a) no te dé una buena nota o de que no apruebes (*pass*) una clase?
3. Ninguna universidad es perfecta. ¿Qué quieres que se cambie en tu universidad?
4. Todos tenemos dudas. ¿De qué dudas tú? ¿Dudas de que algún día tú y tus compañeros sean totalmente bilingües?
5. ¿Crees que existan formas de vida inteligente en otros planetas? ¿Por qué sí o por qué no?

 **ACTIVIDAD 5•31 Una cena familiar.** Una amiga te ha invitado a una cena familiar para celebrar el cumpleaños de su esposo.

A. Trabaja con una pareja para decidir lo siguiente: cuándo debe llegar la persona invitada (un poco temprano, a la hora en punto, un poco tarde); si debe llevar regalo para la anfitriona; si lleva regalo, ¿qué debe ser?; qué platos y bebidas se van a servir. Añade otras categorías o situaciones que se deban considerar también.

B. Ahora un(a) estudiante hace el papel de la anfitriona y el(la) otro(a) hace el papel de la persona invitada. Presenten un diálogo entre estas dos personas desde el momento de llegar la persona invitada hasta el momento de irse. **¡Ojo!** ¡No olviden los buenos modales!

Herramienta estratégica

BREAKING DOWN PHRASES, EXPRESSIONS, AND WORDS

To understand something new and complex, whether you heard it or read it, you might want to break down the new word, phrase, sentence, or paragraph into manageable parts or *chunks*. This is an especially constructive strategy when reading because you have more time to go over the written text, as well as to reflect upon and analyze it. By breaking down the word **desplumadas** into components, you get **des-plum-adas.**

des-	prefix meaning *un, not*
plum(a)-	you might immediately think *pen* or *plum*, but seeing the word in context may help you think of *plume* or *feather*
-adas	feminine, plural ending of the past participle, which can be used as an adjective

Thus you have: **desplumadas** = *not feathered, plucked.*

Antes de leer

A. Analiza. Mira las siguientes palabras y oraciones. Divídelas y luego di lo que significan. Usa la nueva estrategia.

1. terrenos
2. vaciadas
3. desagrado
4. Como Rosaura no había querido participar de las actividades culinarias desde que se quemó las manos en el comal (*cast iron plate used in Mexican cooking*), lógicamente ignoraba éste y muchos otros conocimientos gastronómicos.
5. Rosaura, pretextando náuseas y mareos, no pudo comer más que tres bocados.

B. Explica. Lee las siguientes oraciones. Luego identifica y explica el tiempo verbal que se usa para los verbos en letra itálica.

1. Es importante que se *desplume* a las cordornices (*quail*)...
2. Cuando Tita amablemente *quiso* darle algunos consejos, Rosaura se *molestó* enormemente y le *pidió* que la dejara sola en la cocina.
3. Cuando se *sentaron* a la mesa *había* un ambiente ligeramente (*lightly*) tenso, pero no *pasó* a mayores hasta que se *sirvieron* las codornices.

C. El título. ¿Qué significa el título *Como agua para chocolate*?

La autora

Laura Esquivel nació en México en 1950. Su primera novela *Como agua para chocolate* (1990) tuvo gran éxito. Se vendieron más de tres millones de ejemplares por todo el mundo. En el siguiente extracto, Tita, Rosaura y Gertrudis son hermanas. Tita y Rosaura están enamoradas de Pedro, a quien tratan de impresionar.

COMO AGUA PARA CHOCOLATE (EXTRACTO)

LAURA ESQUIVEL

Después de desplumadas y vaciadas las codornices[1], se les recogen y atan las patas[2], para que conserven una posición graciosa mientras se ponen a dorar[3] en la mantequilla, espolvoreadas[4] con pimienta y sal al gusto.

Es importante que se desplume a las codornices en seco, pues el sumergirlas en agua hirviendo[5] altera el sabor de la carne. Éste es uno de los innumerables secretos de la cocina que sólo se adquieren con la práctica. Como Rosaura no había querido participar de las actividades culinarias desde que se quemó[6] las manos en el comal, lógicamente ignoraba éste y muchos otros conocimientos gastronómicos. Sin embargo[7], quién sabe si por querer impresionar a Pedro, su esposo, o por querer establecer una competencia con Tita en sus terrenos, en una ocasión intentó cocinar. Cuando Tita amablemente quiso darle algunos consejos, Rosaura se molestó enormemente y le pidió que la dejara sola en la cocina.

Obviamente, el arroz se le batió[8], la carne se le saló y el postre se le quemó. Nadie en la mesa se atrevió[9] a mostrar ningún gesto de desagrado, pues Mamá Elena a manera de sugerencia había comentado: —Es la primera vez que Rosaura cocina y opino que no lo hizo tan mal. ¿Qué opina usted, Pedro?

Pedro, haciendo un soberano esfuerzo, respondió sin ánimo de lastimar a su esposa.

—No, para ser la primera vez no está mal.

Por supuesto esa tarde toda la familia se enfermó del estómago.

Fue una verdadera tragedia, claro que no tanta como la que se suscitó en el rancho ese día. La fusión de la sangre de Tita con los pétalos de las rosas que Pedro le había regalado resultó ser de lo más explosiva.

Cuando se sentaron a la mesa había un ambiente ligeramente tenso, pero no pasó a mayores hasta que se sirvieron las codornices. Pedro, no contento con haber provocado los celos de su esposa, sin poderse contener, al saborear el primer bocado[10] del platillo, exclamó, cerrando los ojos con verdadera lujuria[11],

—¡Éste es un placer de los dioses[12]!

—Mamá Elena, aunque reconocía que se trataba de un guiso[13] verdaderamente exquisito, molesta por el comentario dijo:

—Tiene demasiada sal.

Rosaura, pretextando náuseas y mareos, no pudo comer más que tres bocados. En cambio, a Gertrudis algo raro le pasó.

[1]*despumadas...* *the quail plucked and emptied* [2]*atan...* *tie their legs* [3]*to brown* [4]*sprinkled* [5]*boiling* [6]*burnt* [7]*nevertheless* [8]*stuck together* [9]*dared* [10]*bite* [11]*lust* [12]*un...* *a pleasure of the gods* [13]*stew*

Comprensión

1. ¿Quiénes cocinaron y qué prepararon?
2. ¿Quién cocinó mejor?
3. ¿Qué les ocurrió a las personas que comieron la comida de Rosaura?
4. ¿Cómo afectó la comida de Tita a Pedro y a su familia?
5. ¿Sabemos cómo reaccionó Gertrudis?

Expansión

¿Y Gertrudis? Usa la imaginación y continúa la historia. ¿Cómo crees tú que Gertrudis reaccionó después de comer las codornices que Tita había preparado con tanto amor?

¡A escribir!

Nuestro libro de cocina

Herramienta estratégica
OUTLINING

Outlining is a great way to help you organize your thoughts for writing. Outlines typically follow a set format that takes you from broader topics and themes to more narrow supporting ideas or details. The more detailed an outline is, the easier it will be to write the draft. An example of a topic outline format appears below. **¡Ojo!** Remember that in Spanish only the first word of a title and proper nouns (names of individuals or geographical places) are capitalized.

Título

I. Primer tema importante (Muchas veces, es una introducción)
  A. Primer subtema
  B. Segundo subtema
    1. Primer ejemplo/detalle sobre el subtema
II. Segundo tema importante
III. Tercer tema importante
IV. Cuarto tema importante
V. Tema final (Conclusión)

Antes de escribir

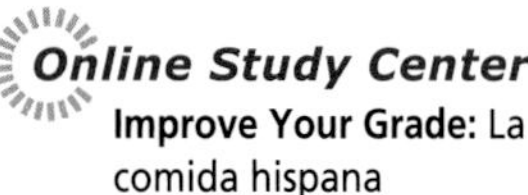

Improve Your Grade: La comida hispana

Con un grupo decidan qué clase de libro de cocina quieren escribir. Puede ser de un país o de una categoría específica (recetas vegetarianas, sopas, etc.), pero tiene que ser sobre la comida hispana. Hagan un bosquejo (*outline*) del libro. Deben incluir un prefacio y diferentes platos. Consulten el *Online Study Center* si quieren hacer una investigación sobre diferentes tipos de comida hispana.

Redactar

Ahora redacta tu libro de cocina. Debes diseñar una cubierta y organizar el libro según el bosquejo.

Después de escribir

Prepara uno de los platos del libro y compártelo con la clase.

Conéctate con la comunidad

Los restaurantes y mercados de comida hispana. Con un grupo pequeño, hagan una investigación sobre los restaurantes y mercados en su ciudad o de su pueblo. Para encontrar información, usen la guía telefónica, la biblioteca, el Internet o hablen con los miembros de la casa hispana en su campus, con personas de algún club latino, con los profesores de español o con los estudiantes que se especializan en español. Haz una lista con la siguiente información:

- lugar
- dirección
- teléfono
- horas de servicio
- precios
- clase de comidas que se vende
- otra información importante

Online Study Center
ACE the Test / Improve Your Grade: Los restaurantes, Los sabores

LA MISMA REALIDAD, PERSPECTIVAS DIFERENTES

Good manners

Most Western cultures use the same fork and knife to eat. In the United States, children are taught to eat with the fork in the right hand, no matter what. For example, meat is cut, the knife is placed on the plate, and the diner switches the fork to the right hand to eat. In many Hispanic countries, the fork is held in the left hand while the right hand is used to hold the knife and cut the food. It's perfectly okay (in fact, it's expected) to eat with the fork in the left hand—but, please no elbows on the table!

Vocabulario activo

Las comidas

Cognados: **la banana, el cereal, la hamburguesa, el salmón, el sándwich**

El desayuno

los huevos revueltos	scrambled eggs
la mantequilla	butter
el pan tostado	toast

El almuerzo

el arroz	rice
el bocadillo	grinder; sub
la ensalada	salad
las papas fritas	French fries
el queso	cheese
la sopa	soup

La cena

el atún	tuna
los mariscos	shellfish
el pescado	fish

Las carnes

el biftec/bistec	steak
las chuletas de cerdo	pork chops
el jamón	ham
el pollo	chicken
la salchicha/el chorizo	sausage/large sausage
el tocino	bacon

Las frutas y verduras

el bróculi	broccoli
la cebolla	onion
los champiñones	mushrooms
los chiles/pimientos	peppers
la espinaca	spinach
las fresas	strawberries
los guisantes	peas
el limón	lemon
el melón	cantaloupe
el plátano	banana; plantain
las zanahorias	carrots

Los ingredientes y las especias

el aceite de oliva	olive oil
el ajo	garlic
el azafrán	saffron
el perejil	parsley
la pimienta	pepper
la sal	salt

Las bebidas

el agua embotellada	bottled water
el café	coffee
el jugo de naranja	orange juice
la leche	milk
los refrescos	soft drinks
el vino tinto/blanco	red/white wine

El postre

las galletas	cookies
el pastel/la torta	cake

Verbos

asar (en el horno)	to roast
batir	to beat, whip
cocer (al horno)	to bake
cocinar	to cook
freír (i)	to fry
hervir (ie)	to boil
pelar	to peel
picar	to mince, chop up
sazonar	to season
sofreír	to sauté; to fry lightly

Utensilios

la batidora	mixer
el caldero	cauldron
la cazuela/la cacerola	saucepan
el cuenco/el tazón	bowl
la sartén	frying pan

Para comer en un restaurante

el(la) camarero(a)/ el(la) mesero(a)/ el(la) mozo(a)	waiter
la cuenta	check
el menú/la carta	menu
la propina	tip

Para poner la mesa

la copa/el vaso	glass
la cuchara	spoon
el cuchillo	knife
el plato	plate
la servilleta	napkin
el tenedor	fork

Los sabores

agridulce	bittersweet
amargo	bitter
dulce	sweet
picante	spicy
salado	salty
soso	bland

Expansión

Las medidas

un cuarto	a quart
una cucharada	a tablespoon
una cucharadita	a teaspoon
un galón	a gallon
una libra	a pound
una onza	an ounce
una pizca	a pinch
una taza	a cup

PASO 6

El pez grande se come al chico

Nuestro mundo natural y nuestro medio ambiente

Pasemos adelante así...

Comunicación funcional

By the end of this **paso,** you will be able to:

- talk about nature and the environment
- plan outdoor activities
- further express hope, desire, doubt, uncertainty, and other emotions
- make predictions and express future possibilities
- make conjectures and approximations with the conditional

Para empezar

Mira la foto y hazle las siguientes preguntas a un(a) compañero(a) de clase.

1. En tu opinión, ¿qué representa el avión? ¿Y la iguana?
2. ¿En qué tipo de clima están el avión y la iguana? ¿Cómo lo sabes?
3. ¿Dónde es común ver la yuxtaposición del mundo natural y el mundo tecnológico?
4. ¿Crees que es posible que el avión y la iguana puedan coexistir en paz? Explica.

PRIMERA ETAPA
¡Hablemos de la naturaleza y el mundo natural!

Vocabulario

El mundo natural

la sierra is another term for *mountain range*

las Cataratas de Iguazú

el Desierto Atacama

la pampa/la llanura/el llano

Valle de los Chillos (Quito)

el altiplano

la selva tropical

el cañón de Colca

Bahía Drake

Otras palabras útiles

el arroyo	small stream, brook
el bosque	forest
el cauce del río	riverbed
la charca, el estanque	pond
la costa	coast
la frontera	border
la orilla	shore
el paisaje	landscape
la selva	jungle
el suelo del bosque/de la selva	forest/jungle floor
la tierra/la Tierra	earth, land/Earth

Herramienta estratégica

UNDERSTANDING THE CONTEXT

It's a good idea to keep your toolbox handy and remind yourself of the strategy tools you already know how to use as you add new ones. For example, you have practiced a number of strategies for learning/figuring out new vocabulary: using cognates (***Re*****Paso**), using lexical clues like stems and affixes (**Paso 3**), and using what you already know about a certain topic to help you figure out the meaning. Related to using what you already know to figure out meaning is the strategy of understanding the context on both a general and a specific level. For example, on a general level, a guide published by the Federal Emergency Management Agency is likely to contain information on what to do in emergencies, right? Understanding the context can then help you understand meanings of individual words. Be sure to use all the strategies in your toolbox as you complete the following activity.

Los desastres naturales y ambientales

 **¡Pruébalo tú!** Lee los párrafos a continuación de *¿Está listo? Una guía completa para la preparación ciudadana*. Después de leer, trabaja con otro(a) estudiante para adivinar el significado de las palabras y expresiones en negrilla (*in bold*). Pueden adivinar utilizando sus herramientas estratégicas: el contexto de la oración en que aparecen, los cognados, las claves (*clues*) léxicas o lo que ya sepan sobre este tema.

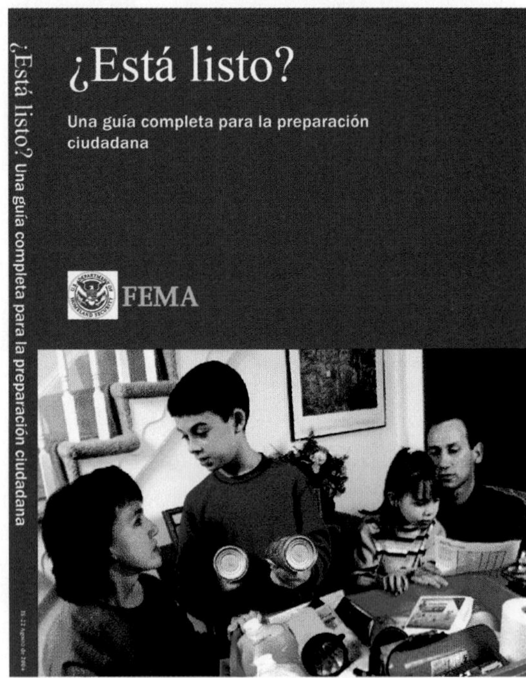

Riesgos[1] naturales

Los riesgos naturales, como las **inundaciones,** los **incendios,** los **terremotos,** los **tornados** y las **tormentas** de viento afectan a miles de personas todos los años. Necesitamos conocer los peligros[2] que corremos ante los desastres naturales y tomar precauciones sensatas para protegernos a nosotros mismos, a nuestra familia y a nuestra comunidad.

Tsunami

El **tsunami** o **maremoto**, a veces erróneamente llamado marejada, consiste en una serie de olas enormes causadas por un disturbio debajo del agua, semejante a un terremoto.

El movimiento del fondo del océano, inducido por terremotos, muy a menudo genera los tsunamis. Los **derrumbes de tierra**, las **erupciones volcánicas** e incluso los meteoritos también pueden generar tsunamis. Las olas del tsunami, con toda el agua que desplazan, causan mucha destrucción en las zonas afectadas. Otros peligros incluyen inundaciones, contaminación del agua potable e incendios, debido a las líneas de gas o a los tanques que se rompen en esos casos.

Calor extremo

La **sequía** puede afectar regiones territoriales extensas y grandes sectores de la población. La sequía también crea condiciones ambientales que aumentan el riesgo de que se presenten otros problemas, como incendios, inundaciones repentinas[3] posibles derrumbes de tierra y desprendimientos de escombros[4]. Si el agua se conserva, habrá más agua disponible para cubrir las necesidades cruciales de todos en caso de una sequía.

---

[1]*risks* [2]*dangers* [3]*sudden, flash* [4]*rubble, debris*

Adaptado de: **www.fema.gov**

Práctica

ACTIVIDAD 6•1 ¡A escuchar! La riqueza de Latinoamérica. Escucha al ingeniero ambiental Mario Salazar describir la riqueza del mundo natural de Latinoamérica desde Centroamérica hasta el extremo sur de América.

A. Antes de escuchar, mira la lista de lugares geográficos del continente latinoamericano. Luego, escucha y marca con una **X** los aspectos que Mario mencione.

____________	el bosque	____________	la selva
____________	el río	____________	las pampas
____________	las cataratas	____________	el cañón
____________	la zona andina/cordillera de los Andes	____________	el valle
____________	el desierto	____________	Tierra del Fuego

B. Ahora escucha otra vez. Mira el mapa e indica el lugar geográfico general al cual se refiera.

ACTIVIDAD 6•2 El mundo natural de Latinoamérica. Compara los elementos del mundo natural de Latinoamérica con los de otros continentes. Usa estructuras comparativas y superlativas al escribir las respuestas. **Vocabulario útil:** profundo (*deep*)

MODELO: ríos

Asia: Chang Jiang (Yangtze) – 6.380 km (3.964 mi)
África: Nilo – 6.695 km (4.160 mi)
Suramérica: Amazonas – 6.788 km (4.000 mi)
El río Yangtze es el más corto de los tres. El Nilo es más largo que el Yangtze. El Amazonas es el más largo de los tres.

1. picos

Asia: El Pico Everest – 8.850 m sobre el nivel del mar
Norte América: El Pico McKinley – 6.194 m sobre el nivel del mar
Suramérica: El Pico Aconcagua – 6.962 m sobre el nivel del mar

2. cañones

África: El Cañón Blyde River – 850 m bajo el nivel del mar
Norte América: El Gran Cañón – 1.524 m bajo el nivel del mar
Suramérica: El Cañón de Colca – 3.400 m bajo el nivel del mar

3. lagos navegables

Australia: El Lago Azul – 1.900 m sobre el nivel del mar
Europa: El Lago Turye – 3.300 m sobre el nivel del mar
Suramérica: El Lago Titicaca – 3.810 m sobre el nivel del mar

ACTIVIDAD 6•3 Las especies (*species*) y su hábitat. Escoge la(s) palabra(s) de la columna a la derecha que corresponda(n) a cada animal de la primera columna.

1. el jaguar	a. los Andes
2. el mono (*monkey*)	b. la pampa
3. la llama	c. el lago
4. el salmón	d. la charca
5. la rana (*frog*)	e. la selva tropical húmeda
6. la trucha (*trout*)	f. el río
7. el ganado (*cattle*)	g. el desierto
8. la anaconda	h. la selva
9. el armadillo	i. el arroyo

ACTIVIDAD 6•4 ¡Veinte preguntas! Un(a) estudiante piensa en un animal que habita en Latinoamérica y el(la) otro(a) trata de adivinar con menos de 20 preguntas. (**¡Ojo!** El(La) estudiante sólo puede contestar **sí** o **no.**) Usa los animales de la actividad anterior y los siguientes animales: alpaca, puma, iguana, loro (*parrot*), guacamayo (*macaw*), caballo, tortuga.

MODELO: **E1:** *Estoy pensando en un animal.*
E2: *¿Habita en las montañas?*
E1: *No, no vive en las montañas.*

ACTIVIDAD 6•5 La galería de especies raras: La flora y fauna de Latinoamérica.

A. Con un(a) compañero(a), escojan una región de Latinoamérica e investiguen sobre varias especies raras de plantas (flora) o de animales (fauna) que existan en esa región. ¿Hay algunas que no existan en los Estados Unidos? Si es posible, visiten un parque zoológico, una agencia ambiental o geográfica o unas exposiciones en varios departamentos de su universidad para informarse sobre estas especies. Si estos recursos no están disponibles o si no hay nadie que sepa mucho sobre Latinoamérica, pueden consultar las fuentes de información de la biblioteca o del *Online Study Center* para completar esta actividad.

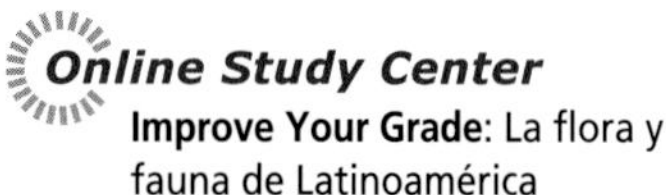

Improve Your Grade: La flora y fauna de Latinoamérica

B. Con tu compañero(a), hagan una presentación visual de su región. Incluyan dibujos e información importante sobre las especies y sus hábitats.

C. Pongan las presentaciones alrededor de la clase y caminen por la **Galería de especies raras.** Túrnense para ser el (la) experto(a) que contesta las preguntas de los visitantes de la galería.

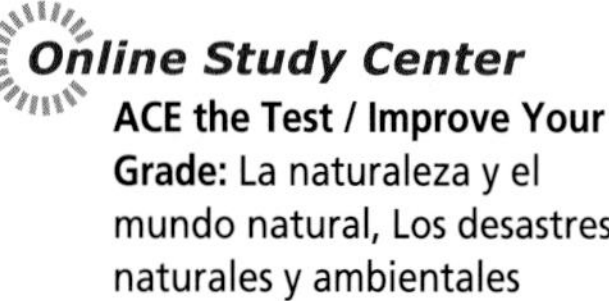

ACE the Test / Improve Your Grade: La naturaleza y el mundo natural, Los desastres naturales y ambientales

CONÉCTATE CON EL IDIOMA

Más sobre el subjuntivo: Expresiones de voluntad, deseo, emoción, duda y expresiones impersonales

A. Expresiones de voluntad y deseo

PELIGRO
No entre
Señorita, le prohíbo que **entre** en ese edificio. ¿No ve que se está cayendo?

¿Recuerdas?

CLÁUSULAS Y ORACIONES COMPLEJAS (*COMPLEX STRUCTURES*)

You have already seen a **Tertulia lingüística** that discusses complex sentences, which contain an independent clause (i.e., a sentence unto itself) and a dependent or subordinate clause (i.e., a phrase with a subject and verb that needs to be connected to an independent clause to make sense). These clauses are joined by subordinating conjunctions (*when, provided that, where,* etc.) or relative pronouns (*that, who, whose, whom, which*), that is, a word that "relates" back to a word or concept in the main clause. Complex sentences have two different subjects in each clause. Remember that in English we sometimes omit the relative pronoun, but in Spanish we *must* use it:

This is the valley (that) I visited last summer. ("that I visited last summer" is a dependent clause; *that* refers to *valley*)

Este es el valle **que** *visité el verano pasado.* (Remember that in Spanish, you must use the relative pronoun.)

While in the last **paso** we focused on how to form the subjunctive, here we concentrate further on when to use it. When the subject of the main clause wishes to influence the subject of the subordinate clause or express the will or volition of the main subject over the second subject, you use the subjunctive in the **que** or subordinate clause. (Remember the **V** of **VEDU** that you saw in **Paso 5.**) **¡Ojo!** In these cases the subject of the main clause is different from the subject of the dependent clause.

Following is a partial list of verbs that express influence or volition:

aconsejar que	permitir que
decir que	prohibir que
exigir que	querer/desear que
insistir en que	recomendar que
mandar que	rogar que
pedir que	sugerir que

Remember that it is not the **que** that triggers the subjunctive, but rather the different subjects together with a verb that requires the subjunctive. Also remember that either the infinitive or the indicative may follow the **que,** as in these examples:

Tenemos que hacer más para salvar la tierra.	*We have to do more to save the land.*
Ellos saben que tú amas la naturaleza.	*They know you love nature.*

Práctica

ACTIVIDAD 6•6 Lugares naturales de gran interés. Trabaja con una pareja para formar oraciones completas. Empareja los deseos de la primera columna con las acciones de la segundo. **¡Ojo!** Tienen que cambiar los infinitivos en letra itálica al subjuntivo.

1. Los argentinos recomiendan
2. Los costarricenses quieren
3. Los EE.UU. prohíben
4. El estado de Arizona nos aconseja
5. Los peruanos y bolivianos sugieren
6. Los ecólogos insisten en
7. Algunos ecuatorianos desean

a. que nosotros *ver* lago Titicaca, el lago navegable más alto del mundo.
b. que se *prohibir* pescar con cuerdas de kilómetros de longitud provistos de miles de anzuelos (*fish hooks*) cerca de las islas Galápagos.
c. que uno *cruzar* ilegalmente el río Grande.
d. que los turistas *ir* a las cataratas del Iguazú, en la frontera entre Argentina y Brasil.
e. que nosotros *salvar* la Amazonia, el bosque primario más grande de la Tierra.
f. que nosotros *tener* cuidado cerca del volcán Arenal.
g. que *hacer* un viaje a Arizona para ver el Gran Cañón, una de las siete maravillas de la naturaleza.

ACTIVIDAD 6•7 La conservación y la protección del medio ambiente. ¿Qué se debe hacer en los siguientes casos? Con una pareja, formen oraciones, usando las siguientes palabras. Luego añadan sus propias ideas. No es necesario incluir los sujetos.

MODELO: tú / exigir / ellos / apagar / las luces cuando salen de un cuarto.
Exiges que ellos apaguen las luces cuando salen de un cuarto.

1. Mario / insistir en / tú / no usar / mucha agua durante una sequía.
2. los padres / querer / sus hijos / aprender a / reciclar.
3. los ecólogos / pedir / nosotros / conservar / energía.
4. Mario / prohibir / los estudiantes / hacer / muchas fotocopias.
5. nosotros / no permitir / ellos / manejar / cuando pueden caminar.
6. yo / mandar / Uds. / consumir / comidas sin pesticidas.
7. ...

ACTIVIDAD 6•8 Desastres naturales. Lee las siguientes situaciones y luego pregúntale a un(a) compañero(a) de clase lo que él(ella) cree que Mario recomienda. Tu compañero(a) tiene que cambiar el infinitivo apropiado en letra itálica al subjuntivo. Sigue el modelo.

MODELO: **E1:** *Tu primo está discapacitado (*disabled*) y necesita saber cómo puede prepararse para un terremoto. ¿Qué le aconseja Mario?*

a. le *dar* un juego de llaves a un amigo para que abra la puerta en caso de emergencia
b. *comer* todas sus provisiones de emergencia
c. no *pedir* ayuda a la Cruz Roja

E2: *Le aconseja que le dé un juego de llaves a un amigo...*

1. Tu amigo vive cerca de una cordillera donde llueve durante semanas. Los meteorólogos creen que hay la posibilidad de un derrumbe de tierra. ¿Qué le recomienda Mario a tu amigo?
   a. *dormir* tranquilamente
   b. *irse* de su casa inmediatamente
   c. *ver* si los ríos cerca de su casa están llenos de lodo (*mud*)
2. Tus tíos acaban de comprar una casa en un lugar donde ha habido (*there have been*) inundaciones. ¿Qué les sugiere Mario que hagan si hay una alerta de inundación (*flood watch*)?
   a. *escuchar* las emisoras locales de radio y televisión para recibir información
   b. *ponerse* el traje de baño y que *prepararse* para nadar
   c. *subir* al techo (*roof*) de la casa
3. Tu hermana se mudó a (*moved to*) San Francisco y quiere saber cómo debe estar preparada para un terremoto. ¿Qué le aconseja Mario?
   a. *ir* al Puente Golden Gate y que *sacar* muchas fotos
   b. *tener* disponibles una linterna con baterías, un botiquín (*kit*) de primeros auxilios y mucha agua potable
   c. *aprender* el horario de los famosos *cable cars*
4. Tú vives en un apartamento con unos amigos. Para evitar un incendio, ¿qué les prohíbe Mario que Uds. hagan?
   a. *instalar* un detector de humo
   b. *mantener* un extintor de incendios en la cocina
   c. *fumar* en el apartamento

5. Tú acabas de comprar una casa en Florida, donde hay muchos huracanes. ¿En qué insiste Mario que tú hagas si hay un aviso de huracán?
   a. no *cubrir* las ventanas de mi casa con madera
   b. *volver* a casa inmediatamente
   c. *llenar* el tanque de gasolina de mi automóvil

ACTIVIDAD 6•9 Consejos y exigencias (*demands*) estudiantiles. Con una pareja, escríbanle cinco consejos al (a la) rector(a) de su universidad.

MODELO: *Señor(a) rector(a), recomendamos que los profesores reciban más ayuda tecnológica.*

1. ______________________________
2. ______________________________
3. ______________________________
4. ______________________________
5. ______________________________

ACTIVIDAD 6•10 ¿Qué desastres naturales ocurren donde tú estás?

A. Con un grupo pequeño, determinen qué desastre natural es probable que ocurra donde queda su universidad. Consulten con la Cruz Roja o busquen informacion en la biblioteca, en un club dedicado al medio ambiente o en los recursos en el *Online Study Center.*

B. Ahora, con tu grupo, hagan un póster/afiche que le diga a la gente cómo se debe preparar para tal caso. Usen el subjuntivo. Pongan el póster/afiche en el centro estudiantil de su universidad.

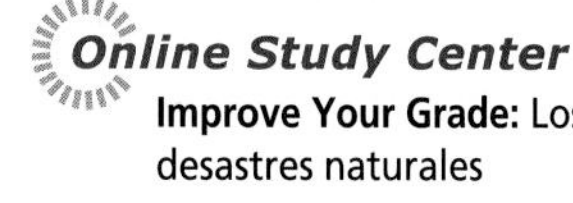

Improve Your Grade: Los desastres naturales

ACTIVIDAD 6•11 Conversación. Trabaja con un(a) compañero(a) para contestar las siguientes preguntas con oraciones completas.

1. ¿Qué quieres que tus profesores sepan de ti?
2. ¿Cuándo permite nuestro(a) profesor(a) de español que usemos un diccionario bilingüe?
3. ¿Qué recomienda nuestro(a) profesor(a) para que los estudiantes aprendan español?
4. ¿Qué quiere el club ambiental que los estudiantes hagan para cuidar del medio ambiente?
5. ¿Qué grupos musicales quieres que vengan a tocar en la universidad?
6. ¿Permites que la gente fume en tu casa? ¿Por qué?
7. ¿Qué productos desea la universidad que se reciclen?
8. ¿Prohíbe la universidad que los estudiantes consuman alcohol en el recinto universitario?
9. ¿Qué sugieres que haga una persona que ha bebido (*has drunk*) demasiado?
10. ¿Con qué frecuencia te piden tus parientes que los llames por teléfono?

B. Expresiones de emoción y duda y expresiones impersonales

The subjunctive is also used in the subordinate clause when the verbs in the main clause consist of **e**motion, **d**oubt/denial, and **u**ncertainty/non-existence and all the impersonal expressions that express these concepts. (Remember the **E, D, U** of **VEDU**?) Again, the subjects in the two clauses must be different. When only one subject exists, use an infinitive.

Es bueno que Uds. reciclen papel.	*It's good that you recycle paper.* (There are two subjects: *It* in the main clause and *you* in the subordinate clause.)
Es bueno reciclar.	*It's good to recycle.* (There is only one subject: *It*.)

Following is a partial list of impersonal expressions as well as verbs of emotion and doubt.

Emotion

es sorprendente (*surprising*)
es terrible
alegrarse de (*to be happy*)
esperar (*to hope*)
sentir (*to be sorry; to feel*)
sorprenderse
temer (*to fear*)
tener miedo de (*to be afraid of*)
ojalá (*I hope*)

Doubt/Denial

dudar (*to doubt*)
negar (*to deny*)
no creer (*not to believe*)
no pensar (*not to think*)
no es evidente
no es seguro (*it is not sure*)
no es cierto (*it is not certain*)

Impersonal expressions

es importante
es necesario
es posible
es probable
es una lástima (*it's a shame*)
es preferible
es bueno

¡Ojo! As soon as you make **dudar** and **negar** negative, you use the indicative: ***Dudo que* los pescadores *estén* en el mar ahora, pero *no dudo que van a ir* al mar.** Likewise, as soon as you say you are sure and believe, you use the indicative: ***No creo/No pienso que* los ecólogos *quieran* destruir el bosque. *Al contrario, creo/pienso que quieren* conservarlo.**

Tal vez and **quizá(s)** both mean *perhaps*, and both of these words may be followed by either the subjunctive or indicative, depending on whether the speaker wants to express doubt or not.

Práctica

ACTIVIDAD 6•12 **¿Qué opinan?** Lee las siguientes oraciones y decide si necesitas usar el subjuntivo o el indicativo de los verbos entre paréntesis.

1. Dudo que todas las fábricas (*factories*) ____________ (querer) tomar medidas (*measures*) para reducir la cantidad de humo que emiten.
2. Esperamos que más gente ____________ (comprar) automóviles eléctricos.
3. Me alegro de que más gente ____________ (estar) reciclando.
4. Los granjeros creen que ____________ (haber) más personas que consumen frutas y verduras orgánicas.
5. No hay duda de que los pesticidas ____________ (causar) enfermedades.
6. Es importante que los EE.UU. ____________ (hacer) más para preservar los bosques.
7. Los ecólogos temen que se ____________ (seguir) destruyendo la Amazonia.
8. Es cierto que la deforestación ____________ (contribuir) a la contaminación del aire.
9. Es necesario que todos nosotros ____________ (conservar) energía. Debemos apagar las luces cuando no las estamos usando.
10. El agua es un recurso importantísimo. Por eso, es necesario que nosotros no la ____________ (desperdiciar = *to waste*).

ACTIVIDAD 6•13 **Mario opina, pero Ramón se opone.** A Ramón le gusta oponerse a lo que dicen los expertos. Cambia las siguientes oraciones a la forma negativa.

MODELO: Es evidente que se habla mucho del efecto invernadero.
No es evidente que se hable mucho del efecto invernadero.

1. Creo que es importante conservar los bosques.
2. Dudo que el aire en nuestra ciudad sea puro.
3. Es verdad que hay programas de reciclaje en esta universidad.
4. Es obvio que los profesores caminan al recinto universitario en vez de usar su coche.
5. Niego que la universidad ofrezca una especialidad en ecología.

Online Study Center
ACE the Test: El subjuntivo: expresiones de voluntad, deseo, emoción, duda y expresiones impersonales

CONÉCTATE CON EL IDIOMA
El futuro

CHISTE

—Jaimito, ¿cuál es el futuro del verbo **bostezar** (*to yawn*)?
—**Dormiré.**

In the ***RePaso*** you learned that the future is most often expressed by **ir a** + *infinitive,* and in **Paso 1** you saw that the present tense may be used to express an immediate future: **Voy a pasar mis vacaciones en las montañas. Salgo mañana.** A third way to express the future is with the simple future tense, formed by adding the following endings to the infinitive:

		ser	
yo	ser**é**	nosotros/nosotras	ser**emos**
tú	ser**ás**	vosotros/vosotras	ser**éis**
él, ella, Ud.	ser**á**	ellos, ellas, Uds.	ser**án**

A few verbs are irregular in the future, but they are easy to remember if you use a grouping strategy. Note the endings are the ones used above.

Verbs that drop the vowel in the infinitive

haber: **habr**é, **habr**ás, **habr**á,...
caber: **cabr**é, **cabr**ás, **cabr**á,...
poder: **podr**é, **podr**ás, **podr**á,...
querer: **querr**é, **querr**ás, **querr**á,...
saber: **sabr**é, **sabr**ás, **sabr**á,...

Verbs that drop the final vowel in the infinitive and replace it with a-*d*

poner: **pondr**é, **pondr**ás, **pondr**á,...
salir: **saldr**é, **saldr**ás, **saldr**á,...
tener: **tendr**é, **tendr**ás, **tendr**á,...
valer: **valdr**é, **valdr**ás, **valdr**á,...
venir: **vendr**é, **vendr**ás, **vendr**á,...

Verbs that contract

decir: **dir**é, **dir**ás, **dir**á,...
hacer: **har**é, **har**ás, **har**á,...

In addition to expressing the future, this verb form is also used . . .

- to give the equivalent of a command:

  ¡No fumarás en esta casa! — *You will not smoke in this house!*
  No matarás. — *Thou shalt not kill.*

- to express conjecture or probability:

  ¿Cuántas especies estarán en peligro de extinción? — *I wonder how many species are endangered.*

—¿Dónde estará Miguel? — *I wonder where Miguel is.*

—Estará estudiando para el examen de ecología. — *He must/might be studying for the ecology exam.*

- to give approximations (rather than using the words *around* and *approximately*):

La Tierra tendrá 4,5 billones de años. — *Earth is around 4.5 billion years old.*

Práctica

ACTIVIDAD 6•14 ¿Cómo será el mundo en el año 2150? Con un(a) compañero(a) de clase, hagan cinco predicciones para el año 2150.

MODELO: **E1:** *No existirán automóviles que contaminen el aire.*
E2: *Habrá nuevos modos de transporte.*

ACTIVIDAD 6•15 El horóscopo.

A. Haz el papel de Walter Mercado y escribe un horóscopo para tres de los signos zodiacales: Aries, Tauro, Géminis, Cáncer, Leo, Virgo, Libra, Escorpio, Sagitario, Capricornio, Acuario, Piscis. Usa el futuro y los mandatos.

MODELO: *Piscis: Conocerás a una persona importante en una fiesta, pero no lo sabrás. No hagas la tarea por la mañana la semana próxima y lávate los dientes tres veces al día si quieres hacer nuevos amigos.*

Walter Mercado, el famoso astrólogo que vive en Puerto Rico.

B. Encuesta zodiacal. Entrevista a dos estudiantes y averigua su signo. Luego escribe un horóscopo para cada uno.

ACTIVIDAD 6•16 Situaciones. Lee los comentarios a continuación y usa el futuro de probabilidad para preguntar dónde están las personas y los animales siguientes. Tu compañero(a) debe indicar dónde están o qué están haciendo las personas o los animales mencionados.

MODELO: Mamá busca un huevo y más leche.
E1: *Mamá busca un huevo y más leche. ¿Dónde estará?*
E2: *Mamá estará en la cocina. Estará preparando alguna receta.*

1. Los ecólogos ven muchos monos y dos guacamayos.
2. Los jóvenes tocan el agua tibia y quieren nadar.
3. Los turistas desean parar para tomar fotos de la vista que se ve desde nueve mil pies sobre el nivel del mar.
4. A los pájaros y a otros animales les gusta que llueva todos los días.
5. Me encantan todos estos árboles, pero espero que no haya osos (*bears*) por aquí.

TERTULIA LINGÜÍSTICA
Condiciones posibles (*"Real" conditions*)

Sometimes a possible condition will have a definite outcome. We express this exactly the same way in English as we do in Spanish—by using an adverbial clause with *if* (**si**):

If there is a blizzard tonight, we won't have class tomorrow. [*or*]

We won't have school tomorrow if there is a blizzard tonight.

Si hay nevada esta noche, no tendremos clase mañana. [o]

No tendremos clase mañana si hay nevada esta noche.

The **si** clause—the condition—uses the simple present; the main clause—the result—uses the future.

ACTIVIDAD 6•17 **Los desastres y sus resultados.** Mario explica los resultados de algunos posibles desastres o problemas ambientales. Combina sus ideas en una oración con **si.** Sigue el modelo (tomado del guía de FEMA).

MODELO: el agua conservarse / haber agua disponible para cubrir las necesidades cruciales de todos

Si el agua se conserva, habrá más agua disponible para cubrir las necesidades cruciales de todos.

1. la sequía durar más de diez años / la gente no tener suficiente comida
2. el volcán entrar en erupción / la lava destruir toda la flora
3. ocurrir un terremoto / haber derrumbes después
4. escapar la fusión de un reactor nuclear / mucha gente enfermarse
5. nosotros no hacer las ciudades más agradables / Mario cree que nosotros no poder controlar la deforestación
6. haber una inundación / no haber agua potable

ACTIVIDAD 6•18 **¡A escuchar! Causas y efectos.** Escucha al ingeniero Mario Salazar mientras describe los efectos de ciertas condiciones.

A. Conecta con flechas (→) la condición principal con los efectos que mencione Mario. (**¡Ojo!** Sólo indica los efectos que él mencione.)

Condición principal	Efecto
mejorar la salubridad (*health/well-being*) básica en Latinoamérica	tener menos enfermedades
	poder tener un continente en el cual la industria y los negocios ayudarán la economía
	tener oportunidad de crear una economía que beneficie a todos
	crear más empleo en las zonas ecológicas
	tener más fondos para implementar medidas ambientales
	ayudar al medio ambiente

B. Ahora escribe oraciones con cláusulas con **si** que expresen la conexión entre la condición y sus efectos.

MODELO: *Si mejoramos la salubridad básica, tendremos menos enfermedades.*

1. ______________________________
2. ______________________________
3. ______________________________
4. ______________________________

C. Mario menciona una sola condición que tendrá muchos efectos. ¿En qué consiste la salubridad básica, en tu opinión? ¿Crees que se pueda mejorar la salubridad básica en tu comunidad? ¿Cómo? Comparte tu opinión con una pareja.

Online Study Center
ACE the Test / Improve Your Grade: El futuro

Síntesis e interacción

 **ACTIVIDAD 6•19 Conversación.** Trabaja con un(a) compañero(a) para contestar las siguientes preguntas con oraciones completas.

1. Cuando tu mejor amigo(a) está triste, ¿qué le aconsejas que haga?
2. Tu mejor amigo(a) va a salir por primera vez con una persona especial. ¿A dónde le sugieres que vayan?
3. Tus amigos van a dar una fiesta pero no saben qué bebidas o qué comidas servir. ¿Qué les recomiendas?
4. Tu amigo comió demasiado y no se siente bien. ¿Qué le aconsejas que haga?
5. Tu hermano(a) tiene una entrevista para un trabajo. ¿Qué le sugieres que se ponga (*wear*)?
6. Tus primos quieren bajar de peso. ¿Qué les recomiendas que hagan?
7. Cuando vuelves a la casa de tus padres, ¿en qué insisten ellos que hagas?
8. Estás en la sala mirando un DVD y tus hermanitos comienzan a hablar y jugar. ¿Qué les pides?

 **ACTIVIDAD 6•20 Recomendaciones.** Tu profesor(a) te dará una parte de las recomendaciones de FEMA sobre qué se debe hacer en el caso de que haya un tornado. En un grupo pequeño, traten de poner las acciones que FEMA recomienda con el lugar donde se encuentra la persona. Cada persona en el grupo va a hacer una o dos recomendaciones. Lee tu recomendación en voz alta y pregunta "¿Dónde estará—en una casa / un edificio, en un vehículo o afuera (*outdoors*)?" Coloquen la recomendación bajo la categoría apropiada.

Si se encuentra en...	Haga lo siguiente...
en una casa / un edificio	
en un vehículo	
afuera	

Notas:

El ecoturismo: Costa Rica, Ecuador y Perú

El ecoturismo, o turismo ecológico, es una de las mejores estrategias para proteger el ambiente y a la vez promover la economía de la comunidad local. Ahora es la manera preferida de preservar el ambiente que practican los directores y planificadores de las áreas protegidas.

Costa Rica

Costa Rica ofrece un total de 18 parques nacionales, siete reservas biológicas y 10 refugios nacionales de vida silvestre, además de un número reducido de zonas de protección privada. En 1996, esta atracción turística produjo 676 millones de dólares. Es una industria muy rentable. Hubo un total de 658.657 visitantes en los parques ecoturísticos. Es un número impresionante para ser una industria reciente.

Los parques ofrecen más de 500.000 especies de flora y fauna, 35.000 especies de insectos, 208 especies de mamíferos que van desde los pumas hasta los murciélagos[1], 220 especies de reptiles y hasta 2.000 especies de orquídeas. Son una fuente de potencia económica.

A pesar de que Costa Rica es un país con bases en la agricultura, "el turismo pareciera estar convirtiéndose en la industria más importante del país, y el ecoturismo emerge como el resultado de un claro interés nacional para conservar los recursos naturales y proteger el medio ambiente."

Luna Lodge, península Osa, Costa Rica

[1] *bats*

Adaptado de: "Costa Rica—Turismo" por Emily Evans-Fernando Delgado y Fabián Faccio

Ecuador

Gracias a su posición geográfica privilegiada a la que se suman[1] factores climáticos, la Cordillera de los Andes, la conjunción de corrientes marinas como la cálida del Niño y la fría de Humboldt[2], hacen del Ecuador un destino incomparable para el desarrollo del ecoturismo. Éstos y más factores permiten que Ecuador tenga una gran diversidad de plantas, animales y una gran riqueza étnica y cultural.

El ecoturismo y sus variantes con un enfoque en la conservación de la naturaleza, aportan[3] beneficios reales, mitigando los impactos sociales y ambientales, redistribuyendo de una manera justa los ingresos[4] económicos e impulsando y promoviendo la conservación y participación de las poblaciones locales.

[1] ***a la que...*** *to which are added* [2] *Humboldt current* [3] *contribute* [4] *revenue*

Vista desde La Posada Oveja Negra, Cotopaxi, Ecuador

Entre los recursos naturales, culturales e históricos de Ecuador se destacan: las islas Galápagos por su alta biodiversidad, la costa por las aguas del océano Pacífico, la región andina por el ecoturismo comunitario y la Amazonia por su riqueza étnica y cultural, tanto como por sus ecosistemas únicos.

Adaptado de: "Ecuador: Ecoturismo" del Ministro de Turismo de Ecuador

Perú

El Perú, en su deseo por preservar muestras representativas de su naturaleza—flora, fauna y paisajes—, ha desarrollado una serie de mecanismos orientados hacia la conservación de la diversidad biológica.

Las áreas naturales protegidas son espacios continentales o marinos del territorio nacional reconocidos, establecidos y protegidos legalmente por el estado, como tales, debido a su importancia para la conservación de la diversidad biológica y demás valores asociados de interés cultural, paisajístico y científico, así como por su contribución al desarrollo sostenible del país.

Hoy en día, Perú cuenta con un total de 57 áreas naturales, unidades de conservación, las que abarcan aproximadamente 13% del territorio nacional.

Estas áreas se encuentran a su vez divididas en diversas categorías de uso: parques, reservas y santuarios nacionales, santuarios históricos, zonas reservadas, cotos de caza, bosques de protección y reservas comunales. De éstas, las más importantes son las cinco primeras.

Adaptado de: "Perú—Áreas naturales protegidas", la Comisión de Promoción del Perú

Explorama Lodge, Río Napo, Perú

Elementos claves del ecoturismo

1. Se motiva gracias al interés por la naturaleza.
2. Contribuye a la conservación y al mantenimiento de las áreas protegidas naturales y a la cultura local.
3. Causa un mínimo impacto.
4. Beneficia a la población local.
5. Fomenta la valoración de la conservación.
6. Constituye un viaje responsable.
7. Informa e interpreta.
8. Provee el manejo sostenible de la actividad turística.

Adaptado de: "Primer informe. Situación del Ecoturismo en el Perú", la Comisión de Promoción del Perú

El ecoturismo: Beneficios y amenazas° del turismo

threats

Beneficios

- Genera empleo local.
- Estimula industrias domésticas rentables.
- Genera intercambios entre los diferentes países.
- Diversifica la economía local y estimula el mejoramiento de servicios locales.
- Genera fondos para el desarrollo de áreas aledañas (*neighboring*).
- Mejora la comprensión y comunicación entre diferentes culturas.

- Les proporciona financiamiento a los programas de las áreas protegidas.
- Motiva el desarrollo de infraestructura para el uso público de comunidades locales, así como de infraestructuras para el uso de los visitantes extranjeros.

Amenazas

- El excesivo número de visitantes puede dañar áreas normalmente frágiles.
- Las comunidades locales pueden percibir al turismo como una actividad establecida sólo en beneficio de los extranjeros.
- El contacto con los visitantes puede tener efectos culturales negativos —la posible mercantilización de los rasgos de las culturas locales, etc.
- Muchas áreas de gran importancia ecológica tienen poca atracción turística, que puede resultar en una atención inadecuada.
- Las personas que toman las decisiones pueden exigir que todas las áreas generen ganancias económicas, buscando usos alternativos para aquellos terrenos que no son lucrativos bajo la categoría de área protegida.
- Los gobiernos pueden tener inclinación a maximizar los retornos económicos a través de desarrollos inadecuados.

Adaptado de: *Beneficios socioeconómicos del turismo en los Parques Nacionales.* Organización Mundial para el Turismo, 1992.

ACTIVIDAD 6•21 **Preguntas.** Habla con una pareja sobre las siguientes preguntas.

1. ¿Qué entiendes por *ecoturismo*?
2. ¿A cuál de los países mencionados anteriormente te gustaría viajar? ¿Por qué?
3. ¿Te parece que los beneficios del ecoturismo tienen más importancia que sus amenazas? Explica.

ACTIVIDAD 6•22 **¡A hacer una investigación! El ecoturismo.**

A. Con un grupo pequeño, escojan un país hispano y hagan una investigación sobre un mínimo de cuatro centros turísticos (*resorts*) de allí, que se definan como ecoturísticos. Diseñen un formulario de evaluación y decidan si son centros turísticos que se conformen a la definición de ecoturismo dada anteriormente y si siguen los principios fundamentales del ecoturismo. Pueden usar motores de búsqueda en el Internet (por ejemplo, Google en español), recursos de la biblioteca, sitios gubernamentales en línea o anuncios e información de agencias de viajes que se especialicen en ecoturismo. Visiten el *Online Study Center* para buscar más información y recursos.

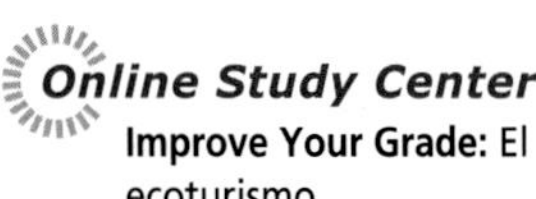

Improve Your Grade: El ecoturismo

B. Hagan una lista de centros turísticos en el país que el grupo crea que ejemplifican los mejores principios de ecoturismo. Describan el centro turístico, el área ambiental y las actividades disponibles para los visitantes. Anoten información adicional que pueda ser de interés.

C. Compartan la lista con la clase para hacer un folleto de varias posibilidades para viajeros a estos países.

Herramienta estratégica

THINKING IN SPANISH

As you prepare for the debate in the following activity, try to think of your points in Spanish instead of translating them from English. Every time you force yourself to think first in Spanish, you skip a mental process (translation) and you become a more fluent and articulate writer and speaker. This will be good practice for you as you prepare to "think on your feet" during the debate!

ACTIVIDAD 6•23 **Debate.** La clase se debe dividir en tres grupos: los que están a favor del ecoturismo, los que están en contra y los que harán el papel de juez (*judge*). Si eres parte de un grupo a favor o en contra, trabaja con tu grupo para enumerar las razones y la evidencia que apoyan tu posición. Usa la información de este **paso,** lo que ya sepas sobre el tema y lo que aprendiste en la actividad anterior para apoyar tu opinión. No te olvides usar tu estrategia de pensar primero en español. Luego, ayuda a defender la posición de tu grupo y a refutar los argumentos del otro grupo en el debate. Si eres juez, trabaja con el grupo de jueces para construir el sistema para evaluar el debate. Da puntos en cada categoría y determina el(la) ganador(a) al final del debate.

Un político peruano en los Estados Unidos

Paso adelante presenta a...

Felipe Reinoso

El maestro Felipe Reinoso vino a los Estados Unidos en 1969. Estudió pedagogía en universidades en Connecticut, donde se hizo el primer legislador de origen peruano en la Asamblea General en el año 2000. En 1998, la Universidad Sacred Heart de Connecticut postuló su candidatura para el Premio Nacional de la Excelencia en Servicios Prestados, el cual el presidente Clinton le entregó en 1999. Como parte de su trabajo en el Congreso de Connecticut, Reinoso ha propuesto varias iniciativas, entre ellas el acceso a la educación y al servicio de salud para el pueblo latino.

Profesión:
Legislador en la Asamblea General de Connecticut

Lugar de nacimiento:
Arequipa, Perú

Charla videoteca

La muralla verde (1970)

Director:
Armando Robles Godoy

Reparto:
Julio Alemán, Raúl Martín, Sandra Riva, Marcela Robles

Armando Robles Godoy, cineasta y autor celebrado, basa esta renombrada película en su propia experiencia como colono[1] en la selva de Perú. Debido a la reforma agraria[2] en Perú en los años 1960, el protagonista deja su trabajo de burócrata en Lima —lo contrario de lo que la mayoría de la gente quiere hacer— y lleva a su familia a su chacra[3] en las afueras del pueblo rural Tingo María. Allí viven una vida libre y feliz en contacto con la naturaleza —sin la corrupción de la vida moderna— hasta que una tragedia natural, complicada por la burocracia gubernamental, les obliga examinar su decisión. Aunque la colonización de la selva, según nuestro ingeniero ambiental Mario, es una de las cosas que contribuye más a la deforestación, en esta película se enfoca en el contraste entre la vida de la ciudad y la vida en medio de la naturaleza.

Otras obras escritas y/o dirigidas por Godoy incluyen *En la selva no hay estrellas* (1968), *Imposible amor* (2000) y el libro de cuentos *Un hombre flaco bajo la lluvia*.

[1] *settler* [2] **reforma...** *agrarian reform...* [3] *farm*

ACTIVIDAD 6•24 **¿Qué comprendiste?** Lee la información sobre los orígenes de *La muralla verde*. Escoge la respuesta que mejor completa las oraciones.

1. Godoy basa *La muralla verde* en...
   a. su experiencia.
   b. una novela de la selva.
   c. un dibujo de un niño.
2. *La muralla verde* tiene lugar...
   a. en la selva de Perú.
   b. en la ciudad capital.
   c. en la ciudad y la selva.
3. El título *La muralla verde* probablemente se refiere a...
   a. las paredes de la casa en la selva.
   b. la entrada a la selva.
   c. un restaurante en Lima.
4. El tema de esta película es...
   a. la deforestación.
   b. el reciclaje.
   c. el hombre en la naturaleza.
5. El protagonista de *La muralla verde* probablemente no cree que...
   a. sea posible vivir bien en la ciudad.
   b. encuentre paz en la selva.
   c. tenga suficiente fuerza para sobrevivir en la selva.

SEGUNDA ETAPA

¡Hablemos del medio ambiente!

Vocabulario

La preservación del medio ambiente

Cognados: la contaminación (del aire), la deforestación, la energía (hidroeléctrica/nuclear/solar), la erosión, las especies, la extinción, el pesticida, el petróleo, el reciclaje

los envases de plástico y vidrio	*plastic and glass containers*
la basura, los desperdicios, los desechos	*garbage/waste*
en vía de extinción	*endangered*
los recursos naturales (no) renovables	*(non)renewable natural resources*
el calentamiento global/el efecto invernadero	*global warming/the greenhouse effect*
la sobreexplotación de recursos naturales	*overuse of natural resources*
la sobrepoblación	*overpopulation*
la sequía	*drought*

El disfrute del medio ambiente

Práctica

ACTIVIDAD 6•25 **Asociaciones.** ¿Qué actividades al aire libre asocias con estos meses o estaciones? ¿Cuáles haces tú? Habla con una pareja.

1. septiembre 2. enero 3. julio 4. abril 5. invierno 6. verano

ACTIVIDAD 6•26 **Actividades al aire libre.** ¿Qué lugares geográficos se asocian con estas actividades? Habla con una pareja para ver dónde se hacen estas actividades en o cerca de su pueblo o su ciudad natal.

MODELO: hacer caminatas

E1: *¿Dónde se puede hacer caminatas cerca de tu pueblo/ciudad natal?*

E2: *Se puede hacer caminatas en el Parque Yellowstone (las montañas Appalachian / el cañón Glen en San Francisco...).*

1. nadar ___________
2. esquiar sobre el agua ___________
3. andar/montar en bicicleta ___________
4. montar a caballo ___________
5. pasear en barco ___________
6. ir en trineo ___________
7. tomar el sol ___________
8. pescar ___________

ACTIVIDAD 6•27 **Más asociaciones libres.** Haz una encuesta. Pregúntales a tres compañeros lo que asocian con cada uno de los siguientes temas y escribe sus respuestas.

MODELO: **E1:** *¿Qué asocias con el alpinismo?*

E2: *Las montañas.*

1. la natación ___________, ___________, ___________
2. el parque ___________, ___________, ___________
3. el bosque ___________, ___________, ___________
4. el esquí ___________, ___________, ___________
5. la pesca ___________, ___________, ___________
6. la sobrepoblación ___________, ___________, ___________
7. el uso de recursos naturales no renovables ___________, ___________, ___________
8. las especies en vía de extinción ___________, ___________, ___________

ACTIVIDAD 6•28 **Problemas y soluciones.** A continuación hay una lista de varias condiciones ambientales (causas) y sus posibles efectos. En parejas, escriban oraciones completas para determinar la relación entre cada causa y el efecto. Al final, añadan (*add*) unas oraciones adicionales. Sigan el modelo. **Vocabulario útil:** aumentar (el aumento), reducir, controlar, la disminución

MODELO: la contaminación atmosférica → la lluvia ácida (*acid rain*)

Si controlamos la contaminación atmosférica, no tendremos tanta lluvia ácida.

1. los envases y bolsas de plástico → desechos que duran 10.000 años
2. la sobrepoblación → la disminución (*reduction*) de los recursos naturales
3. el uso del petróleo → el efecto invernadero
4. los desperdicios industriales → las aguas negras (*wastewater*)
5. la deforestación → las especies en vía de extinción
6. ...

ACTIVIDAD 6•29 ¡A escuchar! Las sugerencias de Mario.

A. Mario va a hacer unas sugerencias sobre maneras de proteger el medio ambiente y reducir el efecto invernadero. Antes de escucharlas, lee los párrafos a continuación y escribe la forma correcta del verbo entre paréntesis. El verbo puede estar en el indicativo, en el subjuntivo o ser un infinitivo. Después, escucha las sugerencias de Mario para confirmar tus respuestas.

Yo __________ (1. sugerir) que la mayoría de la gente no __________ (2. mudarse) a zonas naturales, que deberían quedarse en las zonas urbanas. Pero, para __________ (3. poder) hacer esto, pero para poder __________ (4. realizar) esta clase de acción, se __________ (5. necesitar) que las zonas urbanas __________ (6. tener) las facilidades de hacerle a la gente la vida más saludable.

Para reducir el efecto invernadero yo __________ (7. recomendar) que todos __________ (8. tomar) acción. Primero que todo, se podría usar el transporte público mucho más para reducir la producción de dióxido de carbono, metano y otros gases. ¿No? Segundo, podríamos usar automóviles, si es necesario, usar automóviles que __________ (9. producir) mucho menos contaminación del aire y que producen mucho menos gases. ¿No? Yo __________ (10. creer) que si __________ (11. haber) un subsidio del gobierno como ha existido en el pasado, pero se ha terminado, para que la gente use transporte público, va a ayudar mucho en este sentido.

Una cosa que me __________ (12. molestar) tremendamente es que cuando __________ (13. ir) a la tienda a comprar comestibles me __________ (14. preguntar) que si __________ (15. querer) una bolsa de papel o de plástico. Yo siempre les __________ (16. responder) que yo __________ (17. preferir) papel, ¡puesto que no __________ (18. querer) que mis desechos __________ (19. vivir) diez mil años más que yo!

B. Con un(a) compañero(a), identifiquen los verbos en el subjuntivo. Traten de explicar por qué aparecen en esta forma.

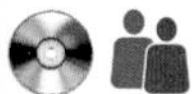

ACTIVIDAD 6•30 ¿Soluciones o problemas ambientales? Mira la lista a continuación, luego di si es un problema ambiental o una solución para un problema ambiental. Si es un problema, ¿cómo se puede solucionar? Si es una solución, ¿qué problema soluciona? Habla con una pareja.

1. conducir automóviles más pequeños y eficientes
2. eliminar el uso de pesticidas tóxicos
3. reducir la producción de carburos fluorados
4. no regar (*water*) la hierba (*grass*)
5. usar formas artificiales de controlar la natalidad
6. la destrucción del hábitat de especies de animales
7. la tala (*felling*) de árboles
8. reciclar papel, latas y botellas

Online Study Center
ACE the Test / Improve Your Grade: La preservación del medio ambiente, El disfrute del medio ambiente

¿Recuerdas?

PARTES DE LA ORACIÓN: ADJETIVOS Y ADVERBIOS

Recuerdas que la oración puede tener ocho partes, ¿no? (Si no recuerdas, repásalos en la página 32.) Aquí nos enfocamos más en dos: los adjetivos y los adverbios. Estas palabras añaden información importante a la oración. La función del adjetivo es precisar, identificar o definir el sustantivo:

El ingeniero Salazar es **inteligente** y **dedicado** a la preservación del medio ambiente.

La función del adverbio es precisar o refinar el sentido del verbo:

El ingeniero Salazar habla **apasionadamente** sobre la preservación del medio ambiente.

Las cláusulas adjetivales y adverbiales tienen las mismas funciones:

Conozco a un ingeniero **que es inteligente y dedicado.**
La gente escucha al ingeniero Salazar **porque habla con pasión sobre la preservación del medio ambiente.**

CONÉCTATE CON EL IDIOMA
El subjuntivo en cláusulas adjetivales y adverbiales

Te rogamos que llueva para que produzcan las siembras (sowings), *para que tengamos animales.*
—Chamán mapuche

A. Cláusulas adjetivales°

Adjective clauses

Adjective clauses describe a noun and are generally found in the same position that you would find an adjective. When these adjective clauses (in boldface italics in the examples that follow) describe something or someone that in the speaker's mind is nonspecific, nonexistent, or uncertain, you use the subjunctive.

Note the difference:

Busca *un* río *que esté lleno de peces.* *She is looking for a river that may be full of fish.* (an indefinite/nonspecific river; it may not exist)

Busca *el* río *que está lleno de peces.* *She is looking* for **the** river that *she knows is full* of fish. (a specific river that she knows is full of fish)

No hay ningún lugar *donde pueda comprar agua potable.* *There is no place where I can buy potable water.* (describes a place that doesn't exist: **no hay...**)

No conozco a nadie *que recicle sus periódicos.* *I don't know anyone who recycles his/her newspapers.* (describes a person that does not exist)

Note that the subjunctive is also used in adjective clauses in questions that ask about someone or something that the speaker does not know about. The answer may call for the indicative or subjunctive.

¿Hay alguna bahía *donde podamos nadar con los niños?* *(Is there a bay where we can swim with the children?)*
Sí, hay una al oeste de aquí *donde podemos nadar sin problemas.*
No, no hay ninguna *donde podamos nadar.*

Práctica

ACTIVIDAD 6•31 Dichos y refranes. Con una pareja, hablen del significado de los siguientes dichos y refranes. Traten de explicar el uso del subjuntivo en cada caso.

1. *No existe un tonto* (fool) *que no* ***sea*** *admirado por otro tonto.*
   Significado: ________________________
   Uso del subjuntivo: ________________________
2. *En septiembre, el que no* ***tenga*** *ropa que tiemble* (shiver).
   Significado: ________________________
   Uso del subjuntivo: ________________________
3. *No hay tonto que no se* ***tenga*** *por* (takes himself for) *listo.*
   Significado: ________________________
   Uso del subjuntivo: ________________________
4. *Quien* ***quiera*** *aprender que vaya a Salamanca*.*
   Significado: ________________________
   Uso del subjuntivo: ________________________
5. *No hay mal que por bien no* ***venga****.*
   Significado: ________________________
   Uso del subjuntivo: ________________________
6. *No hay abril que no* ***sea*** *vil* (desagradable/horrible), *al principio, al medio o al fin.*
   Significado: ________________________
   Uso del subjuntivo: ________________________
7. *No hay asqueroso* (a repugnant person) *que no* ***sea*** *escrupuloso.*
   Significado: ________________________
   Uso del subjuntivo: ________________________

**la universidad más antigua de España*

8. *No hay refrán que no* **sea** *verdadero.*
   Significado: ______________________
   Uso del subjuntivo: ______________________
9. *No hay tonto a pie* (on foot) *que no* **sea** *listo a caballo.*
   Significado: ______________________
   Uso del subjuntivo: ______________________

ACTIVIDAD 6•32 **Ramón vuelve a decir lo contrario.** Cambia las siguientes oraciones a la forma negativa para ver lo que dice Ramón.

1. Conozco una selva donde viven indígenas.
   ______________________.
2. Tengo una amiga que es ecóloga.
   ______________________.
3. Hay estudiantes que promueven el reciclaje en la universidad.
   ______________________.
4. Existen granjas donde no se usan pesticidas.
   ______________________.
5. Conozco a una persona que vive en un bosque.
   ______________________.

ACTIVIDAD 6•33 **En busca de...** Termina la cláusula adjetival en cada oración. Si es posible, usa el vocabulario que aprendiste en este **paso.**

1. Necesito encontrar un bosque donde ______________________.
2. No hay ningún río en este pueblo donde ______________________.
3. Buscamos una casa que ______________________.
4. No hay ninguna persona que ______________________.
5. Quiero ir de vacaciones a un lugar donde ______________________.
6. ¿Hay montañas por aquí donde ______________________?
7. ¿Hay alguien que ______________________?
8. ¿Conoces a alguien que ______________________?

ACTIVIDAD 6•34 **Conversación.** Con un(a) compañero(a) de clase, túrnense para hacer y contestar las preguntas.

1. ¿Te gusta pasar tiempo al aire libre? ¿Qué te gusta hacer?
2. ¿Conoces a alguien que sea ecólogo? ¿Quiénes son los ecólogos en esta universidad?
3. ¿Qué tipo de novio(a) buscas? ¿A alguien que ame la naturaleza? ¿A alguien a quien le encante hacer deportes? ¿Que sea romántico(a)? ¿Que sea del mismo grupo étnico y religioso?
4. ¿Qué tipo de carrera piensas seguir? ¿Vas a buscar un puesto que pague bien o que te guste mucho? ¿Vas a buscar trabajo en una empresa que cuide del medio ambiente?
5. ¿Qué tipo de automóvil quieres? ¿Uno que sea económico y que no contamine mucho al aire, o uno que sea deportivo pero que gaste mucha gasolina?
6. ¿Dónde te gustaría vivir? ¿En una ciudad donde haya mucho ruido y contaminación, o fuera de la ciudad donde haya aire limpio y menos gente?
7. ¿Dónde te gustaría ir para tus próximas vacaciones? ¿A un lugar donde haya montañas, una playa, un lago? ¿A un lugar donde haya tiendas y mucha gente? ¿Qué prefieres hacer en ese tipo de lugar?

B. Cláusulas adverbiales°

Adverbial clauses

Como quiere ayudar conservar el medio ambiente, esta señora no comprará envases de plástico **a menos que no tenga** otra opción.

Adverbial clauses function like adverbs and are introduced by subordinating conjunctions. While some of these conjunctions call for the indicative, some call for the subjunctive.

Conjunctions that always call for the indicative		**Conjunctions that always call for the subjunctive**	
porque	*because*	a menos que	*unless*
ya que	*since*	antes de que	*before*
puesto que	*since*	con tal (de) que	*provided that*
como	*since*	en caso de que	*in case*
		sin que	*without*
		para que	*so that*

The following adverbial conjunctions call for the subjunctive or indicative, depending on whether you want to express a reality (indicative) or an uncertain future occurrence (subjunctive).

aunque	*even though*
cuando	*when*
después (de) que	*after*
en cuanto	*as soon as*
hasta que	*until*
mientras (que)	*while*
tan pronto como	*as soon as*

Note the difference in the following sentence pairs:

Cuando Pepe tiene un examen, estudia mucho.	*When Pepe has an exam, he studies a lot.* (reality: customary action)
Cuando Pepe tenga un examen, estudiará mucho.	*When(ever) Pepe has an exam, he will study a lot.* (uncertain future occurrence: the exam has not taken place yet)
Comimos la pizza tan pronto como llegó.	*We ate the pizza as soon as it arrived.* (reality: completed action)
Comeremos la pizza tan pronto como llegue.	*We'll eat the pizza as soon as it arrives.* (uncertain future occurrence: the pizza has not arrived yet)

Práctica

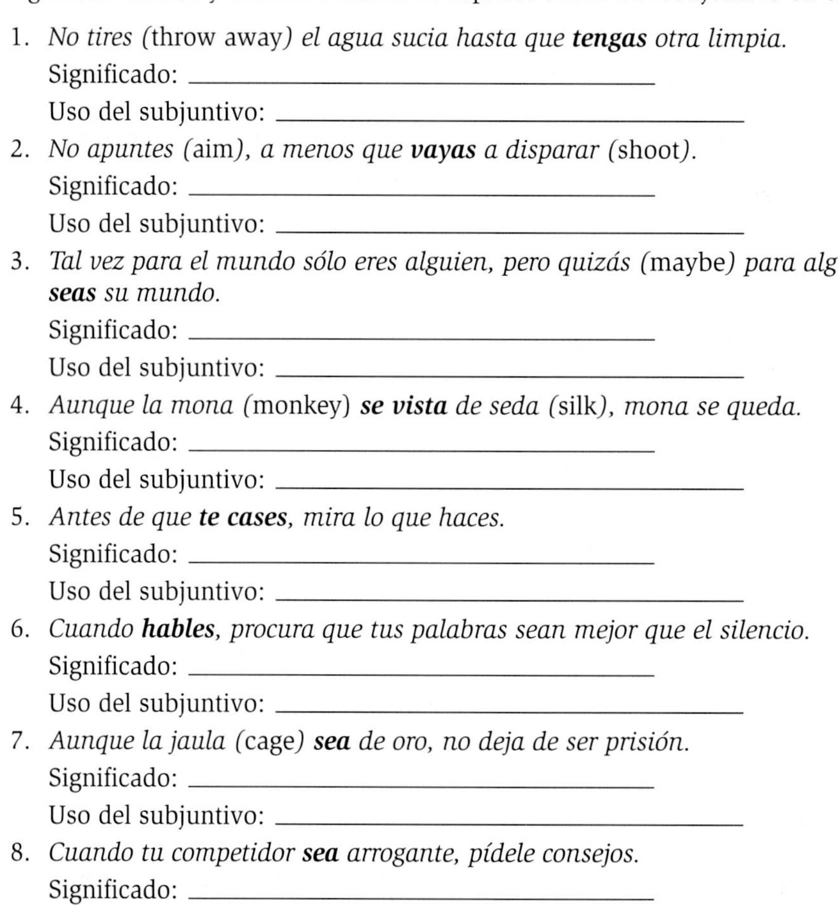

ACTIVIDAD 6•35 **Más refranes.** En parejas, hablen del significado de los siguientes dichos y refranes. Traten de explicar el uso del subjuntivo en cada caso.

1. *No tires* (throw away) *el agua sucia hasta que* ***tengas*** *otra limpia.*
   Significado: ______________________
   Uso del subjuntivo: ______________________
2. *No apuntes* (aim), *a menos que* ***vayas*** *a disparar* (shoot).
   Significado: ______________________
   Uso del subjuntivo: ______________________
3. *Tal vez para el mundo sólo eres alguien, pero quizás* (maybe) *para alguien* ***seas*** *su mundo.*
   Significado: ______________________
   Uso del subjuntivo: ______________________
4. *Aunque la mona* (monkey) ***se vista*** *de seda* (silk), *mona se queda.*
   Significado: ______________________
   Uso del subjuntivo: ______________________
5. *Antes de que* ***te cases****, mira lo que haces.*
   Significado: ______________________
   Uso del subjuntivo: ______________________
6. *Cuando* ***hables****, procura que tus palabras sean mejor que el silencio.*
   Significado: ______________________
   Uso del subjuntivo: ______________________
7. *Aunque la jaula* (cage) ***sea*** *de oro, no deja de ser prisión.*
   Significado: ______________________
   Uso del subjuntivo: ______________________
8. *Cuando tu competidor* ***sea*** *arrogante, pídele consejos.*
   Significado: ______________________
   Uso del subjuntivo: ______________________

ACTIVIDAD 6•36 **Los turistas.** Completa los espacios en blanco para ver lo que piensan hacer los turistas en Costa Rica.

1. Mary va a ver el volcán Arenal, con tal de que Jorge la ___________ (acompañar).
2. Joe no quiere ir a la península de Oso, a menos que Edna y Roberto ___________ (ir) con él.
3. En caso de que ___________ (llover) en la selva, todos piensan llevar paraguas.
4. Los jóvenes no quieren ir a San José a menos que ___________ (poder) usar transporte público.
5. El guía les va a dar su número de teléfono celular a los turistas para que lo ___________ (llamar) en caso de que ___________ (perderse) en el Parque Braulio Carrillo.

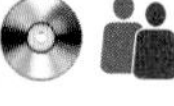

ACTIVIDAD 6•37 **Conversación.** Usa las siguientes preguntas para conversar con un(a) compañero(a). Túrnense para hacer las preguntas y para responder con oraciones completas. Traten de incorporar las conjunciones entre paréntesis en sus respuestas.

Online Study Center
ACE the Test: El subjuntivo en cláusulas adjetivales y adverbiales

MODELO: ¿Vas a ir a una fiesta este sábado? (a menos que)
E1: *¿Vas a ir a una fiesta este sábado?*
E2: *Sí, voy a ir a menos que tenga un examen el lunes.*

1. ¿Cuándo vas a viajar al extranjero? (cuando o en cuanto)
2. ¿Cuándo vas a llamar a tus padres? (tan pronto como o después de que)
3. ¿Cuánto tiempo vas a pasar en la biblioteca esta noche? (hasta que)
4. Cuando das una fiesta, ¿qué tienes que hacer antes de que lleguen tus invitados?
5. Para que un nuevo estudiante tenga éxito en esta universidad, ¿qué debe hacer?
6. Cuando estás en la casa de tus padres, ¿sales sin que ellos lo sepan?
7. ¿Qué haces cuando tienes dolor de cabeza? ¿Qué piensas hacer cuando tengas dolor de estómago?
8. ¿Esperas hasta que tengas dinero para ir de compras? ¿Qué cosas te gustan comprar en cuanto tienes dinero?
9. ¿Les haces favores a tus amigos sin que te los pidan o esperas hasta que te los pidan?
10. ¿Qué piensas hacer después de que termine esta clase?

CONÉCTATE CON EL IDIOMA
El condicional

¡Ay, nadie sabe lo que **haría** por escapar de todo este ruido!

A. Forms of the conditional

Like the future, the conditional is formed by using the infinitive as the stem and adding the same conditional endings to all three conjugations:

ser			
yo	ser**ía**	nosotros/nosotras	ser**íamos**
tú	ser**ías**	vosotros/vosotras	ser**íais**
él, ella, Ud.	ser**ía**	ellos, ellas, Uds.	ser**ían**

The same verbs that are irregular in the future are irregular in the conditional:

Verbs that drop the vowel in the infinitive

haber: **habr**ía, **habr**ías, **habr**ía,...
caber: **cabr**ía, **cabr**ías, **cabr**ía,...
poder: **podr**ía, **podr**ías, **podr**ía,...
querer: **querr**ía, **querr**ías, **querr**ía, ...
saber: **sabr**ía, **sabr**ías, **sabr**ía,...

Verbs that replace the final vowel in the infinitive with a *d*

poner: **pondr**ía, **pondr**ías, **pondr**ía,...
salir: **saldr**ía, **saldr**ías, **saldr**ía,...
tener: **tendr**ía, **tendr**ías, **tendr**ía,...
valer: **valdr**ía, **valdr**ías, **valdr**ía,...
venir: **vendr**ía, **vendr**ías, **vendr**ía,...

Verbs that contract

decir: **dir**ía, **dir**ías, **dir**ía,...
hacer: **har**ía, **har**ías, **har**ía,...

B. Uses of the conditional

The conditional generally translates as *would.* **Me *gustaría* conservar más energía.** (*I would like to save more energy.*) It is also used . . .

- to express conjecture or probability in the past:

  Cuando fueron a ver los volcanes Julie y Mark *andarían* más de diez millas. (*When they went to see the volcanoes, Julie and Mark* ***must have walked*** *more than ten miles.*)

- to express approximations in the past:

  Los árboles Sequoia que vi el año pasado *medirían* unos 100 metros. (*The Sequoia trees I saw last year* ***must have measured*** *some 100 meters.*)

- in *if*-clause sentences when the situation is seen as false or improbable:

  Si el aire no estuviera contaminado, *habría* menos casos de alergias y asma. (*If the air were not contaminated,* ***there would be*** *fewer cases of allergies and asthma.*)

Práctica

ACTIVIDAD 6•38 Un concurso. Imagínate que el programa de ecología en tu universidad le va a pagar el viaje a Perú al estudiante que mejor complete las siguientes oraciones. ¿Qué escribirías para ganar? Incluye información que aprendiste sobre Perú en este **paso** y la información histórica y política que ya sepas.

1. Para prepararme para el viaje a Perú, estudiaría ____________.
2. En Perú me alojaría en ____________.
3. Hablaría ____________.
4. Iría a ____________.
5. Haría una gira (*tour*) por ____________.
6. Comería ____________.
7. Tomaría fotos de ____________.
8. Haría todo por conocer a ____________.
9. Les diría a los peruanos que los estadounidenses ____________.

ACTIVIDAD 6•39 Preguntas personales. Hazle a un(a) compañero(a) las siguientes preguntas para determinar qué haría en ciertas circunstancias.

1. ¿Qué pedirías en un restaurante elegante?
2. ¿Cómo pasarías una tarde libre en verano?
3. ¿Qué llevarías a un centro de reciclaje?
4. ¿Qué harías con tu carro viejo antes de comprarte uno nuevo?
5. ¿Cómo te vestirías para una fiesta especial?
6. ¿Con qué tipo de persona nunca saldrías?
7. ¿Cuánto dinero le prestarías a tu mejor amigo?
8. ¿Qué le dirías a un amigo que quiere dinero para comprar narcóticos?

 **ACTIVIDAD 6•40** **Situaciones.** Con un(a) compañero(a) de clase, túrnense para hacer y contestar las siguientes preguntas. Sigan el modelo.

MODELO: **E1:** *Si no hubiera* (there were no) *clase mañana, ¿qué harías?*
E2: *Andaría/Montaría en bicicleta.*

1. Si fueras rico(a), ¿qué harías con todo tu dinero? ¿Donarías dinero a la conservación del medio ambiente? ¿Comprarías un automóvil grande y caro?
2. Si fueras un animal doméstico, ¿qué les dirías a los seres humanos? ¿Con qué tipo de persona te gustaría vivir y por qué?
3. Si pudieras visitar una maravilla natural del mundo, ¿cuál sería y por qué?
4. Si pudieras vivir en cualquier parte del mundo, ¿dónde vivirías y por qué?
5. Si pudieras ser cualquier otra persona por un día, ¿quién serías y por qué?
6. Si el rector de tu universidad te pidiera una lista de las cosas que se podrían implementar para hacer la universidad más verde, ¿qué incluirías en tu lista y por qué?
7. Si tu mejor amigo te llevara a un restaurante vegetariano, ¿qué pedirías?
8. Si tu universidad ofreciera frutas y verduras orgánicas, ¿pagarías más por ellas? Explica.
9. Si pudieras participar en las Olimpiadas, ¿qué deporte querrías hacer y por qué?
10. De las varias actividades que se hacen a aire libre, ¿cuál no harías y por qué?

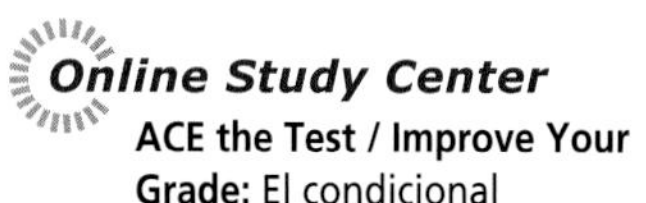

ACE the Test / Improve Your Grade: El condicional

LA MISMA REALIDAD, PERSPECTIVES DIFERENTES

Should, could, would . . .

All languages have ways to express uncertainty, doubt, denial, insistence, and uncertainty. You may feel overwhelmed by the numerous examples of situations that require the subjunctive in Spanish. While specific examples of the subjunctive exist in English (The teacher insists that you *be* on time; If I *were* you, I would be more careful!), it is much more common to express conditions by using modal verbs in English – *may, might, can, could, should, would.* If it's any comfort to you, students of English as a second or foreign language find these verbs overwhelming!

Síntesis e interacción

 **ACTIVIDAD 6•41** **Conversación.** Trabaja con un(a) compañero(a) para contestar las siguientes preguntas con oraciones completas.

1. ¿Te gustaría ir de vacaciones como ecoturista? ¿A dónde irías?
2. ¿A quién conoces que sepa identificar plantas y animales exóticos?
3. ¿Qué haces tú para proteger el medio ambiente?
4. ¿Cómo será el mundo para tus nietos? ¿Por qué crees que será así?
5. ¿Te gusta ir al mar? ¿Te gusta hacer deportes acuáticos o prefieres descansar bajo el sol?

 **ACTIVIDAD 6•42 Darwin en las islas Galápagos.** Darwin anotó un hecho muy interesante: Una gran cantidad de las especies de las islas Galápagos, tanto de la flora como de la fauna, eran originales del archipiélago y muchas eran originales de una isla específica del archipiélago.

A. Trabaja con una pareja para completar esta tabla que Darwin, citando el trabajo de su amigo J. Hooker, incluyó en su obra *Viaje de un naturalista alrededor del mundo*. Habla con tu pareja para obtener la información que te falte.

Estudiante 1

Nombre de la isla		Número de especies halladas (*found*) en otras partes del mundo			Número de especies confinadas al archipiélago del las islas Galápagos y halladas en más de una sola isla
	71	33	38	30	
Albermarle			26		4
		16			
Carlos	68			21	8

Estudiante 2

Nombre de la isla	Número total de especies		Número de especies particulares del archipiélago de las islas Galápagos	Número confinado en una sola isla	
James			38	30	
	46	18	26		4
Chatham	32				
		39 (o 29 si restan las plantas que han sido probablemente importadas)		21	8

Fuente: Charles Darwin, *Viaje de un naturalista alrededor del mundo* (1839).

B. Ahora habla con tu pareja sobre las posibles razones que expliquen el fenómeno que describe Darwin.

Antes de leer

Tu niñez. Contesta las siguientes preguntas.

1. ¿Dónde jugabas cuando eras niño(a)?
2. ¿Cómo era ese lugar? ¿Era limpio y seguro? Explica.
3. ¿Cómo son los ríos y lagos donde vives, limpios o sucios?

Herramienta estratégica

THINKING ALOUD

This reading strategy helps you articulate questions about a text (prose, poetry, or even a song!) and will boost your comprehension. As you read, ask yourself questions about the content to help you make predictions about the reading, to visualize what's happening, and to use what you already know to understand the reading better.

¡Pruébalo tú! El título: *¿Dónde jugarán los niños?* Hazte algunas preguntas sobre el título de la canción que vas a leer a continuación, y contéstalas en voz alta. (Preguntas posibles: ¿Por qué se usa el futuro aquí? ¿Es posible que sea el futuro de probabilidad? ¿Por qué se enfoca en los *niños*? ¿Qué me imagino cuando pienso en niños que juegan?)

¡A leer! Lee la información y las canciones a continuación. Usa tu estrategia de pensar en voz alta después de cada párrafo o estrofa.

A. Maná, "¿Dónde jugarán los niños?"

Maná es una banda de rock mexicana que se formó a finales de los años setenta. El nombre de la banda viene de la Biblia y se refiere al pan que cayó del cielo. La canción "¿Dónde jugarán los niños?" forma parte del disco del mismo nombre, producido en 1992.

¿DÓNDE JUGARÁN LOS NIÑOS?

MANÁ

Cuenta el abuelo que de niño él jugó
entre árboles y risas[1] y alcatraces[2] de color.
Recuerda un río transparente sin olor[3],
donde abundaban peces, no sufrían ni un dolor.

Cuenta el abuelo de un cielo muy azul,
en donde voló papalotes[4] que él mismo construyó.

El tiempo pasó y nuestro viejo ya murió
y hoy me pregunté después de tanta destrucción,

¿Dónde diablos[5] jugarán los pobres niños?
¡Ay ay ay! ¿En dónde jugarán?
Se está pudriendo[6] el mundo, ya no hay lugar.

La Tierra está a punto de partirse[7] en dos.
El cielo ya se ha roto[8], ya se ha roto el llanto gris.
La mar vomita ríos de aceite[9] sin cesar
y hoy me pregunté después de tanta destrucción,

¿Dónde diablos jugarán los pobres nenes[10]?
¡Ay ay ay! ¿En dónde jugarán?
Se está partiendo el mundo. Ya no hay lugar.

¿Dónde diablos jugarán los pobres
nenes? ¡Ay ay ay! ¿En dónde jugarán?
Se está partiendo el mundo. No hay lugar.
Ya no hay lugar. Ay ay.

---

[1]*laughter* [2]*gannets (large sea birds)* [3]*smell* [4]*kites* [5]***Donde...*** *Where the heck* [6]*rotting*
[7]*split* [8]***se...*** *has broken* [9]*oil* [10]*kids*

Comprensión

1. ¿Cómo era la vida del abuelo cuando era joven?
2. ¿Cómo cambió el medio ambiente?
3. ¿Qué problemas ambientales ves donde tú vives?
4. ¿Qué otros músicos cantan sobre problemas ambientales y sociales?
5. Si fueras cantante, ¿sobre qué cantarías?

B. Aterciopelados, "Caribe atómico"

En 1990, los colombianos Héctor Buitrago y Andrea Echeverri formaron *Delia y los aminoácidos*. Luego se cambiaron el nombre a *Aterciopelados*. En 1993 lanzaron su primer disco, *Con el corazón en la mano*, el cual tuvo gran éxito. Entre otros discos están, *Caribe atómico* (1998), un disco experimental nominado al Grammy, y *Gozo poderoso* (2000), que ganó un Grammy en la categoría de mejor grupo rock.

CARIBE ATÓMICO

ATERCIOPELADOS

No te vayas a la playa que el Caribe está muy raro[1]
No hay veleros[2] ni hombres rana[3], bañistas[4] ni marineros[5]
Caribe atómico

No te bañes en sus aguas; tiene espumas sospechosas[6]
Sólo nada el pez plutonio[7] entre olas de acero y plata[8]
Caribe atómico

Mayday mayday
Guardacostas advierten no hacerse a la mar
Mayday mayday
Puedes pescarte un virus tropical

Soplan[9] vientos pestilentes sobre su arena[10] caliente
El mar brilla radiactivo, es un caldo de cultivo[11]
Caribe atómico

Del lugar paradisíaco de romance y aventura
sólo queda un mar muerto vertedero[12] de basura
Caribe atómico

Mayday mayday...

[1]*odd* [2]*sailboats* [3]***hombres...** scuba divers* [4]*bathers* [5]*sailors* [6]***espumas...** suspicious foams* [7]***pez...** plutonium fish* [8]***olas de...** steel and silver waves* [9]*Blow* [10]*sand* [11]***caldo...** culture medium* [12]*dump*

Comprensión

1. ¿Cómo es la playa en "Caribe atómico"?
2. ¿Por qué se sugiere que uno no se bañe en el mar?
3. ¿Qué crees que contaminó el mar?
4. ¿Qué se debe hacer para no contaminar el mar?

Causa y efecto

Herramienta estratégica

USING GRAPHIC ORGANIZERS TO MAP CAUSE AND EFFECT

The Cause-Effect tree and the Cause-Effect diagram are great visual tools to help you see the relationship between ideas as you prepare to write. They provide an excellent way to plan out writing that is based on cause and effect and the logical progression of ideas.

Antes de escribir

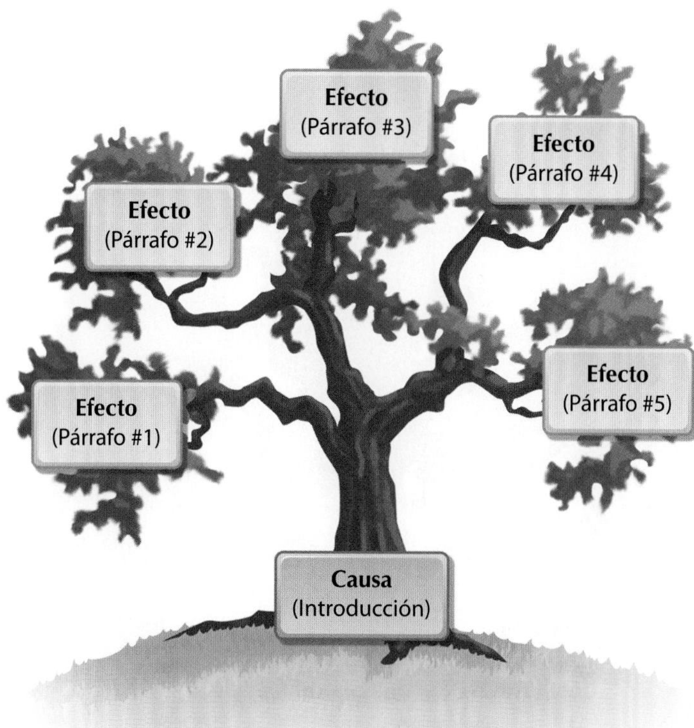

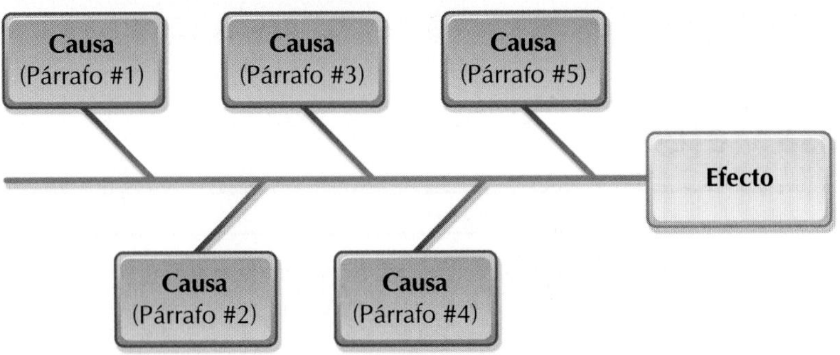

El medio ambiente.

A. Causa y efecto. En parejas, identifiquen los siguientes temas como *causa* o *efecto*. Escojan una causa e identifiquen los posibles efectos en el árbol. Luego escojan un efecto e identifiquen las posibles causas en el diagrama. Pueden usar la información que aprendieron en este **paso,** en investigaciones hechas en el Internet o en la biblioteca y la información que ya sepan sobre el tema.

- la deforestación
- un terremoto
- el efecto invernadero/el calentamiento del planeta
- la contaminación del agua
- la extinción de las especies
- una erupción volcánica
- la lluvia ácida

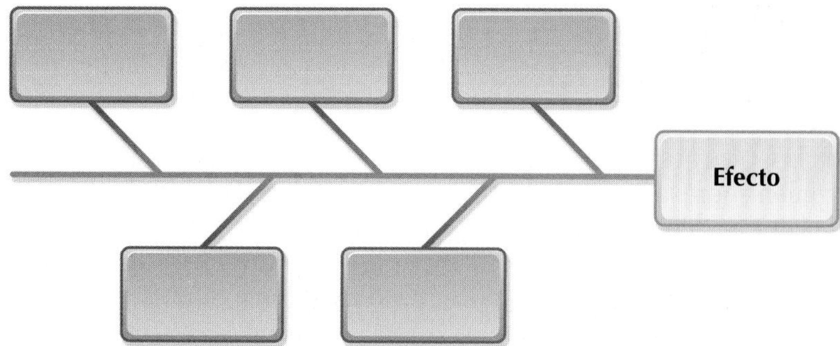

 **B. Tu tesis.** Ahora escoge o la causa o el efecto, como tema y escribe una oración de tesis. Intercambia tu oración con tu pareja. Háganse unas recomendaciones para mejorar su tesis. Vuelve a escribir tu tesis, tomando en cuenta las recomendaciones de tu pareja.

Redactar

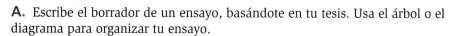

A. Escribe el borrador de un ensayo, basándote en tu tesis. Usa el árbol o el diagrama para organizar tu ensayo.

 **B.** Intercambia ensayos con tu pareja. Háganse unas recomendaciones para mejorar su ensayo.

C. Vuelve a escribir tu ensayo, tomando en cuenta las recomendaciones de tu pareja.

Después de escribir

 Con los otros estudiantes de tu clase, construyan un sitio en el Internet con los ensayos de todos los estudiantes de la clase, organizándolo según los temas. Si quieren, pueden consultar el *Online Study Center* para instrucciones sobre cómo se hace un sitio en el Internet.

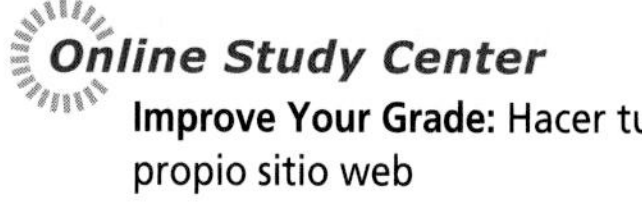

Improve Your Grade: Hacer tu propio sitio web

Conéctate con la comunidad

Agencias u organizaciones ambientales. Con un(a) compañero(a), investiguen sobre las agencias u organizaciones ambientales de su comunidad. Para encontrar información, usen la guía telefónica, la biblioteca, el Internet, algún club del medio ambiente o hablen con los profesores y los estudiantes de estudios ambientales. Hagan una lista con la siguiente información:

- lugar
- dirección
- teléfono
- horas de servicio
- lenguas que se hablan
- servicios que se ofrecen
- otra información importante

Vocabulario activo

El mundo natural

Cognados: **el cañón, el desierto, la península, el volcán**

el altiplano	plateau
el arroyo	small stream, brook
la bahía	bay
el bosque	forest
la catarata	waterfall
el cauce del río	riverbed
la charca	pond
la cordillera	mountain range
la costa	coast
el estanque	pond
la frontera	border
la isla	island
el lago	lake
el llano	prairie, plain
la llanura	prairie, plain
la orilla	shore
el paisaje	landscape
la pampa	prairie, plain
el pico (de la montaña)	(mountain) peak
el río	river
la selva	jungle
la selva tropical	rainforest
la sierra	mountain range
el suelo del bosque (de la selva)	forest (jungle) floor
la tierra/La Tierra	earth, land, soil/Earth
el valle	valley

Las direcciones

el este	east
el norte	north
el oeste	west
el sur	south
noreste	northeast
noroeste	northwest
sureste	southeast
suroeste	southwest

Los desastres naturales y ambientales

Cognados: **el tornado; la erupción volcánica**

el derrumbe (de tierra)	landslide
el incendio	fire
la inundación	flood
el maremoto (el tsunami)	tidal wave
la sequía	drought
el terremoto	earthquake

Actividades al aire libre

andar/montar en bicicleta	to bike ride
esquiar (sobre el agua)	to (water)ski
hacer una caminata	to hike
ir en trineo	to sled
montar a caballo	to horseback ride
nadar	to swim
pasear en barco	to boat
patinar	to skate
pescar	to fish
tomar el sol	to sunbathe

La preservación del medio ambiente

Cognados: **la contaminación (del aire), la deforestación, la energía (hidroeléctrica, nuclear, solar), la erosión, las especies, la extinción, el pesticida, el petróleo**

la basura	garbage, trash
el calentamiento del planeta/ el efecto invernadero	global warming/the greenhouse effect
los desechos	waste
los desperdicios	waste
el envase de plástico, vidrio, etc.	plastic, glass container
en vía de extinción	endangered
el reciclaje	recycling
los recursos naturales (no) renovables	(non)renewable natural resources
la sobreexplotación de recursos naturales	overuse of natural resources
la sobrepoblación	overpopulation

PASO

PA

¡Paso adelante!

Fácil es empezar y difícil continuar

Pasemos adelante así...

Comunicación funcional

In this **paso,** you will learn about the importance of Spanish in the United States and the world, and you will become familiar with some of the grammar structures that you will encounter as you continue your study of Spanish.

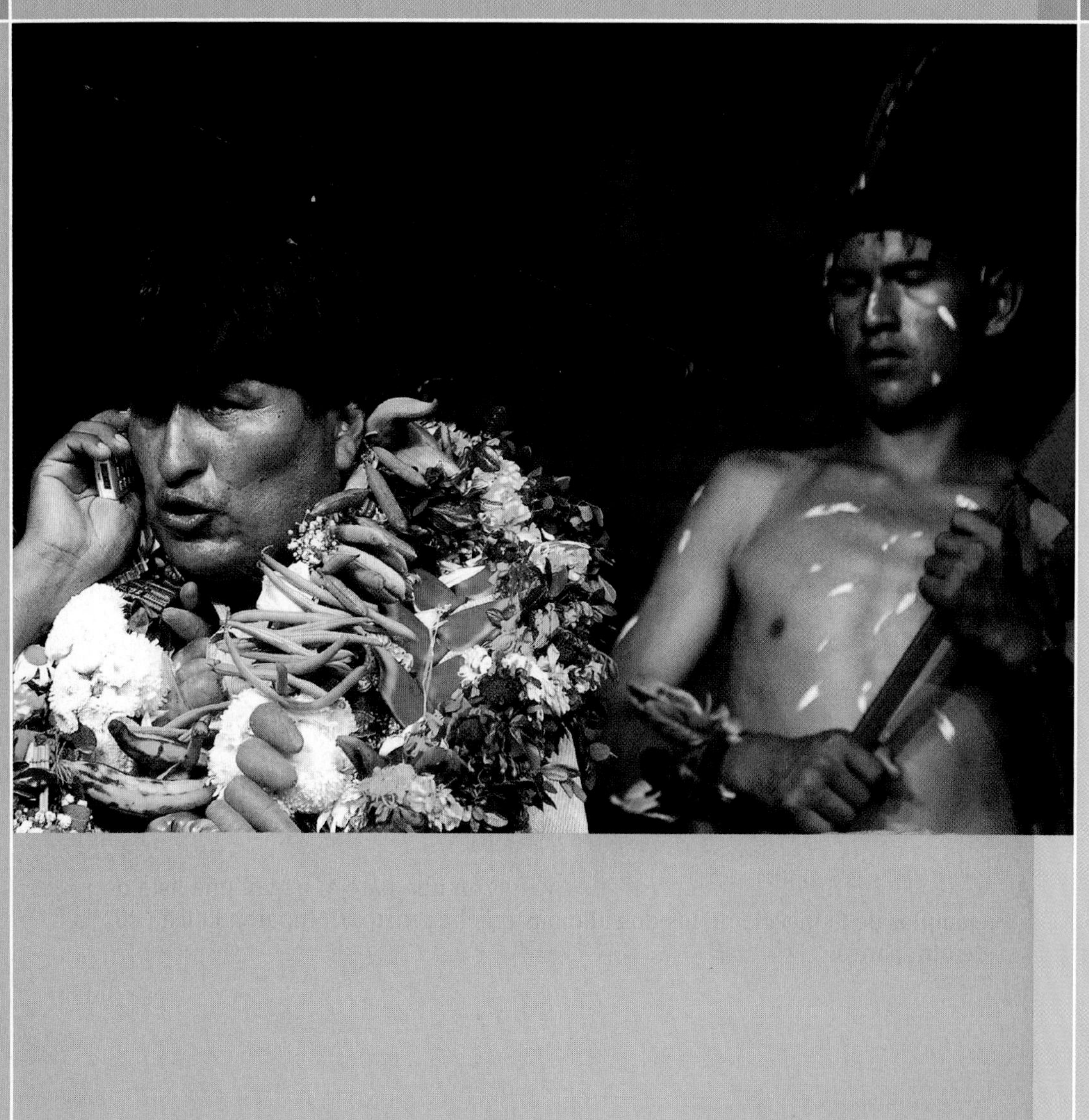

El futuro del español en los Estados Unidos

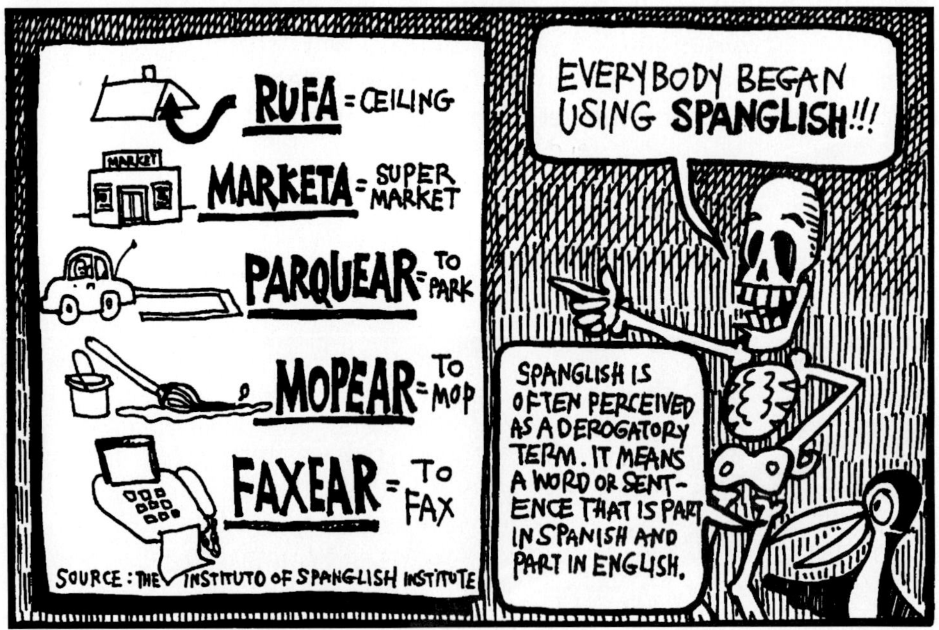

Among the Spanish-speaking communities of the United States we are seeing linguistic phenomena that are causing debates among language purists and others. These phenomena are known as *code switching,* in which the speaker alternates between two or more languages in the course of speaking to people who have more than one language in common (e.g., *"Te voy a llamar mañana when I have more time."*) and *Spanglish,* the commingling of Spanish and English or word borrowing from one language to form a new word in the second language: **troca** or **troque** for *truck*, **lonche** for *lunch*. As if to demonstrate how prevalent code switching is among U.S. Hispanics, Puerto Rican writer Ana Lydia Vega writes an entire short story using this linguistic phenomenon. Its first line reads, *"I really had a wonderful time, dijo Suzie Bermúdez a su jefe tan pronto puso un spike-heel en la oficina."*

While some persons celebrate code switching and Spanglish as new forms of expression among U.S. Hispanics, others see it as a threat to the survival of Spanish in the United States. What do you think?

ACTIVIDAD PA•1 **Español-inglés.** Con una pareja, hagan una lista de ejemplos de la mezcla de los dos idiomas que han visto. Comparen la lista con la de otra pareja.

 **ACTIVIDAD PA•2** **Debate.** La clase se debe dividir en tres grupos: (a) los que creen que el *Spanglish* es un fenómeno positivo que representa un vivo ejemplo del uso actual del español; (b) los que creen que el *Spanglish* representa una amenaza para el futuro del español y (c) los que harán el papel de juez. Si eres parte de un grupo a favor o en contra, trabaja con tu grupo para enumerar las razones y la evidencia que apoyen tu posición. Usa la información en este **paso,** lo que ya sepas sobre el tema y lo que aprendiste de otras fuentes para apoyar tu opinión. No te olvides usar tu estrategia de pensar primero en español. Luego, ayuda a defender la posición de tu grupo y a refutar los argumentos del otro grupo en el debate. Si eres un juez, trabaja con el grupo de jueces para construir el sistema para evaluar el debate. Da puntos en cada categoría y determina el ganador al final del debate.

Online Study Center
Improve Your Grade: El futuro del español en los Estados Unidos

El mundo hispanohablante en el siglo XXI

Of the more than 400 million people worldwide who speak Spanish, over 300 million of them speak it as a first language, making Spanish the third most popular world language after Mandarin Chinese and Hindustani. Spanish is spoken primarily in Spain, the Caribbean, Mexico, as well as in Central and South America. It is also spoken, however, as a first language by over 20 million people residing in the United States, where it is an official language in the state of New Mexico. Spanish also remains the official language of Equatorial Guinea, once a Spanish colony known as Spanish Guinea. Two other countries with significant numbers of Spanish speakers are Andorra, a tiny country that borders Spain and France, and the Philippines, which was a Spanish colony from the 16th century to the end of the 19th century.

Online Study Center
Improve Your Grade: El mundo hispanohablante en el siglo XXI

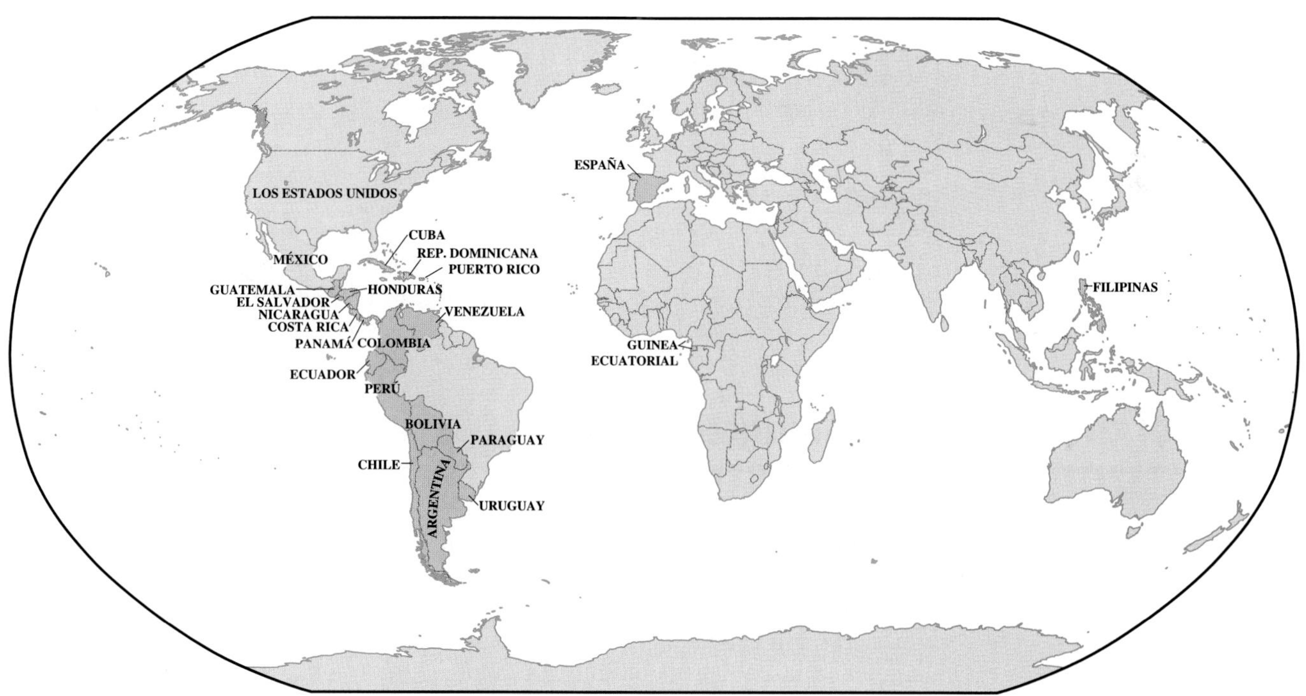

CONÉCTATE CON EL IDIOMA

El imperfecto del subjuntivo

In **Pasos 5** and **6** you learned how to form and use the present subjunctive. In **Paso 6,** you also saw the imperfect subjunctive used with the conditional.

A. Forms of the imperfect subjunctive

To form the imperfect subjunctive (i.e., the past subjunctive), conjugate the verb into the third-person plural of the preterit tense, remove the **-ron,** and add the following endings: **-ra, -ras, -ra, -ramos, -rais, -ran.**

Note that the **nosotros** form will always have an accent on the third to last syllable.

hablar → hablaron → habla-	habla**ra,** habla**ras,** habla**ra,** hablá**ramos,** habla**rais,** habla**ran**
comer → comieron → comie-	comie**ra,** comie**ras,** comie**ra,** comié**ramos,** comie**rais,** comie**ran**
vivir → vivieron → vivie-	vivie**ra,** vivie**ras,** vivie**ra,** vivié**ramos,** vivie**rais,** vivie**ran**
decir → dijeron → dije-	dije**ra,** dije**ras,** dije**ra,** dijé**ramos,** dije**rais,** dije**ran**
tener → tuvieron → tuvie-	tuvie**ra,** tuvie**ras,** tuvie**ra,** tuvié**ramos,** tuvie**rais,** tuvie**ran**
ser/ir → fueron → fue-	fue**ra,** fue**ras,** fue**ra,** fué**ramos,** fue**rais,** fue**ran**

You may also see the imperfect subjunctive formed the same way using the following endings: **-se, -ses, -se, -semos, -seis, -sen.** Though these forms may be used interchangeably, the **-ra** form is used more frequently.

B. Uses of the imperfect subjunctive

As with the present subjunctive, we use the imperfect subjunctive in the subordinate clause when the verbs in the main clause consist of **v**olition, **e**motion, **d**oubt/denial, and **u**ncertainty/nonexistence or any of the impersonal expressions that express these concepts. Unlike the present subjunctive, however, to use the imperfect subjunctive, the verbs in the main clause must be in the past. Remember **past VEDU** (**V**olition, **E**motion, **D**oubt/Denial, **U**ncertainty):

La profesora insistía en que habláramos español en clase.
The professor insisted that we speak Spanish in class.

El político negó que hubiera corrupción en su gobierno.
The politician denied that there was corruption in his government.

Práctica

ACTIVIDAD PA•3 **La niñez de Carlos.** Completa los espacios en blanco con la forma correcta del imperfecto del subjuntivo para ver por qué se preocupaba o se alegraba la familia de Carlos.

1. Cuando era joven mis padres tenían miedo de que yo me __________ (hacer) daño mientras jugaba.
2. Mis abuelos se preocupaban de que mis hermanos y yo no __________ (comer) bien.
3. Mis tíos se alegraban de que mi familia los __________ (visitar) a menudo.
4. A mi hermano y a mí nos encantaba que nuestros primos __________ (jugar) con nosotros.
5. Mi abuela se sorprendía de que mi hermano y yo siempre __________ (poner) la mesa antes de cenar.

ACTIVIDAD PA•4 **Consejos.** La semana pasada tus amigos te pidieron consejos. Di qué les dijiste.

MODELO: Marisol dijo que tenía problemas con su novio.
Le recomendé que hablara con su novio para resolver sus problemas.

1. Miguel dijo que tenía una entrevista importante y no sabía qué ropa llevar.
2. Ana y Lucrecia dijeron que querían dar una fiesta pero no sabían qué refrescos y entremeses (*appetizers*) deberían ofrecer.
3. Gil dijo que tenía que cortarse el pelo, pero que no sabía adónde ir.
4. Francisco y Paulina dijeron que tenían que escribir un trabajo sobre el Che Guevara, pero no sabían dónde empezar a hacer su investigación.
5. Giancarla dijo que no entendía nada en su clase de física.

ACTIVIDAD PA•5 **¿Qué pensaban de la universidad?** Con una pareja, terminen las oraciones para decir qué pensaban de la universidad antes de comenzar sus estudios.

1. Dudaba que la comida ______________________.
2. No creía que los profesores ______________________.
3. No pensaba que mis compañeros de clase ______________________.
4. No estaba seguro(a) de que ______________________.
5. No pensaba que ______________________.

Online Study Center
ACE the Test: El imperfecto del subjuntivo

CONÉCTATE CON EL IDIOMA
Los tiempos perfectos

There are various perfect tenses in Spanish that correspond closely to the perfects in English: **el presente perfecto/pretérito perfecto/(*present perfect*), el pluscuamperfecto/(*pluperfect/past perfect*), el futuro perfecto/(*future perfect*), el condicional perfecto/(*conditional perfect*), el presente perfecto del subjuntivo/(*present perfect subjunctive*)**, and **el pluscuamperfecto del subjuntivo/(*past perfect subjunctive*).** They are used to talk about events or states that take place <u>before</u> another moment in time.

To form the perfect tenses, use the appropriate tense of **haber** + *the past participle* (see **Paso 5** to review the past participles).

Camila
"Hace 130 años los condenaron por amarse.
Hoy usted puede juzgarlos".
Nominada para el OSCAR
Mejor Pelicula Extranjera 1985
GEA

- **Present perfect:** present of **haber (he, has, ha, hemos, habéis, han)** + *the past participle*. It is used for events that happened in a period of time that precedes and has some bearing on the present.

  ***He visto* la película *Camila* dos veces este año.**
  *I **have seen** the movie* Camila *twice this year.*

- **Pluperfect (*past perfect*):** imperfect of **haber (había, habías, había, habíamos, habíais, habían)** + *the past participle*. It is used for events or states that came before some other past event or moment in time.

  Ya *había estudiado* español por dos semestres cuando llegué a esta universidad.
  *I **had already studied** Spanish for two semesters when I arrived at this university.*

- **Future perfect:** future of **haber (habré, habrás, habrá, habremos, habréis, habrán)** + *the past participle*. It is used to describe what will or may have taken place by some future time.

  Para el año 2050, la población hispanohablante en los Estados Unidos *habrá llegado* a unos 102,6 millones, o el equivalente al 24% de la población total.
  *By 2050, the Spanish-speaking population in the United States **will have reached** 102.6 million, or the equivalent of 24% of the total population.*

- **Conditional perfect:** conditional of **haber (habría, habrías, habría, habríamos, habríais, habrían)** + *the past participle*. It is used to express actions or states that would have or might have taken place and is used in contrary-to-fact clauses.

  Si hubiera usado mis estrategias, *habría salido* mejor en el examen.
  *If I had used my strategies, I **would have done** better on the exam.*

- **Present perfect subjunctive:** present subjunctive of **haber (haya, hayas, haya, háyamos, hayais, hayan)** + *the past participle*. It is used whenever the condition of the present tense verb of the main clause requires the subjunctive, and the action of the dependent clause is <u>prior to the action</u> of the main clause.

  La profesora no cree que *hayamos estudiado* esto antes.
  *The professor doesn't believe that **we have studied** this before.*

- **Pluperfect subjunctive:** imperfect subjunctive of **haber (hubiera, hubieras, hubiera, hubiéramos, hubierais, hubieran)** + *the past participle*. It is used whenever the past condition of the main clause requires a subjunctive and the action of the dependent clause is prior to a past moment, or in contrary-to-fact clauses.

La profesora no creía que *hubiéramos estudiado* esto antes de tomar esta clase.
*The professor didn't believe that **we had studied** this before taking this class.*

Práctica

ACTIVIDAD PA•6 **¿Qué han hecho tú y tus amigos este mes?** Escribe el presente perfecto de los verbos entre paréntesis.

1. Mi mejor amiga y yo __________ (ver) varias películas extranjeras.
2. Yo __________ (estudiar) en la biblioteca.
3. Jorge __________ (escribir) dos composiciones.
4. Silvia __________ (llamar) a sus padres seis veces.
5. Marta y Rodrigo __________ (tomar) tres exámenes.
6. Tú y yo __________ (ir) al supermercado todos los fines de semana.
7. Isabel, entre otras cosas, __________ (abrir) una cuenta en el banco estudiantil.

ACTIVIDAD PA•7 **¿Qué había ocurrido ya?** Escribe el pluscuamperfecto de los verbos entre paréntesis.

MODELO: *Antes de venir a esta clase el profesor ya había corregido toda la tarea de anteayer.*

Antes de venir a esta clase...

1. ...tú y yo ya __________ (hacer) la tarea.
2. ...yo todavía no __________ (escribir) una composición en español.
3. ...mi amigo no __________ (estudiar) la lección.
4. ...los otros estudiantes ya __________ (terminar) su proyecto.
5. ...la profesora ya __________ (devolver) los materiales a la biblioteca.
6. ...tú todavía no __________ (ver) la película en español.
7. ...Susana todavía no __________ (hacer) la tarea.

ACTIVIDAD PA•8 **¿Qué habrá ocurrido?**

A. Escribe el futuro perfecto de los verbos entre paréntesis.

Para el año 2050...

1. ...tú y yo __________ (jubilarse = *to retire*).
2. ...los seres humanos todavía no __________ (vivir) en otro planeta.
3. ...el español __________ (llegar) a ser una lengua mayoritaria.
4. ...los hispanohablantes en los EE.UU. __________ (cambiar) aún más la cultura estadounidense.
5. ...los EE.UU. __________ (convertirse) en un país bilingüe.

B. Trabaja con una pareja y dile qué crees tú que habrá ocurrido o no antes de 2050.

 ACTIVIDAD PA•9 **¿Qué habrían hecho en estas situaciones?**

A. En parejas, lean las situaciones y digan qué habrían hecho estas personas en estas circunstancias. Sigan el modelo.

MODELO: Los padres de Jill querían comprarle un pasaje a Suramérica como regalo de graduación, pero ella no quería viajar. Ella quería un carro. (yo)
Yo habría hecho el viaje y luego habría pedido un carro.

1. Los amigos de José lo invitaron al cine, pero José dijo que no porque tenía dos exámenes el próximo día. (mi mejor amigo)
2. Tu amigo recibió una oferta de trabajo en las Filipinas con un sueldo (*salary*) de setenta y cinco mil dólares y lo aceptó. (yo)
3. Tus abuelos te ofrecieron su carro usado, un Honda en buenas condiciones, pero tú no lo aceptaste porque querías un carro deportivo. (mi hermano)
4. Una persona desconocida le ofreció quinientos dólares a tu compañero de cuarto por llevar una caja en el avión, y él aceptó ayudar a la persona. (mi mejor amiga y yo)
5. Tu jefe te pidió que prepararas café e hicieras fotocopias aunque no era parte de la descripción de tu trabajo. Tú lo hiciste. (tus amigos)

Online Study Center
ACE the Test: Los tiempos perfectos

 **B.** Inventa tus propias situaciones. Luego pregúntale a un(a) compañero(a) cómo él (ella) habría reaccionado.

Herramienta estratégica

PASAR ADELANTE

Throughout this text we have introduced you to a variety of strategies to help you become a successful learner of Spanish. Which strategies did you find most useful? Which have crossed over to your other classes? By using these strategies regularly, you'll increase your chances of success and be ready for the next steps in language learning: moving on to intermediate-level Spanish, preparing for study abroad, and/or getting involved in community-based learning.

¡Pruébalo tú! Repasa la lista de estrategias presentadas en ***Paso adelante*** y anota las que usas ahora con regularidad. Anota dos o tres estrategias que no uses ahora que podrían ser útiles cuando pases al próximo nivel.

Estrategias que uso ahora:

____

____

Estrategias que podrían ser útiles:

____

____

CONÉCTATE CON EL IDIOMA

Condiciones no reales (cláusulas con *si*)

When *if* clauses express contrary-to-fact conditions or hypothetical situations, a past subjunctive is used in those clauses. The conditional or conditional perfect is used in the main clause, as follows:

- **Si** + *past subjunctive* + *conditional*

  Si Mario *fuera* presidente, *tendríamos* leyes ambientales más fuertes.
  If Mario were president, we would have stronger environmental laws.

- **Si** + *pluperfect subjunctive* + *conditional perfect*

  Si Fidel Castro no *hubiera asumido* el poder en Cuba, muchas familias cubanas no *habrían ido* a Miami.
  If Fidel Castro had not taken power in Cuba, many Cuban families would not have gone to Miami.

Unreal conditions in the past could have hypothetical results in the past or in the present. To express unreal conditions in the past with hypothetical results in the present, use the following structure:

- **Si** + *pluperfect subjunctive* + *conditional*

  Si Fidel Castro no *hubiera asumido* el poder en Cuba en 1959, *podríamos* comprar puros cubanos en los Estados Unidos.
  If Fidel Castro had not assumed power in Cuba in 1959, we would be able to buy Cuban cigars in the United States today.

Práctica

ACTIVIDAD PA•10 **Situaciones hipotéticas.** Usa la imaginación para terminar las oraciones de una manera lógica.

1. Mis padres comprarían un carro nuevo si...
2. Mi mejor amiga cenaría en un restaurante elegante si...
3. Tú usarías el Internet si...
4. Mis amigos y yo no iríamos a una fiesta entre semana (*during the week*) si...
5. Mi compañero de cuarto dijo que no asistiría a clase si...
6. Mi amigo habría sacado una mejor nota en el examen si...
7. Los estudiantes habrían votado por ese candidato si...
8. Habríamos contestado las preguntas en clase si...
9. Mis parientes habrían venido a mi casa si...

 **ACTIVIDAD PA•11** **Posibles efectos.** Con una pareja, hablen de qué serían los posibles efectos si las siguientes condiciones fueran verdaderas. Al final, añadan sus propias condiciones.

MODELO: nosotros / vivir en Argentina

E1: *Si nosotros viviéramos en Argentina, podríamos esquiar en julio.*

E2: *Si nosotros viviéramos en Argentina, usaríamos el* voseo.

1. Teresa / poder viajar sin problema a Cuba

2. Mirna / ser abogada

3. Dora / vivir en El Salvador ahora

4. Claudia / estudiar en México

5. Eduardo / trabajar en Madrid

6. …

ACTIVIDAD PA•12 **¿Qué sería del mundo actual, si...?** ¿Qué efectos tendrían o habrían tenido los siguientes acontecimientos en la situación de los EE.UU.? Escoge cinco y escribe oraciones, diciendo qué ocurriría o habría ocurrido. Luego compara tus respuestas con las de otro(a) estudiante.

MODELO: no haber habido revolución en Cuba en 1959

Si no hubiera habido revolución en Cuba en 1959, las relaciones entre Cuba y los EE.UU. serían mejores. [o]

Si no hubiera habido revolución en Cuba en 1959, tantos cubanos no habrían inmigrado a los EE.UU.

1. el gobierno estadounidense no haber invadido Irak
2. España no haber participado en la invasión de Irak
3. el Congreso haber aprobado una enmienda constitucional para que el inglés fuera el idioma oficial del país
4. La Española (La República Dominicana) ser un estado libre asociado de los EE.UU.
5. los españoles haber colonizado los EE.UU. y Canadá
6. todos los niños estadounidenses tener que estudiar español durante los doce años de la escuela
7. Pinochet no haber podido derrotar el gobierno de Salvador Allende en Chile en 1973
8. Alemania haber ganado la Segunda Guerra mundial

Reflexiones

ACTIVIDAD PA•13 **Lecciones para pasar adelante.** En parejas o en un grupo, reflexionen sobre lo que han aprendido este semestre.

1. ¿Qué cosas nuevas aprendiste en esta clase?
2. ¿Qué fue lo más interesante (*most interesting thing*) de esta clase?
3. Si pudieras cambiar una cosa con respecto a tu conducta en la clase, ¿qué cambiarías y por qué?
4. ¿Ha cambiado tu actitud hacia la lengua española o hacia los hispanohablantes? Explica.
5. Si pudieras viajar a un país hispanohablante, ¿a cuál viajarías y por qué?
6. Para que los futuros estudiantes tengan éxito en esta clase, ¿qué les recomiendas que hagan o que no hagan y por qué?
7. ¿Qué vas a hacer para no olvidar el español que aprendiste este semestre? ¿Vas a continuar estudiando español? ¿Por qué sí o por qué no?

Online Study Center
ACE the Test: Condiciones no reales (cláusulas con *si*)

Reference Section

Appendix A Grammatical Terms

	Definition	Example(s)
Parts of speech		
nombre (noun)	Word that names a person, place, or thing; has a gender in Spanish	Los **calcetines** son rojos. Voy a la **tienda**. **Elena** llegó temprano.
verbo (verb)	Word that expresses an action or state of being	Mi hermano **come** mucho. **Voy** a la fiesta de Anabel.
adverbio (adverb)	Word that modifies a verb, an adjective, or another adverb and answers questions such as *when? where? how?*	Alicia habla muy **rápidamente**, ¿no? Me gustan **mucho** las películas clásicas.
adjetivo (adjective)	Word used to modify or describe a noun	Paco es muy **inteligente.** (*descriptivo*) Vivo en **esta** casa. (*demostrativo*) ¿**Qué** tipo de comida prefieres? (*interrogativo*) **Mi** madre es dentista. (*posesivo*)
pronombre (pronoun)	Word that takes the place of a noun and generally has the same function in a sentence	PERSONAL **Yo** trabajo. (*de sujeto*) No tienes que buscar tu abrigo; yo **lo** tengo. (*de objeto directo*) ¿Qué **le** dijiste a Elena? (*de objeto indirecto*) POSESIVO Éste es mi sándwich y ése es **el tuyo**. DEMOSTRATIVO **Ésta** es mi calle. **Aquélla** es la calle de mi tía. INTERROGATIVO ¿**Qué** hiciste ayer? ¿Con **quién** fuiste? REFLEXIVO **Me** lavo el pelo todos los días.
preposición (preposition)	Short word usually helping to show the relationship of a noun to other parts of a sentence (position, direction, time, etc.)	Soy **de** San José, Costa Rica. Estoy **con** mis amigos ahora.
conjunción (conjunction)	Word used to connect words, phrases, clauses, or sentences	Me voy a pedir un té **y** un bocadillo. Yo soy alta **pero** mi hermana es baja.
interjección (interjection)	Exclamatory word or phrase that can stand alone	**¡Ay!** Me duele la cabeza. **¡Ojo!** Viene un camión.
Parts of a sentence		
artículo (article)	Word that precedes a noun and indicates whether it is general, specific, or indefinite	**la** camiseta (*definido*) **unos** estudiantes (*indefinido*)

	Definition	Example(s)
Parts of a sentence (cont.)		
cláusula (clause)	Group of words consisting of a subject and a predicate	**Voy al médico** (*cláusula principal*) **para que me dé una receta para la gripe** (*cláusula subordinada*).
objeto/complemento directo (direct object)	Person or thing directly receiving the action of a verb; answers the questions *what?* or *whom?; replaced by* direct-object pronoun (**pronombre de objeto directo**)	Busco **mi chaqueta** pero no *la encuentro. ¿Tienes **los billetes**? No *los tengo yo. **pronombres de objeto directo*
objeto/complemento indirecto (indirect object)	Person to whom or for whom something is done; replaced or referred to in a sentence by indirect-object pronoun (**pronombre de objeto indirecto**)	*Le di el libro **a Ramón**. *Les dije **a mis padres** que llego el sábado. **pronombres de objeto indirecto*
sujeto (subject)	Person or thing that performs the action of the verb	**Ariana** quiere ir a México conmigo. **Tú** sabes hablar inglés, ¿no?
Tense (Tiempo)	Form of a verb that indicates when an action occurs	
futuro (future)	Verb tense used to express what will happen in the future	**Viajaremos** a Buenos Aires el año que viene. Te **diré** lo que me pasó, pero **tendrás** que esperar.
imperfecto (imperfect)	Simple past tense used to set up background information or state of being or to describe a habitual action	**Hacía** mucho calor en Sevilla cuando visitamos el año pasado. Yo **leía** el periódico cuando entró mi hermano.
perfecto (perfect)	Tense formed by combining the auxiliary verb **haber** with the past participle of the main verb; **haber** can appear in various verbal tenses and moods	PRESENTE PERFECTO ¿**Has estado** en Nueva York? PLUSCUAMPERFECTO (PAST PERFECT) Sí, fui a Nueva York el mes pasado, pero no **había estado** antes. FUTURO PERFECTO Cuando llegues esta noche, **habré terminado** mi tarea. CONDICIONAL PERFECTO Si no hubiera llovido ese día, no **habría tenido** tantos problemas. PRESENTE PERFECTO DE SUBJUNTIVO La profesora no cree que **hayamos estudiado** esto antes. PLUSCUAMPERFECTO DE SUBJUNTIVO La profesora no creía que **hubiéramos estudiado** esto antes.
presente (present)	Tense used to express an action in progress at the moment of speaking, a habitual action, or an action that began earlier and is still happening	Mi padre **vive** en Buenos Aires. **Estudio** mucho.
pretérito (preterit)	Simple past tense used to express an action, event, or condition completed in the past; describes what happened	**Llegué** anoche a las nueve y media. Yo leía el periódico cuando **entró** mi hermano.

	Definition	Example(s)
progresivo (progressive)	Verb tense formed with the auxiliary verb **estar** followed by a present participle; used to describe an action or event in progress	No me molestes; **estoy estudiando**.
Mood (Modo)	Form of a verb conjugation that indicates the speaker's *attitude* toward the action or state	
interrogativo (interrogative)	Mood that introduces a question	¿Eres estudiante? ADJETIVOS INTERROGATIVOS ¿**Qué** programas de televisión te gustan? ¿**Cuál** es tu película favorita? ADVERBIOS INTERROGATIVOS ¿**Cuándo** vas a Miami? ¿**Cómo** viajas? PRONOMBRES INTERROGATIVOS ¿**Quién** llamó? ¿**Qué** dijo?
indicativo (indicative)	Verb form used to express factual information	**Estudio** medicina en San Juan ahora. El año que viene, **iré** a los Estados Unidos para hacer una residencia.
subjuntivo (subjunctive)	Verb form used when expressing an action that is hypothetical, doubtful, or viewed subjectively	¡No quiero que te **vayas**!
imperativo (imperative)	Verb form used to express a command	**Ven** aquí, Manolito. **Espere** un momento, por favor.
condicional (conditional)	Verb form used to express what could or would occur or to express polite requests	Si pudiera ir contigo, yo lo **haría**.
Other useful terms		
comparativo (comparison)	Construction used when comparing people, things, qualities, or amounts	Mi mamá es **más** fuerte **que** mi papá. Tengo **tantos** primos **como** tú.
concordancia (agreement)	Agreement in gender and number between a noun and the articles and adjectives that modify it or accord in number and person between a verb and its subject	**una** falda roj**a** **un** abrigo roj**o** Yo viv**o** en Madrid pero ellos viv**en** en Santo Domingo.
conjugación (conjugation)	Set of all forms of a verb that reflect person, number, tense, and mood; conjugated verb forms consist of a stem and an ending	**canto, cantas, canta, cantamos, cantáis, cantan** **iré, irás, irá, iremos, iréis, irán**
género (gender)	Classification of nouns and some pronouns into masculine and feminine; articles and adjectives that modify nouns also have gender	Mi **padre** es alto y mi **madre** es baj**a**. **Esa blusa** es muy bonit**a**.

	Definition	Example(s)
Other useful terms (cont.)		
infinitivo (infinitive)	Verb form shown in dictionaries; gives verb's general meaning without indicating tense, person, or number; may end in **-ar, -er,** or **-ir**	**trabajar** **ser** **estar** **vivir**
número (number)	Form of a noun or pronoun that indicates whether it is singular or plural; articles and adjectives that modify nouns also have number	Tengo **tres amigos extrovertidos** y **otro amigo** no tan **extrovertido**.
participio pasado (past participle)	Verb form used with the auxiliary verb **haber** to form the perfect tenses; for regular verbs, formed by adding **-ado** to the stem of **-ar** infinitives and **-ido** to the stem of **-er** and **-ir** infinitives	¿Nunca has **probado** gazpacho?
participio presente (gerund, present participle)	Verb form used in the progressive tenses to suggest an ongoing action; ends in **-ndo**	¿Qué estás **haciendo**? Estoy **estudiando** matemáticas.
persona (person)	Form of pronouns and their corresponding verb forms to refer to the speaker (1st person), the addressee (2nd person), or the person or thing spoken about (3rd person)	**Andrés** vien**e** a la fiesta esta noche. Y **tú**, ¿p**uedes** venir? No, **yo** no p**uedo**.
superlativo (superlative)	Construction that expresses the highest or lowest degree of an adverb or adjective	Café Sevilla es el restaurante **más elegante** de la ciudad.
raíz (stem)	Part of the verb that results from dropping the last two letters of the infinitive	**trabaj**ar **est**ar **viv**ir
verbo auxiliar (auxiliary verb)	Verb that helps form tenses of other verbs	**Has** visto a mi hermana Rosa, ¿verdad? **Estoy** conduciendo; te llamo más tarde.

Regular Verbs

Simple tenses

		Indicative					Subjunctive	
Infinitive	**Past participle / Pres. participle**	**Present**	**Imperfect**	**Preterit**	**Future**	**Conditional**	**Present**	**Imperfect***
cantar	cantado	canto	cantaba	canté	cantaré	cantaría	cante	cantara
to sing	cantando	cantas	cantabas	cantaste	cantarás	cantarías	cantes	cantaras
		canta	cantaba	cantó	cantará	cantaría	cante	cantara
		cantamos	cantábamos	cantamos	cantaremos	cantaríamos	cantemos	cantáramos
		cantáis	cantabais	cantasteis	cantaréis	cantaríais	cantéis	cantarais
		cantan	cantaban	cantaron	cantarán	cantarían	canten	cantaran
correr	corrido	corro	corría	corrí	correré	correría	corra	corriera
to run	corriendo	corres	corrías	corriste	correrás	correrías	corras	corrieras
		corre	corría	corrió	correrá	correría	corra	corriera
		corremos	corríamos	corrimos	correremos	correríamos	corramos	corriéramos
		corréis	corríais	corristeis	correréis	correríais	corráis	corrierais
		corren	corrían	corrieron	correrán	correrían	corran	corrieran
subir	subido	subo	subía	subí	subiré	subiría	suba	subiera
to go up,	subiendo	subes	subías	subiste	subirás	subirías	subas	subieras
to climb up		sube	subía	subió	subirá	subiría	suba	subiera
		subimos	subíamos	subimos	subiremos	subiríamos	subamos	subiéramos
		subís	subíais	subisteis	subiréis	subiríais	subáis	subierais
		suben	subían	subieron	subirán	subirían	suban	subieran

*In addition to this form, another one is less frequently used for all regular and irregular verbs: **cantase, cantases, cantase, cantásemos, cantaseis, cantasen; corriese, corrieses, corriese, coriésemos, corrieseis, corriesen; subiese, subieses, subiese, subiésemos, subieseis, subiesen.**

Commands

Person	Affirmative	Negative	Affirmative	Negative	Affirmative	Negative
tú	canta	no cantes	corre	no corras	sube	no subas
usted	cante	no cante	corra	no corra	suba	no suba
nosotros/as	cantemos	no cantemos	corramos	no corramos	subamos	no subamos
vosotros/as	cantad	no cantéis	corred	no corráis	subid	no subáis
ustedes	canten	no canten	corran	no corran	suban	no suban

Stem-changing verbs: *-ar* and *-er* groups

		Indicative	Subjunctive	Commands		Other *-ar* and *-er* stem-changing verbs
Type of change in the verb stem	Subject	Present	Present	Affirmative	Negative	
-ar verbs	yo	**pienso**	**piense**	—	—	atravesar *to go through, to cross;* cerrar *to close;* despertarse *to wake up;* empezar *to start;* negar *to deny;* sentarse *to sit down*
	tú	**piensas**	**pienses**	**piensa**	no **pienses**	
e > ie	él/ella, Ud.	**piensa**	**piense**	**piense**	no **piense**	
	nosotros/as	pensamos	pensemos	pensemos	no pensemos	
pensar *to think*	vosotros/as	pensáis	penséis	pensad	no penséis	Nevar *to snow* is only conjugated in the third-person singular.
	ellos/as, Uds.	**piensan**	**piensen**	**piensen**	no **piensen**	
-ar verbs	yo	**cuento**	**cuente**	—	—	acordarse *to remember;* acostar(se) *to go to bed;* almorzar *to have lunch;* colgar *to hang:* costar *to cost;* demostrar *to demonstrate, to show;* encontrar *to find;* mostrar *to show;* probar *to prove, to taste;* recordar *to remember*
	tú	**cuentas**	**cuentes**	**cuenta**	no **cuentes**	
o > ue	él/ella, Ud.	**cuenta**	**cuente**	**cuente**	no **cuente**	
	nosotros/as	contamos	contemos	contemos	no contemos	
contar *to count;*	vosotros/as	contáis	contéis	contad	no contéis	
to tell	ellos/as, Uds.	**cuentan**	**cuenten**	**cuenten**	no **cuenten**	
-er verbs	yo	**entiendo**	**entienda**	—	—	encender *to light, to turn on;* extender *to stretch;* perder *to lose*
	tú	**entiendes**	**entiendas**	**entiende**	no **entiendas**	
e > ie	él/ella, Ud.	**entiende**	**entienda**	**entienda**	no **entienda**	
	nosotros/as	entendemos	entendamos	entendamos	no entendamos	
entender	vosotros/as	entendéis	entendáis	entended	no entendáis	
to understand	ellos/as, Uds.	**entienden**	**entiendan**	**entiendan**	no **entiendan**	
-er verbs	yo	**vuelvo**	**vuelva**	—	—	mover *to move;* torcer *to twist*
	tú	**vuelves**	**vuelvas**	**vuelve**	no **vuelvas**	
o > ue	él/ella, Ud.	**vuelve**	**vuelva**	**vuelva**	no **vuelva**	Llover *to rain* is only conjugated in the third-person singular.
	nosotros/as	volvemos	volvamos	volvamos	no volvamos	
volver *to return*	vosotros/as	volvéis	volváis	volved	no volváis	
	ellos/as, Uds.	**vuelven**	**vuelvan**	**vuelvan**	no **vuelvan**	

Stem-changing verbs: *-ir* verbs

		Indicative		Subjunctive		Commands	
Type of change in the verb stem	**Subject**	**Present**	**Preterit**	**Present**	**Imperfect**	**Affirmative**	**Negative**
-ir verbs	yo	**siento**	sentí	**sienta**	**sintiera**	—	—
e > ie or **i**	tú	**sientes**	sentiste	**sientas**	**sintieras**	**siente**	no **sientas**
Infinitive:	él/ella, Ud.	**siente**	**sintió**	**sienta**	**sintiera**	**sienta**	no **sienta**
sentir *to feel*	nosotros/as	sentimos	sentimos	**sintamos**	**sintiéramos**	**sintamos**	no **sintamos**
Present participle:	vosotros/as	sentís	sentisteis	**sintáis**	**sintierais**	sentid	no **sintáis**
sintiendo	ellos/as, Uds.	**sienten**	**sintieron**	**sientan**	**sintieran**	**sientan**	no **sientan**
-ir verbs	yo	**duermo**	dormí	**duerma**	**durmiera**	—	—
o > ue or **u**	tú	**duermes**	dormiste	**duermas**	**durmieras**	**duerme**	no **duermas**
Infinitive:	él/ella, Ud.	**duerme**	**durmió**	**duerma**	**durmiera**	**duerma**	no **duerma**
dormir *to sleep*	nosotros/as	dormimos	dormimos	**durmamos**	**durmiéramos**	**durmamos**	no **durmamos**
Present participle:	vosotros/as	dormís	dormisteis	**durmáis**	**durmierais**	dormid	no **durmáis**
durmiendo	ellos/as, Uds.	**duermen**	**durmieron**	**duerman**	**durmieran**	**duerman**	no **duerman**

Other similar verbs: advertir *to warn;* arrepentirse *to repent;* consentir *to consent, to pamper;* convertir(se) *to turn into;* divertir(se) *to amuse (oneself);* herir *to hurt, to wound;* mentir *to lie;* morir *to die;* preferir *to prefer;* referir *to refer;* sugerir *to suggest*

		Indicative		Subjunctive		Commands	
Type of change in the verb stem	**Subject**	**Present**	**Preterit**	**Present**	**Imperfect**	**Affirmative**	**Negative**
-ir verbs	yo	**pido**	pedí	**pida**	**pidiera**	—	—
e > i	tú	**pides**	pediste	**pidas**	**pidieras**	**pide**	no **pidas**
Infinitive:	él/ella, Ud.	**pide**	**pidió**	**pida**	**pidiera**	**pida**	no **pida**
pedir *to ask for, to request*	nosotros/as	pedimos	pedimos	**pidamos**	**pidiéramos**	**pidamos**	no **pidamos**
Present participle:	vosotros/as	pedís	pedisteis	**pidáis**	**pedierais**	pedid	no **pidáis**
pidiendo	ellos/as, Uds.	**piden**	**pidieron**	**pidan**	**pidieran**	**pidan**	no **pidan**

Other similar verbs: competir *to compete;* despedir(se) *to say good-bye;* elegir *to choose;* impedir *to prevent;* perseguir *to chase;* repetir *to repeat;* seguir *to follow;* servir *to serve;* vestir(se) *to dress, to get dressed*

Verbs with spelling changes

	Verb type	Ending	Change	Verbs with similar spelling changes
1	bus**car** *to look for*	**-car**	• Preterit: yo bus**qué** • Present subjunctive: bus**que**, bus**que**s, bus**que**, bus**que**mos, bus**qué**is, bus**que**n	comunicar, explicar *to explain* indicar *to indicate,* sacar, pescar
2	con<u>o</u>**cer** *to know*	*vowel* + **-cer** or **-cir**	• Present indicative; cono**zc**o, conoces, conoce, and so on • Present subjunctive: cono**zc**a, cono**zc**as, cono**zc**a, cono**zc**amos, cono**zc**áis, cono**zc**an	nacer *to be born,* obedecer, ofrecer, parecer, pertenecer *to belong,* reconocer, conducir, traducir
3	ve<u>n</u>**cer** *to win*	*consonant* + **-cer** *or* **-cir**	• Present indicative; ven**z**o, vences, vence, and so on • Present subjunctive: ven**z**a, ven**z**as, ven**z**a, ven**z**amos, ven**z**áis, ven**z**an	convencer, torcer *to twist*
4	leer *to read*	**-eer**	• Preterit: le**y**ó, le**y**eron • Imperfect subjunctive: le**y**era, le**y**eras, le**y**era, le**y**éramos, le**y**erais, le**y**eran • Present participle: le**y**endo	creer, poseer *to own*
5	lle**gar** *to arrive*	**-gar**	• Preterit: yo lle**gué** • Present subjunctive: lle**gue**, lle**gue**s, lle**gue**, lle**gue**mos, lle**gué**is, lle**gue**n	colgar *to hang,* navegar, negar *to negate, to deny,* pagar, rogar *to beg,* jugar
6	esco**ger** *to choose*	**-ger** or **-gir**	• Present indicative: esco**j**o, escoges, escoge, and so on • Present subjunctive: esco**j**a, esco**j**as, esco**j**a, esco**j**amos, esco**j**áis, esco**j**an	proteger, recoger *to collect, to gather, corregir to correct,* dirigir *to direct,* elegir *to elect, to choose,* exigir *to demand*
7	se**guir** *to follow*	**-guir**	• Present indicative: si**g**o, sigues, sigue, and so on • Present subjunctive: si**g**a, si**g**as, si**g**a, si**g**amos, si**g**áis, si**g**an	conseguir, distinguir, perseguir
8	**huir** *to flee*	**-uir**	• Present indicative: hu**y**o, hu**y**es, hu**y**e, huimos, huís, hu**y**en • Preterit: huí, huiste, hu**y**ó, huimos, huisteis, hu**y**eron • Present subjunctive: hu**y**a, hu**y**as, hu**y**a, hu**y**amos, hu**y**áis, hu**y**an • Imperfect subjunctive: hu**y**era, hu**y**eras, hu**y**era, hu**y**éramos, hu**y**erais, hu**y**eran • Present participle: hu**y**endo • Commands: hu**y**e tú, hu**y**a usted, hu**y**amos nosotros, huid vosotros, hu**y**an ustedes, no hu**y**as tú, no hu**y**a usted, no hu**y**amos nosotros, no hu**y**áis vosotros, no hu**y**an ustedes	concluir, contribuir, construir, destruir, disminuir, distribuir, excluir, influir, instruir, restituir, substituir
9	abra**zar** *to embrace*	**-zar**	• Preterit: yo abra**cé** • Present subjunctive: abra**ce**, abra**ce**s, abra**ce**, abra**ce**mos, abra**cé**is, abra**ce**n	alcanzar *to achieve,* almorzar, comenzar, empezar, gozar *to enjoy,* rezar *to pray*

Compound tenses

Indicative										Subjunctive			
Present perfect		Past perfect		Preterit perfect		Future perfect		Conditional perfect		Present perfect		Past perfect	
he		**había**		**hube**		**habré**		**habría**		**haya**		**hubiera**	
has		**habías**		**hubiste**		**habrás**		**habrías**		**hayas**		**hubieras**	
ha	cantado	**había**	cantado	**hubo**	cantado	**habrá**	cantado	**habría**	cantado	**haya**	cantado	**hubiera**	cantado
hemos	corrido	**habíamos**	corrido	**hubimos**	corrido	**habremos**	corrido	**habríamos**	corrido	**hayamos**	corrido	**hubiéramos**	corrido
habéis	subido	**habíais**	subido	**hubisteis**	subido	**habréis**	subido	**habríais**	subido	**hayáis**	subido	**hubierais**	subido
han		**habían**		**hubieron**		**habrán**		**habrían**		**hayan**		**hubieran**	

All verbs, both regular and irregular, follow the same formation pattern with **haber** in all compound tenses. The only thing that changes is the form of the past participle of each verb. (See the chart below for common verbs with irregular past participles.) Remember that in Spanish, no word can come between **haber** and the past participle.

Common irregular past participles

Infinitive	Past participle		Infiniative	Past participle	
abrir	**abierto**	*opened*	morir	**muerto**	*died*
caer	caído	*fallen*	oír	oído	*beard*
creer	creído	*believed*	poner	**puesto**	*put, placed*
cubrir	**cubierto**	*covered*	resolver	**resuelto**	*resolved*
decir	**dicho**	*said, told*	romper	**roto**	*broken, torn*
descubrir	**descubierto**	*discovered*	(son)reír	(son)reído	*(smiled) laughed*
escribir	**escrito**	*written*	traer	traído	*brought*
hacer	**hecho**	*made, done*	ver	**visto**	*seen*
leer	leído	*read*	volver	**vuelto**	*returned*

Reflexive Verbs

Regular and irregular reflexive verbs: Position of the reflexive pronouns in the simple tenses

			Indicative					Subjunctive	
Infinitive	**Present participle**	**Reflexive pronouns**	**Present**	**Imperfect**	**Preterit**	**Future**	**Conditional**	**Present**	**Imperfect**
lavar**se** *to wash* *oneself*	lavándo**me** lavándo**te** lavándo**se** lavándo**nos** lavándo**os** lavándo**se**	**me** **te** **se** **nos** **os** **se**	lavo lavas lava lavamos laváis lavan	lavaba lavabas lavaba lavábamos lavabais lavaban	lavé lavaste lavó lavamos lavasteis lavaron	lavaré lavarás lavará lavaremos lavaréis lavarán	lavaría lavarías lavaría lavaríamos lavaríais lavarían	lave laves lave lavemos lavéis laven	lavara lavaras lavara laváramos lavarais lavaran

Regular and irregular reflexive verbs: Position of the reflexive pronouns with commands

Person	Affirmative	Negative	Affirmative	Negative	Affirmative	Negative
tú usted nosotros vosotros ustedes	láva**te** láve**se** lavémo**nos** lava**os** láven**se**	no **te** laves no **se** lave no **nos** lavemos no **os** lavéis no **se** laven	pon**te** pónga**se** pongámo**nos** pone**os** póngan**se**	no **te** pongas no **se** ponga no **nos** pongamos no **os** pongáis no **se** pongan	víste**te** vísta**se** vistámo**nos** vestí**os** vístan**se**	no **te** vistas no **se** vista no **nos** vistamos no **os** vistáis no **se** vistan

Regular and irregular reflexive verbs: Position of the reflexive pronouns in compound tenses*

	Indicative										Subjunctive			
Reflexive Pronoun	Present perfect		Past perfect		Preterit perfect		Future perfect		Conditional perfect		Present perfect		Past perfect	
me	**he**		**había**		**hube**		**habré**		**habría**		**haya**		**hubiera**	
te	**has**	lavado	**habías**	lavado	**hubiste**	lavado	**habrás**	lavado	**habrías**	lavado	**hayas**	lavado	**hubieras**	lavado
se	**ha**	puesto	**había**	puesto	**hubo**	puesto	**habrá**	puesto	**habría**	puesto	**haya**	puesto	**hubiera**	puesto
nos	**hemos**	vestido	**habíamos**	vestido	**hubimos**	vestido	**habremos**	vestido	**habríamos**	vestido	**hayamo**	vestido	**hubiéramos**	vestido
os	**habéis**		**habíais**		**hubisteis**		**habréis**		**habríais**		**hayáis**		**hubierais**	
se	**han**		**habían**		**hubieron**		**habrán**		**habrían**		**hayan**		**hubieran**	

*The sequence of these three elements—the reflexive pronoun, the auxiliary verb **haber,** and the present perfect form—is invariable and no other words can come in between.

Regular and irregular reflexive verbs: Position of the reflexive pronouns with conjugated verb + infinitive**

	Indicative										Subjunctive			
Reflexive Pronoun	Present		Imperfect		Preterit		Future		Conditional		Present		Imperfect	
me	voy a		iba a		fui a		iré a		iría a		vaya a		fuera a	
te	vas a	lavar	ibas a	lavar	fuiste a	lavar	irás a	lavar	irías a	lavar	vayas a	lavar	fueras a	lavar
se	va a	poner	iba a	poner	fue a	poner	irá a	poner	iría a	poner	vaya a	poner	fuera a	poner
nos	vamos a	vestir	íbamos a	vestir	fuimos a	vestir	iremos a	vestir	iríamos a	vestir	vayamos a	vestir	fuéramos a	vestir
os	vais a		ibais a		fuisteis a		iréis a		iríais a		vayáis a		fuerais a	
se	van a		iban a		fueron a		irán a		irían a		vayan a		fueran a	

The reflexive pronoun can also be placed after the infinitive: voy a lavarme,** voy a poner**me,** voy a vestir**me,** and so on.
Use the same structure for the present and the past progressive: **me** estoy lavando / estoy lavándo**me; me** estaba lavando / estaba lavándo**me.**

Irregular Verbs

Andar, caber, caer

		Indicative					Subjunctive	
Infinitive	**Past participle Pres. participle**	**Present**	**Imperfect**	**Preterit**	**Future**	**Conditional**	**Present**	**Imperfect**
and**ar** *to walk; to go*	and**ado** and**ando**	ando andas anda andamos andáis andan	andaba andabas andaba andábamos andabais andaban	**anduve** **anduviste** **anduvo** **anduvimos** **anduvisteis** **anduvieron**	andaré andarás andará andaremos andaréis andarán	andaría andarías andaría andaríamos andaríais andarían	ande andes ande andemos andéis anden	**anduviera** **anduvieras** **anduviera** **anduviéramos** **anduvierais** **anduvieran**
cab**er** *to fit; to have enough space*	cab**ido** cab**iendo**	**quepo** cabes cabe cabemos cabéis caben	cabía cabías cabía cabíamos cabíais cabían	**cupe** **cupiste** **cupo** **cupimos** **cupisteis** **cupieron**	**cabré** **cabrás** **cabrá** **cabremos** **cabréis** **cabrán**	**cabría** **cabrías** **cabría** **cabríamos** **cabríais** **cabrían**	**quepa** **quepas** **quepa** **quepamos** **quepáis** **quepan**	**cupiera** **cupieras** **cupiera** **cupiéramos** **cupierais** **cupieran**
ca**er** *to fall*	ca**ído** ca**yendo**	**caigo** caes cae caemos caéis caen	caía caías caía caíamos caíais caían	caí caíste **cayó** caímos caísteis **cayeron**	caeré caerás caerá caeremos caeréis caerán	caería caerías caería caeríamos caeríais caerían	**caiga** **caigas** **caiga** **caigamos** **caigáis** **caigan**	**cayera** **cayeras** **cayera** **cayéramos** **cayerais** **cayeran**

Commands

	andar		caber		caer	
Person	**Affirmative**	**Negative**	**Affirmative**	**Negative**	**Affirmative**	**Negative**
tú	anda	no andes	cabe	no **quepas**	cae	no **caigas**
usted	ande	no ande	**quepa**	no **quepa**	**caiga**	no **caiga**
nosotros	andemos	no andemos	**quepamos**	no **quepamos**	**caigamos**	no **caigamos**
vosotros	andad	no andéis	cabed	no **quepáis**	caed	no **caigáis**
ustedes	anden	no anden	**quepan**	no **quepan**	**caigan**	no **caigan**

Dar, decir, estar

		Indicative					Subjunctive	
Infinitive	**Past participle Pres. participle**	**Present**	**Imperfect**	**Preterit**	**Future**	**Conditional**	**Present**	**Imperfect**
d**ar**	d**ado**	**doy**	daba	**di**	daré	daría	**dé**	**diera**
to give	d**ando**	das	dabas	**diste**	darás	darías	**des**	**dieras**
		da	daba	**dio**	dará	daría	**dé**	**diera**
		damos	dábamos	**dimos**	daremos	daríamos	**demos**	**diéramos**
		dais	dabais	**disteis**	daréis	daríais	**deis**	**dierais**
		dan	daban	**dieron**	darán	darían	**den**	**dieran**
dec**ir**	**dicho**	**digo**	decía	**dije**	**diré**	**diría**	**diga**	**dijera**
to say, to tell	**diciendo**	**dices**	decías	**dijiste**	**dirás**	**dirías**	**digas**	**dijeras**
		dice	decía	**dijo**	**dirá**	**diría**	**diga**	**dijera**
		decimos	decíamos	**dijimos**	**diremos**	**diríamos**	**digamos**	**dijéramos**
		decís	decíais	**dijisteis**	**diréis**	**diríais**	**digáis**	**dijerais**
		dicen	decían	**dijeron**	**dirán**	**dirían**	**digan**	**dijeran**
est**ar**	est**ado**	**estoy**	estaba	**estuve**	estaré	estaría	**esté**	**estuviera**
to be	est**ando**	**estás**	estabas	**estuviste**	estarás	estarías	**estés**	**estuvieras**
		está	estaba	**estuvo**	estará	estaría	**esté**	**estuviera**
		estamos	estábamos	**estuvimos**	estaremos	estaríamos	**estemos**	**estuviéramos**
		estáis	estabais	**estuvisteis**	estaréis	estaríais	**estéis**	**estuvierais**
		están	estaban	**estuvieron**	estarán	estarían	**estén**	**estuvieran**

Commands

	dar		decir		estar	
Person	**Affirmative**	**Negative**	**Affirmative**	**Negative**	**Affirmative**	**Negative**
tú	da	no **des**	**di**	no **digas**	**está**	no **estés**
usted	**dé**	no **dé**	**diga**	no **diga**	**esté**	no **esté**
nosotros	**demos**	no **demos**	**digamos**	no **digamos**	**estemos**	no **estemos**
vosotros	dad	no **deis**	decid	no **digáis**	estad	no **estéis**
ustedes	**den**	no **den**	**digan**	no **digan**	**estén**	no **estén**

Haber*, hacer, ir

		Indicative					Subjunctive	
Infinitive	Past participle Pres. participle	Present	Imperfect	Preterit	Future	Conditional	Present	Imperfect
hab**er***	hab**ido**	**he**	había	**hube**	**habré**	**habría**	**haya**	**hubiera**
to have	hab**iendo**	**has**	habías	**hubiste**	**habrás**	**habrías**	**hayas**	**hubieras**
		ha	había	**hubo**	**habrá**	**habría**	**haya**	**hubiera**
		hemos	habíamos	**hubimos**	**habremos**	**habríamos**	**hayamos**	**hubiéramos**
		habéis	habíais	**hubisteis**	**habréis**	**habríais**	**hayáis**	**hubierais**
		han	habían	**hubieron**	**habrán**	**habrían**	**hayan**	**hubieran**
hac**er**	h**echo**	**hago**	hacía	**hice**	**haré**	**haría**	**haga**	**hiciera**
to do	haciendo	haces	hacías	**hiciste**	**harás**	**harías**	**hagas**	**hicieras**
		hace	hacía	**hizo**	**hará**	**haría**	**haga**	**hiciera**
		hacemos	hacíamos	**hicimos**	**haremos**	**haríamos**	**hagamos**	**hiciéramos**
		hacéis	hacíais	**hicisteis**	**haréis**	**haríais**	**hagáis**	**hicierais**
		hacen	hacían	**hicieron**	**harán**	**harían**	**hagan**	**hicieran**
ir	**ido**	**voy**	**iba**	**fui**	iré	iría	**vaya**	**fuera**
to go	**yendo**	**vas**	**ibas**	**fuiste**	irás	irías	**vayas**	**fueras**
		va	**iba**	**fue**	irá	iría	**vaya**	**fuera**
		vamos	**íbamos**	**fuimos**	iremos	iríamos	**vayamos**	**fuéramos**
		vais	**ibais**	**fuisteis**	iréis	iríais	**vayáis**	**fuerais**
		van	**iban**	**fueron**	irán	irían	**vayan**	**fueran**

*__Haber__ also has an impersonal form **hay.** This form is used to express "There is, There are." The imperative of **haber** is not used.

Commands

	hacer		ir	
Person	Affirmative	Negative	Affirmative	Negative
tú	**haz**	no **hagas**	**ve**	no **vayas**
usted	**haga**	no **haga**	**vaya**	no **vaya**
nosotros	**hagamos**	no **hagamos**	**vamos**	no **vayamos**
vosotros	haced	no **hagáis**	**id**	no **vayáis**
ustedes	**hagan**	no **hagan**	**vayan**	no **vayan**

Jugar, oír, oler

		Indicative					Subjunctive	
Infinitive	**Past participle Pres. participle**	**Present**	**Imperfect**	**Preterit**	**Future**	**Conditional**	**Present**	**Imperfect**
jug**ar**	jug**ado**	**juego**	jugaba	**jugué**	jugaré	jugaría	**juegue**	jugara
to play	jug**ando**	**juegas**	jugabas	jugaste	jugarás	jugarías	**juegues**	jugaras
		juega	jugaba	jugó	jugará	jugaría	**juegue**	jugara
		jugamos	jugábamos	jugamos	jugaremos	jugaríamos	**juguemos**	jugáramos
		jugáis	jugabais	jugasteis	jugaréis	jugaríais	**juguéis**	jugarais
		juegan	jugaban	jugaron	jugarán	jugarían	**jueguen**	jugaran
oír	**oído**	**oigo**	oía	oí	oiré	oiría	**oiga**	**oyera**
to hear;	**oyendo**	**oyes**	oías	oíste	oirás	oirías	**oigas**	**oyeras**
to listen		**oye**	oía	**oyó**	oirá	oiría	**oiga**	**oyera**
		oímos	oíamos	oímos	oiremos	oiríamos	**oigamos**	**oyéramos**
		oís	oíais	oísteis	oiréis	oiríais	**oigáis**	**oyerais**
		oyen	oían	**oyeron**	oirán	oirían	**oigan**	**oyeran**
ol**er**	ol**ido**	**huelo**	olía	olí	oleré	olería	**huela**	oliera
to smell	ol**iendo**	**hueles**	olías	oliste	olerás	olerías	**huelas**	olieras
		huele	olía	olió	olerá	olería	**huela**	oliera
		olemos	olíamos	olimos	oleremos	oleríamos	olamos	oliéramos
		oléis	olíais	olisteis	oleréis	oleríais	oláis	olierais
		huelen	olían	olieron	olerán	olerían	**huelan**	olieran

Commands

	jugar		oír		oler	
Person	**Affirmative**	**Negative**	**Affirmative**	**Negative**	**Affirmative**	**Negative**
tú	**juega**	no **juegues**	**oye**	no **oigas**	**huele**	no **huelas**
usted	**juegue**	no **juegue**	**oiga**	no **oiga**	**huela**	no **huela**
nosotros	**juguemos**	no **juguemos**	**oigamos**	no **oigamos**	olamos	no olamos
vosotros	jugad	no **juguéis**	**oíd**	no **oigáis**	oled	no oláis
ustedes	**jueguen**	no **jueguen**	**oigan**	no **oigan**	**huelan**	no **huelan**

Poder, poner, querer

		Indicative					Subjunctive	
Infinitive	Past participle Pres. participle	Present	Imperfect	Preterit	Future	Conditional	Present	Imperfect
pod**er** *to be able to, can*	pod**ido** **pudiendo**	**puedo** **puedes** **puede** podemos podéis **pueden**	podía podías podía podíamos podíais podían	**pude** **pudiste** **pudo** **pudimos** **pudisteis** **pudieron**	**podré** **podrás** **podrá** **podremos** **podréis** **podrán**	**podría** **podrías** **podría** **podríamos** **podríais** **podrían**	**pueda** **puedas** **pueda** podamos podáis **puedan**	**pudiera** **pudieras** **pudiera** **pudiéramos** **pudierais** **pudieran**
pon**er*** *to put*	**puesto** pon**iendo**	**pongo** pones pone ponemos ponéis ponen	ponía ponías ponía poníamos poníais ponían	**puse** **pusiste** **puso** **pusimos** **pusisteis** **pusieron**	**pondré** **pondrás** **pondrá** **pondremos** **pondréis** **pondrán**	**pondría** **pondrías** **pondría** **pondríamos** **pondríais** **pondrían**	**ponga** **pongas** **ponga** **pongamos** **pongáis** **pongan**	**pusiera** **pusieras** **pusiera** **pusiéramos** **pusierais** **pusieran**
quer**er** *to want, to wish; to love*	quer**ido** quer**iendo**	**quiero** **quieres** **quiere** queremos queréis **quieren**	quería querías quería queríamos queríais querían	**quise** **quisiste** **quiso** **quisimos** **quisisteis** **quisieron**	**querré** **querrás** **querrá** **querremos** **querréis** **querrán**	**querría** **querrías** **querría** **querríamos** **querríais** **querrían**	**quiera** **quieras** **quiera** queramos queráis **quieran**	**quisiera** **quisieras** **quisiera** **quisiéramos** **quisierais** **quisieran**

*Similar verbs to **poner: imponer, suponer.**

Commands**

	poner		querer	
Person	Affirmative	Negative	Affirmative	Negative
tú	**pon**	no **pongas**	**quiere**	no **quieras**
usted	**ponga**	no **ponga**	**quiera**	no **quiera**
nosotros	**pongamos**	no **pongamos**	queramos	no queramos
vosotros	poned	no **pongáis**	quered	no queráis
ustedes	**pongan**	no **pongan**	**quieran**	no **quieran**

Note: The imperative of **poder is used very infrequently and is not included here.

Saber, salir, ser

		Indicative					Subjunctive	
Infinitive	Past participle Pres. participle	Present	Imperfect	Preterit	Future	Conditional	Present	Imperfect
sab**er** *to know*	sab**ido** sab**iendo**	**sé** sabes sabe sabemos sabéis saben	sabía sabías sabía sabíamos sabíais sabían	**supe** **supiste** **supo** **supimos** **supisteis** **supieron**	**sabré** **sabrás** **sabrá** **sabremos** **sabréis** **sabrán**	**sabría** **sabrías** **sabría** **sabríamos** **sabríais** **sabrían**	**sepa** **sepas** **sepa** **sepamos** **sepáis** **sepan**	**supiera** **supieras** **supiera** **supiéramos** **supierais** **supieran**
sal**ir** *to go out,* *to leave*	sal**ido** sal**iendo**	**salgo** sales sale salimos salís salen	salía salías salía salíamos salíais salían	salí saliste salió salimos salisteis salieron	**saldré** **saldrás** **saldrá** **saldremos** **saldréis** **saldrán**	**saldría** **saldrías** **saldría** **saldríamos** **saldríais** **saldrían**	**salga** **salgas** **salga** **salgamos** **salgáis** **salgan**	**saliera** **salieras** **saliera** **saliéramos** **salierais** **salieran**
s**er** *to be*	**sido** **siendo**	**soy** **eres** **es** **somos** **sois** **son**	**era** **eras** **era** **éramos** **erais** **eran**	**fui** **fuiste** **fue** **fuimos** **fuisteis** **fueron**	seré serás será seremos seréis serán	sería serías sería seríamos seríais serían	**sea** **seas** **sea** **seamos** **seáis** **sean**	**fuera** **fueras** **fuera** **fuéramos** **fuerais** **fueran**

Commands

	saber		salir		ser	
Person	Affirmative	Negative	Affirmative	Negative	Affirmative	Negative
tú	sabe	no **sepas**	**sal**	no **salgas**	**sé**	no **seas**
usted	**sepa**	no **sepa**	**salga**	no **salga**	**sea**	no **sea**
nosotros	**sepamos**	no **sepamos**	**salgamos**	no **salgamos**	**seamos**	no **seamos**
vosotros	sabed	no **sepáis**	salid	no **salgáis**	sed	no **seáis**
ustedes	**sepan**	no **sepan**	**salgan**	no **salgan**	**sean**	no **sean**

Sonreir, tener*, traer

		Indicative					Subjunctive	
Infinitive	**Past participle Pres. participle**	**Present**	**Imperfect**	**Preterit**	**Future**	**Conditional**	**Present**	**Imperfect**
sonre**ír** *to smile*	sonre**ído** son**riendo**	**sonrío** **sonríes** **sonríe** sonreímos sonreís **sonríen**	sonreía sonreías sonreía sonreíamos sonreíais sonreían	sonreí sonreíste **sonrió** sonreímos sonreísteis **sonrieron**	sonreiré sonreirás sonreirá sonreiremos sonreiréis sonreirán	sonreiría sonreirías sonreiría sonreiríamos sonreiríais sonreirían	**sonría** **sonrías** **sonría** **sonriamos** **sonriáis** **sonrían**	**sonriera** **sonrieras** **sonriera** **sonriéramos** **sonrierais** **sonrieran**
ten**er*** *to have*	ten**ido** ten**iendo**	**tengo** **tienes** **tiene** tenemos tenéis **tienen**	tenía tenías tenía teníamos teníais tenían	**tuve** **tuviste** **tuvo** **tuvimos** **tuvisteis** **tuvieron**	**tendré** **tendrás** **tendrá** **tendremos** **tendréis** **tendrán**	**tendría** **tendrías** **tendría** **tendríamos** **tendríais** **tendrían**	**tenga** **tengas** **tenga** **tengamos** **tengáis** **tengan**	**tuviera** **tuvieras** **tuviera** **tuviéramos** **tuvierais** **tuvieran**
tra**er** *to bring*	tra**ído** tra**yendo**	**traigo** traes trae traemos traéis traen	traía traías traía traíamos traíais traían	**traje** **trajiste** **trajo** **trajimos** **trajisteis** **trajeron**	traeré traerás traerá traeremos traeréis traerán	traería traerías traería traeríamos traeríais traerían	**traiga** **traigas** **traiga** **traigamos** **traigáis** **traigan**	**trajera** **trajeras** **trajera** **trajéramos** **trajerais** **trajeran**

Commands

	sonreir		tener		traer	
Person	**Affirmative**	**Negative**	**Affirmative**	**Negative**	**Affirmative**	**Negative**
tú	**sonríe**	no **sonrías**	**ten**	no **tengas**	trae	no **traigas**
usted	**sonría**	no **sonría**	**tenga**	no **tenga**	**traiga**	no **traiga**
nosotros	**sonriamos**	no **sonriamos**	**tengamos**	no **tengamos**	**traigamos**	no **traigamos**
vosotros	sonreíd	no **sonriáis**	tened	no **tengáis**	traed	no **traigáis**
ustedes	**sonrían**	no **sonrían**	**tengan**	no **tengan**	**traigan**	no **traigan**

*Many verbs ending in -**tener** are conjugated like **tener: contener, detener, entretener(se), mantener, obtener, retener.**

Valer, venir, ver

		Indicative					Subjunctive	
Infinitive	**Past participle Pres. participle**	**Present**	**Imperfect**	**Preterit**	**Future**	**Conditional**	**Present**	**Imperfect**
val**er** *to be worth*	val**ido** val**iendo**	**valgo** vales vale valemos valéis valen	valía valías valía valíamos valíais valían	valí valiste valió valimos valisteis valieron	**valdré** **valdrás** **valdrá** **valdremos** **valdréis** **valdrán**	**valdría** **valdrías** **valdría** **valdríamos** **valdríais** **valdrían**	**valga** **valgas** **valga** **valgamos** **valgáis** **valgan**	valiera valieras valiera valiéramos valierais valieran
ven**ir** *to come*	ven**ido** **viniendo**	**vengo** **vienes** **viene** venimos venís **vienen**	venía venías venía veníamos veníais venían	**vine** **viniste** **vino** **vinimos** **vinisteis** **vinieron**	**vendré** **vendrás** **vendrá** **vendremos** **vendréis** **vendrán**	**vendría** **vendrías** **vendría** **vendríamos** **vendríais** **vendrían**	**venga** **vengas** **venga** **vengamos** **vengáis** **vengan**	**viniera** **vinieras** **viniera** **viniéramos** **vinierais** **vinieran**
v**er** *to see*	**visto** **viendo**	**veo** **ves** **ve** **vemos** **veis** **ven**	**veía** **veías** **veía** **veíamos** **veíais** **veían**	vi viste vio vimos visteis vieron	veré verás verá veremos veréis verán	vería verías vería veríamos veríais verían	**vea** **veas** **vea** **veamos** **veáis** **vean**	viera vieras viera viéramos vierais vieran

Commands

	valer		venir		ver	
Person	**Affirmative**	**Negative**	**Affirmative**	**Negative**	**Affirmative**	**Negative**
tú	vale	no **valgas**	**ven**	no **vengas**	ve	no **veas**
usted	**valga**	no **valga**	**venga**	no **venga**	**vea**	no **vea**
nosotros	**valgamos**	no **valgamos**	**vengamos**	no **vengamos**	**veamos**	no **veamos**
vosotros	valed	no **valgáis**	venid	no **vengáis**	ved	no **veáis**
ustedes	**valgan**	no **valgan**	**vengan**	no **vengan**	**vean**	no **vean**

Spanish-English Vocabulary

The Spanish-English vocabulary contains all active and passive vocabulary that appears in the student text. Active vocabulary includes words and expressions that appear in the **Vocabulario** sections and in charts and word lists that are part of the grammar explanations. Passive vocabulary consists of words and expressions that are given an English gloss in textual material throughout the book: readings, photo captions, exercises, activities, and authentic documents.

The English-Spanish Vocabulary contains both active and passive words and expressions.

The following abbreviations are used in the vocabularies:

adj.	adjective	*fam.*	familiar	*obj.*	object
adv.	adverb	*form.*	formal	*pl.*	plural
aux.	auxiliary	*inf.*	infinitive	*prep.*	preposition
Car.	Caribbean	*i.o.*	indirect object	*pret.*	preterit
coll.	colloquial	*lang.*	language	*pron.*	pronoun
d.o.	direct object	*lit.*	literally	*sing.*	singular
dim.	diminutive form	*m.*	masculine noun	*Sp.*	Spain
f.	feminine noun	*Mex.*	Mexico		

A

a at, 2
- ~ **la derecha (de)** to the right (of), 2
- ~ **la izquierda (de)** to the left (of), 2
- ~ **la vez** at the same time
- ~ **lomos de** along with
- ~ **menos que** unless, 6
- ~ **pesar de** in spite of
- ~ **pie** on foot
- ~ **veces** sometimes
- **¿A qué hora es...?** At what time is...?, R

a.C. antes de Cristo (B.C.)
abogado(a) (*m., f.*) lawyer, 1
abrazo (*m.*) hug
abrigo (*m.*) coat, 3
abril April, 3
abrir to open, 1
abuela (*f.*) grandmother, 2
abuelita (*f.*) grandmother (*dim.*), 2
abuelo (*m.*) grandfather, 2
aburrido(a) boring, 2
acción (*f.*) action
aceite (*m.*) oil
- ~ **de oliva** olive oil, 5

acero (*m.*) steel
aconsejar to advise
acontecer to occur
acontecimiento (*m.*) event, occurrence
acostarse (ue) to go to bed, 2
activo(a) active, 2
actor (*m.*) actor, 1
actriz (*f.*) actress
actualmente currently
actuar to act
acuerdo (*m.*) **de paz** peace accord
acupuntura (*f.*) acupuncture, 4
aderezar to dress
adiós good-bye, R
adivinar to guess
administración (*f.*) **de empresas** business administration, 1
¿adónde? where (to)?, 1
aeropuerto (*m.*) airport, 3
afectuosamente affectionately
afectuoso(a) affectionate
afeitarse to shave (oneself), 2
afiche (*m.*) poster
afición (*f.*) inclination
afuera outdoors
agencia (*f.*) **de viajes** travel agency, 3
agente (*m., f.*) **de viajes** travel agent, 3
agosto August, 3
agregar to add
agridulce bittersweet, 5
agua (*f.*) **embotellada** bottled water, 5
aguacero (*m.*) downpour
aguanieve (*f.*) sleet
aguantar to stand, endure
aguas negras (*f. pl.*) wastewater
aguja (*f.*) needle
ahijado(a) (*m., f.*) godson (goddaughter)

ahorrar to save
ajo (*m.*) garlic, 5
al aire libre outdoors, 6
al lado de next to, 2
alcanzar to reach
alcatraz (*m.*) gannet (coastal bird)
alcoba (*f.*) bedroom
alcoholismo (*m.*) alcoholism, 4
aledaño(a) neighboring
alegrarse (de) to be happy
alegre happy
alemán (*m.*) German (*lang.*), 1
alergia (*f.*) allergy, 4
alfombra (*f.*) area rug, 2
algo something, R
algodón (*m.*) cotton
alguien someone, R
alguno(a), algún any, R
alimento (*m.*) food
almeja (*f.*) clam
almorzar (ue) to have lunch, 2
almuerzo (*m.*) lunch, 5
alojamiento (*m.*) lodging, 3
alojarse to stay, 3
alpaca (*f.*) alpaca
alquilar to rent, 3
alrededor de around, 2
altiplano (*m.*) plateau, 6
alto(a) tall, 2
ama de casa (*f.*) housewife
amable likeable, 2
amargo(a) bitter, 5
amarillo(a) yellow, R
ambiental environmental
amenaza (*f.*) threat
anaconda (*f.*) anaconda
analfabeto(a) illiterate
analgésico (*m.*) painkiller, 4
anaranjado(a) orange, R
andar to walk
  ~ **en bicicleta** to bike ride, 6
  ~ **en patineta** to skateboard
anillo (*m.*) ring
anoche last night
anteayer the day before yesterday
anterior previous, before
antes (de que) before
antiácido (*m.*) antacid, 4
antibiótico (*m.*) antibiotic, 4
antipático(a) unpleasant, 2
antropología (*f.*) anthropology, 1
anzuelo (*m.*) fish hook
añadir to add
año (*m.*) year
  el ~ pasado last year
aparato (*m.*) **doméstico** appliance, 2
apartamento (*m.*) apartment
apellido (*m.*) surname
aperitivo (*m.*) aperitive
apetecer to appeal to
aportar to contribute
aprender (a) to learn (to do something), 1
apretado(a) tight
aprobar to pass (a class, a test)
apuntar to jot down, 1; to point out, to aim
aquel(la) that (over there) (*adj.*), 2
aquellos(as) those (over there) (*adj.*), 2
aquél(la) that one (over there) (*pron.*), 2
aquéllos(as) those (over there) (*pron.*), 2
árbol (*m.*) tree, 2
arena (*f.*) sand
armadillo (*m.*) armadillo
armario (*m.*) closet, 2
aromaterapia (*f.*) aromatherapy, 4
arquitecto(a) (*m., f.*) architect, 1
arquitectura (*f.*) architecture, 1
arreglar to tidy up, 2
arriba (de) above, 2
arrimarse to draw (oneself) closer
arroyo (*m.*) small stream, brook, 6
arroz (*m.*) rice, 5
arte (*f.*) art, 1
artista (*m., f.*) artist, 1
artritis (*f.*) arthritis, 4
arveja (*f.*) pea
asado (*m.*) Argentine barbecue
asar (en el horno) to roast, bake, 5
asiento (*m.*) seat
asistir (a) to attend, 1
aspirina (*f.*) aspirin, 4
asqueroso(a) repugnant
atacar to attack
ataque (*m.*) **al corazón** heart attack, 4
atar to tie
ataúd (*m.*) coffin
atentamente attentatively, sincerely (*as a closing in correspondence*)
ático (*m.*) attic, 2
atreverse to dare
atún (*m.*) tuna, 5
aumentar to augment; to increase
aumento (*m.*) increase
aunque even though
autobús (*m.*) bus
autor(a) (*m., f.*) author, 1
auxiliar (*m.*) **de vuelo** flight attendant
averiguar to find out
avión (*m.*) airplane, 3
aviso (*m.*) **de inundación** flood watch
ayer yesterday
azafata (*m., f.*) flight attendant
azafrán (*m.*) saffron, 5

azotea (*f.*) flat roof
azul blue, R

B

bahía (*f.*) bay, 6
bailar to dance, 1
bajo(a) short, 2
  bajito(a) short (*dim.*)
balcón (*m.*) balcony, 2
balneario (*m.*) beach resort, 3
baloncesto (*m.*) basketball
balsa (*f.*) raft
banana (*f.*) banana, 5
bandera (*f.*) flag
bañarse to bathe (oneself), 2
bañera (*f.*) bathtub, 2
bañista (*m., f.*) bather, swimmer
baño (*m.*) bathroom, 2
barbilla (*f.*) chin, 4
barco (*m.*) boat, 3
barrer (el suelo, el piso) to sweep (the floor), 2
básquetbol (*m.*) basketball
basura (*f.*) garbage, 6
bata (*f.*) robe, 3
batido (*m.*) shake
batidora (*f.*) mixer, 5
batir to beat, whip, 5
beber to drink, 1
bebida (*f.*) drink, beverage, 5
béisbol (*m.*) baseball
bellas artes (*f. pl.*) fine arts, 1
beso (*m.*) kiss
bien good, fine, R
bienes raíces (*f. pl.*) real estate
biftec (*m.*) steak, 5
bioenergía (*f.*) bioenergy, 4
biología (*f.*) biology, 1
bisabuela (*f.*) great-grandmother, 2
bisabuelo (*m.*) great-grandfather, 2
bistec (*m.*) steak, 5
blanco(a) white, R
blusa (*f.*) blouse, 3
boca (*f.*) mouth, 4
bocadillo (*m.*) sandwich; sub, 5
bocado (*m.*) bite
boda (*f.*) wedding
bohío (*m.*) hut
bombero (*m.*) firefighter (male), 1
  mujer ~ (*f.*) firefighter (female), 1
borrador (*m.*) eraser, R
bosque (*m.*) forest, 6
bosquejo (*m.*) outline
bostezar to yawn
bota (*f.*) boot, 3
botiquín (*m.*) medicine or first-aid kit
bragas (*f. pl.*) women's underpants, 3
brassier (*m.*) bra, 3
brazo (*m.*) arm, 4
brindis (*m.*) toast
bróculi (*m.*) broccoli, 5
brocha (*f.*) paintbrush
bueno(a), buen good
  buenas noches good evening, R
  buenas tardes good afternoon, R
  buenos días good morning, R
  buenos modales (*m. pl.*) good manners
buey (*m.*) ox
bufanda (*f.*) scarf, 3
buscar to look for, 1

C

caballo (*m.*) horse
caber to fit
cabeza (*f.*) head, 4
cacerola (*f.*) saucepan, 5
caerse to fall
café (*m.*) coffee, 5
caja (*f.*) **fuerte** safe deposit box
calcetín (*m.*) sock, 3
caldero (*m.*) cauldron, 5
caldo (*m.*) **de cultivo** culture medium
calentamiento (*m.*) **del planeta** global warming, 6
calmante (*m.*) tranquilizer, 4
calzoncillos (*m. pl.*) men's underpants, 3
cama (*f.*) bed, 2
camarera (*f.*) waitress, 5
camarero (*m.*) waiter, 5
camarones (*m. pl.*) shrimp
cambiar to change
  ~ **de papel** to switch roles
camello (*m.*) autobús (*Car.*) (*lit:* camel)
caminar to walk, 1
camión (*m.*) truck
camisa (*f.*) shirt, 3
camiseta (*f.*) t-shirt, 3
cáncer (*m.*) cancer, 4
canícula (*f.*) dog days of summer
canoso(a) gray-haired, 2
cansado(a) tired
cansancio (*m.*) fatigue, 4
cañón (*m.*) canyon, 6
cara (*f.*) face, 4
característica (*f.*) characteristic, 2
  ~ **física** physical characteristic, 2
  ~ **personal** personal characteristic, 2
carcajada (*f.*) guffaw
carecer to lack
cariño (*m.*) affection
cariñoso(a) loving, 2

carne (*f.*) meat, 5
∼ **de res** beef
carro (*m.*) car, 3
carta (*f.*) letter; menu, 5
cartel (*m.*) poster
casa (*f.*) house, home, 2
∼ **de huéspedes** guest house, 3
casar to marry a couple
casarse (con) to get married, 2
cascarón (*m.*) shell
casi almost
catarata (*f.*) waterfall, 6
catarro (*m.*) cold, 4
catorce fourteen, R
cauce (*m.*) **del río** riverbed, 6
causar to cause
cazuela (*f.*) saucepan, 5
cebolla (*f.*) onion, 5
ceder to cede
ceja (*f.*) eyebrow, 4
cena (*f.*) dinner, 5
centígrado Celsius, 3
centro (*m.*) **turístico** resort
ceño (*m.*) frown
cepillarse to brush, 2
cepillo (*m.*) **para el pelo** hairbrush
cerca (de) near, 2
cereal (*m.*) cereal, 5
cerebro (*m.*) brain, 4
cerrar (ie) to close, 2
cerro (*m.*) hill
césped (*m.*) lawn, 2
chacra (*f.*) farm
chamán (*m.*) shaman
champiñón (*m.*) mushroom, 5
chaparrón (*m.*) rain shower
chaqueta (*f.*) jacket, 3
charca (*f.*) pond, 6
charquekán (*m.*) dried llama meat
chile (*m.*) pepper, 5
chimichurri (*m.*) South American barbecue sauce
chino (*m.*) Chinese (*lang.*), 1
chiquillos (*m. pl.*) kids (*dim.*)
chisme (*m.*) gossip
chiste (*m.*) joke
choclo (*m.*) corn (*quechua*)
chorizo (*m.*) large sausage, 5
chuleta (*f.*) **de cerdo** pork chop, 5
chuño (*m.*) dehydrated and frozen white potato dish
ciego(a) blind
cielito my dear (*lit:* little heaven)
cien one hundred, R
ciencias naturales (*f. pl.*) natural sciences, 1
ciencias sociales (*f. pl.*) social sciences, 1
ciento uno one hundred and one, R
cierto(a) certain
cifra (*f.*) number
cinco five, R
cincuenta fifty, R
cinturón (*m.*) belt, 3
cirugía (*f.*) surgery, 4
ciudad (*f.*) city
∼ **natal** birthplace
clave (*f.*) clue
clemencia (*f.*) mercy
clóset (*m.*) closet, 2
cobrar to charge
cocer (al horno) to bake (in the oven), 5
cocer to cook
coche (*m.*) car, 3
cocina (*f.*) kitchen, 2
cocinar to cook, 5
cocinero(a) (*m., f.*) cook, 1
coco-taxi (*m.*) small taxi (*Car.*)
codo (*m.*) elbow, 4
coger to take
cojín (*m.*) cushion, 2
colgar to hang on
colono (*m.*) settler
color (*m.*) color, R
comadre (*f.*) godmother
comal (*m.*) cast iron plate (*Mex.*)
comedor (*m.*) dining room, 2
comenzar (ie) to commence, begin, 2
comer to eat, 1
comida (*f.*) food, 5
como since, 6
∼ **es de esperarse** as is to be expected
cómo how?; what?, 1
¿ ∼ **está Ud.?** How are you? (*formal*), R
¿ ∼ **estás?** How are you? (*informal*), R
¿ ∼ **te llamas / se llama?** What is your name?, R
cómoda (*f.*) dresser, 2
comodidades (*f. pl.*) amenities, 3
cómodo(a) comfortable
compadrazgo (*m.*) relationship between a child's parents and the godparents
compadre (*m.*) godfather
compartir to share
comprar to buy, 1
comprender to comprehend, 1
comprometerse to get engaged, 2
computadora (*f.*) computer, R
común common
con tal (de) que provided that, 6
concordancia (*f.*) agreement
concho (*m.*) taxi (*Car.*)
moto-concho motorcycle taxi (*Car.*)
condado (*m.*) county
congelado(a) frozen
congestión (*f.*) congestion, 4

congrio eel
conocer to know (people and places), to be acquainted with, 3
conseguir to get, 3
consejero(a) (*m., f.*) advisor
consejo (*m.*) advice
construir to construct
contabilidad (*f.*) accounting, 1
contador(a) (*m., f.*) accountant, 1
contaminación (*f.*) **(del aire)** (air) pollution, 6
contar (ue) to tell, relate, 2
contestación (*f.*) answer
contestar to answer
controlar to control
Convenio (*m.*) **Bracero** Bracero (farmworkers') Agreement
copa (*f.*) glass, 5
corazón (*m.*) heart, 4
corbata (*f.*) necktie, 3
cordillera (*f.*) mountain range, 6
cordorniz (*f.*) quail
correr to run, 1
corriente current, running
Corriente fría (*f.*) **de Humboldt** Humboldt current
cortar to cut
cortina (*f.*) curtain, 2
costa (*f.*) coast, 6
creer to believe, 1
cuaderno (*m.*) workbook, R
cuadra (*f.*) block
cuadro (*m.*) painting, wall hanging, 2
¿cuál(es)? which?, 1
cualquiera anyone
cuán how (*adv.*)
cuando when, 6
¿cuándo? when?, 1
¿cuánto(a, os, as)? how much (many)?, 1
cuarenta forty, R
cuarto bedroom (*m.*), 2; quart (*f.*), 5
cuatro four, R
cuatrocientos(as) four hundred, R
cubierto (*m.*) table setting, 2
cuchara (*f.*) tablespoon, 5
cucharada (*f.*) spoonful, tablespoonful, 5
cucharadita (*f.*) teaspoonful, 5
cucharilla (*f.*) teaspoon
cuchillo (*m.*) knife, 5
cuello (*m.*) neck, 4
cuenco (*m.*) bowl, 5
cuenta (*f.*) check, 5
cuerpo (*m.*) body, 4
cuidar to care for
Cuídate. Take care of yourself (*fam.*).
cuñada (*f.*) sister-in-law, 2
cuñado (*m.*) brother-in-law, 2
cupo (*m.*) seating capacity
curandero(a) (*m., f.*) healer

D

d.C. después de Cristo (A.D.)
dar to give, 2
  ~ **a luz** to give birth
  ~ **un hervor** to boil
de from, of
  ~ **acuerdo** in accordance
  ~ **cuadros** plaid
  ¿ ~ **dónde eres/es?** Where are you from?, R
  ¿ ~ **dónde?** where (from)?, 1
  ~ **ida y vuelta** round trip, 3
  ~ **la madrugada** A.M. (early morning), R
  ~ **la mañana** A.M. (morning), R
  ~ **la noche** P.M. (evening/at night), R
  ~ **la tarde** P.M. (afternoon), R
  ~ **lunares** polka-dotted
  ~ **prisa** hurriedly
  ~ **rayas** striped
debajo de underneath, 2
deber to owe; should, ought to, 1
decidir to decide, 1
decir to say, 2
dedo (*m.*) finger, 4
  ~ **del pie** toe, 4
deforestación (*f.*) deforestation, 6
dejar to leave
delante de in front of, 2
delgado(a) thin, 2
demonio (*m.*) devil
dengue (*m.*) dengue fever, 4
dentista (*m., f.*) dentist, 1
departamento apartment (*Mex.*)
dependiente(a) (*m., f.*) sales clerk
depresión (*f.*) depression, 4
derecha: a la ~ (de) to the right (of), 2
derecho (*m.*) law, 1; right
  seguir ~ to go straight
derrocar to defeat, demolish
derrumbe (*m.*) **(de tierra)** landslide, 6
desafío (*m.*) challenge
desarrollar to develop
desastre (*m.*) disaster
desayuno (*m.*) breakfast, 5
descansar to rest, 1
desde since
desear to wish, desire
desechos (*m. pl.*) waste, 6
desfile (*m.*) parade
desierto (*m.*) desert, 6
desperdiciar to waste
desperdicios (*m. pl.*) waste, garbage, 6

despertar (ie) to wake someone up
~ **se** to wake up, 2
desplumado(a) plucked
despojos (*m. pl.*) remains
después (de que) after
destacar to highlight
desván (*m.*) attic, 2
detrás de behind, 2
día (*m.*) day, 3
diabetes (*f.*) diabetes, 4
diagnosis (*f.*) diagnosis, 4
diario(a) daily
diarrea (*f.*) diarrhea, 4
dibujo (*m.*) drawing
diciembre December, 3
diecinueve nineteen, R
dieciocho eighteen, R
dieciséis sixteen, R
diecisiete seventeen, R
diente (*m.*) tooth, 4
diez ten, R
diplomático(a) (*m., f.*) diplomat, 1
dirección (*f.*) direction
discapacitado(a) disabled
discutir to discuss
diseñar to design
disfrute (*m.*) enjoyment
disminución (*f.*) reduction
disparar to shoot
divertido(a) fun, 2
divertir (ie) to entertain
divertirse to have fun, 2
divorciar to divorce a married couple
divorciarse to get divorced, 2
doblar to turn
doce twelve, R
doler to hurt, ache, 4
dolor (*m.*) pain, 4
domicilio (*m.*) residence
domingo (*m.*) Sunday, 3
¿dónde? where?, 1
¿Dónde diablos? Where the heck?
dorar to brown
dormir (ue) to sleep, 2
dormirse to fall asleep, 2
dormitorio (*m.*) bedroom, 2
dos two, R
doscientos(as) two hundred, R
duchar to shower (someone)
ducharse to shower (oneself), 2
dudar to doubt
dulce sweet, 5

E

economía (*f.*) economy, 1
ecuador (*m.*) equator
echar de menos to miss
edad (*f.*) age
efecto (*m.*) **invernadero** greenhouse effect, 6
el the (*m. sing.*), R
El gusto es mío. The pleasure is mine., R
él he, R
~ **que** he who
electricista (*m., f.*) electrician, 1
ella she, R
ellas (*f. pl.*) they, R
ellos (*m. pl.*) they, R
empaquetar to pack, 3
emparejar to match
empezar (ie) to begin, 2
en on, in, 2
~ **autobús** by bus, 3
~ **avión** by plane, 3
~ **barco** by ship, 3
~ **carro** by car, 3
~ **caso de que** in case, 6
~ **coche** by car, 3
~ **cuanto** as far as; as soon as, 6
~ **línea** online
~ **negrilla** in bold
~ **punto** sharp (*time*), R
~ **taxi** by taxi, 3
~ **tren** by train, 3
~ **vía de extinción** endangered, 6
Encantado(a). Delighted (to meet you)., R
encarcelado(a) jailed
encima de on top of, 2
encontrar (ue) to find, 2
encuesta (*f.*) survey
energía (*f.*) energy, 6
~ **hidroeléctrica (nuclear, solar)** hydroelectric (nuclear, solar) energy, 6
enero January, 3
enfermedad (*f.*) illness, 4
enfermero(a) (*m., f.*) nurse, 1
enlatado(a) canned
ensalada (*f.*) salad, 5
ensangrentado(a) bloodied
enseñar to teach, 1
entender (ie) to understand, 2
entero(a) whole
enterrado(a) buried
enterrar to bury
entonces then, next
entrada (*f.*) appetizer
entraña (*f.*) belly
entre between, 2
entremés (*m.*) appetizer
entretenerse to entertain oneself
entusiasmado(a) enthusiastic
envase (*m.*) container
~ **de plástico (de vidrio)** plastic (glass) container, 6

erosión (*f.*) erosion, 6
erupción (*f.*) **volcánica** volcanic eruption, 6
Es una lástima. It's a shame.
escala (*f.*) layover, 3
escalar montañas to go mountain-climbing
escalera (*f.*) stairway, 2
escalofrío (*m.*) chill, 4
escena (*f.*) **retrospectiva** flashback
escoger to choose
escombro (*m.*) rubble, debris
escribir to write, 1
escritorio (*m.*) desk, R
escuchar to listen, 1
escupir to spit
escurrir to drain, 5
ese(a) that (over there) (*adj.*), 2
esos(as) those (over there) (*adj.*), 2
ése(a) that one (over there) (*pron.*), 2
ésos(as) those (over there) (*pron.*), 2
espalda (*f.*) back, 4
especia (*f.*) spice, 5
especialidad (*f.*) **académica** major, 1
especie (*f.*) species, 6
espejo (*m.*) mirror, 2
esperar to hope
espinaca (*f.*) spinach, 5
espolvoreado(a) sprinkled
esposa (*f.*) wife, 2
esposo (*m.*) husband, 2
espuma (*f.*) foam
esquiar to ski, 6
  ~ **sobre el agua** to water ski, 6
esquina (*f.*) corner
Está despejado. There are clear skies., 3
Está nublado. It's cloudy., 3
estación (*f.*) season, 3
estado (*m.*) **civil** marital status
estanque (*m.*) pond, 6
estante (*m.*) bookcase, 2
estar to be, 2
  ~ **casado(a)** to be married, 2
  ~ **cómodo(a)** to be comfortable
  ~ **comprometido(a) (con)** to be engaged, 2
  ~ **de acuerdo** to be in agreement
  ~ **divorciado(a)** to be divorced, 2
  ~ **enamorado(a)** to be in love
  ~ **separado(a) (de)** to be separated (from), 2
Estoy bien. I am fine., R
este (*m.*) east, 6
este(a) this (*adj.*), 2
estos(as) these (*adj.*), 2
éste(a) this one (*pron.*), 2
éstos(as) these (*pron.*), 2
estómago (*m.*) stomach, 4
estrés (*m.*) stress, 4
estudiante (*m., f.*) student, R
estudiar to study, 1
estudios (*m. pl.*) studies, 1
estufa (*f.*) stove, 2
examen (*m.*) **diagnóstico** diagnostic exam, 4
exigente demanding
exigir to demand
experimentar to experience
extinción (*f.*) extinction, 6
extraño(a) strange
extrovertido(a) extroverted, 2

F

fábrica (*f.*) factory
falda (*f.*) skirt, 3
falta (*f.*) lack
faltar to miss
fallecido(a) dead
familia (*f.*) family, 2
febrero February, 3
feo(a) ugly, 2
ferrocarril (*m.*) railroad
fideo (*m.*) noodle
fiebre (*f.*) fever, 4
fijo(a) fixed
filosofía (*f.*) **y letras** (*f. pl.*) philosophy and letters (humanities), 1
finalmente finally
finquita (*f.*) farm (*dim.*)
firma (*f.*) signature
flamboyán (*m.*) colorful tree native to Puerto Rico
flor (*f.*) flower, 2
foto (*f.*) photo
francés (*m.*) French (*lang.*), 1
fregadero (*m.*) kitchen sink, 2
fregar to scrub
  ~ **los platos** to wash the dishes, 2
freír (i) to fry, 5
frente (*f.*) forehead, 4
fresa (*f.*) strawberry, 5
frontera (*f.*) border, 6
fruncir to pucker (mouth)
  ~ **el ceno** to frown
fruta (*f.*) fruit, 5
fuera (de casa) outside (the house), 2
fuerte strong
fumar to smoke, 1

G

galleta (*f.*) cookie, 5
galón (*m.*) gallon, 5
gambas (*f. pl.*) shrimp
ganado (*m.*) cattle
ganar to win; to earn
garganta (*f.*) throat, 4
gasa (*f.*) gauze

gastar to spend
gemelo(a) (*m., f.*) twin, 2
género (*m.*) gender
geografía (*f.*) geography, 1
gerente (*m., f.*) manager, 1
gira (*f.*) tour
golf (*m.*) golf
gordo(a) fat, 2
gorra (*f.*) cap, 3
gorro (*m.*) hat, 3
gozar to enjoy
gracioso(a) amusing
gramo (*m.*) gram
grande big, large, 2
granizo (*m.*) hail
grasa (*f.*) fat
gripe (*f.*) flu, 4
guacamayo (*m.*) macaw
guagua (*f.*) bus (*Car.*)
guante (*m.*) glove, 3
guapo(a) handsome, 2
guayabera (*f.*) type of men's shirt, pleated with four pockets
guerra (*f.*) war
guisante (*m.*) pea, 5
guiso (*m.*) stew
gustar to like (*lit:* to be pleasing to)
gusto (*m.*) taste, 4

H

ha de should
haba (*f.*) broad or lima bean
haber (*aux.*) to have, 5
habitación (*f.*) bedroom, 2
hablar to speak, 1
hace + *time* + **que** + *verb* (*present*) to have been doing something for a length of time, 3
hace + *time* + **que** + *verb* (*preterit/imperfect*) to have done something in the past (ago), 3
hacer to do, make, 2
  ~ **buen tiempo** to be a nice day, 3
  ~ **calor** to be hot (weather), 3
  ~ **cola** to stand in line, 3
  ~ **de nuevo** to do again, 3
  ~ **ejercicio** to exercise
  ~ **el papel de** to play a role, act, 3
  ~ **escala** to stop over at, 3
  ~ **fresco** to be cool (weather), 3
  ~ **frío** to be cold (weather), 3
  ~ **juego** to match, 3
  ~ **la cama** to make the bed, 2
  ~ **las maletas** to pack luggage, 3
  ~ **lavar** to have cleaned
  ~ **sol** to be sunny, 3
  ~ **trampa** to cheat
  ~ **un viaje** to take a trip, 3
  ~ **una caminata** to hike, take a walk, 6
  ~ **una pregunta** to ask a question, 3
  ~ **viento** to be windy, 3
hacerse to act, 3; to become
  ~ **ciudadano(a)** to become a citizen
hacia toward
hamburguesa (*f.*) hamburger, 5
harina (*f.*) flour
hasta until
  Hasta que until, 6
  Hasta... See you on ..., R
  Hasta luego. See you later., R
  Hasta mañana. See you tomorrow., R
  Hasta pronto. See you soon., R
hay there is, there are, R
hecho (*m.*) fact
helado(a) frozen
hembra (*f.*) female
hemisferio (*m.*) hemisphere
  ~ **norte** northern hemisphere
  ~ **sur** southern hemisphere
herencia (*f.*) heritage
hermana (*f.*) sister, 2
hermanastra (*f.*) stepsister, 2
hermanastro (*m.*) stepbrother, 2
hermano (*m.*) brother, 2
hervir (ie) to boil, 5
hierba (*f.*) grass
hija (*f.*) daughter, 2
hijastra (*f.*) stepdaughter, 2
hijastro (*m.*) stepson, 2
hijo (*m.*) son, 2
hipnosis (*f.*) **clínica** clinical hypnosis, 4
historia (*f.*) history, 1
hola hello, R
hombre (*m.*) man
  ~ **de negocios** businessman, 1
  ~ **rana** scuba diver
homeopatía (*f.*) homeopathy, 4
horario (*m.*) schedule
horno (*m.*) oven, 2
horroroso(a) horrible
hostal (*m.*) hostel, hotel, 3
hotel (*m.*) hotel, 3
  ~ **de lujo** (*m.*) luxury hotel, 3
  ~ **modesto** (*m.*) moderately-priced hotel, 3
hoy today
  ~ **en día** nowadays
huelga (*f.*) strike
huésped (*m., f.*) guest
huevos revueltos (*m. pl.*) scrambled eggs, 5
humanidades (*f. pl.*) humanities, 1
humedad (*f.*) humidity, 3
húmedo(a) humid, 3
hundirse to sink

I

idioma (*m.*) language, 1
igual que the same as, 2
igualmente likewise, R
iguana (*m.*) iguana
impermeable (*m.*) raincoat, 3
implorar to implore
incendio (*m.*) fire, 6
infeliz unhappy
informática (*f.*) computer programming, 1
ingeniería (*f.*) engineering, 1
ingeniero(a) (*m., f.*) engineer, 1
ingrediente (*m.*) ingredient, 5
ingresos (*m. pl.*) revenue
inodoro (*m.*) toilet, 2
insistir (en que) to insist (on), 1
insomnio (*m.*) insomnia, 4
instalaciones (*f. pl.*) facilities
inteligente intelligent, 2
intercambiar to exchange
interesante interesting, 2
interpretar to interpret, to play (a role)
introvertido(a) introverted, 2
inundación (*f.*) flood, 6
invierno (*m.*) winter, 3
inyección (*f.*) injection, 4
ir to go, R
  ~ **+ a +** *inf.* to be going to, R
  ~ **a la par** to go hand in hand
  ~ **en trineo** to sled, 6
irse to go away, 2
isla (*f.*) island, 6
italiano (*m.*) Italian (*lang.*), 1
itinerario (*m.*) itinerary
izquierdo(a) left
a la izquierda (de) to the left (of), 2

J

jaguar (*m.*) jaguar
jamón (*m.*) ham, 5
japonés (*m.*) Japanese (*lang.*), 1
jarabe (*m.*) syrup
  ~ **para la tos** cough syrup, 4
jaula (*f.*) cage
jeans (*m. pl.*) jeans, 3
jerez (*m.*) sherry
jersey (*m.*) sweatshirt, 3
jíbaro (*m.*) rustic fellow
joroba (*f.*) hump
joven young, 2
jubilado(a) retired
jubilarse to retire
jueves (*m.*) Thursday, 3
juez(a) (*m., f.*) judge
jugar (ue) to play (games and sports), 2
  ~ **a las escondidas** to play hide and seek
jugo (*m.*) **de naranja** orange juice, 5
julio July, 3
junio June, 3

L

la (*f. sing.*) the, R; (d.o. *pron.*) her, it, you (*form.*), 3
labio (*m.*) lip, 4
ladrillo (*m.*) brick, 2
lago (*m.*) lake, 6
lámpara (*f.*) lamp, 2
langosta (*f.*) lobster
lápiz (*m.*) pencil, R
las (*f. pl.*) the, R; (d.o. *pron.*) them, you (*form.*), 3
lavabo (*m.*) bathroom sink, 2
lavadero (*m.*) laundry room, 2
lavadora (*f.*) washing machine, 2
lavaplatos (*m.*) dishwasher, 2
lavar to wash
  ~ **la ropa** to do laundry, 2
  ~ **los platos** to wash the dishes, 2
lavarse to wash (oneself), 2
lavavajillas (*m.*) dishwasher (*Sp.*)
lazo (*m.*) bond
le (*i.o. pron.*) (to, for) it, him, her, you (*form. sing.*), 4
leche (*f.*) milk, 5
lechuga (*f.*) lettuce
leer to read, 1
lejos far
  más ~ farther
lengua (*f.*) tongue, 4
lentes (*m. pl.*) eyeglasses
les (*i.o. pron.*) (to, for) them, (to, for) you (*form. pl.*), 4
levantar to get someone up; to raise someone or something
levantarse to get up, 2
libra (*f.*) pound, 5
libro (*m.*) book, R
liebre (*f.*) hare
ligeramente lightly
limón (*m.*) lemon, 5
lino (*m.*) linen
listo(a) clever, 2; ready
literatura (*f.*) literature, 1
llama (*f.*) llama
llano (*m.*) prairie, plain, 6
llanta (*f.*) tire
llanura (*f.*) prairie, plain, 6
llave (*f.*) key
llegar to arrive, 1
llenar to fill
llorar to cry
llovizna (*f.*) drizzle

Llueve. It's raining., 3
lluvia (*f.*) **ácida** acid rain
lo (*d.o. pron.*) him, it, you (*m. form.*), 3
 ~ **más interesante** the most interesting thing
 ~ **siguiente** the following
lobo (*m.*) wolf
locro (*m.*) potato soup
lodo (*m.*) mud
lonja (*f.*) slice
loro (*m.*) parrot
los (*m. pl.*) the, R; (*d.o. pron.*) them, you (*form.*), 3
luchar to fight
lúcuma (*f.*) Andean tropical fruit
luego then, later, next
 Hasta ~ . See you later., R
lugar (*m.*) place
lujuria (*f.*) lust
luna (*f.*) **de miel** honeymoon
lunes (*m.*) Monday, 3
luz (*f.*) light, R

M

madrastra (*f.*) stepmother, 2
madre (*f.*) mother, 2
madrugar to get up early
maestro(a) (*m., f.*) teacher, 1
mal not well, R
malecón (*m.*) seawalk
maleta (*f.*) suitcase, 3
malo(a) bad
mamá (*f.*) mom, 2
mandar to command
mandato (*m.*) command
mango (*m.*) handle
mano (*f.*) hand, 4
 ~ **de obra** labor
manta (*f.*) blanket
mantel (*m.*) tablecloth, 2
mantequilla (*f.*) butter, 5
mañana morning (*f.*); tomorrow
 esta ~ this morning
 Hasta ~ . See you tomorrow., R
mapa (*m.*) map, R
maquillar to put make-up on someone
 ~ **maquillarse** to put make-up on oneself, 2
mar (*m.*) sea, 3
maremoto (*m.*) sea earthquake, tidal wave, 6
mareo (*m.*) dizziness, lightheadedness, 4
marinero (*m.*) sailor
mariscos (*m. pl.*) shellfish, 5
martes (*m.*) Tuesday, 3
martillo (*m.*) hammer
marzo March, 3
más more
 ~ **... que** more . . . than, 2
 Más o menos. So-so., R
matemáticas (*f. pl.*) mathematics, 1
materia (*f.*) subject, course, 1
materias primas (*f. pl.*) raw materials
mayo May, 3
mayor bigger, older, 2
me (*d.o. and i.o. pron.*) me, 3
 Me llamo... My name is . . . , R
mecánico(a) (*m., f.*) mechanic, 1
media hermana (*f.*) half-sister, 2
medianoche (*f.*) midnight, R
medias (*f. pl.*) pantyhose, 3
medicina (*f.*) medicine, 1
 ~ **alternativa** alternative medicine, 4
 ~ **china** Chinese medicine, 4
médico(a) (*m., f.*) doctor, 1
medida (*f.*) measurement, 5
medio ambiente (*m.*) environment, 6
medio (*m.*) **de transporte** mode of transportation, 3
medio hermano (*m.*) half-brother, 2
mediodía (*m.*) noon, R
mejillón (*m.*) mussel
mejor better, 2
melón (*m.*) cantaloupe, 5
menor smaller, younger, 2
menos... que less . . . than, 2
mentón (*m.*) chin, 4
menú (*m.*) menu, 5
mes (*m.*) month, 3
mesa (*f.*) table, 2
mesera (*f.*) waitress, 5
mesero (*m.*) waiter, 5
mesita (*f.*) small table, coffee table
 ~ **para servir el café** coffee table, 2
 ~ **de noche** bedside table, 2
metro (*m.*) subway
mi my (*sing.*), 1
mí (*prep.*) to/of me
microondas (*m.*) microwave, 2
miembro (*m.*) **de la familia** family member, 2
mientras (que) while, 6
miércoles (*m.*) Wednesday, 3
miga (*f.*) crumb
mil one thousand, R
milagro (*m.*) miracle
mimado(a) spoiled
mirar to watch, to look at, 1
mis my (*pl.*), 1
mochila (*f.*) backpack, R
mojo (*m.*) marinade
mona (*f.*) female monkey
monja (*f.*) nun
mono (*m.*) monkey
monógamo(a) monogamous
mononucleosis (*f.*) mononucleosis, 4
monta (*f.*) amount, sum
montaña (*f.*) mountain, 3
montar a caballo to horseback ride, 6

montar en bicicleta to bike ride, 6
morado(a) purple, R
morir (ue) to die, 2
mostrar (ue) to show
moza (*f.*) waitress, 5
mozo (*m.*) waiter, 5
mucho(a) much
  Mucho gusto. Pleased to meet you., R
mudo(a) dumb
muebles (*m. pl.*) furniture, 2
mujer (*f.*) woman
  ~ **bombero** firefighter (female), 1
  ~ **de negocios** businesswoman, 1
  ~ **piloto** pilot (female), 1
  ~ **policía** policewoman, 1
  ~ **soldado** soldier (female), 1
mundo (*m.*) **natural** natural world, 6
murciélago (*m.*) bat
música (*f.*) music, 1
muy very
  Muy bien. Very well., Great., R

N

nacer to be born
nada nothing, not anything, R
nadar to swim, 1
nadie no one, not anyone, R
naipe (*m.*) playing card
nalga (*f.*) buttock, 4
nariz (*f.*) nose, 4
natación (*f.*) swimming
naturaleza (*f.*) nature, 6
náusea (*f.*) nausea, 4
neblina (*f.*) mist
necesitar to need, 1
negar to deny
negocio (*m.*) business, 1
  hombre (*m.*) **de negocios** businessman, 1
  mujer (*f.*) **de negocios** businesswoman, 1
negro(a) black, R
nene (*m., f.*) child (*coll.*)
nervioso(a) nervous
nevera (*f.*) refrigerator, 2
nieta (*f.*) granddaughter, 2
nieto (*m.*) grandson, 2
Nieva. It's snowing., 3
ninguno(a) none, not any, R
no no, R
nogada (*f.*) walnut sauce
noreste (*m.*) northeast, 6
noroeste (*m.*) northwest, 6
norte (*m.*) north, 6
nos (*d.o. and i.o. pron.*) us, 3; (to) us, 4
nosotros(as) we, R
nostálgico(a) nostalgic
novecientos(as) nine hundred, R
noventa ninety, R
novia (*f.*) girlfriend; fiancée; bride, 2
noviembre November, 3
novio (*m.*) boyfriend; fiancé; groom, 2
nuez (*f.*) walnut
nuera (*f.*) daughter-in-law, 2
nuestro(a) our (*sing.*), 1
nuestros(as) our (*pl.*), 1
nueve nine, R
número (*m.*) number, R; shoe size, 3
nunca never, R
nuyorquino(a) relating to New York

O

obrero(a) campesino(a) (*m., f.*) farm worker
ochenta eighty, R
ocho eight, R
ochocientos(as) eight hundred, R
octubre October, 3
ocultarse to hide
ocupado(a) busy
oeste (*m.*) west, 6
oficina (*f.*) office, 2
oído (*m.*) ear (inner); hearing, 4
  sentido (*m.*) **del** ~ hearing, 4
oír to hear, 2
ojalá I hope
ojera (*f.*) dark circle (under the eyes)
ojo (*m.*) eye, 4
ola (*f.*) wave
olfato (*m.*) sense of smell, 4
olor (*m.*) odor
once eleven, R
onza (*f.*) ounce, 5
oración (*f.*) sentence
ordenador (*m.*) computer (*Sp.*), R
oreja (*f.*) earlobe, 4
orilla (*f.*) shore, 6
os (*d.o. and i.o. pron.*) you (*fam. pl., Sp.*), 3; (to) you, 4
oso (*m.*) bear
ostión (*m.*) large scallop
ostra (*f.*) oyster
otoño (*m.*) fall, 3

P

padecer (de) to suffer from
padrastro (*m.*) stepfather, 2
padre (*m.*) father, 2
padres (*m., pl.*) parents, 2
padrinos (*m., pl.*) godparents
paisaje (*m.*) landscape, 6
paja (*f.*) straw
palidez (*f.*) paleness, 4
pampa (*f.*) prairie, plain, 6

pan (*m.*) bread
~ **integral** whole-wheat bread
~ **tostado** toast, 5
pantaletas (*f. pl.*) women's underpants, 3
pantaloncillos (*m. pl.*) men's underpants, 3
pantalones (*m. pl.*) pants, 3
pantalla (*f.*) screen, monitor, R
pañuelo (*m.*) handkerchief, 3
papá (*m.*) dad, 2
Papá Noel Santa Claus
papalote (*m.*) kite (*Mex.*)
papas fritas (*f. pl.*) French fries, 5
paperas (*f. pl.*) mumps, 4
para by, 3; for, 3; to, in order to, 3
~ **que** so that, 6
¿ ~ **qué?** what for?, 1
parador nacional hotel located in a building of historical or cultural importance (*Sp.*)
paraguas (*m.*) umbrella, 3
parecido(a) similar
pared (*f.*) wall, R
pareja (*f.*) couple; partner, 2
pariente(a) (*m., f.*) relative, 2
partirse to split
pasaje (*m.*) ticket, 3
pasaporte (*m.*) passport, 3
pasar la aspiradora to vacuum, 2
pasear en barco to boat, 6
pasillo (*m.*) hallway, 2
pastel (*m.*) cake, 5
pastilla (para la garganta) (*f.*) tablet, pill (lozenge), 4
pata (*f.*) leg (*animals*)
patata (*f.*) potato (*Sp.*)
patinar to skate, 6
patio (*m.*) yard, patio, 2
pecador(a) (*m., f.*) sinner
pecho (*m.*) chest, 4
pedagogía (*f.*) education, pedagogy, 1
pedir (i) to ask for, 2
peinarse to comb one's hair, 2
pelar to peel, 5
película (*f.*) movie
peligro danger
pelirrojo(a) redheaded, 2
pelo (*m.*) hair, 2
~ **castaño** brown hair, 2
~ **lacio** straight hair, 2
~ **negro** black hair, 2
~ **rizado** curly hair, 2
~ **rubio** blond hair, 2
peluquero(a) (*m., f.*) barber, hairdresser, 1
pena (*f.*) sorrow
península (*f.*) peninsula, 6
pensar (ie) to think, plan, 2
pensión (*f.*) hostel, boarding house, 3
~ **completa** boarding house with all meals included, 3
media ~ boarding house with two daily meals included
peor worse, 2
pequeño(a) small, 2
perder (ie) to miss; to lose, 2
perdido(a) lost
perejil (*m.*) parsley, 5
perezoso(a) lazy, 2
periodismo (*m.*) journalism, 1
periodista (*m., f.*) journalist, 1
período (*m.*) **de lluvias** rainy period
permitir to permit
perro (*m.*) dog
pescado (*m.*) fish, 5
pescar to fish, 6
peso (*m.*) weight
pesticida (*m.*) pesticide, 6
petróleo (*m.*) petroleum, 6
pez (*m.*) fish
picadito(a) chopped, crushed (*dim.*)
picado(a) chopped, crushed
picante spicy, 5
picar to mince, chop, 5
pico (*m.*) **(de la montaña)** (mountain) peak, 6
pie (*m.*) foot, 4
piel (*f.*) skin, 4
pierna (*f.*) leg, 4
pijama (*m., f.*) pajamas, 3
piloto (*m.*) pilot (male), 1
mujer ~ (*f.*) pilot (female), 1
pimienta (*f.*) pepper, 5
pimiento (*m.*) pepper, 5
pino (*m.*) pine
pintor(a) (*m., f.*) painter, 1
pintura (*f.*) painting, 1
piñón (*m.*) pine nut
pisada (*f.*) footprint
pisco (*m.*) liquor popular in Chile and Peru
piso (*m.*) floor (of a building), R; apartment (*Sp.*)
pizarra (*f.*) chalkboard, R
pizca (*f.*) pinch, 5
placer (*m.*) pleasure
~ **de los dioses** pleasure of the gods
plancha (*f.*) iron
planchar to iron, 2
planear to plan, 3
planta (*f.*) plant; floor (of a building)
~ **baja** ground floor, 2
plata (*f.*) silver
plátano (*m.*) banana; plantain, 5
platicar to chat

plato (*m.*) plate, 5
~ **de fondo** entrée
~ **del día** daily special
primer ~ appetizer
playa (*f.*) beach, 3
plutonio (*m.*) plutonium
pobre poor
poder (ue) to be able, can, 2
poderoso(a) powerful
policía (*m.*) policeman, 1
mujer ~ (*f.*) policewoman, 1
política (*f.*) politics, 1
pollo (*m.*) chicken, 5
poner to put, place, 2
~ **la mesa** to set the table, 2
ponerse to put on, 2
por around, 3; because of, 3; by, 3; during, 3; for, 3; in exchange for, per, 3; in search of, 3; in support of, 3; through, 3
~ **allí** around there, 3
~ **aquí** around here, 3
~ **cierto** surely, 3
~ **eso** that's why, 3
~ **favor** please, 3
~ **la mañana** in the morning
~ **la noche** in the evening, at night
~ **la tarde** in the afternoon
~ **lo general** in general, 3
~ **lo tanto** consequently, 3
~ **lo visto** apparently, 3
¿ ~ qué? why?, 1
~ **si acaso** in case
~ **supuesto** of course, 3
poroto (*m.*) bean
porque because, 1
portador (*m., f.*) carrier
portavoz (*m., f.*) spokesperson
portugués (*m.*) Portuguese (*lang.*), 1
postre (*m.*) dessert, 5
precisar to detail
precolombino(a) pre-Columbian
preferir (ie) to prefer, 2
prenda (*f.*) **de vestir** article of clothing, 3
preocupado(a) worried
preparar to prepare, 1
~ **la comida** to prepare food, 2
presentación (*f.*) introduction (of people), R
preservación (*f.*) preservation
primavera (*f.*) spring, 3
primero(a), primer first
primer piso first floor, 2
primer plato appetizer
primo(a) (*m., f.*) cousin, 2
problema (*m.*) problem
profesión (*f.*) profession, 1
profesor(a) (*m., f.*) professor, R
profundo(a) deep
programador(a) (*m., f.*) computer programmer, 1
prohibir to prohibit
pronóstico (*m.*) **del tiempo** forecast, 3
propina (*f.*) tip, 5
proseguir to continue
proyector (*m.*) projector, R
psicología (*f.*) psychology, 1
psicólogo(a) (*m., f.*) psychologist, 1
púa (*f.*) point (of an object), tine of a fork
pudrirse to rot
pueblo (*m.*) town
puerta (*f.*) door, R
pulmón (*m.*) lung, 4
pulmonía (*f.*) pneumonia, 4
puma (*m.*) puma
puntuación (*f.*) score
pupitre (*m.*) student desk, R

Q

que (*conj.*) than, 2; (*rel. pron.*) that, who; which
qué what?, 1
¿Qué hora es? What time is it?, R
¿Qué hora tiene(s)? What time do you have?, R
¿Qué pasa? What's happening?, R
¿Qué tal? How's it going?, R
quebrar to break
quedar to be (in a location)
~ + *i.o. pron.* to fit
quedarse to stay, to remain, 2
quehaceres (*m. pl.*) chores, 2
quemarse to burn (oneself)
querer (ie) to want, to love, 2
querido(a) dear
queso (*m.*) cheese, 5
¿quién(es)? who?, 1
química (*f.*) chemistry, 1
quimioterapia (*f.*) chemotherapy, 4
quince fifteen, R
quinientos(as) five hundred, R
quiropráctica (*f.*) chiropractics, 4
quitar to take off
quitarse to take off (from oneself)

R

radiografía (*f.*) X-ray, 4
rallado(a) grated
rama (*f.*) branch
rana (*f.*) frog
raro(a) odd
rayo (*m.*) lightning, 3
rayos X (*m. pl.*) X-ray, 4
real royal
rebanada (*f.*) slice

recámara (*f.*) bedroom
receta (*f.*) prescription, 4
rechonchito(a) chubby
recibir to receive, 1
reciclaje (*m.*) recycling, 6
recientemente recently
reclamación (*f.*) **de equipaje** baggage claim
recomendar to recommend
recurso (*m.*) **natural** natural resource, 6
~ **(no)renovable** (non)renewable natural resource, 6
redactar to draft
reducir to reduce
reflexología (*f.*) reflexology, 4
reforma (*f.*) **agraria** agrarian reform
refrán (*m.*) saying
refrescarse to cool off
refresco (*m.*) soft drink, 5
refrigerador (*m.*) refrigerator, 2
regalar to give
regar (ie) to water
regazo (*m.*) lap
regresar (a) to return (to), 1
Regular. So-so., R
relámpago (*m.*) lightning, 3
reloj (*m.*) clock, R
relleno (*m.*) filling
remar to row
remolque (*m.*) trailer
repentino(a) sudden
repetir (i) to repeat, 2
reservación (*f.*) reservation, 3
resfriado (*m.*) cold, 4
residencia (*f.*) house, residence
respirar to breathe
restaurante (*m.*) restaurant, 5
resultar to turn out to be
reunir to unite, 1
reunirse to meet, gather, 1
revista (*f.*) magazine
rey (*m.*) king
rico(a) rich
riesgo (*m.*) risk
río (*m.*) river, 6
risa (*f.*) laughter
rocío (*m.*) dew
rodilla (*f.*) knee, 4
rogar (ue) to plead
rojo(a) red, R
romperse to break, 4
ropa (*f.*) clothing, 3
~ **de calle** street clothes, 3
~ **interior** underclothes, 3
ropero (*m.*) closet, 2
rostro (*m.*) face
roto(a) broken
rubio(a) blond, 2
ruido (*m.*) noise
ruso (*m.*) Russian (*lang.*), 1
rutina (*f.*) routine

S

sábado (*m.*) Saturday, 3
saber to know (information), 2
~ + *inf.* to know how to do something
sabio(a) (*m., f.*) wise person
sabor (*m.*) taste, 5
sacerdote (*m.*) priest
sacudir (los muebles) to dust (the furniture), 2
sal (*f.*) salt, 5
sala (*f.*) living room, 2
~ **de reclamación de equipaje** baggage claim area, 3
salado(a) salty, 5
salchicha (*f.*) sausage, 5
salir to exit, come out, 2
salmón (*m.*) salmon, 5
salón (*m.*) **de clase** classroom, R
saltar to jump
salubridad (*f.*) health, wellbeing
salud (*f.*) health, 4
saludo (*m.*) greeting, R
sandalia (*f.*) sandal, 3
sándwich (*m.*) sandwich, 5
sarampión (*m.*) measles, 4
sartén (*f.*) frying pan, 5
sazonar to season, 5
secador (*m.*) **de cabello** hairdryer
secadora (*f.*) dryer, 2
secar to dry
secarse to dry (oneself), 2
sección (*f.*) section
secretario(a) (*m., f.*) secretary, 1
seda (*f.*) silk
sede (*m.*) seat
seguir (i) to follow, 2
~ **derecho** to go straight
segundo(a) second
segundo piso second/third floor (depending on the country)
seguridad (*f.*) security, safety
seguro(a) sure
seis six, R
seiscientos(as) six hundred, R
selva (*f.*) jungle, 6
~ **tropical** rainforest, 6
semana (*f.*) week, 3
la próxima ~ next week
la ~ **pasada** last week
semejanza (*f.*) similarity

sentar (ie) to sit
sentarse to sit (oneself) down, 2
sentido (*m.*) sense, 4
sentir (ie) to feel, 2; to be sorry
sentirse + *adj.* to feel, 2
septiembre September, 3
sequía (*f.*) drought, 6
ser to be, 2
~ **casado(a)** to be a married person
~ **divorciado(a)** to be a divorced person
~ **soltero(a)** to be a single person
Soy de... I'm from . . . , R
serranía (*f.*) mountains
servilleta (*f.*) napkin, 5
servir (i) to serve, 2
~ **la comida** to serve food, 2
sesenta sixty, R
sesudo(a) wise
setecientos(as) seven hundred, R
setenta seventy, R
sí yes
sí mismo(a) oneself
SIDA (*m.*) AIDS, 4
siembra (*f.*) sowing
siempre always, R
sierra (*f.*) mountain range, 6
siete seven, R
silla (*f.*) chair, R
sillón (*m.*) armchair, 2
simpático(a) likeable, 2
sin without
~ **embargo** nevertheless
~ **que** without, 6
sincretismo (*m.*) syncretism
síntoma (*m.*) symptom, 4
sobre on, on top of, 2
sobreexplotación (*f.*) **(de recursos naturales)** overuse (of natural resources), 6
sobrepeso (*m.*) excess weight, 4
sobrepoblación (*f.*) overpopulation, 6
sobrina (*f.*) niece, 2
sobrino (*m.*) nephew, 2
socio(a) (*m., f.*) business partner
sociología (*f.*) sociology, 1
sofá (*m.*) sofa, 2
sofreír (i) to sauté, fry lightly, 5
soga (*f.*) rope
soldado (*m.*) soldier (male), 1
mujer ~ (*f.*) soldier (female), 1
soler (ue) to tend to, usually do, 2
sólo only
soltera (*f.*) unmarried (single) woman, 2
soltero (*m.*) unmarried (single) man, 2
somático(a) physical
son (*m.*) sound, music
sonreír to smile
sonrisa (*f.*) smile
sopa (*f.*) soup, 5
soplar to blow
sordo(a) deaf
sorprendente surprising
sorprenderse to be surprised
soso(a) bland, 5
sospechoso(a) suspicious
sostén (*m.*) bra, 3
sostener to sustain
sótano (*m.*) basement, 2
Soy de... I'm from . . . , R
su (*pron.*.) his, her, its, your (*form.*), their, 1
suave mild
subrayar to underline
sudadera (*f.*) sweatshirt, 3
sudar to sweat
suegra (*f.*) mother-in-law, 2
suegro (*m.*) father-in-law, 2
sueldo (*m.*) salary
suelo (*m.*) floor, R
~ **del bosque (de la selva)** forest (jungle) floor, 6
suéter (*m.*) sweater, 3
sugerir to suggest
supercarretera (*f.*) superhighway
suplicar to implore
sur (*m.*) south, 6
sureste (*m.*) southeast, 6
suroeste (*m.*) southwest, 6
sus (*pron.*) his, her, its, your (*form.*), their, 1

T

tacaño(a) stingy
tacto (*m.*) touch, 4
tal vez perhaps
tala (*f.*) felling
talla (*f.*) clothes size, 3
talle (*m.*) clothes size, 3
tamaño (*m.*) size
tan as, 4; so
~ + *adj.* + **como** as . . . as, 2
~ **pronto como** as soon as, 6
tanto(a) as much, 2
~ + *noun* + **como** as much . . . as, 2
tantos(as) as many, 2
~ + *noun* + **como** as many . . . as, 2
tapete (*m.*) small carpet
tasa (*f.*) rate
taxi (*m.*) taxi
taza (*f.*) cup, 5
tazón (*m.*) bowl, 5
te (*pron.*) you (*fam.*), 3; (to, for) you, 4
techo (*m.*) ceiling, R; roof
teleadicto(a) (*m., f.*) TV addict

televisor (*m.*) television set, 2
temblar (ie) to shiver
temer to fear
temporada (*f.*) **seca** dry period
tenedor (*m.*) fork, 5
tener to have, 2
~ **... años** to be . . . years old, 1
~ **calor** to be hot, 1
~ **cuidado** to be careful, 1
~ **éxito** to be successful, 1
~ **frío** to be cold, 1
~ **ganas de** + *inf.* to feel like, 1
~ **hambre** to be hungry, 1
~ **miedo** to be afraid, 1
~ **prisa** to be in a hurry, 1
~ **que** + *inf.* to have to
~ **razón** to be right, 1
~ **sed** to be thirsty, 1
~ **sueño** to be sleepy, 1
~ **suerte** to be lucky, 1
tenis (*m.*) tennis shoe
terapeuta (*m., f.*) therapist, 1
tercero(a) third
terminar to finish, 1
terraza (*f.*) terrace, 2
terremoto (*m.*) earthquake, 6
terruñito (*m.*) land (*dim.*)
tía (*f.*) aunt, 2
tibio(a) lukewarm
tiempo weather, 3
pronóstico (*m.*) **del** ~ forecast, 3
tierra (*f.*) earth, land, soil, 6
Tierra (*f.*) Earth
tímido(a) shy, 2
tina (*f.*) **de baño** bathtub, 2
tino (*m.*) good judgment
tintorería (*f.*) dry cleaner
tío (*m.*) uncle, 2
tiza (*f.*) chalk, R
tobillo (*m.*) ankle, 4
tocar to play (an instrument); to touch, 1
tocino (*m.*) bacon, 5
tomar to take, to drink, 1
~ **el sol** to sunbathe, 6
tonto(a) silly, 2; (*m., f.*) foolish
torcer to twist, 4
tormenta (*f.*) storm, 3
tornado (*m.*) tornado, 6
torta (*f.*) cake, 5
tortuga (*f.*) turtle
tos (*f.*) cough, 4
toser to cough, 4
trabajar to work, 1
traer to bring, 2
trágico(a) tragic
traje (*m.*) suit, 3
~ **de baño** bathing suit, 3
transporte (*m.*) **público** public transportation
Tratado (*m.*) **de Libre Comercio de América del Norte (TLCAN)** NAFTA
tratamiento (*m.*) treatment
tratar de to try to
travesía (*f.*) voyage
trece thirteen, R
treinta thirty, R
treinta y uno thirty-one, R
tren (*m.*) train, 3
tres three, R
trescientos(as) three hundred, R
triste sad
trucha (*f.*) trout
trueno (*m.*) thunder, 3
tsunami (*m.*) tsunami, tidal wave, 6
tu (*pron.*) your (*fam. sing.*), 1
tú (*pron.*) you (*fam. sing.*), R
tubérculo (*m.*) tuber, root vegetable
turismo (*m.*) tourism, 1
tus (*pron.*) your (*fam. pl.*), 1
tuyo(a) (*pron.*) yours (*fam.*)

U

ubicarse to be located
un a, an, R
~ **millón (de)** one million, R
una a, an, R
universidad (*f.*) university
uno(a) one, R
untar to spread
usted (Ud.) you (*form. sing.*), R
ustedes (Uds.) you (*pl.*), R
utensilio (*m.*) utensil, 5

V

vacaciones (*f. pl.*) vacation, 3
vaciado(a) emptied
vacuna (*f.*) vaccine, 4
valle (*m.*) valley, 6
vaqueros (*m. pl.*) jeans, 3
varicela (*f.*) chicken pox, 4
varón (*m.*) male
vaso (*m.*) glass, 5
vecino(a) neighbor
veinte twenty, R
veintidós twenty-two, R
veintiséis twenty-six, R
veintitrés twenty-three, R
veintiuno twenty-one, R
vejez (*f.*) old age
velero (*m.*) sailboat
vender to sell, 1
venir to come, 2
ventana (*f.*) window, R

ver to see, 2
verano (*m.*) summer, 3
verde green, R
verdor (*m.*) lush greenery
verdura (*f.*) vegetable, 5
vertedero (*m.*) dump
vestido (*m.*) dress, 3
vestir (i) to dress (someone)
vestirse to get dressed, 2
veterinario(a) (*m., f.*) veterinarian, 1
viajar to travel, 3
viaje (*m.*) trip, 3
vidriera (*f.*) glass
viejecita (*f.*) old mother, old lady (*dim.*)
viejo(a) old, 2
viernes (*m.*) Friday, 3
VIH (*m.*) HIV
vil horrible
vino (*m.*) wine
~ **blanco** white wine, 5
~ **tinto** red wine, 5
visión (*f.*) vision, 4
vista (*f.*) vision, 4
vivir to live, 1
volcán (*m.*) volcano, 6
voleibol (*m.*) volleyball
volver (ue) to return, 2
vosotros(as) you (*fam. pl., Sp.*), R
vuelo (*m.*) flight, 3
~ **con escala** flight with layover(s), 3
~ **directo** direct flight, 3
vuestro(a) (*pron.*) your (*fam. sing., Sp.*), 1
vuestros(as) (*pron.*) your (*fam. pl., Sp.*), 1

Y

ya already
~ **que** since, 6
yerba (*f.*) herb
yerno (*m.*) son-in-law, 2
yo I, R
yunque (*m.*) anvil
yunta (*f.*) (yoke of) oxen

Z

zanahoria (*f.*) carrot, 5
zanja (*m.*) ditch
zapato (*m.*) shoe, 3
~ **de tenis** (*m.*) sneaker, 3
zorro(a) (*m., f.*) fox

English-Spanish Vocabulary

The English-Spanish vocabulary contains both active and passive words and expressions.

A

a un(a), R
A.D. d.C. (después de Cristo)
A.M. (*morning*) de la mañana, R
above *anterior(mente) (placement in a text)* arriba (de), 2
accountant contador(a) (*m., f.*), 1
accounting contabilidad (*f.*), 1
ache doler, 4
acid rain lluvia (*f.*) ácida
act actuar, hacer el papel de, 3; hacerse, 3
action acción (*f.*)
active activo(a), 2
actor actor (*m.*), 1
actress actriz (*f.*)
acupuncture acupuntura (*f.*), 4
add agregar, añadir
advice consejo (*m.*)
advise aconsejar
advisor consejero(a)
affection cariño (*m.*)
affectionate afectuoso(a)
affectionately afectuosamente
after después (de que)
age edad (*f.*)
agrarian reform reforma (*f.*) agraria
agreement acuerdo (*m.*) concordancia (*f.*)
AIDS SIDA (*m.*), 4
aim apuntar
air pollution contaminación (*f.*) del aire, 6
airplane avión (*m.*), 3
airport aeropuerto (*m.*), 3
alcoholism alcoholismo (*m.*), 4
allergy alergia (*f.*), 4
almost casi
along with junto con
alpaca alpaca (*f.*)
already ya
alternative medicine medicina (*f.*) alternativa, 4
always siempre, R
amenities comodidades (*f. pl.*), 3
amusing gracioso(a)
an un(a), R
anaconda anaconda (*f.*)
ankle tobillo (*m.*), 4
answer contestación (*f.*); contestar
antacid antiácido (*m.*), 4
anthropology antropología (*f.*), 1
antibiotic antibiótico (*m.*), 4
anvil yunque (*m.*)
any alguno(a), algún, R
anyone cualquiera
apartment apartamento (*m.*), departamento (*m.*) (*Mex.*), piso (*m.*) (*Sp.*)
apéritif aperitivo (*m.*)
apparently por lo visto, 3
appeal to apetecer
appetizer aperitivo (*m.*), entremés (*m.*), primer plato (*m.*)
appliance aparato (*m.*) doméstico, 2
April abril, 3
architect arquitecto(a) (*m., f.*), 1
architecture arquitectura (*f.*), 1
area rug alfombra (*f.*), 2; tapete (*m.*)
arm brazo (*m.*), 4
armadillo armadillo (*m.*)
armchair sillón (*m.*), 2
aromatherapy aromaterapia (*f.*), 4
around alrededor de, 2; por, 3
  ~ **here** por aquí, 3
  ~ **there** por allí, 3
arrive llegar, 1
art arte (*f.*), 1
arthritis artritis (*f.*), 4
article (of clothing) prenda (*f.*) de vestir, 3
artist artista (*m., f.*), 1
as tan, **4**
  ~ **far** ~ en cuanto
  ~ **is to be expected** como es de esperarse
  ~ **many** tantos(as), 2
  ~ **many . . . as** tantos(as) + *noun* + como, 2
  ~ **much** tanto(a), 2
  ~ **much . . . as** tanto(a) + *noun* + como, 2
  ~ **soon as** en cuanto, 6; tan pronto como, 6
  ~ . . . ~ tan + *adj.* + como, 2
ask (a question) hacer una pregunta, 3;
  ~ **for** pedir (i), 2
aspirin aspirina (*f.*), 4

at a, 2
  ~ **night** por la noche
  ~ **the same time** a la vez
  ~ **what time is . . . ?** ¿A qué hora es...?, R
attack atacar
attend asistir (a), 1
attentatively atentamente
attic ático (*m.*), 2; desván (*m.*), 2
augment aumentar
August agosto, 3
aunt tía (*f.*), 2
author autor(a) (*m., f.*), 1

B

B.C. a.C. (antes de Cristo)
back espalda (*f.*), 4
backpack mochila (*f.*), R
bacon tocino (*m.*), 5
bad malo(a)
baggage claim (sala [*f.*] de) reclamación (*f.*) de equipaje, 3
bake asar (en el horno), 5; cocer (al horno), 5
balcony balcón (*m.*), 2
banana banana (*f.*), 5; plátano (*m.*), 5
barbecue asado (*m.*)
barber peluquero(a) (*m., f.*), 1
baseball béisbol (*m.*)
basement sótano (*m.*), 2
basketball baloncesto (*m.*), básquetbol (*m.*)
bat murciélago (*m.*)
bathe (*oneself*) bañarse, 2
bather bañista (*m., f.*)
bathing suit traje (*m.*) de baño, 3
bathroom baño (*m.*), 2
  ~ **sink** lavabo (*m.*), 2
bathtub bañera (*f.*), 2; tina (*f.*) de baño, 2
bay bahía (*f.*), 6
be estar, 2; ser, 2
  ~ **. . . years old** tener ... años, 1
  ~ **a divorced person** ser divorciado(a)
  ~ **a married person** ser casado(a)
  ~ **a nice day** hacer buen tiempo, 3
  ~ **a single person** ser soltero(a)
  ~ **able** poder (ue), 2
  ~ **acquainted with** conocer, 3
  ~ **afraid** tener miedo, 1
  ~ **born** nacer
  ~ **careful** tener cuidado, 1
  ~ **cold** tener frío, 1; (*weather*) hacer frío, 3
  ~ **comfortable** estar cómodo(a)
  ~ **cool** (*weather*) hacer fresco, 3
  ~ **divorced** estar divorciado(a), 2
  ~ **engaged** estar comprometido(a) (con), 2
  ~ **familiar with** conocer, 3
  ~ **going to** ir + a + *inf.*, R
  ~ **happy** alegrarse (de)
  ~ **hot** tener calor, 1; (*weather*) hacer calor, 3
  ~ **hungry** tener hambre, 1
  ~ **in a hurry** tener prisa, 1
  ~ **in a location** quedar
  ~ **in agreement** estar de acuerdo
  ~ **in love** estar enamorado(a)
  ~ **located** estar situado
  ~ **lucky** tener suerte, 1
  ~ **married** estar casado(a), 2
  ~ **right** tener razón, 1
  ~ **separated** estar separado(a) (de), 2
  ~ **sleepy** tener sueño, 1
  ~ **sorry** sentir (ie)
  ~ **successful** tener éxito, 1
  ~ **sunny** hacer sol, 3
  ~ **surprised** sorprenderse
  ~ **thirsty** tener sed, 1
  ~ **windy** hacer viento, 3
beach playa (*f.*), 3
bear oso (*m.*)
beat batir, 5
because porque, 1
  ~ **of** a causa de, por, 3
become hacerse
  ~ **a citizen** hacerse ciudadano(a)
bed cama (*f.*), 2
bedroom cuarto (*m.*), 2; dormitorio (*m.*), 2; alcoba (*f.*), habitación (*f.*), recámara (*f.*)
bedside table mesita (*f.*) de noche, 2
beef carne (*f.*) de res
before antes (de que); anterior
begin empezar (ie), 2
behind detrás de, 2
believe creer, 1
belly entraña (*f.*)
belt cinturón (*m.*), 3
better mejor, 2
between entre, 2
beverage bebida (*f.*), 5
big grande, 2
bigger mayor, más grande, 2
bike ride andar (montar) en bicicleta, 6
bioenergy bioenergía (*f.*), 4
biology biología (*f.*), 1
birthplace ciudad (*f.*) natal
bite bocado (*m.*)
bitter amargo(a), 5
bittersweet agridulce, 5
black negro(a), R
  ~ **hair** pelo (*m.*) negro, 2
bland soso(a), 5
blind ciego(a)
block cuadra (*f.*)
blond rubio(a), 2
  ~ **hair** pelo (*m.*) rubio, 2

bloodied ensangrentado(a)
blouse blusa (*f.*), 3
blow soplar
blue azul, R
boarding house pensión (*f.*), 3
~ **with all meals included** pensión (*f.*) completa, 3
~ **with two daily meals included** media pensión (*f.*), 3
boat barco (*m.*), 3; pasear en barco, 6
body cuerpo (*m.*), 4
boil hervir (ie), 5; dar un hervor
bond lazo (*m.*)
book libro (*m.*), R
bookcase estante (*m.*), 2
boot bota (*f.*), 3
border frontera (*f.*), 6
boring aburrido(a), 2
bottled water agua (*f.*) embotellada, 5
bowl cuenco (*m.*), 5; tazón (*m.*), 5
boyfriend novio (*m.*), 2
bra brassier (*m.*), 3; sostén (*m.*), 3
Bracero Agreement Convenio (*m.*) Bracero
brain cerebro (*m.*), 4
branch rama (*f.*)
bread pan (*m.*)
break quebrar; romperse, 4
breakfast desayuno (*m.*), 5
breathe respirar
brick ladrillo (*m.*), 2
bride novia (*f.*), 2
bring traer, 2
broad bean haba (*f.*)
broccoli bróculi (*m.*), 5
broken roto(a)
brook arroyo (*m.*), 6
brother hermano (*m.*), 2
~ **-in-law** cuñado (*m.*), 2
brown dorar
~ **hair** pelo (*m.*) castaño, 2
brush cepillarse, 2
buried enterrado(a)
burn (*oneself*) quemarse
bury enterrar
bus autobús (*m.*), guagua (*f.*) (*Carrib.*)
business negocio (*m.*), 1
~ **administration** administración (*f.*) de empresas, 1
~ **partner** socio(a) (*m., f.*)
businessman hombre (*m.*) de negocios, 1
businesswoman mujer (*f.*) de negocios, 1
busy ocupado(a)
butter mantequilla (*f.*), 5
buttock nalga (*f.*), 4
buy comprar, 1
by para, 3; por, 3
~ **bus** en autobús, 3
~ **car** en carro, 3; en coche, 3
~ **plane** en avión, 3
~ **ship** en barco, 3
~ **taxi** en taxi, 3
~ **train** en tren, 3

C

cage jaula (*f.*)
cake pastel (*m.*), 5; torta (*f.*), 5
can poder (ue), 2
cancer cáncer (*m.*), 4
canned enlatado(a)
cantaloupe melón (*m.*), 5
canyon cañón (*m.*), 6
cap gorra (*f.*), 3
car carro (*m.*), 3; coche (*m.*), 3
care for cuidar
carrier portador (*m., f.*)
carrot zanahoria (*f.*), 5
cast iron plate comal (*m.*) (*Mex.*)
cattle ganado (*m.*)
cauldron caldero (*m.*), 5
cause causar
cede ceder
ceiling cielo raso (*m.*), techo (*m.*), R
Celsius centígrado, 3
cereal cereal (*m.*), 5
certain cierto(a)
chair silla (*f.*), R
chalk tiza (*f.*), R
chalkboard pizarra (*f.*), R
challenge desafío (*m.*)
change cambiar
characteristic característica (*f.*), 2
personal ~ característica (*f.*) personal, 2
physical ~ característica (*f.*) física, 2
charge cobrar
charming encantador(a)
chat platicar
cheat hacer trampa
check cuenta (*f.*), 5
cheese queso (*m.*), 5
chemistry química (*f.*), 1
chemotherapy quimioterapia (*f.*), 4
chest pecho (*m.*), 4
chicken pollo (*m.*), 5
~ **pox** varicela (*f.*), 4
chill escalofrío (*m.*), 4
chin barbilla (*f.*), 4; mentón (*m.*), 4
Chinese (*lang.*) chino (*m.*), 1
Chinese medicine medicina (*f.*) china, 4
chiropractics quiropractica (*f.*), 4
choose escoger
chop picar, 5
chopped picado(a); picadito(a) (*dim.*)
chores quehaceres (*m. pl.*), 2

chubby rechonchito(a)
city ciudad (*f.*)
clam almeja (*f.*)
classroom salón (*m.*) de clase, R
clever listo(a), 2
clinical hypnosis hipnosis (*f.*) clínica, 4
clock reloj (*m.*), R
close cerrar (ie), 2
closet armario (*m.*), 2; clóset (*m.*), 2; ropero (*m.*), 2
clothes size talla (*f.*), 3
clothing ropa (*f.*), 3
clue clave (*f.*)
coast costa (*f.*), 6
coat abrigo (*m.*), 3
coffee café (*m.*), 5
 ~ **table** mesita (*f.*), 2
coffin ataúd (*m.*)
cold catarro (*m.*), 4; resfriado (*m.*), 4
color color (*m.*), R
comb (one's hair) peinarse, 2
come venir, 2
 ~ **out of** salir, 2
comfortable cómodo(a)
command mandar; mandato (*m.*)
commence, begin comenzar (ie), 2
common común
comprehend comprender, 1
computer computadora (*f.*), R, ordenador (*Sp.*) (*m.*), R
 ~ **programmer** programador(a) (*m., f.*), 1
 ~ **programming** informática (*f.*), 1
congestion congestión (*f.*), 4
consequently por lo tanto, 3
construct construir
container envase (*m.*)
continue proseguir
contribute aportar
control controlar
cook cocer; cocinar, 5; cocinero(a) (*m., f.*), 1
cookie galleta (*f.*), 5
cool off refrescarse
corner esquina (*f.*)
cotton algodón (*m.*)
cough tos (*f.*), 4; toser, 4
 ~ **syrup** jarabe (*m.*) para la tos, 4
county condado (*m.*)
couple pareja (*f.*), 2
course materia (*f.*), 1
cousin primo(a) (*m., f.*), 2
crumb miga (*f.*)
crushed picado(a), picadito(a) (*dim.*)
cry llorar
culture medium caldo (*m.*) de cultivo
cup taza (*f.*), 5
curly hair pelo (*m.*) rizado, 2
currently actualmente
curtain cortina (*f.*), 2
cushion cojín (*m.*), 2
cut cortar

D

dad papá (*m.*), 2
daily diario(a)
 ~ **special** plato (*m.*) del día
dance bailar, 1
danger peligro
dare atreverse
dark circle (under the eyes) ojera (*f.*)
daughter hija (*f.*), 2
 daughter-in-law nuera (*f.*), 2
day día (*m.*), 3
dead fallecido(a), muerto(a)
deaf sordo(a)
dear querido(a)
debris escombro (*m.*)
December diciembre, 3
decide decidir, 1
deep profundo(a)
defeat derrocar
deforestation deforestación (*f.*), 6
Delighted (to meet you). Encantado(a)., R
demand exigir
demanding exigente
demolish derrumbar
dengue fever dengue (*m.*), 4
dentist dentista (*m., f.*), 1
deny negar
depression depresión (*f.*), 4
desert desierto (*m.*), 6
design diseñar
desire desear
desk escritorio (*m.*), R; **student** ~ pupitre (*m.*), R
dessert postre (*m.*), 5
detail precisar
develop desarrollar
devil demonio (*m.*)
dew rocío (*m.*)
diabetes diabetes (*f.*), 4
diagnosis diagnosis (*f.*), 4
diagnostic exam examen (*m.*) diagnóstico, 4
diarrhea diarrea (*f.*), 4
die morir (ue), 2
dining room comedor (*m.*), 2
dinner cena (*f.*), 5
diplomat diplomático(a) (*m., f.*), 1
direct flight vuelo (*m.*) directo, 3
direction dirección (*f.*)
disabled discapacitado(a)
disagreeable desagradable
disaster desastre (*m.*)
discuss discutir
dishwasher lavavajillas (*m.*) (*Sp.*), lavaplatos (*m.*), 2
ditch zanja (*m.*)

divorce divorciar
be divorced estar divorciado(a), 2
get divorced divorciarse, 2
dizziness mareo (*m.*), 4
do hacer, 2
~ **again** hacer de nuevo, 3
~ **laundry** lavar la ropa, 2
doctor médico(a) (*m., f.*), 1
dog perro (*m.*)
~ **days of summer** canícula (*f.*)
door puerta (*f.*), R
doubt dudar
downpour aguacero (*m.*)
draft redactar; borrador (*m.*)
drain escurrir, 5
draw closer (*oneself*) arrimarse
drawing dibujo (*m.*)
dress (*season food*) aderezar; (*someone*) vestir (i); vestido (*m.*), 3
dresser cómoda (*f.*), 2
drink beber, 1; tomar, 1; bebida (*f.*), 5
drizzle llovizna (*f.*)
drought sequía (*f.*), 6
dry secar; (*oneself*) secarse, 2
~ **cleaner** tintorería (*f.*)
~ **period** temporada (*f.*) seca
dryer secadora (*f.*), 2
dumb mudo(a)
dump vertedero (*m.*)
during por, 3
dust (the furniture) sacudir (los muebles), 2

E

ear (*inner*) oído (*m.*), 4; (*earlobe*) oreja (*f.*), 4
earn ganar
earth tierra (*f.*), 6
Earth Tierra (*f.*)
earthquake terremoto (*m.*), 6
east este (*m.*), 6
eat comer, 1
economy economía (*f.*), 1
education pedagogía (*f.*), 1
eel congrio (*m.*)
eight ocho, R
eight hundred ochocientos(as), R
eighteen dieciocho, R
eighty ochenta, R
elbow codo (*m.*), 4
electrician electricista (*m., f.*), 1
eleven once, R
emptied vaciado(a)
endangered en vía de extinción, 6
endure aguantar
energy energía (*f.*), 6
engineer ingeniero(a) (*m., f.*), 1
engineering ingeniería (*f.*), 1
enjoy gozar
enjoyment disfrute (*m.*)
entertain divertir (ie)
~ **oneself** entretenerse
enthusiastic entusiasmado(a)
entrée plato (*m.*) de fondo
environment medio ambiente (*m.*), 6
environmental ambiental
equator ecuador (*m.*)
eraser borrador (*m.*), R
erosion erosión (*f.*), 6
even though aunque
event acontecimiento (*m.*)
excess weight sobrepeso (*m.*), 4
exchange intercambiar
exercise hacer ejercicio
exit salir, 2
experience experimentar
extinction extinción (*f.*), 6
extroverted extrovertido(a), 2
eye ojo (*m.*), 4
eyebrow ceja (*f.*), 4
eyeglasses lentes (*m. pl.*)

F

face cara (*f.*), 4; rostro (*m.*)
facilities facilidades (*f. pl.*), instalaciones (*f. pl.*), 3
fact hecho (*m.*)
factory fábrica (*f.*)
fall caerse; otoño (*m.*), 3
~ **asleep** dormirse, 2
family familia (*f.*), 2
~ **member** miembro (*m.*) de la familia, 2
far lejos
farm chacra (*f.*), finquita (*f.*) (*dim.*)
~ **worker** obrero(a) campesino(a) (*m., f.*)
farther más lejos
fat gordo(a), 2; grasa (*f.*)
father padre (*m.*), 2
father-in-law suegro (*m.*), 2
fatigue cansancio (*m.*), 4
fear temer
February febrero, 3
feel sentir (ie), 2; sentirse + *adj.*, 2
~ **like** tener ganas de + *inf.*, 1
felling tala (*f.*)
female hembra (*f.*)
fever fiebre (*f.*), 4
fiancé novio (*m.*), 2
fiancée novia (*f.*), 2
fifteen quince, R
fifty cincuenta, R
fight luchar
fill llenar

filling relleno (*m.*)
finally finalmente
find encontrar (ue), 2
~ **out** averiguar; saber (*pret.*)
fine bien, R
~ **arts** bellas artes (*f. pl.*), 1
finger dedo (*m.*), 4
finish terminar, 1
fire incendio (*m.*), 6
firefighter (*female*) mujer (*f.*) bombero, 1; (*male*) bombero (*m.*), 1
first primero(a), primer
~ **floor** primer piso (*m.*), 2
fish (*food*) pescado (*m.*), 5; (*animal*) pez (*m.*); (*verb*) pescar, 6
~ **hook** anzuelo (*m.*)
fit caber; quedar + *i.o. pron.*
five cinco, R
~ **hundred** quinientos(as), R
fixed fijo(a)
flag bandera (*f.*)
flashback escena (*f.*) retrospectiva
flat roof azotea (*f.*)
flight vuelo (*m.*), 3
direct ~ vuelo (*m.*) directo, 3
~ **attendant** auxiliar (*m.*) de vuelo, azafata (*f.*)
~ **with layover(s)** vuelo (*m.*) con escala, 3
flood inundación (*f.*), 6
~ **watch** aviso (*m.*) de inundación
floor suelo (*m.*), R; (*of a building*) piso (*m.*), R, planta (*f.*)
flour harina (*f.*)
flower flor (*f.*), 2
flu gripe (*f.*), 4
foam espuma (*f.*)
follow seguir (i), 2
food alimento (*m.*), comida (*f.*), 5
fool, foolish tonto(a) (*m., f.*)
foot pie (*m.*), 4
footprint pisada (*f.*)
for para, 3; por, 3
forecast pronóstico (*m.*) del tiempo, 3
forehead frente (*f.*), 4
forest bosque (*m.*), 6
~ **floor** suelo (*m.*) del bosque, 6
fork tenedor (*m.*), 5
forty cuarenta, R
four cuatro, R
~ **hundred** cuatrocientos(as), R
fourteen catorce, R
fox zorro(a) (*m., f.*)
French (*lang.*) francés (*m.*), 1
French fries papas fritas (*f. pl.*), 5
Friday viernes (*m.*), 3
frog rana (*f.*)
from de
frown ceño (*m.*); fruncir el ceño
frozen congelado(a); helado(a)
fruit fruta (*f.*), 5
fry freír (i), 5
~ **lightly** sofreír (i), 5
frying pan sartén (*f.*), 5
fun divertido(a), 2
furniture muebles (*m. pl.*), 2

G

gallon galón (*m.*), 5
gannet alcatraz (*m.*)
garbage basura (*f.*), 6; desperdicios (*m. pl.*), 6
garlic ajo (*m.*), 5
gather reunirse, 1
gauze gasa (*f.*)
gender género (*m.*)
geography geografía (*f.*), 1
German (*lang.*) alemán (*m.*), 1
get conseguir, 3
~ **divorced** divorciarse, 2
~ **dressed** vestirse, 2
~ **engaged** comprometerse, 2
~ **married** casarse (con), 2
~ **someone up** levantar
~ **up** levantarse, 2
~ **up early** madrugar
girlfriend novia (*f.*), 2
give dar, 2; regalar
~ **birth** dar a luz
glass copa (*f.*), 5; vaso (*m.*), 5; vidriera (*f.*)
~ **container** envase (*m.*) de vidrio, 6
global warming calentamiento (*m.*) del planeta, 6
glove guante (*m.*), 3
go ir, R
~ **away** irse, 2
~ **hand in hand** ir a la par
~ **mountain-climbing** escalar montañas
~ **straight** seguir derecho
~ **to bed** acostarse (ue), 2
goddaughter ahijada (*f.*)
godfather compadre (*m.*)
godmother comadre (*f.*)
godparents padrinos (*m., pl.*)
godson ahijado (*m.*)
golf golf (*m.*)
good bueno(a), buen
~ **afternoon** buenas tardes, R
~ **evening** buenas noches, R
~ **judgment** tino (*m.*)
~ **manners** buenos modales (*m. pl.*)
~ **morning** buenos días, R
good-bye adiós, R
gossip chisme (*m.*)

gram gramo (*m.*)
granddaughter nieta (*f.*), 2
grandfather abuelo (*m.*), 2
grandmother abuela (*f.*), 2; abuelita (*f.*) (*dim.*), 2
grandson nieto (*m.*), 2
grass hierba (*f.*)
grated rallado(a)
gray-haired canoso(a), 2
Great. Muy bien., R
great-grandfather bisabuelo (*m.*), 2
great-grandmother bisabuela (*f.*), 2
green verde, R
greenery verdor (*m.*)
greenhouse effect efecto (*m.*) invernadero, 6
greeting saludo (*m.*), R
grinder (sandwich) bocadillo (*m.*), 5
groom novio (*m.*), 2
ground floor planta (*f.*) baja, 2
guess adivinar
guest huésped (*m., f.*)
  ~ **house** casa (*f.*) de huéspedes, 3
guffaw carcajada (*f.*)

H

hail granizo (*m.*)
hair pelo (*m.*), 2
  ~ **brush** cepillo (*m.*) para el pelo
hairdresser peluquero(a) (*m., f.*), 1
hairdryer secador (*m.*) de cabello
half-brother medio hermano (*m.*), 2
half-sister media hermana (*f.*), 2
hallway pasillo (*m.*), 2
ham jamón (*m.*), 5
hamburger hamburguesa (*f.*), 5
hammer martillo (*m.*)
hand mano (*f.*), 4
handkerchief pañuelo (*m.*), 3
handle mango (*m.*)
handsome guapo(a), 2
hang (on) colgar
happy alegre
  to be ~ ser alegre
hare liebre (*f.*)
hat gorro (*m.*), 3
have haber (*aux.*), 5; tener, 2
  ~ **fun** divertirse, 2
  ~ **lunch** almorzar (ue), 2
  ~ **to** tener que + *inf.*
he él, R
  ~ **who** él que
head cabeza (*f.*), 4
healer curandero(a) (m., *f.*)
health salubridad (*f.*); salud (*f.*), 4
hear oír, 2
hearing oído (*m.*), sentido (*m.*) del oído, 4
heart corazón (*m.*), 4
  ~ **attack** ataque (*m.*) al corazón, 4
hello hola, R
hemisphere hemisferio (*m.*)
her (*i.o. pron.*) le; su(s), 1; (*d.o. pron.*) la, 3
herb yerba (*f.*)
heritage herencia (*f.*)
hide (oneself) ocultarse
highlight destacar
hike hacer una caminata, 6
hill cerro (*m.*)
him (*i.o. pron.*) le, 1; (*d.o. pron.*) lo, 3
his su(s), 1
history historia (*f.*), 1
HIV VIH (*m.*)
home casa (*f.*), 2
homeopathy homeopatia (*f.*), 4
honeymoon luna (*f.*) de miel
hope esperar
horrible horroroso(a)
horse caballo (*m.*)
horseback ride montar a caballo, 6
hostel hostal (*m.*), 3; pensión (*f.*), 3
hotel hostal (*m.*), 3; hotel (*m.*), 3
  luxury ~ hotel de lujo, 3
  moderately priced ~ hotel modesto, 3
house casa (*f.*), 2; residencia (*f.*)
housewife ama (*f.*) de casa
how cómo, 1; cuán (*adv.*)
  ~ **much (many)?** ¿cuánto(a, os, as)?, 1
How are you? ¿Cómo está Ud.? (*formal*), R; ¿Cómo estás? (*informal*), R
How's it going? ¿Qué tal?, R
hug abrazo (*m.*)
humanities humanidades (*f. pl.*), 1; filosofía (*f.*) y letras, 1
Humboldt current Corriente fría (*f.*) de Humboldt
humid húmedo(a), 3
humidity humedad (*f.*), 3
hump joroba (*f.*)
hurriedly de prisa
hurt doler, 4
husband esposo (*m.*), 2
hut bohío (*m.*)
hydroelectric energy energía (*f.*) hidroeléctrica, 6

I

I yo, R
  ~ **am fine.** Estoy bien., R
  ~ **hope** ojalá
  ~ **am from . . .** Soy de..., R
iguana iguana (*m.*)
illiterate analfabeto(a)
illness enfermedad (*f.*), 4
implore implorar, suplicar
in en, 2
  ~ **accordance** de acuerdo

~ **bold** en negrilla
~ **case** en caso de que, 6; por si acaso
~ **exchange for** por, 3
~ **front of** delante de, 2
~ **general** por lo general, 3
~ **order to** para, 3
~ **search of** por, 3
~ **spite of** a pesar de
~ **support of** por, 3
~ **the afternoon** por la tarde
~ **the evening** por la noche
~ **the morning** por la mañana
inclination afición (*f.*)
increase aumento (*m.*)
ingredient ingrediente (*m.*), 5
injection inyección (*f.*), 4
insist (on) insistir (en que), 1
insomnia insomnio (*m.*), 4
intelligent inteligente, 2
interesting interesante, 2
introduction (*of people*) presentación (*f.*), R
introverted introvertido(a), 2
iron plancha (*f.*); planchar, 2
island isla (*f.*), 6
it la, lo, 3
It's a shame. Es una lástima.
It's cloudy. Está nublado., 3
It's raining. Llueve., 3
It's snowing. Nieva., 3
It's sunny. Hace sol., 3
Italian (*lang.*) italiano (*m.*), 1
itinerary itinerario (*m.*)
its su(s), 1

J

jacket chaqueta (*f.*), 3
jaguar jaguar (*m.*)
jailed encarcelado(a)
January enero, 3
Japanese (*lang.*) japonés (*m.*), 1
jeans jeans (*m. pl.*), 3; vaqueros (*m. pl.*), 3
joke chiste (*m.*)
jot down apuntar, 1
journalism periodismo (*m.*), 1
journalist periodista (*m., f.*), 1
judge juez(a) (*m., f.*)
July julio, 3
jump saltar
June junio, 3
jungle selva (*f.*), 6
~ **floor** suelo (*m.*) de la selva, 6

K

key llave (*f.*)
kids (*dim.*) chiquillos (*m. pl.*)
king rey (*m.*)
kiss beso (*m.*)
kit botiquín (*m.*)
kitchen cocina (*f.*), 2
~ **sink** fregadero (*m.*), 2
kite papalote (*m.*) (*Mex.*)
knee rodilla (*f.*), 4
knife cuchillo (*m.*), 5
know (*information*) saber, 2; (*people and places*) conocer, 3
~ **how to** saber + *inf.*

L

labor mano (*f.*) de obra
lack carecer; falta (*f.*)
lake lago (*m.*), 6
lamp lámpara (*f.*), 2
land tierra (*f.*), 6; (*dim.*) terruñito (*m.*)
landscape paisaje (*m.*), 6
landslide derrumbe (*m.*) (de tierra), 6
language idioma (*m.*), 1
lap regazo (*m.*)
large grande, 2
later luego
laughter risa (*f.*)
laundry room lavadero (*m.*), 2
law derecho (*m.*), 1
lawn césped (*m.*), 2
lawyer abogado(a) (*m., f.*), 1
layover escala (*f.*), 3
lazy perezoso(a), 2
learn (to) aprender (a), 1
leave dejar
left izquierdo
leg pierna (*f.*), 4; (*animals*) pata (*f.*)
lemon limón (*m.*), 5
less . . . than menos... que, 2
letter (*alphabet*) letra (*f.*)
letter (*correspondence*) cart (*f.*)
lettuce lechuga (*f.*)
light luz (*f.*), R
lightheadedness mareo (*m.*), 4
lightly ligeramente
lightning rayo (*m.*), 3; relámpago (*m.*), 3
like gustar (*lit:* to be pleasing to)
likeable amable, 2; simpático(a), 2
likewise igualmente, R
lima bean haba (*f.*)
linen lino (*m.*)
lip labio (*m.*), 4
listen escuchar, 1
literature literatura (*f.*), 1
live vivir, 1
living room sala (*f.*), 2
llama llama (*f.*)
lobster langosta (*f.*)

lodging alojamiento (*m.*), 3
look (at) mirar, 1
  look for buscar, 1
lose perder (ie), 2
lost perdido(a)
love querer (ie), 2
loving cariñoso(a), 2
lozenge pastilla (para la garganta) (*f.*), 4
lukewarm tibio(a)
lunch almuerzo (*m.*), 5
lung pulmón (*m.*), 4
lust lujuria (*f.*)
luxury hotel hotel (*m.*) de lujo, 3

M

macaw guacamayo (*m.*)
magazine revista (*f.*)
major especialidad (*f.*) académica, 1
make hacer, 2
  ~ **the bed** hacer la cama, 2
male varón (*m.*)
man hombre (*m.*)
manager gerente (*m.*, *f.*), 1
manta (*f.*) blanket
map mapa (*m.*), R
March marzo, 3
marinade mojo (*m.*)
marital status estado (*m.*) civil
marry (*a couple*) casar
  be married estar casado(a), 2
  get married casarse (con), 2
match emparejar; hacer juego, 3
mathematics matemáticas (*f. pl.*), 1
May mayo, 3
me me, 3
measles sarampión (*m.*), 4
measurement medida (*f.*), 5
meat carne (*f.*), 5
mechanic mecánico(a) (*m.*, *f.*), 1
medicine medicina (*f.*), 1
meet reunirse, 1
menu carta (*f.*), 5; menú (*m.*), 5
mercy clemencia (*f.*)
microwave microondas (*m.*), 2
midnight medianoche (*f.*), R
mild suave
milk leche (*f.*), 5
mince picar, 5
miracle milagro (*m.*)
mirror espejo (*m.*), 2
miss echar de menos; faltar; perder (ie)
mist neblina (*f.*)
mixer batidora (*f.*), 5
mode of transportation medio (*m.*) de transporte, 3
moderately priced hotel hotel (*m.*) modesto, 3
mom mamá (*f.*), 2
Monday lunes (*m.*), 3
monitor pantalla (*f.*), R
monkey mono (*m.*); (*female*) mona (*f.*)
monogamous monógamo(a)
mononucleosis mononucleosis (*f.*), 4
month mes (*m.*), 3
more más
  ~ **. . . than** más ... que, 2
morning mañana (*f.*)
mother madre (*f.*), 2
  mother-in-law suegra (*f.*), 2
mountain montaña (*f.*), 3
  ~ **peak** pico (*m.*) de la montaña, 6
  ~ **range** cordillera (*f.*), 6; sierra (*f.*), 6
mountains serranía (*f.*)
mouth boca (*f.*), 4
movie película (*f.*)
much mucho(a)
mud lodo (*m.*)
mumps paperas (*f. pl.*), 4
mushroom champiñón (*m.*), 5
music música (*f.*), 1
mussel mejillón (*m.*)
my mi(s), 1
  ~ **dear** cielito
  My name is . . . Me llamo..., R

N

NAFTA Tratado (*m.*) de Libre Comercio de América del Norte (TLCAN)
napkin servilleta (*f.*), 5
natural resource recurso (*m.*) natural, 6
natural sciences ciencias naturales (*f. pl.*), 1
natural world mundo (*m.*) natural, 6
nature naturaleza (*f.*), 6
nausea náusea (*f.*), 4
near cerca (de), 2
neck cuello (*m.*), 4
necktie corbata (*f.*), 3
need necesitar, 1
needle aguja (*f.*)
neighbor vecino(a)
neighboring aledaño(a)
nephew sobrino (*m.*), 2
nervous nervioso(a)
never nunca, R
nevertheless sin embargo
next entonces, luego
  ~ **to** al lado de, 2
next week la semana próxima
niece sobrina (*f.*), 2
night noche
  last ~ anoche
nine nueve, R
  ~ **hundred** novecientos(as), R
nineteen diecinueve, R

ninety noventa, R
no no, R
  ~ **one** nadie, R
noise ruido (*m.*)
none ninguno(a), R
nonrenewable no-renovable, 6
noodle fideo (*m.*)
noon mediodía (*m.*), R
north norte (*m.*), 6
northeast noreste (*m.*), 6
northern hemisphere hemisferio norte
northwest noroeste (*m.*), 6
nose nariz (*f.*), 4
nostalgic nostálgico(a)
not any ninguno(a), R
not anyone nadie, R
not anything nada, R
not well mal, R
notebook cuaderno (*m.*), R
nothing nada, R
November noviembre, 3
nowadays hoy en día
nuclear energy energía (*f.*) nuclear, 6
number cifra (*f.*), número (*m.*), R
nun monja (*f.*)
nurse enfermero(a) (*m., f.*), 1

O

occur acontecer
occurrence acontecimiento (*m.*)
October octubre, 3
odd raro(a)
odor olor (*m.*)
of de
  ~ **course** por supuesto, 3
office oficina (*f.*), 2
oil aceite (*m.*), petróleo (*m.*)
old viejo(a), 2
  ~ **age** vejez (*f.*)
  little ~ lady viejecita (*f.*)
older mayor, 2
olive oil aceite de oliva, 5
on en, 2; sobre, 2
  ~ **foot** a pie
  ~ **top of** encima de, 2
  ~ **top of** sobre, 2
one uno(a), R
  ~ **hundred** cien, R
  ~ **hundred and one** ciento uno, R
  ~ **million** un millón (de), R
  ~ **thousand** mil, R
oneself sí mismo(a)
onion cebolla (*f.*), 5
online en línea
only sólo
open abrir, 1
orange anaranjado(a), R
  ~ **juice** jugo (*m.*) de naranja, 5
ought to deber, 1
ounce onza (*f.*), 5
our nuestro(a)(s), 1
outdoors al aire libre, 6; afuera
outline bosquejo (*m.*)
outside (the house) fuera (de casa), 2
oven horno (*m.*), 2
overpopulation sobrepoblación (*f.*), 6
overuse (of natural resources) uso (*m.*) excesivo (de recursos naturales), 6
owe deber
ox buey (*m.*)
oyster ostra (*f.*)

P

P.M. (*evening/night*) de la noche, R; (*afternoon*) de la tarde, R
pack empaquetar, 3
  pack luggage hacer las maletas, 3
padrastro (*m.*) stepfather, 2
pain dolor (*m.*), 4
painkiller analgésico (*m.*), 4
paintbrush brocha (*f.*)
painter pintor(a) (*m., f.*), 1
painting cuadro (*m.*), 2; pintura (*f.*), 1
pajamas pijama (*m., f.*), 3
paleness palidez (*f.*), 4
pants pantalones (*m. pl.*), 3
pantyhose medias (*f. pl.*), 3
parade desfile (*m.*)
parents padres (*m., pl.*), 2
parrot loro (*m.*)
parsley perejil (*m.*), 5
partner pareja (*f.*), 2
pass (*a class or test*) aprobar
passport pasaporte (*m.*), 3
patio patio (*m.*), 2
pea guisante (*m.*), 5; arveja (*f.*)
peace accord acuerdo (*m.*) de paz
peak pico (*m.*), 6
pedagogy pedagogía (*f.*), 1
peel pelar, 5
pencil lápiz (*m.*), R
peninsula península (*f.*), 6
pepper chile (*m.*), 5; (*spice*) pimienta (*f.*), 5; pimiento (*m.*), 5
per por, 3
perhaps tal vez
permit permitir
pesticide pesticida (*m.*), 6
petroleum petróleo (*m.*), 6
philosophy and letters (humanities) filosofía (*f.*) y letras, 1
photo foto (*f.*)

physical somático(a), físico(a)
pilot (*female*) mujer (*f.*) piloto, (*male*) piloto (*m.*), 1
pinch pizca (*f.*), 5
pine pino (*m.*)
~ **nut** piñón (*m.*)
pisco (*liquor popular in Chile and Peru*) pisco (*m.*)
place lugar (*m.*); poner, 2
plaid de cuadros
plain llano (*m.*), 6; llanura (*f.*), 6; pampa (*f.*), 6
plan pensar (ie), 2; planear, 3
plant planta (*f.*)
plantain plátano (*m.*), 5
plastic container envase (*m.*) de plástico, 6
plate plato (*m.*), 5
plateau altiplano (*m.*), 6
play (*a role*) interpretar; (*an instrument*) tocar; (*games and sports*) jugar (ue), 2
~ **hide and seek** jugar a las escondidas
playing card naipe (*m.*)
plead rogar
please por favor, 3
Pleased to meet you. Mucho gusto., R
pleasure placer (*m.*)
plucked desplumado(a)
plutonium plutonio (*m.*)
pneumonia pulmonía (*f.*), 4
point (*of an object*) punta (*f.*)
point out apuntar
policeman policía (*m.*), 1
policewoman mujer (*f.*) policía, 1
politics política (*f.*), 1
polka-dotted de lunares
pollution contaminación (*f.*), 6
pond charca (*f.*), 6; estanque (*m.*), 6
poor pobre
pork chop chuleta (*f.*) de cerdo, 5
Portuguese (*lang.*) portugués (*m.*), 1
poster afiche (*m.*), cartel (*m.*)
potato patata (*f.*) (*Sp.*)
pound libra (*f.*), 5
powerful poderoso(a)
prairie llano (*m.*), 6; llanura (*f.*), 6; pampa (*f.*), 6
pre-Columbian precolombino(a)
prefer preferir (ie), 2
prepare preparar, 1
~ **food** preparar la comida, 2
prescription receta (*f.*), 4
preservation preservación (*f.*)
pretty guapo(a), 2
previous anterior
priest sacerdote (*m.*)
problem problema (*m.*)
profession profesión (*f.*), 1
professor profesor(a) (*m., f.*), R
prohibit prohibir
projector proyector (*m.*), R
provided that con tal (de) que, 6
psychologist psicólogo(a) (*m., f.*), 1
psychology psicología (*f.*), 1
public transportation transporte (*m.*) público
puma puma (*m.*)
purple morado(a), R
put poner, 2
~ **make-up on** (*oneself*) maquillarse, 2; (*someone*) maquillar
~ **on** ponerse, 2

Q

quail cordorniz (*f.*)
quart cuarto (*f.*), 5

R

raft balsa (*f.*)
railroad ferrocarril (*m.*)
rain shower chaparrón (*m.*)
raincoat impermeable (*m.*), 3
rainforest selva (*f.*) tropical, 6
rainy period período (*m.*) de lluvias
raise (*someone or something*) levantar
rate tasa (*f.*)
raw materials materias primas (*f. pl.*)
reach alcanzar
read leer, 1
ready listo(a)
real estate bienes raíces (*f. pl.*)
receive recibir, 1
recently recientemente
recommend recomendar
recycling reciclaje (*m.*), 6
red rojo(a), R
~ **wine** vino (*m.*) tinto, 5
redheaded pelirrojo(a), 2
reduce reducir
reduction disminución (*f.*)
reflexology reflexología (*f.*), 4
refrigerator nevera (*f.*), 2
refrigerator refrigerador (*m.*), 2
relate contar (ue), 2
relative pariente (*m., f.*), 2
remain quedarse, 2
~ **s** despojos (*m. pl.*)
renewable renovable, 6
rent alquilar, 3
repeat repetir (i), 2
represent hacer el papel de, 3
repugnant asqueroso(a)
reservation reservación (*f.*), 3
residence domicilio (*m.*), residencia (*f.*)
resort centro (*m.*) turístico, balneario (*m.*), 3

rest descansar, 1
restaurant restaurante (*m.*), 5
retire jubilarse
retired jubilado(a)
return volver (ue), 2; regresar (a), 1
revenue ingresos (*m. pl.*)
rice arroz (*m.*), 5
rich rico(a)
right derecho
ring anillo (*m.*)
risk riesgo (*m.*)
river río (*m.*), 6
riverbed cauce (*m.*) del río, 6
roast asar (en el horno), 5
robe bata (*f.*), 3
roof techo (*m.*)
  flat ~ azotea (*f.*)
root vegetable tubérculo (*m.*)
rope soga (*f.*)
rot pudrirse
round trip de ida y vuelta, 3
routine rutina (*f.*)
row remar
royal real
rubble escombro (*m.*)
run correr, 1
Russian (*lang.*) ruso (*m.*), 1
rustic fellow jíbaro (*m.*)

S

sad triste
safe deposit box caja (*f.*) fuerte
safety seguridad (*f.*)
saffron azafrán (*m.*), 5
sailboat velero (*m.*)
sailor marinero (*m.*)
salad ensalada (*f.*), 5
salary sueldo (*m.*)
sales clerk dependiente(a) (*m., f.*)
salmon salmón (*m.*), 5
salt sal (*f.*), 5
salty salado(a), 5
sand arena (*f.*)
sandal sandalia (*f.*), 3
sandwich sándwich (*m.*), 5
Santa Claus Papá Noel
Saturday sábado (*m.*), 3
saucepan cacerola (*f.*), 5; cazuela (*f.*), 5
sausage salchicha (*f.*), 5; chorizo (*m.*), 5
save ahorrar
say decir, 2
saying refrán (*m.*)
scarf bufanda (*f.*), 3
schedule horario (*m.*)
scrambled eggs huevos revueltos (*m. pl.*), 5
screen pantalla (*f.*), R
scuba diver hombre (*m.*) rana
sea mar (*m.*), 3
season estación (*f.*), 3; sazonar, 5
seat asiento (*m.*); sede (*m.*)
seating capacity cupo (*m.*)
seawalk malecón (*m.*)
second segundo(a)
secretary secretario(a) (*m., f.*), 1
section sección (*f.*)
security seguridad (*f.*)
see ver, 2
  See you later. Hasta luego., R
  See you on . . . Hasta..., R
  See you soon. Hasta pronto., R
  See you tomorrow. Hasta mañana., R
sell vender, 1
sense sentido (*m.*), 4
  ~ **of smell** olfato (*m.*), 4
sentence oración (*f.*)
September septiembre, 3
serve servir (i), 2
  ~ **food** servir la comida, 2
set the table poner la mesa, 2
settler colono (*m.*)
seven siete, R
  ~ **hundred** setecientos(as), R
seventeen diecisiete, R
seventy setenta, R
shake batido (*m.*)
shaman chamán (*m.*)
share compartir
sharp en punto (*time*), R
shave (*oneself*) afeitarse, 2
she ella, R
shell cascarón (*m.*)
shellfish mariscos (*m. pl.*), 5
sherry jerez (*m.*)
shirt camisa (*f.*), 3
shiver temblar
shoe zapato (*m.*), 3
  ~ **size** número (*m.*), 3
shoot disparar
shore orilla (*f.*), 6
short bajo(a), 2; (*dim.*) bajito(a)
should ha de; deber, 1
show mostrar
shower (*oneself*) ducharse, 2; (*someone or something*) duchar
shrimp camarones (*m. pl.*), gambas (*f. pl.*)
shy tímido(a), 2
signature firma (*f.*)
silk seda (*f.*)
silly tonto(a), 2
silver plata (*f.*)

similar parecido(a)
similarity semejanza (*f.*)
since como, 6; desde; ya que, 6
single person soltero(a) (*m., f.*), 2
sink hundirse
sinner pecador(a) (*m., f.*)
sister hermana (*f.*), 2
sister-in-law cuñada (*f.*), 2
sit sentar (ie), 2
~ **(oneself down)** sentarse, 2
six seis, R
~ **hundred** seiscientos(as), R
sixteen dieciséis, R
sixty sesenta, R
size tamaño (*m.*); (*clothes*) talla (*f.*), talle (*m.*),3; (*shoes*) número (*m.*), 3
skate patinar, 6
skateboard andar en patineta
ski esquiar, 6
skin piel (*f.*), 4
skirt falda (*f.*), 3
sled ir en trineo, 6
sleep dormir (ue), 2
sleet aguanieve (*f.*)
slice lonja (*f.*), rebanada (*f.*)
small pequeño(a), 2
smaller menor, 2
smile sonreír; sonrisa (*f.*)
smoke fumar, 1
sneaker zapato (*m.*) de tenis (*m.*), 3
so tan
~ **that** para que, 6
social sciences ciencias sociales (*f. pl.*), 1
sociology sociología (*f.*), 1
sock calcetín (*m.*), 3
sofa sofá (*m.*), 2
soft drink refresco (*m.*), 5
soil tierra (*f.*), 6
solar energy energía (*f.*) solar, 6
soldier (*female*) mujer (*f.*) soldado, 1, (*male*) soldado (*m.*), 1
someone alguien, R
something algo, R
sometimes a veces
son hijo (*m.*), 2
son-in-law yerno (*m.*), 2
sorrow pena (*f.*)
So-so. Más o menos., Regular. R
sound son (*m.*)
soup sopa (*f.*), 5
south sur (*m.*), 6
southeast sureste (*m.*), 6
southern hemisphere hemisferio sur
southwest suroeste (*m.*), 6
sowing siembra (*f.*)
speak hablar, 1
species especie (*f.*), 6
spend gastar
spice especia (*f.*), 5
spicy picante, 5
spinach espinaca (*f.*), 5
spit escupir
split partirse
spoiled mimado(a)
spokesperson portavoz (*m., f.*)
spoon cuchara (*f.*), 5
spoonful cucharada (*f.*), 5
spread untar
spring primavera (*f.*), 3
sprinkled espolvoreado(a)
stairway escalera (*f.*), 2
stand aguantar
~ **in line** hacer cola, 3
stay alojarse, 3; quedarse, 2
steak biftec (*m.*), 5; bistec (*m.*), 5
steel acero (*m.*)
stepbrother hermanastro (*m.*), 2
stepdaughter hijastra (*f.*), 2
stepmother madrastra (*f.*), 2
stepsister hermanastra (*f.*), 2
stepson hijastro (*m.*), 2
stew guiso (*m.*)
stingy tacaño(a) (*m.*)
stomach estómago (*m.*), 4
stop over at (*travel*) hacer escala, 3
storm tormenta (*f.*), 3
stove estufa (*f.*), 2
straight hair pelo (*m.*) lacio, 2
strange extraño(a)
straw paja (*f.*)
strawberry fresa (*f.*), 5
street clothes ropa (*f.*) de calle, 3
stress estrés (*m.*), 4
strike huelga (*f.*)
striped de rayas
strong fuerte
student estudiante (*m., f.*), R
studies estudios (*m. pl.*), 1
study estudiar, 1
sub (*food*) bocadillo (*m.*), 5
subject materia (*f.*), 1
subway metro (*m.*)
sudden repentino(a)
suffer from padecer (de)
suggest sugerir
suit traje (*m.*), 3
suitcase maleta (*f.*), 3
summer verano (*m.*), 3
sunbathe tomar el sol, 6
Sunday domingo (*m.*), 3
superhighway supercarretera (*f.*)
sure seguro(a)

surely por cierto, 3
surgery cirugía (*f.*), 4
surname apellido (*m.*)
surprising sorprendente
survey encuesta (*f.*)
suspicious sospechoso(a)
sustain sostener
sweat sudar
sweater suéter (*m.*), 3
sweatshirt jersey (*m.*), 3; sudadera (*f.*), 3
sweep (the floor) barrer (el suelo, el piso), 2
sweet dulce, 5
swim nadar, 1
swimmer bañista (*m., f.*)
swimming natación (*f.*)
switch roles cambiar de papel
symptom síntoma (*m.*), 4
syncretism sincretismo (*m.*)
syrup jarabe (*m.*)

T

table mesa (*f.*), 2
  ~ **setting** cubierto (*m.*), 2
tablecloth mantel (*m.*), 2
tablespoon cuchara (*f.*), 5
tablet pastilla (*f.*)
take coger; tomar, 1
  ~ **a trip** hacer un viaje, 3
  ~ **care of yourself** (*fam.*). Cuídate.
  ~ **off** quitar; (*from oneself*) quitarse
tall alto(a), 2
taste gusto (*m.*), 4; sabor (*m.*), 5
taxi taxi (*m.*)
teach enseñar, 1
teacher maestro(a) (*m., f.*), 1
teaspoon cucharilla (*f.*), 5
teaspoonful cucharadita (*f.*), 5
television set televisor (*m.*), 2
tell contar (ue), 2
ten diez, R
tend to soler (ue), 2
tennis shoe tenis (*m.*)
terrace terraza (*f.*), 2
than (*conj.*) que, 2
that (*rel. pron.*) que; (*over there*) (*adj.*) ese(a), aquel(la); (*pron.*) ése(a), aquél(la), 2
that's why por eso, 3
the el, la, las, los, R
  ~ **day before yesterday** anteayer
  ~ **following** lo siguiente
  ~ **most interesting thing** lo más interesante
  ~ **same as** igual que, 2
  The pleasure is mine. El gusto es mío., R
their su(s), 1
them las, los, 3
then entonces, luego
therapist terapeuta (*m., f.*), 1
there are hay, R
  There are clear skies. Está despejado., 3
there is hay, R
these (*pron.*) éstos(as); (*adj.*) estos(as), 2
they ellas, ellos, R
thin delgado(a), 2
think pensar (ie), 2
third tercero(a)
thirteen trece, R
thirty treinta, R
thirty-one treinta y uno, R
this (*adj.*) este(a); (*pron.*) éste(a), 2
  ~ **morning** esta mañana
those (*adj.*) aquellos(as), esos(as); (*pron.*) aquéllos(as), ésos(as), 2
though aunque
threat amenaza (*f.*)
three tres, R
  ~ **hundred** trescientos(as), R
throat garganta (*f.*), 4
through por, 3
thunder trueno (*m.*), 3
Thursday jueves (*m.*), 3
ticket pasaje (*m.*), 3
tidal wave maremoto (*m.*), 6; tsunami (*m.*), 6
tidy up arreglar, 2
tie atar
tight apretado(a)
tip propina (*f.*), 5
tire llanta (*f.*)
tired cansado(a)
to (a destination), para, 3
  ~ **the left (of)** a la izquierda (de), 2
  ~ **the right (of)** a la derecha (de), 2
toast brindis (*m.*); pan (*m.*) tostado, 5
today hoy
toe dedo (*m.*) del pie, 4
toilet inodoro (*m.*), 2
tomorrow mañana
tongue lengua (*f.*), 4
tooth diente (*m.*), 4
tornado tornado (*m.*), 6
touch tacto (*m.*), 4; tocar, 1
tour gira (*f.*)
tourism turismo (*m.*), 1
toward hacia
town pueblo (*m.*)
tragic trágico(a)
trailer remolque (*m.*)
train tren (*m.*), 3
tranquilizer calmante (*m.*), 4
travel viajar, 3
  ~ **agency** agencia (*f.*) de viajes, 3
  ~ **agent** agente (*m., f.*) de viajes, 3

treatment tratamiento (*m.*)
tree árbol (*m.*), 2
trip viaje (*m.*), 3
trout trucha (*f.*)
truck camión (*m.*)
try to tratar de
T-shirt camiseta (*f.*), 3
tsunami tsunami (*m.*), 6
tuber tubérculo (*m.*)
Tuesday martes (*m.*), 3
tuna atún (*m.*), 5
turn doblar
  ~ **out to be** resultar
turtle tortuga (*f.*)
TV addict teleadicto (*m.*)
twelve doce, R
twenty veinte, R
twenty-one veintiuno, R
twenty-six veintiséis, R
twenty-three veintitrés, R
twenty-two veintidós, R
twin gemelo(a) (*m., f.*), 2
twist torcerse, 4
two dos, R
  ~ **hundred** doscientos(as), R

U

ugly feo(a), 2
umbrella paraguas (*m.*), 3
uncle tío (*m.*), 2
underclothes ropa (*f.*) interior, 3
underline subrayar
underneath debajo de, 2
underpants (*men's*) calzoncillos (*m. pl.*), 3; pantaloncillos (*m. pl.*), 3; (*women's*) bragas (*f. pl.*), 3; pantaletas (*f. pl.*), 3
understand entender (ie), 2
unhappy infeliz
unite reunir, 1
university universidad (*f.*)
unless a menos que, 6
unmarried person soltero(a) (*m., f.*), 2
unpleasant antipático(a), 2
until hasta (que), 6
us nos, 3; nosotros(as)
utensil utensilio (*m.*), 5

V

vacation vacaciones (*f. pl.*), 3
vaccine vacuna (*f.*), 4
vacuum pasar la aspiradora, 2
valley valle (*m.*), 6
vegetable verdura (*f.*), 5
very muy
  Very well. Muy bien., R
veterinarian veterinario(a) (*m., f.*), 1
vision visión (*f.*), vista (*f.*), 4
volcanic eruption erupción (*f.*) volcánica, 6
volcano volcán (*m.*), 6
volleyball voleibol (*m.*)
voyage travesía (*f.*), viaje (*m.*)

W

waiter camarero (*m.*), mesero (*m.*), mozo (*m.*), 5
waitress camarera (*f.*), mesera (*f.*), moza (*f.*), 5
wake up (*someone*) despertar (ie); (*oneself*) despertarse, 2
walk andar, caminar, 1
wall pared (*f.*), R
  ~ **hanging** cuadro (*m.*), 2
walnut nuez (*f.*)
  ~ **sauce** nogada (*f.*)
want querer (ie), 2
war guerra (*f.*)
wash fregar , lavar; (*oneself*) lavarse, 2
  ~ **the dishes** fregar los platos, 2; lavar los platos, 2
washing machine lavadora (*f.*), 2
waste desechos (*m. pl.*), 6; desperdicios (*m. pl.*), 6; desperdiciar
wastewater aguas negras (*f. pl.*)
watch mirar, 1
water regar
waterfall catarata (*f.*), 6
waterski esquiar sobre el agua, 6
wave ola (*f.*)
we nosotros(as), R
weather tiempo, 3
wedding boda (*f.*)
Wednesday miércoles (*m.*), 3
week semana (*f.*), 3
  last ~ la semana pasada
weight peso (*m.*)
wellbeing salubridad (*f.*)
west oeste (*m.*), 6
what ¿qué?, 1; ¿cómo?, 1
  ~ **for?** ¿para qué?, 1
  ~ **is your name?** ¿Cómo te llamas/se llama?, R
  ~ **time do you have?** ¿Qué hora tiene(s)?, R
  ~ **time is it?** ¿Qué hora es?, R
  ~ **'s happening?** ¿Qué pasa?, R
when cuando, 6
when? ¿cuándo?, 1
where ¿dónde?, 1
  ~ **from?** ¿de dónde?, 1
  ~ **to?** ¿adónde?, 1
  ~ **are you from?** ¿De dónde eres/es?, R
which (*rel. pron.*) que
  which? ¿cuál(es)?, 1
while mientras (que), 6
whip batir, 5

white blanco(a), R
white wine vino (*m.*) blanco, 5
who (*rel. pron.*) que
who? ¿quién(es)?, 1
whole entero(a)
 ~ **wheat bread** pan integral
why ¿por qué?, 1
wife esposa (*f.*), 2
win ganar
window ventana (*f.*), R
wine vino (*m.*)
winter invierno (*m.*), 3
wise sesudo(a)
wise person sabio (*m., f.*)
wish desear
without sin (que), 6
wolf lobo (*m.*)
woman mujer (*f.*)
work trabajar, 1
workbook cuaderno (*m.*), R
worried preocupado(a)
worse peor, 2
wrinkled fruncido(a)
write escribir, 1

X

X-ray radiografía (*f.*), 4
X-rays rayos X (*f.*), 4

Y

yard patio (*m.*), 2
yawn bostezar
year año (*m.*)
 last ~ el año pasado
yellow amarillo(a), R
yes sí
yesterday ayer
yoke yunta (*f.*)
you (*subj.*) tú, usted (Ud.), ustedes (Uds.), vosotros(as), R; (*d.o. pron.*.) la(s), lo(s), os, te; (*i.o.*) les, 3
young joven, 2
younger menor, 2
your su(s), tu(s), vuestro(a)(s), 1
yours (*pron.*) tuyo(a), suyo(a)

Index

Credits

Text Credits

Page 22: Reprinted by permission; p. 46: Reprinted by permission of **mexico.udg.mx;** p. 56, bottom: As viewed on **www.umontemorelos.edu.mx;** p. 64: From **www.dsi.uanl.mx;** p. 137: "Lamento de un jíbaro" is reprinted with permission from the publisher of *En Otra Voz: Antología de Literatura Hispana de Los Estados Unidos* (Houston: Arte Publico Press–University of Houston, © 2002); p. 152: Reprinted by permission of the author; pp. 173–174: As appeared on **www.prensalatina.com.mx;** p. 178: Excerpt from **www.wayuu.pueblosindigenas.org.ve;** p. 179: From **www.nacionesunidas.com;** p. 180: From **www.nacionesunidas.com;** pp. 193–194: From **www.isid.es;** p. 207: From *¡La verdadera historia de los tres cerditos!* by Jon Scieszka, illustrated by Lane Smith, translated by Maria Negroni. Text copyright © 1989 by Jon Scieszka. Translation copyright © 1991 by Viking Penguin. Used by permission of Viking Penguin, a Division of Penguin Young Readers Group, A Member of Penguin Group (USA) Inc., 345 Hudson Street, New York, NY 10014. All rights reserved; pp. 214–215: As viewed on **uchile.ci;** p. 215 (*bottom*): By Elicura Chihuailaf, from *El invierno, su imagen y otros poemas azules*. Santiago: Ediciones Literatura Alternativa, © 1991; p. 224: We acknowledge DrTango, Inc., for permission to reprint this material from MiDieta™; p. 225: Reprinted by permission of Terranova Editores-bolivianet.com; p. 226: From **www.buenosmodales.cl;** p. 228: Reprinted by permission of Ruta Chile; p. 231: From *Como agua para chocolate* by Laura Esquivel. Copyright © 1989 by Laura Esquivel. Reprinted by permission of Doubleday, a division of Random House, Inc.; pp. 255–256: Reprinted by permission of **Parkswatch.org;** p. 273: "¿Dónde jugarán los niños?" Words and Music by José Fernando Olvera and Alejandro Trujillo © 1994 Editora de Música WEA, S.A. (SACM) All Rights Administered in the U.S. by Warner-Tamerlane Publishing Corp. Lyrics Reprinted by Permission of Alfred Publishing Co., Inc. All Rights Reserved; p. 274: "Caribe Atómico." Words and music by Héctor Buitrago and Andrea Echeverri. Copyright © 1998 Universal Musica Inc o/b/o Universal Colombia SA (SGAE). Rights administered in the US by Universal Music Publishing Group Latin America. All rights reserved.

Photo and Realia Credits

Page 23: Sharon Fechter, author; p. 41: Soqui Ted/Corbis/Sygma; p. 47: Nik Wheeler/Corbis; p. 49: (*left*) Art Resource, NY, Kahlo, Frida (1907–1954) Banco de Mexico Trust, Self Portrait with Monkey, 1940; (*right*) Art Resource, NY, Schalkwijk, Rivera, Diego (1866–1957) Banco de Mexico Trust, The Corn Harvest (La cosecha del maíz) 1923–1924, Secretaria de Educación Pública, Mexico City, D. F. Mexico; p. 50: (*top three*) Naples Museum of Art, Media Image Photography, Randy Batista, (*bottom*) AP/Wide World Photos; p. 51: The Kobal Collection; p. 70: Sylvia López, author; p. 78: Corbis; p. 88: Dusko/Corbis/Sygma; p. 89: Corbis/Sygma: p. 90: AP/Wide World Photos; p. 91: Corbis/Sygma; p. 95: © 1988 Carmen Lomas Garza, photo credit M. Lee Fatherree; p. 97: (*top*) Carl & Ann Purcell/Corbis, (*middle*) David Huser/Corbis, (*bottom*) Carl & Ann Purcell/Corbis; p. 120: (*top*) Teresa Bevin, (*bottom*) Terry Harris/Alamy; p. 122; (*top*) Otto Piron, (*bottom*) Hotel Conde de Peñalba; p. 135: AP/Wide World Photos; p. 138: (*top*) Teresa Bevin, (*bottom left*) Tina Springs into Summer, cover art by Perfecto Rodriguez, Gival Press; (*middle bottom*) Cover of Havana Split is reprinted with permission from Arte Publico Press–University of Houston © 1988; (*bottom right*)

Dreams and other Ailments, cover art by JETgallery.com, Gival Press; p. 139: Corporación Producciones Culturales; p. 145: Shirley Webster; p. 165: AP/Wide World Photos; p. 166: Buena Salud: p. 178: Reuters/Corbis; p. 179: AP/Wide World Photos; p. 180: Javier García Burgos; p. 185 & 189: Buena Salud; p. 194: AP/Wide World Photos; p: 204: (*left*) Lois Ellen Frank/Corbis, (right) Anthony Johnson/ Getty Images; p. 208: Amy Johnson; p. 210: El Sabor de Bolivia; p. 214: Carlos Barria/Reuters/Corbis; p. 215: AP/Wide World Photos; p. 216: Ed Kash/Corbis; p. 217: Archivolatino, photographersdirect.com; p. 225: Beryl Goldberg; p. 238: Amy Johnson; p. 239: (*two top*) Corbis, (*middle and bottom right*) Corbis, (*middle and bottom left*) Amy Johnson; p. 240: FEMA; p. 251: Susan Stava/Corbis; p. 254; (top) G. Schuster/Zefa/Corbis, (*bottom*) Roger Ressmeyer/Corbis; p. 255: Alison Wright/Corbis; p. 257; Courtesy of Felipe Reinoso; p. 258: Facets Multi-Media Inc.; p. 281: AP/Wide World Photos; p. 282: Lalo López Alcarez, Latino USA: A Cartoon History, by Ilan Stavans, New York, Basic Books, 2000

Illustrations

Tim Jones: Pages 9, 11, 14, 16, 27, 30, 35, 43, 52, 55, 57, 71, 75, 79, 81 (*bottom*), 83, 84, 103, 108, 118, 127, 128, 130, 140, 141 (*top*), 143 (*bottom*), 164, 172, 175 (*top*), 181, 201, 202 (*top*), 209, 213 (*top*), 219, 220 (*top*), 221, 233, 244, 248, 254, 255, 259, 268, 285

Carlos Castellanos: Pages 42, 60, 81 (*top*), 92, 93, 94, 104, 106, 119, 144, 148, 160, 161, 192, 200, 202 (*bottom*), 223, 265

Steve McEntee: Pages 17, 65, 87, 88, 121, 122, 142, 143 (*top*), 213 (*bottom*), 220 (*bottom*), 275, 276, 277

Maps: Patti Isaacs, Parrotgraphics

Mar Caribe
TRINIDAD Y TOBAGO
Puerto España
Barranquilla
Cartagena
Maracaibo
Caracas
La Guaira
San Carlos
Ciudad Bolívar
VENEZUELA
Río Orinoco
Georgetown
Paramaribo
Cayena
GUYANA
SURINAM
GUAYANA FRANCESA
Salto Ángel
OCÉANO ATLÁNTICO
Medellín
Zipaquirá
Bogotá
Cali
COLOMBIA
Popayán
San Agustín
Otavalo
Pichincha
Santo Domingo de los Colorados
Quito
ECUADOR
Chimborazo
Guayaquil
CORDILLERA DE LOS ANDES
Iquitos
Río Negro
Río Amazonas
Río Madeira
Belén
Ecuador
Sipán
Trujillo
BRASIL
Recife
PERÚ
Callao
Lima
Machu Picchu
Cuzco
Puno
La Paz
Cochabamba
Arequipa
Tiahuanaco
BOLIVIA
Sucre
Potosí
Arica
Iquique
Río Paraguay
Salvador
Brasilia
Bello Horizonte
Filadelfia
PARAGUAY
Asunción
Río Paraná
Río de Janeiro
San Pablo
Santos
Trópico de Capricornio
Antofagasta
Salta
San Miguel de Tucumán
Puerto Iguazú
Resistencia
Río Uruguay
CHILE
OCÉANO PACÍFICO
Puerto Alegre
Córdoba
Aconcagua
Mendoza
Viña del Mar
Valparaíso
Santiago
Rosario
URUGUAY
Montevideo
Buenos Aires
La Plata
Punta del Este
ARGENTINA
Río de la Plata
Concepción
Río Colorado
Mar del Plata
Bahía Blanca
ISLAS GALÁPAGOS
San Salvador
Santa Cruz
San Cristóbal
Isabela
Ecuador
ECUADOR
Quito
Guayaquil
Bariloche
Puerto Montt
CORDILLERA DE LOS ANDES
PATAGONIA
América del Sur
Estrecho de Magallanes
Islas Malvinas
Punta Arenas
TIERRA DEL FUEGO
Cabo de Hornos
0 250 500 Km.
0 250 500 Mi.